莱州湾南岸
盐业史

于云汉　王俊芳
著

琼田堆雪

上海人民出版社

SALT

目　录

绪 论

盐为百味之祖、五味之首。对于人类的生活与生存而言，在迄今为止人类所认识和利用的众多调味品中，没有任何一种是比盐更为重要的，故《尚书》称："若作和羹，尔惟盐梅。"

可资国人所用之盐，沿海多为海盐，西北多为湖（池）盐，西南则多是井盐。海盐，即古代文献中之"散盐"，并有"散盐煮水为之，出于东海"之说。宿沙氏是古史中比较认可的最早发明"煮海为盐"的人。明朝人汪砢玉，世代以盐为业，官至山东盐运使判官。他在其《古今鹾略》中记载："古史，黄帝时宿沙氏号滨老，煮海为盐，利民用。"在有关宿沙氏的传说中，其活动区域是比较肯定的，大致在山东境内的莱州湾南岸一带。《左传》载称，"齐有夙沙卫，神农时夙沙氏之后"；"夙沙卫以国为姓，仕宦于齐，子姓蕃衍，汉代犹存。是其遗民同化于中夏"。[①]另外，先秦及秦汉文献资料中多有"青州贡盐""北海之盐""渠展之盐""东莱鱼盐"之类的记载，说明莱州湾南岸自古以来即是海盐的生产中心。[②]从区域特征分析，山东三面环海，海岸线占全国的 1/6，蜿蜒曲折，港湾

① 《左传》鲁襄公二年、十七年、十八年、十九年均提及夙沙卫，说明齐国不仅有宿沙族群的存在，而且他们还可能是世代煮盐的部族。又：《左传》中的"夙沙氏"，同"宿沙氏"。

② 王明德等：《盐宗"宿沙氏"考》，《管子学刊》2013年第6期。

众多，尤其是莱州湾南岸海滩平坦广阔，并有着几乎是取之不尽的制盐所必需的卤水，因而成为重要的海盐产地。

一、莱州湾南岸的环境与资源

莱州湾，东起山东省烟台市的虎头崖，西至位于东营市的黄河口，海岸线全长120多公里，是山东最大的海湾，其南岸一线主要包括了莱州、昌邑、寒亭、寿光、广饶5县市的西北和北部地区，并以地势低平、岸线平直、潮滩宽阔均匀为其特色。

莱州湾的海岸线变动比较缓慢，属微弱淤涨性质，滨海平原系海洋沉积物及胶莱河、潍河、白浪河、弥河、淄河、小清河等几条较大河流的冲积物叠盖而成。[①] 地势低平，自然坡降率为 2.5‰—0.1‰。莱州湾南岸地带地貌形态自海岸至内地呈条带分布，依次为潮滩；海积平原；海、河积平原；冲积平原；冲洪积平原（山前平原）和泰沂山地丘陵及河谷平原，地势由北向南逐步增高。[②]

莱州湾南岸潮滩宽阔平坦，平均宽度4—6公里，土壤由砂和粉砂组成。潮滩上的潮水沟密集，多有附属于潮间河道两侧的羽状潮沟系。大潮高潮线以上的滨海浸湿地带，分布着斑

① 李道高等：《莱州湾南岸平原浅埋古河道带研究》，《海洋地质与第四纪地质》2000年第20卷第1期。

② 山东省地方史志编纂委员会编：《山东自然地理志》，济南：山东人民出版社，1996年；夏东兴、王文海等：《中国海湾志·第三分册·莱州湾》，北京：海洋出版社，1991年；李荣升等：《山东海洋资源与环境》，北京：海洋出版社，2002年；山东省盐务局：《山东省盐业志》，济南：齐鲁书社，1992年。另见燕生东：《莱州湾南岸地区龙山时期盐业生产与区域发展》，曾凡英主编：《中国盐文化》第10辑，成都：西南交通大学出版社，2018年。

状的盐沼地，生长着稀疏的耐盐植物。

海积平原，海拔 2 米左右，宽 3—8 公里，土壤由棕黄色粉砂组成，低洼处成盐沼。大海潮特别是风暴潮经常浸及该地，无农作物生长，居民点稀少。

海、河积平原，位于海积平原之南。海拔 8 米以下，宽 2—15 公里。地势平坦广阔。微地貌主要有缓平坡地、浅平洼地、三角洲。土壤由棕黄色、暗棕色粗砂、黏土质粉砂及黏土组成。浅层地下水埋浅，仅 1—2 米，流动不畅，水质强烈矿化。淡水资源匮乏，土地盐渍化严重，植被稀少，土壤垦殖率低，开垦难度大，但经系统改良后，可种植一些经济作物。该区常遭特大风暴潮浸淹，居民点较少。目前，发现的新石器时期、商周时期以及汉魏元明时期盐业遗址群主要集中在这一带。

冲积平原，海拔 10 米以上，大致在今八面河—羊口盐场南堤—蔡央子—东利渔—敖里一线以南，宽度在 10—30 公里之间，地势平坦，由小清河、淄河、老河、白浪河、弥河、虞河、堤河、北胶莱河和潍河冲击而成。冲积物为棕色黏土和粉砂组成，废弃的河道内为从中细至中粗砂夹砾石。在寿光、寒亭、昌邑等县市冲积平原上还散布着 200 余处由风力作用带来的黄土堆积体。①冲积平原与海河积平原之间为湖沼洼地，自西向东有白云湖、青沙湖、麻大湖（锦秋湖）、巨淀湖（清水泊）、黑冢泊、大湾口等，均为全新世湖沼，现淤成低洼地。巨淀湖（清水泊）、黑冢泊、大湾口洼地原属于沿海潟湖，内为潮滩相、潟湖沉积相和陆相湖泊相的不同环境沉积物相互迭

---

① 张祖鲁：《渤海莱州湾南岸滨海平原的黄土》，《海洋学报》1995 年第 7 卷第 3 期。

置。①巨淀湖长轴约为北西向，长约 40 公里、宽约 20 公里，大湾口潟湖也呈北西向分布，长约 30 公里、宽 20 公里。潟湖地下有丰富的卤水，目前发现的央子、双王城、东北坞、官台、东赵、东北坞等先秦时期的盐场群就坐落其内或北部边缘。海、河积平原与冲积平原交接处，据考察即是现在的咸淡水分界线，而在分界线的两侧，分布着许多与盐场群大约同时的居住村落。这里拥有较为丰富的淡水资源，且地势平坦，气候适宜，因而土地利用率、垦殖率都比较高，素有"粮仓"之称，是古人活动的理想场所。这一带也是古代东、西交通要道。自新石器中期以来，文化发达，聚落密集，人口集中。该区发现了若干处与盐业聚落群同时的聚落群。

莱州湾沿岸地区独特的气象水文、地质构造和地貌条件，在第四系海陆交互沉积层中形成了多个地下卤水层。

莱州湾沿岸地区属于缓慢沉降的泥沙质平原，地势低洼、平坦、宽阔，海湾潮汐多为不规则的半日潮，每月还发生月潮。频发的风暴潮能使海水上溯 20 公里，有时达 40—60 公里。海潮、风暴潮和海侵过后，潮滩、沿海平原洼地（坑）、潟湖内会滞留大量海水。该地区降水相对稀少，蒸发量较大，多年平均蒸发量是多年平均降水量的 4 倍，尤其是春季蒸发量为降水的 7—10 倍。海水通过水、气界面蒸发作用或潜层蒸腾作用，浓缩成浓度较高的卤水。卤水比重加大，就会下沉渗流到泥沙层中聚集。由于这里土层岩性颗粒细，地下水径流微弱，非常适于地下卤水的沉降、聚集。此外，流经卤水分布区

① 江美华：《莱州湾南岸全新世古气候与古湖泊研究》，北京大学环境学院硕士学位论文，2004 年。

的河流，除较大河流如黄河对两侧地下水有较强冲淡能力外，其他河流均为季节性河流，对地下水的补给能力较弱，有利于卤水的生存和再浓缩。海侵后的海退阶段，陆相沉积物将前期卤水层掩埋为地下卤水。多次大规模的海陆变迁之后，就形成了多个海相卤水层与陆相隔水层相叠置的现象。卤水的形成模式可简化为：潮滩、洼地、潟湖内的海水→蒸发浓缩→下渗聚集→海陆变迁→地下卤水。[1]

莱州湾沿岸浅层卤水广泛分布于广饶、寿光、寒亭、昌邑、莱州等距海岸线 0—30 公里范围内的滨海地带。已探明地下卤水总面积就超过 2197 平方公里，卤水资源量约为 82 亿立方米，NaCl 储量达 1.65 亿吨。浅层地下卤水的浓度一般为 5—15 波美度，最高达 19 波美度，是海水的 3—6 倍。[2]浅层卤水共分 3 层，上部为潜水含卤层，深度在 0—22 米，形成于全新世。中层含卤层深 20—32 米，形成于 4 万—2 万年前。下层含卤层深 35—60 米，形成于 10 万—8 万年前。3 个含卤水层间都有隔水性能较好的黏土、粉砂黏土层。[3]

莱州湾沿岸地区山东境内地下卤水分布带三大区之一，也是著名的高浓度卤水区。[4]这里广泛分布着各时期盐业遗存。

---

① 韩有松等：《中国北方沿海第四纪地下卤水》，北京：科学出版社，1994 年；韩友松：《第四纪滨海相地下卤水分布、成因与开发》，曾呈奎等主编：《中国海洋科学研究及开发》，青岛：青岛出版社，1992 年；孔庆友等编：《山东矿床》山东地下卤水矿床章节，济南：山东科学技术出版社，2006 年。

② 渤海湾海水浓度不足 3 波美度。

③ 韩有松等：《中国北方沿海第四纪地下卤水》，北京：科学出版社，1994 年；孔庆友等编：《山东矿床》山东地下卤水矿床章节，济南：山东科学技术出版社，2006 年。

④ 张林泉主编：《中国鲁北盐区遥感调查研究》，济南：山东科学技术出版社，1989 年。

莱州湾南岸是地下卤水浓度最高、储量最大的集中地区。在这弯月形狭窄地带里，卤水区呈水平向分布条带状，与海岸线大致平行，形成了近岸、远岸是卤水低浓度带，中间为卤水高浓度带的分布格局（图 0-1）。近岸低浓度带宽约 10—15 公里，卤水浓度一般 7—10 度。中间高浓度带宽约 5—10 公里，卤水浓度高而稳定，为 10—15 度。远岸低浓度带，宽约 10—

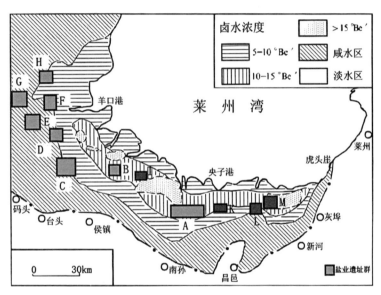

图 0-1　莱州湾南岸地下卤水分布带与
商周时期盐业遗址群关系示意图①

A 央子遗址群、B 王家庄遗址群、C 双王城遗址群、D 大荒北央遗址群、E 东北坞遗址群、F 南河崖遗址群、G 东赵遗址群、H 坡家庄遗址群、I 单家庄遗址群、K 东利渔遗址群、L 唐央遗址群、M 厫里遗址群（据孔庆友、张天祯等：《山东矿床》，山东科学技术出版社 2006 年，第 525 页，图 4-3-16 改绘）

① 见燕生东：《商周时期渤海南岸地区的盐业》，北京：文物出版社，2013 年，第 29 页图。

15公里，虽然距海岸较远，受海水影响小，但受淡水和大气降水的影响较大，卤水浓度在5—10度。目前，人们所发现的商周时期以来历朝盐业遗址群多在高浓度带南侧和远岸地区的低浓度带上。

当前，莱州沿岸地区的制盐原料主要是抽取地下60米乃至更深层的高浓度地下卤水晒盐，该地区已是中国沿海地区最大的产盐基地之一。地方文献记录，明清时期，该区域主要是挖掘盐井汲取地下卤水来晒盐或煮盐；最近的考古发现表明，商周时期就开始利用地下卤水来制盐。

莱州湾沿岸地区拥有储藏相当丰富、盐度远大于海水且容易获取的浅表层地下卤水，这可以说是盐业生产取之不尽的原料。莱州湾南岸的滨海平原广阔而平坦，淤泥粉砂土结构细密，渗透率小，这也为开滩建场提供了理想土层。①一系列垂直于海岸的河道，把广阔的滨海平原地划分成了一个个小区域，这里是建设盐场的空间场所。"该区四季分明，年降水量较少，夏季雨水集中，年蒸发量远大于年降水量，光照充足，不仅有利于盐场的建设和维护，而且利于卤水的蒸发。尤其是春季至夏初这段时间，气温回升快，风多且大，降水稀少，蒸发量很高，非常有利于盐业生产。"②柽柳、茅草以及生长在河旁、洼地、沼泽地带茂盛的芦苇是煮盐的燃料来源及建筑用料。盐场以南、以西是宽度几十公里的河冲积平原，较为肥沃且适于农耕，可以提供盐业生产所需的粮食，而离此不远处绵

---

① 参见王子今：《盐业与〈管子〉"海王之国"理想》，《盐业史研究》2014年第3期。

② 燕生东：《从盐业考古新发现看〈管子·轻重〉篇》，《古代文明（辑刊）》2013年12月刊。

延数百公里的山地丘陵则可提供木材、生产工具等生产和生活物资。较为宽广的冲积平原及与之相联系的众多发达水系，也为盐民的生活、生产物资及盐制品的短途流动提供了条件。这里交通便利，盐制品外运方便，沿泰沂山地北缘是东西交通的大道①，古道向西可达中原地区，沿古黄河及支津、古济水等河溯流向上也可直达中原地区。

地质和环境学者研究成果表明，渤海湾在地区距今7000—6000年间发生了海侵，学界分别称之为垦利海侵和黄骅海侵。②海侵盛期海岸线当时在今沧州以东、盐山、庆云崔口、无棣车镇、滨城北镇、博兴纯化、广饶花官、码头、寿光台头、侯镇、寒亭泊子、昌邑北部，海侵面积达1.3万平方公里。海侵盛期所到之处即是现而今浅层咸淡水分界线。在距今5500年左右，海水逐渐后退，后退过程中在黄骅沿海地区由内陆向海留下了6条长短不一、与岸线基本平行的贝壳堤③，

---

① 侯仁之：《淄博市主要城镇的起源和发展》，《历史地理学的理论与实践》图二，上海：上海人民出版社，1984年。

② 杨怀仁等：《黄河三角洲地区第四纪海进与岸线变迁》，《海洋地质与第四纪地质》1990年第10卷第3期；庄振业等：《渤海南岸6000年来的岸线演变》，《青岛海洋大学学报》1991年第21卷第2期；徐家声：《渤海湾黄骅沿海贝壳堤与海平面变化》，《海洋学报》1994年第16卷第1期；李绍全等：《黄河三角洲发现古贝壳堤》，《海洋地质与第四纪》1984年第4卷第2期；李绍全等：《黄河三角洲上的贝壳堤》，《海洋地质与第四纪地质》1987年第7卷增刊；王绍鸿：《莱州湾西岸晚第四纪海相地层及其沉积环境的初步研究》，《海洋与湖沼》1979年第10卷第1期；赵希涛、王绍鸿：《中国全新世海面变化及其与气候变迁和海岸演化的关系》，施雅风主编：《中国全新世大暖期气候与环境》，北京：海洋出版社，1992年；赵希涛主编：《中国海面变化》第1篇第2章第1节，济南：山东科学出版社，1996年。

③ 贝壳堤是波浪作用的产物，是波浪在潮间带及潮下带把大量的贝壳及其碎屑搬运至高潮线堆积的结果。因而，学者们多认为贝壳堤应是古岸线的遗存。

而在山东黄河三角洲地区留下了 2 条，莱州湾地区仅 1 条贝壳堤。最早的一道贝壳堤是黄骅沈庄—东孙村贝壳堤，它与山东黄河三角洲和莱州湾的无棣埕口—邢山子—马山子—沾化西山后—广饶王署埠—沙台崖—寿光郭井子—寒亭央子—昌邑火道—平度新河贝壳堤相连，形成于距今 5500 年前后。莱州湾沿岸地区目前发现的商周时期盐业遗址，主要都分布在发育最早的贝壳堤两侧。其原因在于，"一方面，贝壳堤是最大海潮所到范围，一般的海潮难以波及该地区；另一方面，由于贝壳堤底板和两侧的黏土、板结的贝壳层阻挡了咸水的渗入，雨水进入从贝壳和粗砂层中就会很快渗出和聚集，形成了所谓的一眼眼淡水泉或水坑"①，尽管水量并不大，这在淡水极度匮乏的滨海平原一带却弥足珍贵，并为人类聚居村落的产生提供了前提。

　　总之，莱州湾沿岸地区所拥有的可以大规模生产海盐的诸多有利条件，使其成为早期海盐生产的起源地，其特殊的资源与环境则使其制盐工艺流程有异于其他沿海地区和内陆产盐区，而对该地区盐业生产的起始年代、分布区域，生产规模、制盐方式、不同时期生产性质及所反映的盐政等经济思想内容诸多方面的深入挖掘与研究，正是本书研究的主要目的。

---

　　① 荣子录：《马跑泉的传说》，尹秀民主编：《文博研究集粹》，东营：东营市新闻出版局，1995 年；山东省潍坊市寒亭区史志编纂委员会编：《寒亭区志》，济南：齐鲁书社，1992 年；黄骅县地方志编纂委员会：《黄骅县志》，北京：海潮出版社，1990 年。另还可参见燕生东：《莱州湾南岸地区龙山时期盐业生产与区域发展》，曾凡英主编：《中国盐文化》第 10 辑，成都：西南交通大学出版社，2018 年。

二、莱州湾南岸盐业发展的三个阶段

"莱州湾南岸盐业开发历史悠久，自传说中的宿沙氏煮海为盐到当代的海盐生产，5000 年绵延不绝，并在相当长的时间里成为中国海盐生产的中心，堪称中国盐业发展，尤其是海盐发展史的范本。魏晋以降，随着中国古代经济重心的南移，莱州湾南岸海盐业经历了由全国制盐中心到区域制盐中心的转变，地位有所下降，但依然是古代民之所给、国之所仰的重要盐产区。时至当代，莱州湾南岸仍然是全国最大的盐场和海盐化工基地，原盐产量约占全国产量 1/6，海盐产量约占全国的 75%，可见其盐业地位之重要。"①

（一）自海盐业起源至东汉时期

"莱州湾特有的生态环境与卤水资源，为海盐业的发展提供了基础。从历史文献资料分析，莱州湾南岸可能是盐业生产最早的地区。"②《尚书·禹贡》载："海岱惟青州……厥贡盐、绤。""盐"是青州地区向夏王朝进献的主要物产，而青州的盐业生产主要在莱州湾南岸地区。王子今据此推定，"先秦时期最重要的海盐产地可能要数青州"，青州的海盐生产中心区域则"在今莱州湾沿海地区"。③

"考古发掘资料同样明确显示出，莱州湾南岸是先秦时期海盐生产的中心区域。近年来在莱州湾南岸的今潍坊市寿光、

---

① ② 于云汉：《莱州湾南岸盐业的阶段性发展及其特征》，《盐业史研究》2020 年第 1 期。

③ 王子今：《盐业与〈管子〉"海王之国"理想》，《盐业史研究》2014 年第 3 期。

寒亭、昌邑以及东营市广饶等地发现了商周及宋元等不同时期的数百处盐业遗址。其中，寿光双王城盐场遗址群，是目前国内发现的规模最大、年代最早的海盐生产遗址，发掘出了最早的海水制盐沉淀和蒸发池，规模最大的盐井、盐池群和盐灶等制盐设施。"①"这些大规模、密集分布的盐业遗址群表明：这里可能是殷商至西周时期的盐业生产中心。有学者据此推论这里很可能就是宿沙氏之国。"②"在距今约 4300—3900 年龙山文化晚期，鲁西北的阳信至滨州一带也兴起海盐生产，使海盐生产地域有所扩大。"③由此而论，莱州湾南岸地区可能是中国海盐生产的起源地和先秦时期的海盐生产中心。

这一论断也由近年一些学者的研究所证实。燕生东先生通过对大量文献资料和考古资料的研究与考证，认为"殷墟时期至西周早期是渤海南岸地区第一个盐业生产高峰期"，"渤海南岸属于殷墟时期商王朝的盐业生产中心"。④他认为："（1）从商代盐业生产的文化性质来看，殷墟时期的渤海南岸地区考古学文化属于典型商文化系统；（2）从周汉文献与出土文字资料来看，莱州湾南岸地区应是商王朝直接控制的区域；（3）从莱州湾南岸地区在商王朝的地位来看，是商王朝直接控制的、唯一的产盐之地和唯一能通往海洋之地方；（4）从盐业的管理与控制来看，莱州湾南岸地区商代制盐业是有组织的规模化、集

---

①　于云汉：《莱州湾南岸盐业的阶段性发展及其特征》，《盐业史研究》2020 年第 1 期。

②　景以恩：《寿光盐业遗址与宿沙氏之国》，《管子学刊》2009 年第 2 期。

③　李慧竹、王青：《山东北部海盐业起源的历史与考古学探索》，《管子学刊》2007 年第 2 期。

④　燕生东：《殷墟时期渤海南岸地区盐业生产性质》，《东方考古》2012 年第 9 集（上册）。

约化和专业化生产；（5）从盐运路线来看，该地至少有 5 条运盐之路通向中原腹地，尤其是安阳殷都王畿区及周围地带。"①

秦汉时期，莱州湾南岸盐业在先秦发展基础上持续发展，而且继续保持领先全国的地位，进而成为全国海盐生产重镇。"公元前 221 年，秦王朝建立后，置寿光县，城址可能在今寿光市北境双王城水库一带，即双王城盐业考古遗址所在区域。寿光古城又称盐城，位于寿光市北的巨淀湖畔，秦代寿光古城可能就设在当时的制盐基地附近。清嘉庆《寿光县志》载，盐城在今羊口镇寇家坞村北，六股路村南，古巨淀湖（又名清水泊）内。清光绪《寿光乡土志》载：'古城在清水泊侧，汉寿光故城也。'《汉书》载：'寿光有盐官'，今尚有官台（今羊口镇官台村北）。寿光盐城应是在盐业经济基础上形成的一座城市，为当时的盐业中心和朝廷贡盐的制造基地。"②

汉初，弛"山泽之禁"，允许私人自由经营煮盐，莱州湾南岸的盐业生产得到较快发展。"据《盐铁论》载，文帝之时，纵民得铸钱、冶铁、煮盐，山东有许多私营盐商因经营盐业而致富。私人大盐业主如齐人东郭咸阳经营煮盐业，家产达数千万，富比王侯。"③齐人刀间，"逐渔盐商贾之利……起富数千万"④。据《汉书·地理志》记载："汉代在全国设盐官 37 处，其中沿海地区共置盐官 18 处，其中山东就设有 11 处，约占沿

---

① 参见燕生东：《殷墟时期渤海南岸地区盐业生产性质》，《东方考古》2012 年第 9 集（上册）；另可参见于云汉：《莱州湾南岸盐业的阶段性发展及其特征》，《盐业史研究》2020 年第 1 期。

②③ 于云汉：《莱州湾南岸盐业的阶段性发展及其特征》，《盐业史研究》2020 年第 1 期。

④ （汉）司马迁：《史记》卷一百二十九《货殖列传》，北京：中华书局，2006 年，第 751 页。

海盐官 2/3，而莱州湾南岸区域独占 7 个，表明莱州湾南岸海盐业在全国海盐业中的重要地位。"①莱州湾南岸海盐业的发展带来了王朝盐税收入的增长，"山东盐产区几乎承担了西汉王朝 1/3 的赋税额，成为汉王朝经济收入的重要支柱"②，可见当时海盐业在全国的重要地位。

（二）自魏晋南北朝至宋元时期

莱州湾南岸地区全国性海盐业生产中心地位的确立，从某种意义上说，是以秦汉大一统国家政权的形成与稳固为前提的。然而，"自东汉献帝黄元初年（220 年）禅位曹丕到隋文帝统一全国（589 年）的魏晋南北朝 300 余年，中国历史进入了一个战争频繁、政局动荡、民族融合及南北交流的新时代。这一特定的历史环境，一方面人民在兵燹饥馑、祸乱相循中难安其业，四散流徙，从而为人民带来了更大的灾难；但另一方面则因各地域、各民族政权的纷纷建立，而使旧有全国性经济体系重新熔铸。在这一过程中，以地域资源为基础，生产技术含量不高而具有重大经济利益的盐业，成为整合的首要目标，而伴随着制卤技术的发现与逐步普及，莱州湾南岸地区所具有的浅表性卤水优势不再明显"③。

魏晋南北朝时期，莱州湾南岸制盐业虽仍继续发展，"但在全国盐业生产中的地位明显下降。北朝时期，朝廷把海盐的产、销权全部收归官营，凡产盐地段均设盐官，监督盐户生

①③　于云汉：《莱州湾南岸盐业的阶段性发展及其特征》，《盐业史研究》2020 年第 1 期。

②　臧文文：《从历史文献看山东盐业的地位演变》，《盐业史研究》2011 年第 1 期。

产，盐产品由政府统购统销"①。北朝时的煮盐方法以置灶煮盐为主，《魏书·食货志》载："自迁邺后，于沧、瀛、幽、青四州之境，傍海煮盐。沧州置灶一千四百八十四，瀛州置灶四百五十二，幽州置灶一百八十，青州置灶五百四十六，又于邯郸置灶四，计终岁合收盐二十万九千七百二斛四升。军国所资，得以周赡矣。"②从灶数来看，"当时沧、瀛、幽、青四州共有 2666 灶，进行海盐生产的规模是比较大的；就产量来看，2666 个盐灶 1 年产盐 209702 斛 4 升，平均每灶年产 78.66 斛（1 斛为 10 斗），产量应该不算太高。对这一史料稍加分析即可看出，以青州为中心的莱州湾南岸一线的煮盐业在 4 州中名列第二，已沦为中国北方的第二大产盐区"③。另外，大约在北魏时期盐工已经能够加工生产精制盐，这种由普通白盐精制而成的盐名花盐和印盐，时人称其"白如珂雪，其味又美"④。煮盐业的兴旺，为北方各朝财政和军资提供了充足的收入。

隋唐五代时期，"长芦、淮、浙、闽、粤等地盐业渐兴，莱州湾南岸一线海盐业生产在全国的地位持续下降，但仍与长芦盐区并称北方两大海盐产区"⑤。《新唐书·食货志》将青州列为"盐价市轻货"的七州之首，而且青、潍、密三州煮盐业依然兴盛，产盐源源不绝。⑥杜佑《通典·青州》载："青州古齐，号称强国，凭负山海，擅利盐铁。"⑦唐穆宗长庆二年（822

①③⑤　于云汉：《莱州湾南岸盐业的阶段性发展及其特征》，《盐业史研究》2020 年第 1 期。

②　（北齐）魏收：《魏书》卷一百一十《食货志》，北京：中华书局，2017 年，第 2863 页。

④　贾思勰：《齐民要术》，成都：巴蜀书社，1995 年，第 145 页。

⑥　逄振镐、江奔东：《山东经济史》古代卷，济南：济南出版社，1998 年，第 296 页。

⑦　（唐）杜佑：《通典》卷一百八十《青州》，北京：中华书局，1988 年。

年）在青州置盐院，主征税缉私之事。《太平广记》记，唐后期在青州北海郡设"北海盐院"。"这说明唐后期莱州湾南岸地区的盐业生产仍在继续发展，至唐德宗时，淄青节度使李纳、李师古长期霸占盐池，甚至派重兵戍守。藩镇势力自擅青州盐铁之利，成为当时势力最盛的藩镇。"①

北宋时山东是全国著名的七大产盐地区之一，"食盐产区主要分布在密、登、青、莱、滨州等五处，其中青、莱两州位处莱州湾南岸一线。北宋前期，这里曾出现大量专门从事盐业生产的盐民，官府则实行'官不榷盐'制度，即灶户'各煎各卖'，灶户所产食盐，或自由销售，或由官府统一收购，后期实行'交引盐'或'钞引盐'法。其时每灶约由四五户组成，平均每户年产盐9000斤左右，产值约150贯（缗）。宋代官收盐利，天下之赋盐，利居半，占国用十之八九，而盐利中'海盐与解池之盐最资国用'，年获食盐总量从2亿多斤增加至4亿斤左右"②。宋仁宗皇祐年间（1049—1054年），青州通判黄庶用诗歌记录了一次风暴潮的灾害："盐民没利家海隅，奔走末业田园芜。天意似遣阳侯驱，卷水沃杀煎海炉。"③从诗中反映出寿光、千乘的海滨居民基本上都放弃了农业生产而专致于盐业煎制，专业化程度很高。宋仁宗庆历年间，因淄、潍、青、齐、沂、密等8州军连年灾荒，宋廷乃诏"弛盐禁，听民贸易，官收其算"④。

①② 于云汉：《莱州湾南岸盐业的阶段性发展及其特征》，《盐业史研究》2020年第1期。

③ （宋）黄庶：《伐檀集》卷上，嘉靖元年乔氏订补本，"皇祐五年三月乙巳，齐大风，海水暴上，寿光、千乘两县民数百家被其灾，而死者几半，丞相阳平公以同年李君子仪往察之，以诗见寄，因而和酬"。转引自：王赛时：《山东沿海开发史》，济南：齐鲁书社，2005年，第170页。

④ （元）脱脱等：《宋史》卷一百八十一《食货志》，北京：中华书局，1986年，第4427页。

自此，"榷盐政策渐废，山东各地盐业大兴。据《宋会要辑稿》载，京东东路青、密、登、莱、潍、淄诸州和每年缴纳盐税租额约 132544 贯，元丰年间实收 188630 贯。京西路诸州每年征收盐税租额约为 47559 贯，元丰年间实收 75261 贯。京东路要比京西路多收盐税租额多达 11 万 3 千多贯"①。由此看出京东路的青密潍诸州都是重要的盐税供纳地。

金朝统治北方时期，"山东盐业较前代有所发展，并一度领先金朝全境。金太宗天会九年（1131 年），金升青州为益都府，将京东东路改称山东东路，治今青州市。益都府辖境中重要的盐场即包括今莱州湾南岸地区的寿光、广陵（今寿光境）、高义（今寿光境）、密州（今诸城）等盐场。当时山东盐场主要分布在益都府、潍州、滨州、密州、登州、莒州等沿海地区，盐产量占到全国总产量的 25％，居全国之首。为加强山东地区盐业的管理，金朝初年曾在山东益都、滨州两地分别设置盐司"②。金世宗大定十三年（1173 年），益、滨两盐司合并为山东盐司。"金承安三年（1198 年）前后金廷对全国七盐司收益统计中，山东盐司岁入盐课额达 255 万贯，占全国七司总收入的 40.91％，成为金朝财政收入的主要支柱。山东食盐产量之丰富、盐区分布之广阔，在北方地区首屈一指。"③该地区所产食盐不仅自给有余，而且远销河南、江苏、河北等地。当食盐外运盛季，曾出现了"盐舟梗阻"的景象，足见当时盐业贸易的繁忙盛况。④

---

① ② ③ 于云汉：《莱州湾南岸盐业的阶段性发展及其特征》，《盐业史研究》2020 年第 1 期。

④ 逄振镐、江奔东主编：《山东经济史》古代卷，济南：济南出版社，1998 年，第 339 页。

元朝时，两淮盐场是全国规模最大的产盐区，两浙盐场的生产能力也不断提高，山东盐场虽稍显衰势，但凭借其资源优势仍能与吴越海盐产地相媲美。"当时全国有盐场 160 余所，岁办盐课钞 766 万锭，山东盐道司管辖盐场 19 所，元朝山东的盐业规模位居诸行省第四，岁办盐课钞 75 万余锭，食盐行销山东、河北及江苏的部分地区。"①当时全国每年盐产总量约为 256 万余引，山东年产约为 31 万引，每引重量按 400 斤计算，约合 1240 万余斤，约占全国盐产总量的 12％。在山东诸盐场中，位于莱州湾南岸一线的官台场年产量约占全省的 1/6，是山东省 19 场中产量最高的。元人杨维祯的《海盐赋》，描绘了青齐吴越海盐生产的强大气势，赋云："鲸波际天，鲛门飞烟，截流云于银浦，峙群玉于琼田。征夏后制贡上书，考管氏海王之篇。知海盐之为利，实民用之所先。青齐之境，吴越之壖，斥卤万里，宵烹夜煎。因润下之至味，取作成之自然。尔乃牢盆疟司，亭民输力，铲锂广场，刮磨荒碛。畦塍棋布，坎壤山积。"②从"海盐赋"所描述的青齐吴越宏阔的煮盐场景看，当时山东盐业仍呈兴盛景象，山东沿海各盐场均达到了相当的规模。

(三) 明清时期以来的海盐生产

明清时期晒盐法的出现③并逐步推广，"为莱州湾南岸的

①　于云汉：《莱州湾南岸盐业的阶段性发展及其特征》，《盐业史研究》2020 年第 1 期。

②　转引自卜建华、翟新等：《山东海洋文化特征的形成与发展研究》，成都：西南交通大学出版社，2010 年，第 226—227 页。

③　纪丽真对此进行了较为深入的研究，认为包括莱州湾南岸在内的诸山东盐场，采用晒盐法应始于明清时期，并进一步指出，晒盐法的出现，是一个极大的进步，是由量变到质变的一个飞跃。参见纪丽真：《明清山东盐业研究》，济南：齐鲁书社，2009 年，第 117 页。

海盐生产增添了新的活力，一方面莱州湾南岸具有浅表性卤水的天然优势由此得以充分展现；另一方面这里又有大盐池晒盐的气候优势"①。这就为莱州湾南岸海盐业更大规模的发展提供了良好的前提。

《明史》卷八十《食货志四》记载："山东所辖分司二，曰胶莱，曰滨乐；批验所一；曰泺口，盐场十九，各盐课司一。"②明代全国共设有两淮、两浙、长芦、山东、福建、河东六个都转运盐使司，"盐使司下设有分司，分司下设立 19 个盐场。其中的官台、信阳、固堤三大盐场在今莱州湾沿岸，无论是在灶户数量、还是盐课岁额、食盐产量都属山东 19 场前列。尤其是官台场在 19 场中名列上等，为'大课场'"③。到明朝中期，盐丁大减，官台场地位才有所下降。山东盐运使甘一骥曾多次上表奏疏，"请求改革盐政，提出体恤灶民、清理不法商贩、禁止私自贩盐、革除弊端，并且请求开通小清河，方便官台盐场的盐运"④。通过一系列改革举措，官台盐场的盐业生产又得到了恢复和发展。"至清代乾隆年间，官台盐场年产量高达 1500 万斤，并在其周边出现了'是百余年，生齿日繁，元气渐复，盐价至贱，销数乃极畅而不可遏'的兴盛局面。"⑤

---

①③⑤　于云汉：《莱州湾南岸盐业的阶段性发展及其特征》，《盐业史研究》2020 年第 1 期。

②　（清）张廷玉等：《明史》卷八十《食货志四》，北京：中华书局，1974 年，第 1933 页。

④　（明）甘一骥：《开盐河议》，张元济等辑：《四部丛刊三编·史部》，民国二十四年（1935 年）、二十五年（1936 年）上海商务印书馆影印本，第 2785 册。另可参见于云汉：《莱州湾南岸盐业的阶段性发展及其特征》，《盐业史研究》2020 年第 1 期。

　　清代，山东盐场有 19 场裁并为 7 场，但"位于莱州湾南岸一线的寿光官台和潍县固堤盐场仍是山东最大的盐场，尤其是清朝乾隆年间兴建的富国盐场，迅速发展成为当时全国十二大盐场之一，并与官台场、王冈场、固堤场构成莱州湾南岸的连片盐场"①。光绪二十二年（1896 年），隶属于山东盐运使司滨乐分司的永阜盐场因黄河决口被毁，清政府确定在官台、王家冈、富国盐场大量辟滩，并允许商人投资建滩。"清光绪二十二年，官台共新建盐滩 348 副年产盐达 3400 万斤。官台场逐渐成为山东第一大盐场。每年 3 月 20 日开晒，6 月 20 日止晒，官台场约 5 日成盐 1 次，每池产盐多者 2000 斤，少者 1000 斤。小清河疏浚通航后，运输便捷，盐业迅速发展。至光绪三十四年（1908 年）官台盐场东西长 120 里，南北宽 100 里，辖宋家、郑家、官台、郭垣、宅科、宁家、肖垣、横垣、崔垣等 10 处产盐地，滩田发展到 405 副，年产原盐高达 10000 万斤。由此可见，清代以后莱州湾沿岸的盐场产盐量一直居于山东 19 场之前列。"②

　　莱州湾南岸盐业的兴盛还可从食盐贸易得以说明。光绪三十三年（1907 年）《寿光乡土志》记载："侯镇为盐商荟萃之地。每值春秋两季，人喧马腾，彻夜不休……小清河岸商停泊，连樯约三里许，杂货卸地，堆积如阜。"③其中的食盐贸易当是大宗。"清宣统年间，寿光官台场产盐 18.35 万包，折合

<hr>

①②　于云汉：《莱州湾南岸盐业的阶段性发展及其特征》，《盐业史研究》2020 年第 1 期。

③　（清）佚名：《寿光乡土志》，转引自山东省寿光县地方史志编纂委员会编：《寿光县志》，上海：中国大百科全书出版社上海分社，1992 年，第 203 页。

3.7 万吨。昌邑富国场产盐 1.3 万包，折合 2.6 万吨。晒盐较煎盐产量增加 16 倍。以海盐的迅速发展为基础，山东成为较早实行票盐和最早实行盐课折银的地区，也是最早设立都转运使司和最早差遣盐御史的两个盐区之一。"①

近代以来随着盐政变革、制盐技术发展和现代制盐企业的兴起，莱州湾南岸盐业呈现出由衰落到复兴的艰难变革过程。民国二年（1913 年），山东设盐运使署，并辖有盐场 7 处，当年山东盐税收入 419 万元，占全国盐税收入的 22%。民国三年（1914 年）广饶王家冈场并入官台场，称王官场或官冈场。同年北洋政府废除引票制，改由凭财政部颁发的运盐执照运销食盐。1933 年，山东产盐 937 万担，占全国产量的 21.6%，居全国首位。

新中国成立后，莱州湾南岸盐业迎来新的发展时期。"1957 年，莱州湾南岸盐区成立了复滩委员会，重点复建寿光、昌邑和潍县的民营盐滩，采用民办公助的方式，复建了潍县泊子盐场、昌邑灶户盐场、利渔盐场等，新增面积达 5680公亩，新增产能 1.8 万吨。同时大力发展山东羊口盐场、莱央子盐场。1957 年，潍县、寿光、昌邑的盐田面积达 11058 公亩，至 1960 年总面积达到 51.8 万公亩，产盐 34.8 万吨。至1988 年，莱州湾盐区作为山东省海盐的主要产地，拥有 17 个盐场，盐田总面积约 400 平方公里，海盐生产量为 293.9 万吨。从技术装备水平、产品质量以及企业经济效益来看，在国内各盐区中均处于先进地位，主要盐场综合机械化水平达到

---

① 于云汉：《莱州湾南岸盐业的阶段性发展及其特征》，《盐业史研究》2020 年第 1 期。

60％以上，单位面积产量高达 73 吨/公顷，列北方各海盐区单产之首。"[①]目前莱州湾沿岸建成了全国最大的海盐生产基地，据《潍坊市国民经济和社会发展统计公报》统计数据显示，位于莱州湾南岸核心地带的潍坊市在 2011—2014 年间，年产原盐在 969 万—995 万吨之间，而同期全国原盐产量约在 5110 万—6460 万吨之间，其原盐产量约占全国产量的 1/6，可见莱州湾沿岸盐业地位之重要。2017 年，山东盐产量占全国的 1/3，是名副其实的盐业大省，而以莱州湾南岸为代表的山东海盐，产量约占全国海盐产量的 75％。

　　莱州湾南岸是中国海盐业起源地之一，曾是商周时期的制盐中心，也是中国最早实行食盐专卖政策的地区。魏晋以降，莱州湾沿岸盐业生产地位虽有所衰落，但仍不失为全国重要盐产区。晒盐法出现后，莱州湾南岸盐业凭借其优越的自然条件从逆境中重新崛起，并逐渐占据了全国海盐业生产中心的地位。

三、莱州湾南岸盐业的历史地位

　　莱州湾南岸盐业生产历史悠久，数千年绵延不断，不仅形成了自己独具特色的海盐发展特征，并在中国盐业发展史上具有相当重要的地位。

（一）莱州湾南岸地区是中国海盐业的主要发源地

　　宿沙氏"煮海为盐"，因而被奉为海盐业的发明者。人们

---

　　① 于云汉：《莱州湾南岸盐业的阶段性发展及其特征》，《盐业史研究》2020 年第 1 期。

据此认为，宿沙氏"煮海为盐"不仅开创了中国古代海盐生产的先河，而且也成为人们认识海洋、利用海洋、开发海洋的起点。①这一说法虽然仍有进一步讨论的余地，但应看到在古代文献中确有许多关于宿沙氏"煮海为盐"的记述：

> "夙沙作煮盐。"（《世本·作篇》）
>
> "时诸侯夙沙氏叛，不用帝命，其臣箕文谏而被杀。炎帝益修厥德，夙沙之民自攻其君，而来归其地。于是，南至交阯，北至幽都，东至旸谷，西至三危，莫不服从其化。"（《竹书纪年》）
>
> "夙沙氏之民，自攻其君而归神农。"（《吕氏春秋·用民篇》）
>
> "昔夏商之臣，反雠桀纣而臣汤武；宿沙之民，皆自攻其君而归神农。"高诱注："伏羲、神农之间，有共工、宿沙霸天下者也。"（《淮南子·道应训》）
>
> "古者宿沙初作煮海盐。"（《说文解字·盐条》）
>
> "时诸侯夙沙氏叛，不用命，炎帝退而修德；夙沙之民自攻其君而归炎帝。"（《帝王世纪·自开辟至三皇》）
>
> "（夙沙）炎帝时侯国，始煮海为盐，为炎帝所灭。"（南朝梁贾执《英贤传》）

仔细分析这些文献资料可知：（1）宿沙氏（夙沙氏）在历史上是确实存在的，是史前的一个古老氏族或是一个老盐工，

---

① 李乃胜、胡建廷等：《试论"盐圣"夙沙氏的历史地位和作用》，《太平洋学报》2013 年第 3 期。

以善于煮盐而著称，并被奉为海水煮盐的发明者。（2）宿沙氏生活的年代大致在夏商周之前的三皇五帝时代，而且这一部族存续的时间很长。作为一个强盛的部族，其灭亡大致在炎帝末期，并归附于神农氏。（3）宿沙氏"煮海为盐"的传说在先秦时期广为流传，但从可见的史料看，仅较为笼统地说宿沙氏"煮海为盐"，而缺乏进一步的说明，如海盐的生产地点、生产方式、产量及运销路径等。事实上，中国地域辽阔，适合海盐生产的区域众多，海盐生产的起源也应是多元的，是远古时代生活在海边的劳动人民在长期的生产生活中发现的，宿沙氏可能是其中的一个代表人物或氏族，或者说是先人把盐业生产的开创之功赋予了宿沙氏，使其成为海盐业的开创者。但从先秦文献记载看，宿沙或宿沙氏其实很可能是最早发现海盐并进行规模化生产的真实的人物或氏族，其世代生活的地方，则可能是中国海盐生产的源头。

　　由于文献记载简略，年代久远，其活动踪迹已难辨究竟，故关于宿沙氏的地望，众说纷纭，计有"山西运城说""苏北盐城说""重庆三峡说""山东胶州说""四川岷山以南说""莱州湾南岸说"等。各说虽然各有依据，但要究其要者，弄清宿沙氏的地望，应基于如下的事实判断：一是宿沙氏的活动区域拥有丰富的盐业资源，便于规模化海盐生产，又有方便的水陆交通与中原地区相联系；二是有相应的文献资料或民间传说可资借鉴；三是有历史遗迹或考古资料可资推证；四是宿沙氏在当时的诸侯万国中势力强盛，其后世子孙繁衍生息，自成一脉，在先秦文献中必有反映。就其四者察之，山西和四川因位处内陆而不符合"煮海为盐"的前提，而就苏北和莱州湾南岸考察，则莱州湾南岸与宿沙氏"煮海为盐"的历史地理场景较为接近，是宿沙氏"煮海为盐"的发生地的可能性最大。

首先，莱州湾南岸的海盐生产环境得天独厚，海岸低平，潮滩宽阔而均匀，结构细密的淤泥粉砂土渗透率小，便于盐业生产；同时地下卤水储量丰富，盐度高，易开采；再是莱州湾南岸腹地广阔，附近平原和低山丘陵可为大规模盐业生产提供丰富的粮食、木材等生产和生活物资；尤其重要的是这里交通便利，盐制品外运方便。众多发达的水系和宽平的平原也便于生活、生产物资及盐制品的短途和长途流动，沿古黄河支津、淄水、济水等河流溯流向上也可直达中原腹地。

其次，青州"海盐产地"文献记载最早。《尚书·禹贡》载："海岱惟青州。嵎夷既略，潍、淄其道。厥土白坟，海滨广斥。厥田为上下，厥赋中上。厥贡盐、绨，海物惟错。岱畎丝、枲、铅、松、怪石，莱夷作牧，厥篚檿丝。浮于汶，达于济。""盐"被列为青州的第一项产物纳入贡品名单，可见青州地区盐业生产历史之悠久。吉成名曾称："先秦时期最重要的海盐产地可能要数青州。"青州的海盐生产主要应"在今莱州湾沿海地区"①。值得注意的是，齐地"宿沙氏一族"绵延不绝。《鲁连子》载，宿沙氏善渔、煮盐，当滨于海。其后裔仕宦于齐，故知其国当在青州境内。自后齐国承其遗业，擅鱼盐之利，凭借既厚，故能称雄于春秋战国时代。《左传》一书中的鲁襄公二年、十七年、十八年、十九年，屡屡提及夙沙卫，载称："齐有夙沙卫，神农时夙沙氏之后"；"夙沙卫以国为姓，仕宦于齐，子姓蕃衍，汉代犹存。是其遗民同化于中夏"等，说明齐国不仅有宿沙族群的存在，而且他们还可能是世世代

① 吉成名：《先秦时期食盐产地》，《盐业史研究》2008 年第 1 期。

的煮盐专业高手。考虑宿沙氏与炎黄二帝以及后来齐国的密切关系，就海盐规模化生产、运输和管理的可能性而言，莱州湾南岸地区更符合宿沙氏的地望。

再次，考古发掘资料显示莱州湾南岸最有可能是宿沙氏活动的区域。盐业考古资料显示，在寿光、广饶、寒亭、昌邑等地发现了大量商周及宋元等不同时期的 700 余处盐业遗址。其中，寿光市双王城盐场遗址群，被确认为是国内面积最大、保存最好的商周时期的盐场遗址，在 30 平方公里左右的范围内，发现 80 余处制盐遗址。这也是目前国内发现最早的海盐生产遗址，最早的海水制盐沉淀和蒸发池，规模最大的盐井、盐池群和盐灶等制盐设施。这些大规模、密集分布的商周盐业遗址群，说明这里应是殷墟至西周早期的盐业生产中心。有学者据大量发掘的盐业遗址推论寿光滨海地区双王城大型商周时代盐业遗址很可能就是宿沙氏之国。宿沙国因内乱，人民投靠神农氏。商周煮盐者应是宿沙氏的后裔，而宿沙氏内乱之所以成为著名的历史事件，概与他们的制盐卖盐有关。①亦有学者推论，从考古学上看，宿沙氏制盐应是在距今 5500—5000 年前后的大汶口文化中期或略早，制盐地域应在现今的山东北部寿光至广饶一带。在稍后的距今 4300—3900 年龙山文化晚期，鲁西北的阳信至滨州一带也兴起海盐生产，使海盐生产地域有所扩大。②

从海洋文明文明发展过程看，人类已经历了靠海吃海—渔盐之利—舟楫之便—耕海牧渔—探洋登极五个阶段。第一阶段

---

① 景以恩：《寿光盐业遗址与宿沙氏之国》，《管子学刊》2009 年第 2 期。

② 李慧竹、王青：《山东北部海盐业起源的历史与考古学探索》，《管子学刊》2007 年第 2 期。

靠海吃海出于人的生物本能。人类捕鱼捉蟹，借助海水浮力行船是一种利用，但尚未达到对海洋资源进行开发的程度。第二个阶段才是海洋开发和利用的开始。"煮海为盐"的方法让水分蒸发以使盐粒结晶，开启了开发海洋资源、发掘海洋渔盐之利的新时代。①早期的海盐生产条件较为简陋，但制盐技术和海盐生产过程却较为复杂。制盐工具的选择、海水制卤技术、卤水制盐等不同工序，都能协作分工，展现了以宿沙氏为代表的古代先民对海盐生产技术的长期艰苦探索和创造。据一些学者考证，莱州湾南岸早期的"煮海为盐"，并非由海水直接煮成盐，而是先制卤而后再煎煮成盐。当时煮盐大概主要利用就地取材之海沙为吸卤之物，煮盐的氏族命名为"宿沙"，可能就是因常年利用海沙吸卤这一主要制盐工艺得名。②马新亦考证认为宿沙氏"初作煮海为盐"并非说是直接煮海水为盐，而是通过积沙汲卤，然后煮而成盐；他积沙汲卤，一宿可成，那些经过十宿反复积沙汲卤的制盐人，也不及他产盐丰厚。③这种"积沙汲卤，一宿可成"的方法，正是基于莱州湾南岸特殊的地理环境，这也进一步说明莱州湾南岸是海盐生产的发源地。

由上观之，无论是文献记载、民间传说，还是考古发掘都显示，莱州湾南岸一带是宿沙氏"煮海为盐"的地方的可能性最大，视为中国海盐生产的起源地也较合理。

---

① 李乃胜、胡建廷等：《试论"盐圣"夙沙氏的历史地位和作用》，《太平洋学报》2013 年第 3 期。

② 陈振中：《先秦手工业史》，福州：福建人民出版社，2008 年，第 755 页。

③ 马新：《汉唐时代的海盐生产》，《盐业史研究》1997 年第 2 期。

（二）莱州湾沿岸地区是夏商周三代的制盐中心

"煮海为盐"开启了海盐生产的新时代，莱州湾南岸地区由此成为最早的全国性盐业生产基地。莱州湾沿岸古属青州，这里的盐业生产规模占据了夏王朝食盐供应中的主导地位。《尚书·禹贡》载："海岱惟青州……厥贡盐、绨"，表明青州上缴夏王朝的贡品是盐和绨①，也是九州中唯一以盐作为贡品的地方，说明青州所产海盐在龙山时代以至于夏朝就是当时著名的特产。所谓"贡盐"，实际上是当时中央王朝向该地区从事海盐生产的部族征收的食盐，并被视为该地区的"贡品"，亦即征税的原始形态。②青州贡盐出自青州北境的莱州湾南岸地区，即古宿沙国所在的地域。《尸子》云："昔者桀、纣，纵欲长乐，以苦百姓，珍怪远味，必南海之荤，北海之盐，西海之菁，东海之鲸。"北海之盐即为莱州湾南岸所产，桀、纣食用北海之盐，成了他们生活奢侈腐化的证据。这表明"北海之盐"在当时不仅闻名天下，而且作为贡品被源源不断地运往都城供统治者享用；也说明莱州湾南岸地区容易利用煮卤的办法获取高质量的海盐③；青州海盐能够大量、稳定地生产，能够供应都城地区官民的需要，且有水路交通直通都城。

商代青州依然作为王朝的贡盐基地。北海之盐依然作为贡品运往殷商都城供统治者享用。史载殷纣王"征夷方"及"封

① 即细葛布。
② 任桂园：《从远古走向现代：长江三峡地区盐业发展史研究》，成都：巴蜀书社，2006年，第110页。
③ 周光华：《远古华夏族群的融合："禹贡"新解》，深圳：海天出版社，2013年，第76—77页。

克东夷"，地点大部都是在山东，其主要目的是控制青州等地的产盐区。商代人还认识到了食盐在饮食中的重要性，《商书·说命下》载："若作和羹，尔惟盐梅。"至西周之时，周王朝重视盐业发展和青州盐业的开发，并设置专人掌管盐务之事，《周礼·天官·盐人》载："盐人掌盐之政令，以共百事之盐。祭祀，共其苦盐散盐。宾客，共其形盐散盐。王之膳羞，共饴盐。后及世子亦如之。""盐人"即为盐官，掌盐的供应和分配。又封太公姜尚至齐地，以期稳定东方。《史记·齐太公世家》载："太公至国，修政，因其俗，简其礼，通商工之业，便鱼盐之利，而人民多归齐，齐为大国。"《史记·货殖列传》又载："故太公望封于营丘，地潟卤，人民寡，于是太公劝其女功，极技巧，通鱼盐，则人物归之，繦至而辐凑。故齐冠带衣履天下，海岱之间敛袂而往朝焉。"齐国因地利之便，海盐业成为齐国的立国之本。齐国所属青州之地亦是西周的贡盐中心。

贡盐不仅质量高，而且还是规模化生产，可以做到供应稳定。因此，贡盐中心业必然是制盐中心。因为只有做到大规模生产，才能满足众多民众的日常所需。莱州湾南岸商周王朝盐业生产中心的地位可从如下三方面得以证实：

一是商周盐业遗址分布密集且规模巨大。近年来盐业考古发掘显示，在东至昌邑西至无棣的莱州湾南岸地区发现了700余处盐业生产遗址，以寿光双王城水库盐场遗址规模最大。双王城水库盐场遗址位于寿光市北约30公里处的羊口镇，在30平方公里的范围内发掘盐业遗址87处。其中，商末至西周时期盐业遗址76处，东周时期4处。①学术界认为："这是渤海

---

① 山东省文物考古研究所、北京大学中国考古学研究中心、寿光市文化局：《山东寿光双王城盐业遗址2008年的发掘》，《考古》2010年第3期。

南岸商周时期规模最大的制盐业遗址群，也是到目前为止我国发现的商周时期最大的制盐业遗址群。"燕生东先生指出："通过对遗址群进行勘察、钻探和小规模试掘工作，考古专家们进一步明确了双王城盐业遗址群就是商朝的制盐中心这一看法。专家们还认为，寿光双王城盐业遗址群的年代从商朝中后期一直延续至西周早期前段。大约在西周早期前段，双王城遗址群作为一个整体开始消失。"①另有研究表明，"与大规模盐业遗址群出现同时，渤海南岸内陆地区殷商文化、经济突然繁荣起来，聚落与人口数量也急剧增加，并形成了不同功能区的聚落群分布格局，因而可认定该地区属于殷墟时期的商王朝盐业生产中心"②。

二是莱州湾南岸制盐规模庞大且产量惊人。据燕生东先生考证，在众多制盐遗址中，每处遗址就是1个制盐单元作坊。"经初步计算，每处制盐作坊单元1次举火就能获盐上千斤。殷墟时期，双王城就有同时共存制盐单元约50处，东北坞也有20多处。仅双王城每年制盐可达四五万斤，整个莱州湾南岸地区，不下10余处大规模的盐业遗址群，年产量至少几十万斤，数量也是相当惊人的。如果每一制盐单位有盐工10人，仅双王城就有盐工四五百人，而整个渤海南岸地区，直接参与盐业生产的人数应有数千人。"③

三是制盐技术日趋成熟，显示出巨大的生产能力。在双王

---

① 高振庆：《中国最大古盐场露真容》，《人民日报》（海外版），2008年7月25日，第15版。

② 燕生东、田永德、赵金等：《渤海南岸地区发现的东周时期盐业遗存》，《中国国家博物馆馆刊》2011年第9期。

③ 燕生东：《渤海南岸地区商周时期盐业考古发现与研究》，《齐鲁文化研究》第8辑，济南：泰山出版社，2009年。

城制盐遗址中发现有大量的卤水坑井、卤水沟、沉淀过滤池、蒸发池、储卤坑、大型盐灶、灶棚、烧火煮盐的工作间、生活用蓄淡水坑、储藏生活用品的窖穴等。学者认为这一时期的制盐方法为煎盐法。其制盐流程主要为取卤—制卤—煮盐3道工序。具体而言，就是开沟或打井取卤水，将卤水泼洒到摊场上，摊上草木灰，经日晒蒸发浓缩，析出的盐花附于草木灰表面，再取盐土放入坑中，再淋上海水使之成为高浓度的卤水，反复多次来提纯卤水浓度，然后设盐灶，以盔形器进行煎卤，最后破器取盐。①

《管子》一书中多次提到"渠展之盐"是当时名闻天下的三大财源之一②，"渠展之盐"对齐国起着财力支撑的巨大作用。公元前685年，管仲相齐，他根据齐国海盐资源丰富的优势，制定和提出了"食盐官营"政策，即听民自产，放开盐业生产，实行民产、官收、官运、官销，尽收财用于国家。《管子》称，"今齐有渠展之盐，请君伐菹薪，煮沸水为盐，正（征）而积之……聚庸（佣）而煮盐"③。在管仲主持下，允许民间生产海盐。但民产海盐需要由政府统一征收。除此之外，还雇佣大批劳动力，集中从事盐业生产。然后实行官收、官运、官卖。齐国之盐"以四什之贾（价），循河、济之流，南输梁、赵、宋、卫、濮阳"等无盐之国。管仲通过控制食盐的价格和流通量来增强齐国，削弱他国。管仲是春秋时期第一个

---

① 王青、朱继平：《山东北部商周时期海盐生产的几个问题》，《文物》2006年第4期。

② 另两者是楚国的"汝汉之金"和燕国的"辽东之煮"。

③ 盛广智注译：《管子译注》，长春：吉林文史出版社，1998年，第759页。

提出"食盐官营"的政治人物。在管仲的推广下，齐国的盐业生产力得到空前释放，每年征收的食盐可达"三万六千钟"，从盐业中获利以斤计达 1.1 万余斤。借助渔盐之利，齐国走上强国之路，齐桓公也成为"九合诸侯，一匡天下"的春秋第一霸。管仲也因其在盐业管理史上的杰出贡献而与宿沙氏和胶鬲同列"盐宗"之席，世受敬奉。

（三）莱州湾南岸地区是北方海盐生产的重要支柱

自秦汉以至元明，莱州湾南岸海盐生产虽经历了由全国性生产中心到区域中心的曲折发展，但一直是北方海盐生产的重要支柱。

迨至秦汉，莱州湾沿岸盐业在先秦基础上持续发展，领先全国并成为全国海盐生产之重镇。西汉时在全国置盐官 37 个，山东占 11 个，其中莱州湾南岸独占 7 个，当为全国名副其实的制盐中心。魏晋以后，莱州湾南岸盐业发展渐趋衰落，虽仍不失为全国重要产盐区，但地位已难与往昔同日而语。其原因在于，从某种意义上说，莱州湾南岸地区全国性海盐业生产中心地位的形成与确立，是以大一统国家政权的稳固为前提的。伴随着魏晋南北朝时期各民族政权的纷纷建立，旧有的全国性经济体系被打破，以地域资源为基础，生产技术含量不高而具有重大经济利益的盐业，成为整合的首要目标。

首先，古代盐税是政府相对可靠的税源，为各个割据政权所重视。盐是古人不能靠个人自给的生活必需品之一，人不论男女老幼，都必须每天吃盐，而且每年盐的消费量大致可以预测，所以盐税在某种程度上成为古代变相的人头税，为历朝所重视，相应的盐业生产也为朝廷所关注。从统计资料来看，唐朝以前基本没有与税收相关的系统的统计资料，很难确切地知晓盐税在政府财政税收中所占的比重。唐朝以后的有关资料显示，从唐代到明代的 1000 余年中，盐税大约占国家财政收入的 50％—80％。①尽管这一统计数字是否准确或其准确程度如何，有待进一步的小心求证，但说明盐税是古代朝廷财政收入的重要来源是完全没有问题的。以此为前提，魏晋南北朝时期不断更迭相替的各个政权，为保证朝廷财政和军资，加强对盐业的控制乃至竭力保障盐业在其政权境内的生产，就成为必然。

其次，中国盐业资源相对丰富，为盐业在古代的全面发展提供了现实的可能性。中国盐业资源分布相当广泛，在包括台湾在内的各个省域内，大致上只有广西、江西和安徽因资源太少而不具备生产价值。由于原料的不同和天然环境的差异，古代各地计有 16 种不同的生产方法。古代中国文化在黄河中游的发展，齐国在沿着莱州湾南岸一线的兴起，以及秦国的扩张，都与食盐资源有着密切的关系。有的学者指出，一个区域能够脱离中央政府的控制，保持政治上的独立，盐的有无是一个重要的因素。自秦朝统一中国以降，凡是能够保持相对独立的区域，都拥有自己的盐业资源。西南的云南和东南的福建是两个经常在政治上保持相对独立的区域，都以产盐著名，而在中国历史上政治混乱的时期，四川要比其他区域更占优势，一个重要的原因就在于四川盛产盐和茶。②各个政权为了可靠的税源要控制盐业，为了政权的稳定同样要控制并发展盐业。

---

① 姜建章：《历史地理学》，台北：三民书局，2004 年，第 259 页。
② 同上书，第 264 页。

再次，盐业生产以地域资源为基础，生产技术含量整体不高，伴随着魏晋南北朝时期北方人口的大量南迁，江淮以南的盐业迅速发展起来，并在很大程度上超越了北方。南方自孙吴政权历经东晋及宋齐梁陈，相对于北方战乱不定的局面一直是相对稳定的。众多的北方汉民纷纷南迁，史称："洛京倾覆，中州仕女避乱江左者十六七。"①大量北方人口的南迁，带去了中原相对先进的生产技术与文化，大大加速了江南开发的进程，使南方的农业及工商业有了迅速的发展。就盐业发展而言，汉代置盐官37处，整个江南沿海地区只有会稽郡海盐、南海郡番禺和苍梧郡高要共计3处，加上内陆地区的盐产地，整个江南地区总计也不过8处，明显是北多南少的局面。东晋南迁之后，迅速发展盐业生产，并以浙东诸郡县为海盐生产基地，恰如《吴郡缘海四县记》所载："已分海滨，盐田相望，吴煮为盐，即此典之。"②这一情形发展到唐代就出现了根本性的变化，唐代长江以南的海盐产地有23个县，长江以北海盐产地只有15个县。③在海盐生产多地齐头并进的情形下，莱州湾南岸地区事实上已经难以保持其固有的优势。

最后，就生产技术而言，伴随着制卤技术的发现与逐步普及，莱州湾南岸地区所具有的浅表性卤水优势不再明显。有证据表明，在隋唐甚至更早的历史时期，在东部沿海地区诸盐场就已经出现了较为成熟的制卤技术。尽管这些制卤方法因与各

---

① （宋）司马光：《资治通鉴》卷八十九，北京：中华书局，1956年，第2837页。

② （隋）虞世南：《北堂书钞》卷一百四十六，转引自朱柏铭主编：《宁波盐志》，宁波：宁波出版社，2009年，第185页。

③ 吉成名：《中国古代食盐产地分布和变迁研究》，北京：中国书籍出版社，2013年，第六章总论。

地的物候条件相适应而呈现出不同的特征，但就整体而言已经体现出了生产工序健全化、生产分工系列化的趋势，生产者之间的组织配合也比较密切合理。更为重要的是，从史料分析看，隋唐时期的制卤方法成本不高，其基本操作妇女儿童即可胜任，考虑到古代运输条件的低下，这种成本较低的制卤技术，足以抵消莱州湾南岸地区浅表性卤水的优势。

秦汉时期，莱州湾南岸海盐业基本保持了全国制盐中心的地位，主要表现为盐官设置多、盐灶多、盐税收入多。进入魏晋时期，莱州湾南岸盐业生产仍较为繁盛，其盐灶设置以及食盐产量次于沧州，为北方第二大产盐区。隋唐五代时期，长芦、淮、浙、闽、粤等地盐业渐兴，莱州湾南岸盐业在全国盐业生产中的地位持续下降，但仍不失全国重要的海盐产区，与长芦盐区并称北方两大海盐产区，产盐源源不绝[1]，青州则被列为"盐价市轻货"[2]的七州之首。宋元时期莱州湾南岸产盐区出现了大量专门从事盐业生产的盐民，他们大多放弃了农业生产而专致于盐业煎制，专业化程度很高。因此可以说，自秦汉以至元明，莱州湾南岸海盐生产虽经历了由全国性生产中心到区域中心的曲折发展，但作为北方海盐生产重要支柱的地位未曾改变。

（四）莱州湾南岸地区是晒盐法重要推广地

伴随着晒盐法的推广与普及，莱州湾南岸重新成全国性海

---

① 逄振镐、江奔东：《山东经济史（古代卷）》，济南：济南出版社，1998年，第296页。

② （宋）欧阳修、（宋）宋祁等撰：《新唐书》卷五十四《食货志》，北京：中华书局，1975年，第1377页。

盐生产中心。

莱州湾南岸海盐生产的再次腾飞是与晒盐法的出现相伴随的。郭正忠的研究表明，海盐晒法可以上溯到宋金时期，并有确切的史料证明海盐晒制法在金代就已在莱州湾南岸出现。①但更多的学者认为，山东海盐生产中，包括莱州湾南岸盐场在内，晒盐法出现并加以应用始于明清时期。②

海盐晒法与煎煮成盐法相比较，其优势明显：一是生产成本降低，工序大幅减少。煎煮成盐法工序相对复杂，并需要大量的人力物力准备柴薪进行煎熬，生产效率却不高，一盘每次只能成盐百斤。晒盐法由于不用煎制卤水，制盐过程中就不需柴薪和煎盐之盘，既节省工时、降低成本，又提高了效率。更重要的是，晒盐法利用阳光这一自然力，让卤水经日光曝晒，自然结晶成盐，省却了盐民的煎熬之苦。二是晒盐法提高了成盐的质量。煎盐法所制成的盐品质量低，煎制的盐，味苦性燥，已难以适应人民生活的需要。光绪《增修登州府志·盐法》记述道："各滩灶户向皆煎盐，薪刍不给，价常昂贵。居民又以煎盐味苦性燥，春夏腌鱼，秋冬腌菜，不能持久。"煎盐改为晒盐，既方便了沿海居民的生活，在某种程度上可以说，还提高了盐民的生活质量，所谓"近来各滩渐请晒盐，盐价稍平，民甚便之"③。

晒盐法自出现到普及推广，历经了相当长的历史时期。之所以出现这一情形，其原因是复杂的。

---

① 郭正忠：《我国海盐晒法究竟始于何时》，《福建论坛》1990 年第 1 期。
② 纪丽真：《明清山东盐业研究》，济南：齐鲁书社，2009 年，第 117 页。
③ （清）方汝翼修、（清）周悦让纂：《增修登州府志》卷之二十一《盐法》，清光绪刻本，第 4 页。

其一，晒盐法对自然气候条件的依赖性很大，盐产量的稳定性较差。晒盐法较早出现于东南沿海一带，并逐步向各盐区推广，然而直至清末，沿海诸盐区仍然是煎煮法与日晒法并行，原因在于晒盐法受到日晒和降雨双方面的影响，产量的稳定性较差。东南沿海气候湿润，温度较高，蒸发量大，因而在一定程度上有利于晒法制盐，但晒盐法又受降水的影响，气候越干燥，蒸发越快，制盐越容易。从前者看，莱州湾南岸一线所处的华北地区，最利于产盐的夏季约 3—4 个月，最不利于成盐的结冰期约 1—2 个月，而东南沿海气温较高，全年不结冰，均可成盐；从后者看，我国降雨主要来自太平洋，雨量自东南向西北逐渐减少，而全年平均阴雨日长江以南普遍多于 100 天，东南沿海更多，位处渤海湾的河北、山东一带全年阴雨日则少于 75 天。[①]另外，影响海盐生产的重要因素还有飓风，福建、广东的盐场常受飓风的破坏，导致盐场完全毁坏，而莱州湾一线基本不受飓风的影响。

其二，晒盐法不能直接用海水曝晒，仍然需要灶民取卤，而为了获取大量的盐卤，盐民须付出辛苦的劳作。东南沿海各盐区主要用灰淋法与土淋法取得卤水，然后晒盐；而莱州湾南岸地区存在大量的浅表性卤水，可以直接从地下打井取卤晒盐。由于各地降水量、阴雨天数量及飓风频率等方面的差异与影响，沿海各地的晒盐方法也不尽相同。莱州湾南岸所在华北地区主要采用大盐池晒盐，两浙地区采用板晒法，闽粤及浙南则多采用埕晒法。相比较而言，板晒法和埕晒法简便易行，但出盐量少，生产率低下，这也是为适应东南沿海地区的气候条

---

① 袁见齐：《盐区气象之初步研究》，《盐务月报》1947 年第 6 期。

件不得已采取的必要改变。莱州湾南岸地区所采用的大盐池晒盐法，省工省力，出盐量大，很多情况下，一池盐几天即可生产数千斤。

其三，晒盐法最终取代煎盐法，除了晒盐法自身的优势外，还在于伴随着明清时期人口的急剧增长而导致的食盐需求量大增及煎盐燃料的相对短缺。晒盐法对气候条件有较强的依赖性，进而导致产量稳定性较差。煎盐法则不然，有了卤水，加燃料煎煮，即可成盐，产量是可以预期的。然而伴随着明清时期中国人口的急剧增长，盐民灶户所占有的专门生长芦苇的荡地越来越少，燃料供应明显不足。《福建盐法志》所载乾隆年间的一份奏折表明，福建盐民过去买 1 担薪柴约需 30 钱，而在乾隆四十三年（1778 年）则要 90—100 钱。这意味着制盐成本仅此一项即长了 3 倍，而这一时期的盐价并无大的变化，盐民显然难以承受，进而不得不寻求新的制盐方法。在此情形下晒盐法取代煎盐法已成大势所趋。

晒盐法的出现并逐步推广，为莱州湾南岸的海盐生产增添了新的活力，一方面莱州湾南岸具有浅表性卤水的天然优势由此得以充分展现；另一方面这里又有大盐池晒盐的气候优势，这就为莱州湾南岸海盐业的大规模扩展提供了良好的前提。

伴随着晒盐法的渐次推广，莱州湾沿岸海盐产量迅速提高，其在全国海盐业中的地位稳步回升。在明代及清代前期，莱州湾南岸的盐场屡有变迁，但境内的盐场如寿光官台场、潍县固堤场、昌邑富国等场的盐产量在稳定中皆有显著回升。明弘治时期，山东灶户有 1.3 万余户，灶丁达 4.5 万余人。山东灶丁每丁能产盐 800 余斤。销售山东所产之盐的地域为鲁、皖、苏、豫 4 省 16 府 2 州。总产在全国列第四，排在两淮、两浙、长芦之后。明末清初，连年的战争导致人口数量减少，盐业经济遭到极大破坏。据《清盐法志·山东》记：清顺治十一年（1654 年）以前，逃亡灶丁多达 24213 人，超过灶丁原额的一半。垄断食盐运输行业的商人也因"连年荒乱，商民资本荡尽"，残存各商，"苦难万状，束手待毙"。基于凋敝的盐业经济，山东巡抚方大猷和巡盐御史吴邦臣联名上书，其"欲招商先须惠商"的主张为顺治帝采纳，成为清初盐政的主导思想。莱州湾南岸盐业逐渐得以复兴。但在盐区分销制下，山东盐业生产尽管有巨大的优势和发展潜力，产量却难以获得大的提高。

尤其需要指出的是，地下卤水制盐和利用阳光取卤制盐的两项关键技术均源于今莱州湾南岸一带。至明朝时期，这些先进技术的运用与普及，其他地区还落后于山东。据《盐法议略》记载，明末清初山东官台、王家冈等 10 家盐场已全部采用晒制技术，而同时期两淮及其以南地区则仍处于"溜井"构造晒盐阶段，还落后于山东。道光年间，寿光地区已彻底摒弃了前晒后煎的制盐方法，完全采用晒盐法，盐由滩晒而成。《清盐法志》记载官台场的晒盐方法："该场系择地开滩，或井或沟，形式不一，取水曝晒。若水咸卤浓，七八日即可成盐。"这种盐的特点是"盐色次白，粒大小适中，其味厚"。基于生产技术的改进，清代中后期，官台场、王冈场、富国场逐渐发展成为莱州湾南岸的连片盐场，其中乾隆年间兴建的"富国盐场"，是当时全国十二大盐场之一。光绪二十年（1894 年）以后，官台盐场发展迅速。至光绪二十七年（1901 年），官台场开辟新滩已达 348 副，年产量达 1.7 万吨，逐渐成为山东第一大盐场，寿光官台和潍坊寒亭固堤盐场也属山东前几位的大盐场。迨至民国时期，莱州湾海盐生产得到进一步发展，海盐生产跃居全国第一位。随着盐政变革、制盐技术发展和现代制盐企业的兴起，莱州湾南岸盐业的资源优势及地域优势得以充分展现。民国二年，山东设盐运使署，并辖有盐场 7 处，当年山东盐税收入 419 万元，占全国盐税收入的 22%。1933 年，山东产盐 937 万担，占全国产量的 21.6%，稳居全国首位。

新中国成立后，莱州湾南岸盐业迎来新的发展时期。1957 年，莱州湾南岸盐区成立了复滩委员会，重点复建寿光、昌邑和潍县的民营盐滩，采用民办公助的方式，复建了潍县泊子盐场、昌邑灶户盐场、利渔盐场等，新增面积达 5680 公亩，新增产能 1.8 万吨。同时大力发展山东羊口盐场、莱央子盐场。至 1988 年，莱州湾盐区作为山东省海盐的主要产地，拥有 17 个盐场，盐田总面积约 400 平方公里，海盐生产量为 293.9 万吨。从技术装备水平、产品质量以及企业经济效益来看，在国内各盐区中均处于先进地位。2017 年，山东盐产量占全国的 1/3，是名副其实的盐业大省，而以莱州湾南岸为代表的山东海盐，产量占全国海盐产量的 75% 以上。

总之，莱州湾南岸作为海盐业的起源地之一，有"宿沙氏煮海为盐"的盐神传说，是三代的贡盐中心，又是商周时期的制盐中心，有国内规模最大的制盐遗址，还是最早实行食盐专卖政策的发源地。魏晋以降，伴随着中国古代经济人口重心的南移，莱州湾南岸盐业经历了由全国制盐中心到区域制盐中心的转变，地位有所衰落，但莱州湾南岸地区的盐业依然是中国古代民之所给、国之所仰的重要盐产区。时至现代仍有"中国盐业看山东，而山东盐业则看潍坊"之说，这应是莱州湾南岸制盐中心地位的复振，同时也展现出作为海盐生产的重要组成部分，莱州湾沿岸地区的盐业在盐业发展史上扮演了重要角色，在当代依然发挥着历史赋予它的光荣使命。

四、莱州湾南岸盐业研究现状

对于莱州湾南岸盐业发展，前人已经有了较为深入的研究，其专门的各类论著约有十几部，而与之相关的专业学术论文则达数百篇。囿于个人所见，不能遍举，以下仅择其大要，分为莱州湾南岸盐业文献的整理与研究、莱州湾南岸盐业发展研究概况稍加叙述，挂一漏万之处，尚请方家补正。

（一）莱州湾南岸盐业文献资料

盐业的重要地位历来受到当政者和诸多有识之士的关注，经史子集皆有对盐业的相应记述。《世本》略述莱州湾南岸盐业之起源，《禹贡》简略载述了青州盐业贡赋之源流，《商书·说命》概论食盐在人们日常生活中的重要作用，人们常说的"若作和羹，尔惟盐梅"即源于此。《周礼·天官》记载了盐官的设置及在几类"国之大事"中用盐的范围，《周礼·天官·盐人》载称："盐人，奄人二人，女盐二十人，奚四十人"，"掌盐之政令，以共（供）百事之盐"。《管子》则综述"海王之国，谨正盐策"，进而对盐业官营政策进行了初步的论述。

进入秦汉之后，伴随着大一统古代王朝的形成与确立，盐业生产在国民经济中的地位和作用日益凸显，有关盐业的文献资料愈加丰富。《盐铁论》作为囊括西汉诸家对于盐政论战的重要史料，记载了西汉昭帝始元六年（公元前81年）召开的

"盐铁会议"中，论辩双方就盐铁专营、酒类专卖和平准均输等问题所展开的激烈辩论，其中盐铁专卖问题更是论辩中的重点。《史记·货殖列传》《汉书·食货志》记述了盐业的重要地位及富商巨贾中的盐商，而《汉书·地理志》则对盐业生产的区域分布及盐官的设置加以载述。此后，《晋书》《魏书》《隋书》《旧唐书》《新唐书》等史书的《食货志》对本朝的盐业均有简明扼要的叙述，《旧五代史》则对这一历史时期的"八姓十三君"在食盐专卖中的严刑峻法有较为具体的记载。尤其需要指出的是，《宋史·食货志》对该朝所实行的盐政及盐税的征收，分上中下3篇进行了较为详细的载述，内容丰富，具有较高的史料价值。比《宋史·食货志》更为详尽的是《宋会要辑稿》中的"食货类"，譬如《宋史·食货志》仅有14卷，而《宋会要辑稿》中的食货类则有70卷。可见，《辑稿》所保存的宋代史料，在数量上远远超过《宋史》诸志，而有关盐政、盐税方面所载史事，更远详于《宋史》。另外《金史》《元史》《明史》诸书对各朝的盐法与盐政皆立有专篇，相比之下，《清史稿》对清代所行盐法记载尤其详细。

除却以正史为代表的史料之外，先秦诸子百家中的《管子》《晏子春秋》《孟子》《荀子》《韩非子》以及《吕氏春秋》均有相关记载。历代典制政体书，如杜佑的《通典》以及后来的"三通""续三通""清三通"，乃至制度史中的历朝"会要"，都对莱州湾盐业有所涉及。再是一些地理类史料，如《禹贡》《太平寰宇记》《元和郡县志》《读史方舆纪要》也对莱州湾南岸盐业有或多或少的记载。一些大型的类书，如《册府元龟》《太平御览》《玉海》《明经世文编》《皇朝经世文编》等都把历代有关盐业的论述辑成专篇，以便阅览，明代宋应星所著《天工开物》则对盐的生产技术加以分门别类，并作了较为详细的记载。

有关历朝盐业及莱州湾南岸盐业的专史更应该引起研究者的重视。明代的《古今鹾略》，涉及明代之前的盐产地、法令、生产、掌故事宜，并载录前朝人物对盐政的评议。作者汪砢玉，字玉水，号乐卿，自号乐闲外史，崇祯年间官至山东盐运使判官。清代所编纂规模庞大的百科丛书《四库全书》里，仅有一部关于制盐的书，即元代陈椿所撰《熬波图》。这是中国最早系统描述海盐生产技术的专著，系作者根据前人所作旧图，增补而成，全书有配图 47 幅，每幅图都有图说并附诗一首，详细地记载了从建造房屋—开辟摊场—引纳海潮—浇淋取卤—煎炼成盐的完整过程。陈椿的《熬波图》是中国历史上留传下来的第一部记载海盐生产技艺的专著，反映了元代我国海盐生产的总体面貌，具有很高的史料价值。

（二）方志与专业志

1. 方志

记述山东及莱州湾南岸盐业的地方志书，大致可分省志、府志、州县志。其中明代较少，清代最多，民国次之。

现存山东最早的通志之作是明嘉靖十二年（1533 年）刻本《山东通志》40 卷，明代袁宗儒、陆钺等纂修。两人均是进士出身，并在山东为官多年，袁宗儒曾任都御史并巡抚山东，陆钺曾任山东提学副使。全书正编分图考、建置沿革、疆域、风俗、物产、田赋、户口等 36 篇，记载明代山东全省地理形势、物产风俗、漕运海道、官署机构等与国计民生有关内容尤为详赡，颇具参考价值。

现存最为详尽的省志是清代宣统年间成书《山东通志》，全书共 200 卷，山东巡抚都御史张曜、清末山东著名学者孙葆田等修纂。此书始修于清光绪十六年（1890 年），至宣统三年（1911 年）初成书稿。民国七年（1918 年）校补后，始铅印问世。此书取材广博，资料丰富，是研究山东历史的重要典籍。其中第 86 卷所记"盐法"，对山东盐业自春秋战国时代至清末的盐政沿革、盐官设置、盐的运销皆有较为系统的记述。

与莱州湾南岸盐业密切相关且记载较为丰富的府志，当首推《青州府志》。青州为古九州之一，位于莱州湾南岸的核心地带，富于渔盐之利。青州地方志修撰的历史源远流长，见于古籍者有晋《青州先贤传》、宋《地志》及《青州图经》，元代于钦《齐乘》实际上也是一部古代青州地方志。明清时期，修志蔚成风气，先后有十几部青州府志和益都县志修成。今传世的有明嘉靖《青州府志》、万历《青州府志》，清朝康熙十二年（1673 年）《青州府志》、康熙二十四年（1685 年）《增修青州府志》、康熙六十年（1721 年）《增修青州府志》和咸丰《青州府志》。另有雍正《青州府志摘略》其中以咸丰《青州府志》史料最为丰富。此书从道光十九年（1839 年）开始修纂，一直到咸丰九年（1859 年）完成，历时 20 年。全书 64 卷，"博收之而不使之烦，节取之而不伤于简，实事求是，有美必彰"，是一部"数经损益"的志乘佳作。

与青州同处莱州湾南岸盐业生产核心地带的还有莱州府。现存明万历《莱州府志》共 8 卷，由万历中期任莱州府知府的龙文明主持修纂。其卷三中的田赋、物产条目下，对盐业生产有记载。另有康熙《莱州府志》12 卷，清康熙年间的莱州府知府陈谦主持修纂。此志在万历本基础上增修而成，且注重经济，对本府土田，户口、税粮、海运、盐课等记载详尽。此后有清雍正《莱州府志》16卷，由雍正年间任莱州府知府的严有禧主持纂修，历数月而志成。《莱州府志》版本不少，相较而言"龙志"精严，"陈志"详博，具有一定的代表性。

县志中有《昌邑县志》《潍县志》《寿光县志》《广饶县志》。昌邑为汉时北海郡都昌县地，宋建隆年中始易名昌邑。县志由知县侯鹤龄创修于明万历六年（1578年），岁久失传。顺治《昌邑县志》8卷，由清顺治年间昌邑知县党丕禄修，李肇林纂，有康熙十一年（1672年）增刻本。另有乾隆《昌邑县志》8卷，由乾隆年间昌邑知县周来邰纂修。其可称之处是凡有关国计民生，记述十分详细，因而具有较高的史料价值。

潍县自隋唐至宋元称"潍州"，明洪武中降为县，隶莱州府。潍县志创修于明万历年间，康熙《潍县志》9卷，由清康熙年间知县王珍主持修纂。其中田赋、物产条目下，对盐业有较多记载。此后有清乾隆二十五年（1760年）修纂的《潍县志》以及民国年间成书的《潍县志稿》。《潍县志稿》自1931年开始纂修，直至1941年方印成面世。全书共分42卷，计100多万字，并有200多幅插图，内容丰富。

寿光修志始于明代，但已无存。清康熙三十七年（1698年）由知县刘有成督修《寿光县志》，计32卷10多万字。清乾隆二十年（1755年）知县王椿总修的《续寿光县志》，共30卷，约13万字。民国年间寿光县长赵志澄领修县志，至民国十七年（1928年）完成初稿，后又经县长宋宪章督修成书。民国《寿光县志》，全书共16卷，约计50万字，今民间有存。

广饶，本属齐地，汉高祖六年（前201年）置广饶县①，此广饶县名之始，现为山东省东营市的市辖县。从其地理位置看，广饶北连东营，南靠淄博，东与潍坊市辖寿光接壤，东南与青州相接，东北部濒临渤海莱州湾。广饶县志纂修始于明代，至民国时期共有8次纂修，其中明清两代各3次，民国2次。现存留的志书，一是万历三十一年（1603年）知县孟楠复修《乐安县志》；二是康熙六年（1667年）知县欧阳焯《重修乐安县志》；三是雍正十一年（1733年）知县李方膺主修《乐安县志》；四是民国七年广饶县知事李传煦主编重修《乐安县志》；五是民国二十四年（1935年）王寅山主编的第一部《续修广饶县志》。其中，由县长王文彬督修、王寅山为总纂的《续修广饶县志》共28卷，并附有较为精致的图考，包括广饶县全图及分区图等。此书资料丰富翔实，并财赋与实业目下对盐业有所记载。

2. 专业志

以专业志书的形式来记载盐业的历史变迁，自古不乏其例，可粗分三类：

一是全国性盐业志中述及山东的部分。河南道监察御史清理两淮盐政时所作的《盐政志》，博考古今盐制，辑述夏朝以来历代盐法。共分7门论述，即出产、建立、制度、制诏、疏议、盐官、禁令，每门下再分子目，资料广泛，为研究明代盐政之参考书。张茂炯等编的《清盐法志》共300卷，其中涉及山东的有29卷，分产场、运销、征榷、缉私、职官、经费、

---

① 隋代改称"千乘"，金朝再改称"乐安"，历经元明清数朝，至民国期间的1914年复称"广饶"。

建置、杂记等8门。时间自顺治至宣统，记有清一代盐法的利弊得失，兴革损益，史料价值较高。清代王守基所著《盐法议略》自清初叙起，迄于同治末年。王守基乃咸丰年间进士，历任陕西司员外郎、云南司郎中，曾先后在山东司治事20年。此书前有潘祖荫序言曰："盐法综于山东司，故君于盐务尤习，钩扶发摘，洞悉利弊，综《会典》、《则例》志书，益以邸抄奏牍及近日所闻见、挈首尾、权利害、条分缕析，若指志掌。"此书共9篇，第2篇即为"山东盐务议略"。近代周庆云所著的《盐法通志》100卷，上溯周秦下迄清季，凡历朝沿革、近代制度、各省志盐法等，均有记述。全书分疆域、法令、场产、引目、征榷、转运、缉私、艺文、杂记10类，是研究中国盐业史的重要文献。

二是山东盐法志。目前所存有关莱州湾南岸盐业的专业志书，主要是清代编撰的《山东盐法志》系列志书，主要有以下数种：一是清雍正年间由巡盐御史莽鹄立主持纂修、漆绍文等监修的《山东盐法志》。雍正二年（1724年）莽鹄立题准修辑长芦山东盐法合志，雍正四年（1726年）进呈。全书共14卷，包括诏敕、沿革、疆域、职官、公署、灶籍、商政、法制、禁令、宦绩、奏疏、古迹、人物及艺文。值得一提的是，该书有雍正御制序，为首例皇帝作序的盐业志书。二是嘉庆《山东盐法志》。此书由清山东巡抚吉伦、巡视长芦盐政李如枚监修，宋湘等修纂，共22卷，另有附编10卷。该书的纂修基本依照新修《长芦盐法志》体例，纂集雍正二年至嘉庆十二年（1807年）山东盐法变革，分谕旨、天章、盛典、优恤、律令、场灶、转运、赋课、职官、奏疏、人物、艺文、营建、图识诸门类。三是《山东盐法续增备考》6卷。此书未著撰人名氏，但卷首有同治时任山东盐运使恩锡所作的"序"。是继嘉庆十三年（1808年）之后立即对《山东盐法志》的续修，辑录当年至道光八年（1828年）有关山东盐务档案而成，分为盛典、捐输、优恤、调剂、盐法条例诸条目。举凡嘉庆、道光两朝有关山东盐政之档案文献，无不搜罗备载，每事每案皆录全文，各备端委，较会典所记为详，似为续修志书之用而辑录的资料，可补《清会典》《清盐法志》等不列例案全文之不足。

三是为记述莱州湾南岸盐业的发展，自20世纪80年代以来各相关县市区编纂的盐业志，有《潍坊市盐业志》《昌邑县盐业志》《寿光县盐业志》《莱州市盐业志》《寒亭区盐业志》《广饶县盐业志》《寿光菜央子盐场志》《山东羊口盐场志》等。其中大部分已经正式出版，有的则作为内部发行资料流通于本行业内。

（三）莱州湾南岸盐业研究现状

盐业史是经济史的重要组成部分，中国历朝均注重盐业志或盐法志的纂修，进而体现出盐业在古代经济结构中的较高地位。近代以降，伴随着经济领域的不断扩展以及由此而来的盐业在国民经济，尤其是税收方面所占比重的日益降低，盐业方面的记叙与研究渐趋冷落。另外的原因在于，近代以来从西方学习而来的学科分类，导致盐业史失去了独立的学术地位，而沦落为二级学科"经济史"下的一个分支，其直接结果就是在正规的学校教育包括高等教育中，很少见到有关盐业史的正面叙述。

莱州湾南岸盐业史研究分为三个阶段：

第一，近代盐业史研究的萌芽及初步开展（1949 年之前）。

之所以称"近代盐业史"研究，是因为盐业一直是古代经济及赋税的重要课题，受历朝历代所重视，其研究成果层出不穷、所在多有，仅清代即有"山东盐法志"多部。它与近代学术研究的不同在于，古代的盐业问题研究所用的是不同于近代西方学术分科体系下的学术语境与行文方式，却不能就此否定其存在及其学术价值。

早期有关莱州湾南岸盐业史的论文，恰如同时代的全国性盐业研究的论著，大都是介绍性的①，甚或是历代盐法志所述事项的摘录及简单论述，与当代的学术研究尚有一定的差别。值得特别一提的，一是出现了一些专门的盐务杂志，许多经济类杂志也多有盐业史方面的文章发表，如由中国盐政实业家景学钤于 1912 年创办、并由梁启超作序的《盐政杂志》，由财政部盐务署于 1932 年创办的《盐务汇刊》，都是颇具全国影响力的专业性学术刊物。另外，诸如《财经学报》《东方杂志》《经济半月刊》《中央周刊》《工商半月刊》《财经知识》等名重一时的杂志都有盐业史方面的论文发表。但就其发表的论文整体水平分析，题目普遍偏大，而且侧重盐政及盐专卖制度，与莱州湾南岸盐业略有关联的是陈天行《管子盐政政策》（《财经知识》1943 年 12 月）。二是出现了一批已经基本具有近代学术色彩的专业性论著。其中，左树珍的《盐法纲要》（新学会社，1912 年）、周庆云的《盐法通志》（文明书局，1913 年）以及

---

① 吴海波、曾凡英主编的《中国盐业史学术研究一百年》认为，1909 年《国粹学报》第 50、51、52 期连载的田斌（应为"田北湖"）《说盐》一文，作为"盐业史研究的开山之作，具有划时代的意义"。参见吴海波、曾凡英主编：《中国盐业史学术研究一百年》，成都：巴蜀书社，2010 年，第 176 页。

盐务署辑《中国盐政沿革史》等都还有明显的历朝盐法志纂修的痕迹，并侧重于史料的搜集与整理。进入 20 世纪 30 年代之后，学风为之一变，专门性的学术论著增多，其研究方法与叙事方式也较前有了显著差异，如林振翰《中国盐政纪要》（商务印书馆，1931 年）、曾仰丰《中国盐政史》（商务印书馆，1936 年）、王云五等《中国盐政史》（商务印书馆，1937 年）等论著都明显具有近代学术气息，其中许多内容与莱州湾盐业密切相关。至于一些地区性盐业史的论述，多与莱州湾南岸盐业关联不多。三是海外学者，尤其是日本学者，对中国盐业史的研究成果显著，其整体水平高于国内学者。较早开始对中国盐业问题加以研究的日本学者是宫崎市定，他于 1934 年在《东亚经济研究》第 18 卷第 2 期上发表《西夏的兴起与青白盐问题》一文。此后又有加藤繁的《关于清代的权盐法》①、田山茂的《关于元代的榷盐法》②、金井之忠的《唐之盐法》③。进入 40 年代后，日本学者对中国盐业史的研究进一步深化，选题的取向更趋多元化，并以明清两朝作为研究的重点。如铃木俊《关于清初两淮盐商的考察》④、藤井宏《关于明代的户口食盐法》《明代盐商的考察：边商、内商、水商的研究》⑤、佐伯富《盐与中国社会》⑥ 等都是这一时期较具代表性的论述，一些内容涉及莱州湾南岸盐业的历史发展。

---

① 见《史潮》第 7 卷第 1 期。
② 见《史学研究》第 9 卷第 2 期。
③ 见《文化》第 5 卷第 5 期。
④ 见《史渊》1947 年第 35、36、37 期。
⑤ 分别见《社会经济史学》1943 年第 3 期；《史学杂志》1943 年第 54 编第 5、6、7 号。
⑥ 见《东亚人文学报》1943 年第 3 卷第 1 期。

第二，盐业史研究从发展到停滞的阶段（1949—1978 年）。

新中国成立后的 30 年，学术研究展现出新局面。一方面学术研究长期困于"左"倾政治思潮的影响而难以自拔；另一方面由于政治斗争的需要或批判封建主义的需要，学术研究领域显得过于集中，进而形成一些课题研究异军突起、更多领域徘徊不前的畸形状态。具体到盐业史研究，30 年中的研究领域主要集中在对《盐铁论》的批判性研究。据吴海波的统计，在新中国成立后 30 年中发表的几十篇论文当中"秦汉盐业史研究论文占了大多数，有 41 篇之多，不过大多数文章……围绕《盐铁论》问题而展开讨论"①。从严格意义上说，这些文章其实不能算是学术论文，其更侧重的方面是影射与批判。②除此之外的盐业史学术论著就少得可怜了，唐宋元明清历朝相加也不足 20 篇，内容则集中在四川井盐及历朝盐政、盐法，整体上与莱州湾南岸盐业关联度不大。

第三，盐业史研究的突进式发展阶段（1979 年以来）。

改革开放不仅推动了经济发展和政治进步，同时也带动了学术的繁荣。在这 30 多年中，盐业史研究呈现出前所未有的蓬勃向上的新局面，而且在研究领域、研究成果、研究队伍诸多方面取得突进式发展。从研究成果来看，30 多年间成果数量呈爆发式增长，共出版专著 90 部左右，论文更多达 2000 余

---

① 吴海波、曾凡英主编：《中国盐业史学术研究一百年》，成都：巴蜀书社，2010 年，第 183—184 页。

② 如陈刚：《儒家"为民请命"是骗子的幌子——研究〈盐铁论〉的一点体会》，《人民日报》，1974 年 7 月 26 日；龚学佐：《重视经济领域中两条路线斗争——读〈盐铁论〉的一点体会》，《解放日报》，1974 年 11 月 9 日；孙健：《桑弘羊反儒扬法的革新精神——读〈盐铁论〉札记》，《文物》1974 年第 6 期。

篇；从研究领域来看，众多的研究者开始关注四川、两淮、长芦以外的莱州湾南岸、河东、陕甘、两浙、云南诸盐区，研究年代也较多地关注秦汉、明清以外的先秦、魏晋南北朝、宋元诸朝代；从研究队伍来看，盐业史研究的开展需要一支较为稳定的学术队伍，其中研究基地和研究中心的吸纳、汇聚作用必不可少。目前盐业史研究有四川自贡的"中国盐业史研究中心"、山东潍坊的"海盐文化研究基地"、江苏盐城的"海盐文化研究会"以及扬州、运城、北京、昆明等地的一些研究会或少量专家学者。这些都为盐业史研究的进一步开展提供了良好的前提。

尤其需要指出的是，莱州湾南岸海盐生产伴随着盐业考古的重大发现①而引起学界的普遍关注，有关莱州湾南岸盐业发展的论著急剧增加。以燕生东《商周时期渤海南岸地区的盐业》、王青《环境考古与盐业考古探索》②等考古学论著为引领，众多有关莱州湾南岸盐业发展的论著如雨后春笋般出现。《环境考古与盐业考古探索》涉及了考古学研究的两个新领域：环境考古和盐业考古，对山东北部的盐业考古进行了很有说服力的阐释，并将文献记载的古代盐业研究进行了系统梳理。在《商周时期渤海南岸地区的盐业》中，燕生东先生运用聚落形

---

① 2008 年开始，在教育部支持下，"鲁北沿海地区先秦时期盐业考古"重大科研项目启动，通过考古调查，在莱州湾沿海发现 10 余处规模很大的制盐遗址群，制盐作坊总计达 300 余处。通过考古发掘，首次完整地揭露出商周的制盐作坊和相关配套设施，对了解当时的制盐产业分布、生产规模、生产性质以及制盐工艺等提供了丰富的资料。这一基于寿光双王城盐业遗址发掘的考古重大发现入选了"2008 年度全国十大考古新发现"。

② 燕生东：《商周时期渤海南岸地区的盐业》，北京：文物出版社，2013年；王青：《环境考古与盐业考古探索》，北京：科学出版社，2014 年。

态理念，对渤海南岸，特别是莱州湾南岸商周时期（主要是殷墟时期至西周早期）的盐业生产进行了全面系统探讨，并运用多学科的研究方法，解决了该区域盐业聚落群的架构和主要生产、组织、生活特征，并对年代分期、制盐工艺流程等问题进行了详细阐释，得出了该区域为商王朝制盐中心的重要结论。王赛时的《山东沿海开发史》中有关海盐的论述以及纪丽真《明清山东盐业研究》都属于颇有深度的力作。《山东沿海开发史》用史料来论证史实，以纵向的理路，阐释了公元前5000年的北辛文化到清朝灭亡这一漫长时间内，山东人民为了拓展空间而开发沿海的整体历程，系统阐析了沿海的发展脉络及规律。《明清山东盐业研究》是明清时期山东盐业的系统论著，对该时期山东盐业的管理以及生产、运输、销售及海盐生产技术等进行了深入研究，全面阐释了明清时期山东盐业的轨迹。王俊芳、秦瑞鸿的省社科规划课题以及课题成果《山东海盐遗址与旅游资源的调查开发》则是将山东海盐的考古、历史、旅游结合起来的成果。位于莱州湾南岸盐业生产中心地带的潍坊学院利用区位优势，率先成立山东省海盐业文化研究基地，并连续出版两辑《海盐文化研究》。[1]通过学术平台，汇聚有关盐业史专家学者，并为莱州湾盐业史研究的纵深拓展奠定了基础。

结　语

　　莱州湾南岸开阔的滩涂和丰富的卤水资源，为海盐生产提

---

[1]　于云汉：《海盐文化研究》第1辑、第2辑，青岛：中国海洋大学出版社，2014年、2015年。

供了较其他沿海地区更为优越的自然条件。在海盐生产技术较为低下的秦汉之前，莱州湾南岸的卤水资源优势几乎是决定性的，并使之在长达千年的时间里成为全国性的海盐生产中心。莱州湾一线在全国海盐生产中地位的削弱，首先在于魏晋南北朝时期北方的长期战乱所导致的北方人口大量南迁以及全国性统一市场的丧失，随之而来的则是海盐生产技术向南方的转移。及至隋唐时期全国再度统一，莱州湾南岸的海盐生产早已风光不再，沦为区域性的海盐生产基地。明清以后晒盐技术的推广与普及，使莱州湾南岸卤水丰沛的优势再度显现，其在全国海盐生产中地位迅速提升。

出于需要，本书将莱州湾南岸盐业的阶段性发展分成了七个大的时期：起源与早期发展时期（东周以前）（这里特别说明，本书的"商周"中"周"指的是西周）、东周时期、秦汉时期、魏晋至隋唐五代时期、宋金元时期、明代及清前期、近现代。之所以将周代和清代拆开，是因为它们在莱州湾南岸盐业发展史上处于不同阶段，如清代前期和明代虽属于不同历史朝代，是在莱州湾南岸盐业发展史上，则属于同一个发展阶段，具体大致相似的特征；而晚清，则是莱州湾南岸盐业开始进入近现代之时，此时期这里的盐业无论是管理、生产还是运销，都呈现出与清代前期的明显不同。而近现代，我们又细分为五个阶段：晚清、民国、全面抗战时期、新中国成立到改革开放前、改革开放以来。之所以把全面抗战时期单列出来，是因为该时期较为特殊，莱州湾盐区存有日伪政权和中国共产党的抗日民主政权，它们对治理盐业的影响迥异。另外需要提及的是，出于理解的需要和行文的方便，全面抗战时期的盐业，些许内容延伸到1949年；同样，改革开放前的盐业，少许延展到 1988 年。

就其整体而言，莱州湾南岸在全国海盐生产中的地位无疑占有相当重要的地位，然而对莱州湾南岸盐业史的研究却只是近年伴着随盐业考古发掘而引起学界的关注，不仅研究课题更多的是流于表面，研究成果也缺乏有深度的学术力作，可以说仅属刚刚起步。即便如此，前人对这方面的研究仍有诸多奉献，既有文献资料的编纂汇集，也有各类工具书、通俗读物及专题论著的编撰。本书正是在前人研究的基础上集众人之力共同完成，前人的见解也将尽可能在本书中有所显现。

第一章　莱州湾南岸盐业的起源与早期发展

　　盐在人们日常生活中看似至细至微，却是人的生命之本，非但维持人体内部机能的正常运行，同时又是"百味之祖"，凡烹制千蔬、调理万筵，唯盐不可或缺。从人类文化发展的角度看，盐又是史前文明的"催产婆"、原始文化的凝化剂。它催生了远古文明，凝结了原始文化，在民族形成、国家出现、霸权转移、政权更替中扮演了重要角色。今天，作为"化学工业之母"的盐，仍然是国防工业和战备所必需的物资。[①]

　　研究表明，有目的地食用自然盐并非人类与生俱来的行为，而是一种文化现象。在渔猎采集时期，通过食用动物的血液、植物的茎叶，人们就可以获得盐分。但是，随着人类从野蛮走向文明，农业出现了，农业发展到一定阶段，人们就开始摄取淀粉类食物。这就需要有意识地补充盐分了。[②]或者说，越是到了农耕的文明时代，人们对食盐的需求就变得越来越迫切。先民基于生理上的需要，或于海滩发现盐粒，或于内陆之盐池及盐矿发现盐质，遂采取食用。盐被发现了，制盐生产也

[①]　李乃胜、胡建廷等：《试论"盐圣"夙沙氏的历史地位和作用》，《太平洋学报》2013年第3期。

[②]　方辉：《海岱地区青铜时代考古》，济南：山东大学出版社，2007年，第346页。

就开始了。①盐的发现与利用，大致在洪荒时代，因此，它常以神话传说的形式流传下来。

对于中国盐业起源于何时，答案莫衷一是，且常与一些古圣先贤或神话传说人物联系在一起。其中有史籍记载的盐业起源故事则首推宿沙氏"煮海为盐"。诸多资料一再表明，宿沙氏活动于莱州湾南岸一带，他不仅是莱州湾南岸盐业的开创者，也是中国海盐业的鼻祖。莱州湾南岸有漫长的海岸线和丰富的盐业资源，远古先民们"向盐而居"，在长期的渔猎生活中，最有可能品尝含有盐分的海水，发现和食用海盐，生产海盐。近年来莱州湾南岸地区考古发掘出大型商周盐业遗址，显示出这里曾是商周盐业生产中心，近代一些研究者也断言"古代盐产之富莫盛于山东，盐法之兴莫先于山东"②。的确，山东盐业无疑又以莱州湾南岸地区最具代表性意义，无论是宿沙氏的"煮海为盐"，齐国的"渠展之盐"，抑或是大规模的古代盐业遗址的考古发掘等，足以证明莱州湾南岸盐业在中国盐业发展史上的重要位置和特殊地位。

一、宿沙氏"煮海为盐"

宿沙氏，亦称夙沙氏，或称"宿（夙）沙"。宿沙氏仅是传说人物，抑或真有其人？抑或是一个氏族或一个诸侯国？若为真实人物（或部落），他（他们）生活在何世？活动在哪些区域？"煮海为盐"在盐业发展史上占何地位？这些问题都有

---

① 陈振中：《先秦手工业史》，福州：福建人民出版社，2008 年，第754—755 页。

② 曾仰丰：《中国盐政史》，上海：上海书店出版社，1984 年，第 66 页。

必要作出客观的回答。

（一）宿沙氏及海盐起源的传说

中国海岸线漫长，海盐资源取之不竭，盐产区众多，诸如长芦盐区、莱州湾盐区、两淮盐区、两浙盐区、胶州湾盐区、两广盐区等。在盐业起源过程中，各盐产区都流传着不同的盐业起源的神话传说。如宿沙氏、盐母、妈祖、詹打鱼、孙悟空等都曾被塑造成有功于发现海盐的代表或者象征性人物。

据传，宿沙氏是一位部落首领，属于炎帝神农氏，所在区域大致即在莱州湾南岸。他聪明勇敢。由于母亲和乡亲们在一场暴风雨中被海中恶龙夺走生命，他决意把大海煮干，从而为母亲和乡亲报仇。于是，他坚持天天舀海水来煮。时间长了，他慢慢发现煮海水的陶罐底下留下一些五颜六色的颗粒。他还注意到，颜色的不同，是由于煮海水用的柴草不同，不管是什么颜色的颗粒，咸涩的味道却一样。炎帝得知此事，询问他煮海的具体经过，并封其部落为宿（夙）沙氏，专门煮海制盐。"宿"则代表晚，"夙"就是早。

詹打鱼的故事也与此类似，作为生活在渤海边的渔民，詹打鱼一天在海边看见一只凤凰落在海滩上，就一下子回忆起"凤凰不落无宝之地"的说法，于是他把凤凰脚下的泥沙挖回去放在灶台上供奉。过了几天，这些泥沙被灶火烤化后流进菜锅，詹打鱼尝了后觉得味道鲜美。于是，他就常到海边挖泥块、煮海水，终于制出洁白的盐。在他的启发下，当地百姓也逐渐掌握并推行了这一方法，并将詹打鱼尊奉为"盐神"。与詹打鱼由"凤凰落地"而发现海盐相类似的传说很多。这些传说在华北及东南沿海地区广为流传，只不过是传说中的主人翁由詹打鱼变成了老母、严卤、张郎等。据传渤海岸边有一老母，见一凤凰落在荒滩上，老母收起凤凰着落的泥土，让老汉进京献宝，结果老汉被皇帝杀死，后来一个偶然的机会，皇帝的厨师发现了老汉献来的土是"盐宝"。其他如浙江沿海地区流传的严卤、张郎发现"凤凰落地泥"的故事梗概与前述大致相同。①

孙悟空是《西游记》中的神话人物，传说他在天宫偷盗玉皇大帝的盐砖，成为造福人类的英雄人物。据说天宫中原来没有盐，于是玉帝命令太阳神将人间的盐烤成盐砖带回天宫。孙悟空得知此事后决心替百姓夺回食盐，于是他来到玉帝厨房，使用分身术变一块假盐砖，而自己抱着真盐砖逃掉。玉帝得知后下令追赶。悟空情急之下就将盐砖扔进海里，托塔天王急令哪吒去捞，无奈盐已经溶化进海水。打那以后，海水就变成了咸的，百姓用盐时只要把海水一煮就成了。②先秦神话的海河洲神话，就描述了黄河下游入海口处的山东沿海一带存在着一个居民们过着至乐生活的国度。这个"仙乡乐土"的国度很可能就是宿沙氏后代所建立的国家。《列子·黄帝》载：

> 列姑射山在海河洲中，山上有神人焉，吸风饮露，不食五谷；心如渊泉，形如处女；不偎不爱，仙圣为之臣；不畏不怒，愿悫为之使；不施不惠，而物自足；不聚不敛，而己无愆。阴阳常调，日月常明，四时常若，风雨常

① 武锋：《浙江盐业民俗初探——以舟山与宁波两地为考察中心》，《浙江海洋学院学报（人文科学版）》2008年第4期。
② 张银河：《中国盐业神话传说探析》，曾凡英主编：《盐文化研究论丛》第1辑，成都：巴蜀书社，2005年，第135页。

均，字育常时，年谷常丰；而土无札伤，人无夭恶，物无
疵厉，鬼无灵响焉。

这是一个人们特别向往的极乐之境、理想之国，在那里，
一切都自然、有序，万物和谐、适性。传说列姑射山（又叫
"姑射山"）在北海的河洲之中，即黄河入海口的河洲上，或
指山东半岛沿海地区。①列姑射山无草木，多水泊，神人居此，
吸风饮露，不食五谷，心境如沉静的深泉，形体则似弱女。他
不亲不爱，神仙圣人却臣服于他；他不威不怒，忠厚之人则愿
供他役使。他不施舍不惠赠，但人们的财物却能充足；他不聚
积不征敛，但自己并不窘困。在那里，阴阳调和、日月朗照、
四季随顺、风雨均匀、五谷丰收。而且无瘟疫、无夭死、无灾
祸，鬼神也失去了灵验。②这是世外桃源和人们极为向往的极
乐世界，虽然是神话传说，但它也或多或少是来自现实生活
的，并非都是无中生有、空穴来风。③在上古以物易物的时代，
食盐已经在充当着货币或近似货币的调节作用，那些掌握了海
盐生产技术、拥有丰富盐业资源的部族国家，其经济繁荣、人
民富庶当是极有可能的。④

上述神话故事虽显荒诞，但也基本上折射出了海盐业起源
的历史信息和早期盐业生产技术。人类最早发现和利用的食盐
应该是自然盐，包括自然生成的海盐、池盐，以及某些地区随
处可得的土盐，自然流溢的盐泉以及裸露的岩盐。如，自然生

① 赵启林主编：《中国盐文化史》，郑州：大象出版社，2009 年，第 29 页。
② 来可泓等编译：《列子》，上海：上海辞书出版社，2003 年，第 22 页。
③④ 张银河：《盐是人类生命及其文化之本》，曾凡英主编：《盐文化研
究论丛》第 4 辑，成都：巴蜀书社，2010 年，第 194 页。

成的海盐，应当是沿海滩涂上潮退后未能回海的水自然结晶而成的盐，这也是人类最早发现的海盐。宿沙氏煮海水为盐，是先民们由拾取自然盐向人工取盐转变的转折点，从此我国的海盐进入了煮盐时代。海水煮盐是人们认识海洋、开发海洋的一次飞跃，是文明时代到来的重要标志。如"煮海为盐"当是在火的发现和普遍使用的时期，也是在陶罐、陶釜等煮盐器具的广泛应用时期。这一时期人们初步认识了海水和卤水的化学成分，初步掌握了制卤煮盐的基本技术。孙悟空夺回盐砖丢入大海的传说，正是人们认识海洋、"煮海为盐"知识背景的折射，只不过这种知识是唐代人们的附会罢了。由此观之，中国盐业兴起大约已有五六千年的历史，最先发展的应是海盐业。至于"凤凰落地泥"的传说，亦是早期制卤煮盐技术的折射。海水煮盐第一步应是"刮泥淋卤"，就是把海边经过曝晒泛出盐花的涂泥刮起来，堆成堆，然后挑海水从上面浇灌，最后形成卤水，再用之煎盐。

当时的制盐活动主要在海边进行，"山东史前时期的海盐生产技术也应是比较原始的"[1]。但宿沙氏"煮海为盐"本身，是先民由拾取自然盐向人工取盐转变的转折点，开创了人工煮盐的新时代。大量"盔形器"（煮盐工具）在莱州湾南岸地区被发现，结合其他要素，这里顺理成章地被认为是较早进行海盐生产的地区，这说明至少从商代，我国已经开始有了盐业的规模化生产。由此可以证明，这一时期人们初步认识了海水和卤水的化学成分，初步掌握了制卤煮盐的基本技术。

---

[1] 李慧竹、王青：《山东北部海盐业起源的历史与考古学探索》，《管子学刊》2007 年第 2 期。

（二）先秦文献有关宿沙氏的记载

与民间传说相映照的是，先秦文献中也有不少关于宿沙"煮海为盐"的记录。宿沙煮海之说，最早出于《世本》。成书于战国时期的《世本·作篇》载："夙沙作煮盐"，汉宋衷注曰："夙沙卫，齐灵公臣，齐滨海，故以为鱼盐之利"。[①]《世本·氏姓篇》（秦嘉谟辑补本）又载："夙沙氏，煮海为盐，炎帝之诸侯，夙沙民叛，以归帝魁（炎帝）。"[②]《世本》所说"夙沙作煮盐"当非宋衷所说的齐灵公之臣夙沙卫，因为夙沙氏的时代要远早于夙沙卫。夙沙卫为齐灵公的幸臣，曾任少傅，其事迹见于《左传》。《世本》为我国历史上最早的一本姓氏谱牒学著作，是先秦史官记录和保存的部分历史档案资料，其中所记宿沙氏"煮海为盐"当有一定根据。

《竹书纪年》载："时诸侯夙沙氏叛，不用帝命，其臣箕文谏而被杀。炎帝益修厥德，宿沙之民自攻其君，而来归其地。于是，南至交阯，北至幽都，东至旸谷，西至三危，莫不服从其化。"清徐文靖笺注说："《汲冢周书》曰：黄帝时有诸侯夙沙氏，始以海煮成盐。此夙沙氏其先也。"

《文子·上仁》载："昔者夏、商之臣，反仇桀、纣，而臣

---

① （汉）宋衷注，（清）茆泮林辑：《世本》，北京：中华书局，1985年，第120页。

② （汉）宋衷注，（清）秦嘉谟辑：《世本八种》，上海：商务印书馆，1957年，第314页。《世本》为我国历史上最早的一本姓氏谱牒学著作，是先秦史官记录和保存的部分历史档案资料，主要记述了从黄帝到春秋间天子、诸侯和卿大夫的世系、氏族、居处、制作、谥法等，具有较高的史料价值。汉时，宋衷作注，宋时散佚。清代有秦嘉谟、张澍、雷学淇、茆泮林、王梓材等多种辑佚本，近代汇集为《世本八种》。

汤、武；宿沙之民，自攻其君，归神农氏。故曰：人之所畏，不可不畏也。"

上引文献明确指出宿沙氏曾为炎帝时的诸侯，因反叛炎帝而发生内乱。这说明在先秦时期宿沙氏的事迹曾广为流传。关于宿沙氏不用帝命而被推翻及其"煮海为盐"的情况，在两汉及魏晋南北朝文献中亦有反映。及至唐宋之世，有关宿沙氏的记载也随处可见，如唐虞世南《北堂书钞·盐条》注引《鲁连子》曰："古善渔者宿沙瞿子，使渔于山……宿沙瞿子善煮盐，使煮淘沙，虽十宿沙，不能得也。"《通志·皇纪》又载："夙沙氏为诸侯，不用命，箕文谏而杀之，神农退而修德，夙沙氏之民，自攻其君而来归。南交趾，北幽都，东旸谷，西三危，是其封域也。"宋罗泌《路史·炎帝纪下》载："（炎）帝魁之立，祗修自勤。质沙氏始叛……其臣箕文谏之，不听，杀之。质沙之民自攻其主以归。"《路史·后纪四》注云："宿沙氏，炎帝之诸侯，今安邑东南十里有盐宗庙，吕忱云，宿沙氏煮盐之神，谓之盐宗，尊之也。"

近人梁启超在《历史上中国民族之观察》一文中也提到夙沙氏为神农时期的人物。《左传》襄十七年、襄十八年，曾有两记来记载齐臣夙沙氏之事。但值得注意的是，《史记·五帝本纪》中并看不到关于宿沙氏的记载，梁氏所引当系引自他书。[1]

综合上面的材料，王明德等学者作出如下推论："一是宿沙氏（夙沙氏）是海水煮盐的发明者，以善于煮盐著称。宿沙氏煮海为盐的传说在先秦时期广为流传；二是宿沙氏是史前的

---

① 卢南乔：《山东古代科技人物论集》，济南：齐鲁书社，1979年，第120页。

一个古老氏族，曾为炎帝时的一个诸侯（一说为黄帝的大臣），其首领因不服从炎帝的命令而被其民众推翻，举族归顺于炎帝；三是宿沙氏作为一个诸侯，敢于对抗部落联盟首领神农氏，势力想必相当强大。无论是其内部反叛，还是被炎帝镇压，在当时和后世都是一个重要事件。四是宿沙氏是一个有争议的矛盾性人物，他既是海盐生产的开创者，又是‘不听帝命’的氏族首领；五是宿沙氏煮海为盐的历史与五千年华夏文明史几乎同样久远，海盐业的兴起与农业文明的形成几乎同时发生；六是宿沙氏一族是个存续时间很长的氏族。其国家灭亡大致在大庭氏之末世，即神农氏末期。其国虽灭，但其氏族仍存，直至春秋战国以至秦汉仍然存在。"①仔细分析，这一论断还是很有道理的。战国时齐国人鲁仲连撰《鲁连子》所记述的宿沙瞿子当是出自宿沙部落或家族的后人，且以善于煮盐著称的盐工。

（三）由文献记载及民间传说推测宿沙氏的活动区域

首先应当明确，宿沙氏既为海盐生产的发明者，其氏族当是滨海而居以盐业生产为主的氏族，而且宿沙氏作为煮海为盐的开创者，他所从事海盐生产和长期生活的地方，应当也就是中国海盐生产的起源地。当然，中国幅员辽阔，海岸线漫长，适合海盐生产的区域众多，海盐生产的起源应是多元的，是远古时代生活在海边的劳动人民在长期的生产生活中发现的，宿沙氏可能是其中的一个代表人物或氏族，只不过人们把盐业生

---

① 王明德、张春华：《盐宗"宿沙氏"考》，《管子学刊》2013年第2期，第58页。

产的开创之功赋予了宿沙氏，使其成为海盐业的开创者。

从先秦文献记载看，宿沙氏可以说最早发现海盐的生产方法并进行规模化生产，因而宿沙氏及其氏族世代生活的地方，便很有可能是中国海盐生产的源头。问题在于，宿沙氏本来就是一个真假参半人物或氏族，加之由于民间传说口口相传所带来的偏误以及文献记载简略和相隔年代久远而导致的模糊性，其活动踪迹已难辨究竟，故关于宿沙氏的地望，众说纷纭，计有"山西运城说""苏北盐城说""重庆三峡说""四川岷山以南说""山东胶州说""莱州湾南岸说"等。各说未必有确切的根据，仅凭"宿沙氏作煮盐"或"煮海为盐"就臆断宿沙氏在何时何地从事盐业生产，显然不是科学的态度。要弄清宿沙氏的地望，首先应当了解宿沙氏"煮海为盐"的历史地理场景，即开展大规模盐业生产的诸多有利条件，诸如盐业资源、海岸环境、水陆交通、技术支撑等，从这一视角看，一些说法或难以成立。

"山西运城说"的根据是"解池最早开发，晋南为中华文明的早期中心，附近安邑有盐宗庙"，故认为宿沙氏是池盐的开发者。宋罗泌《路史·后四纪》"炎帝纪下"载："今安邑东南十里有盐宗庙，吕枕云：宿沙氏，煮盐之神，谓之盐宗，尊之也，以其滋润生人，可得置祠。"宋乐史《太平寰宇记·河东道七》亦载：

> 按：《地理志》云："盐池在安邑县西南。许慎谓之盐池。"吕忱曰："宿沙氏煮海为之盐。河东盐池谓之盐水。今池水紫色湛然，不流造盐贮水深三寸，经三日，则结盐。"

盐池浩淼，池水湛然，古人或称之为海，故"夙沙氏地望在今山西南部运城盐池附近，这里应有一个以盐业为生的族群"①。显然，这种观点把盐池当作海，把"煮海为盐"当作"煮湖为盐"，把对盐宗的祭祀当作对池盐盐神的祭祀。且不说古人是否将盐池称作海，仅就池盐的生产方式而言，就不符合宿沙氏煮盐的史实。早期池盐生产主要是采用太阳暴晒，自然结晶，然后采捞的方法。至隋唐时开始采用垦畦营种法，即垦地为畦，引入池水，再配以淡水，经风吹日晒成盐。这明显与宿沙氏煮水为盐不相符合。至于安邑盐宗庙所祀宿沙氏，当是盐业的创始人而不是池盐的开创者。而且池盐可能最早在史前被发现，但其开发利用或在商周，或在春秋战国之世，从时间上看也晚于宿沙氏"煮海为盐"的时代。

"苏北盐城说"主要是基于神话传说、两淮盐场的重要性及盐宗庙建筑等。两淮盐场在先秦时期已得到开发，至秦汉之时已颇具规模，明清时发展为沿海最大盐场，其盐产量和盐税收入在国内首屈一指，扬州盐商富可敌国，盐业人在扬州和泰州修建盐宗庙，祭祀盐业三宗，即盐工之宗宿沙氏、盐官之宗管子和盐商之宗胶鬲。更重要的是，两淮一带亦有关于宿沙氏的神话传说：一说宿沙氏为黄帝的大臣，黄帝知道用海水烹饪的菜肴味道鲜美，便命宿沙氏到东海搬运海水至都城，宿沙氏偶然发现海水中的食盐成分，便煮海为盐，交给黄帝；一说，作为淮夷部落的首领，宿沙氏发明了海水取盐的方法，也就是说先把石头放在海水里浸泡然后放在火上烤从而烤得盐粉末。

① 刘毓庆主编：《华夏文明之根探源：晋东南神话、历史、传说与民俗综合考察》，北京：学苑出版社，2008年，第8页。

盐城也是海盐的重要产地，但由于缺少文献记载和考古资料的有力支撑，"苏北盐城说"恐难成立。

"四川岷山以南说"主要是基于对《山海经》中有关"竖沙"地望的考证。何元文认为《山海经》是记述古蜀地的史料，《山海经·海内东经》"国在流沙外"中的"竖沙"，就是宿沙，竖沙既是地名，又是氏族名和人名。竖沙在蜀地，是禹早期都城之所在。迁都后，竖沙之民跟随禹到了今甘南白龙与白水两江流域，建立了新的禹朝，竖沙之民来到的这个地方叫"会稽"，产盐巴的地方指的是条河流。这条河流就是今之沱江上游的西源。西源上游古称"赤水""夷水"，今称湔江和金河。《山海经》中所言"景山"就是"大夏"所处地，"国在流沙外者，大夏、竖沙……"，指大夏和竖沙在流沙西。故今彭州与什邡交界金河、湔江流域，即为竖沙地。竖沙作煮盐，是井盐史上的一件大事。鲁是竖沙鸟族的别称。竖沙地的鸟族，是"玄鸟"，即黑鸟，又被称为"燕"。这是竖沙鸟族的祖称。从发现卤水，到煮卤制盐，从盐祭的发生，到燕（宴）席的创始，都产生在岷山以南的地域，这个地方被历史和传说指为竖沙。故有理由相信，我国煮卤为盐的煮盐业，始于西川之蜀地。[①]何先生的考证不谓不精，但把《山海经》当作古蜀地的史料，把"竖沙"等同于"宿沙"，把"宿沙之民自攻其君而归炎帝"训释成"宿沙之民离开商均而跟随大禹"等，未免显得牵强附会，很难令人信服。

"重庆三峡说"的根据有二：一是以忠县、巫山县为代表

---

① 何元文：《竖沙煮盐历史地理考》，曾凡英主编：《盐文化研究论丛》第 2 辑，成都：巴蜀书社，2008 年，第 176 页。

的三峡地区曾经是远古盐业生产中心之一；二是宿沙之民归顺炎帝，一定离炎帝不远。故推断宿沙氏作为一个生产盐的部落，又归顺炎帝神农，因此从地理位置看，宿沙部落应当在巫山地区。因为上古的山东距离神农部落联盟中心的鄂西，的确太远，故把宿沙部落的位置放在今巫山县境内是合适的。①然而，且不说神农部落联盟的中心在何地尚存争议外，仅宿沙氏"煮海为盐"的记载就难以自圆其说。

"山东胶州说"认为，宿沙氏居住在胶东，宿沙国在今胶州（今青岛胶州），今青岛市政府将城阳区红岛街道"盐宗宿沙氏煮海成盐"民间工艺纳入第三批青岛市非遗名录。事实上，胶东古称东莱，东莱海滨地区多为岩岸，可供盐业生产的滨海滩涂少，盐业开发较晚。《国语·齐语》载："通齐国之鱼盐于东莱，使关市几而不征，以为诸侯利，诸侯称广焉。"《管子·小匡》亦载："通齐国之鱼盐于东莱，使关市几而不正，廛而不税，以为诸侯之利，诸侯称宽焉。"这表明胶东制盐业至春秋战国时期尚欠发达，食盐仰给于齐国，齐把鱼盐销售至东莱，并以此作为挟制东莱的战略资源，经由商战而逐渐削弱莱国经济与军事实力，最终灭之。②由此可见，"胶东说"缺少历史根据。

考察宿沙氏的地望，结合文献以及我们所作的田野考察，应有更充足的证据和理由认为莱州湾南岸地区应是宿沙氏煮海为盐的发生地。

---

① 阿波：《上古巫咸国考析——中国盐文化探源》，《盐业史研究》1991年第1期。

② 孙敬明：《考古新得齐陶三则跋》，山东大学东方考古研究中心编：《东方考古》第8集，北京：科学出版社，2011年，第217页。

从地理环境看，莱州湾沿岸地区地下蕴藏着丰富的制盐原料——浅层地下卤水，仅莱州湾南岸核心区域的潍坊沿海滩涂就达数百平方公里，地下卤水储量约 74 亿立方米，折盐 6.46 亿吨。这里四季分明，夏季雨水集中，光照充足，每年的蒸发量远远超过降水量，非常有利于卤水的蒸发。周围的山地丘陵和山谷为盐业生产提供后勤保障，如，粮食、木材、用具等。同时，这里的海陆交通都很便利，不管是外运还是内运，也不论是短途和还是长途运输，都是很方便的，沿古黄河支流向上也可直达中原。

方方面面的资料表明，山东沿海地区自古就是重要的海盐生产基地，而莱州湾南岸则是古青州的核心区域。《尚书·禹贡》载："海、岱维青州，厥贡盐、缔。"盐自古就被定为古青州的贡物，至少是从商周开始，青州就是国家的重要盐产地。在周代，记载明确的制盐文献已经出现。如，《管子》一书就已经多次提及"北海煮盐""渠展之盐"等事宜；毫无疑问的是，那时的"北海"即渤海，"渠展"即渤海岸边的盐产地。[1]

从宿沙氏一族繁衍生息的情况看，宿沙氏善渔、煮盐。他的后裔仕宦于齐，因此其国应当在青齐境内。此后，齐国继承他的盐业，故能称雄于春秋战国时代。[2]宋衷在给《世本》"宿沙作煮盐"作注时也认为，宿沙卫应该就是夙沙氏，其位于齐国沿海地带。[3]近世学者刘师培认为夙沙卫即肃慎，为后世满

① 卢南乔：《山东古代科技人物论集》，济南：齐鲁书社，1979 年，第 118 页。

② 朱芳圃遗著，王珍整理：《中国古代神话与史实》，郑州：中州书画社，1982 年，第 115 页。

③ 李慧竹、王青：《山东北部海盐业起源的历史与考古学探索》，《管子学刊》2007 年第 2 期。

族的祖先。他考证说，《淮南子》言："神农伐夙沙国，《佚周书》（即《逸周书》）作'质沙'，其地在齐、鲁之间，盖'夙沙'即'肃慎'之转音，乃通古斯族所立之国也。初处今山东地，及为神农所攻，遂退居满洲，即《周书序》所谓'肃慎来贺'也。"①刘氏所说是否正确尚待考证，但他注意到宿沙氏作为炎帝时期的一个重要族群，很可能会在后世有所反映，这应当说是符合民族发展史实的。总之，考虑宿沙氏、炎帝黄帝以及与后来齐国的密切关系，并联系海盐生产规模化运作的必备条件，显然，莱州湾南岸更符合宿沙氏所在区域。

　　从盐业考古资料看，在莱州湾南岸寿光、广饶、昌邑、寒亭等地发现了商周、宋元等时期的 700 多处制盐遗址（还有其他的盐业遗存）。其中的双王城遗址群，被多位专家认定为国内面积最大的遗址，也是保存最好的商周遗址。这一海盐生产遗址，也是目前国内发现最早的，被誉为 2008 年的中国十大考古发现之一。这些盐业遗址群说明这里应是殷墟至西周早期的盐业生产中心。②据此推断，双王城的早期盐场应该是宿沙部族所在的区域，也反映了该部族的生产和生活踪迹。所以，不难断定，商周时代的双王城人极有可能就是宿沙部族的后代。③另有学者根据大量发掘的盐业遗址，推论寿光滨海地区双王城大型商周时代盐业遗址及其周边一带很可能就是宿沙氏之国。宿沙国因内乱，人民投靠神农氏。商周煮盐者应是宿沙氏

---

① 张先觉编：《刘师培书话》，杭州：浙江人民出版社，1998 年，第 47 页。

② 燕生东、田永德等：《渤海南岸地区发现的东周时期盐业遗存》，《中国国家博物馆刊》2011 年第 9 期。

③ 王仁湘：《夙沙部落的踪迹——关于山东寿光商周制盐遗迹的思考》，《中国文物报》，2010 年 4 月 16 日，第 7 版。

的后裔。宿沙氏内乱之所以著名当与他们的制盐卖盐有关。①

因此我们说，无论是民间传说、文献记载，还是考古发掘都一致地指向一点，那就是，莱州湾南岸最有可能是中国海盐生产的起源地。

（四）宿沙氏"煮海为盐"传说的时代意义

就前引文献分析可知，宿沙氏煮海为盐传说的出现与炎黄两帝的发展阶段处于大致相同的历史时期，距今约 5500—5000 年，属于中华农业文明的形成时期。人工制盐技术的出现和农业文明的形成相映生辉，"粮"与"盐"同时发现，决非巧合，两者之间存在着某种内在的联系。在漫长的原始社会时期，原始人以狩猎采集为生，过着茹毛饮血的生活，靠着从动物体内获取的适当盐量来维持人体的生理需要，所以人们对食盐的需要尚不迫切。但随着火的发明和使用，人类开始告别茹毛饮血的原始生活，社会发展开始由狩猎文明向农耕文明转变，人类的生活方式、饮食结构发生巨大变化的时候，就得依靠人为添加盐分才能满足需要。制盐生产也就成为可能和现实。盐的发现与利用常以神话传说的形式流传下来。其中，宿沙氏成为其中的代表性人物，其"煮海为盐"也成为盐业起源的标志性事件，而宿沙氏"煮海为盐"又恰好发生在神农之世，表明农业文明到来之时人类对盐的需求推动了盐业的兴起与发展，宿沙氏"煮海为盐"正是适应农业时代到来而引发先民饮食结构变化后对食盐的需要而出现的，表明农业文明与盐业文明互为推动，共同促进中华早期文明的形成。在这一过程

---

① 景以恩：《寿光盐业遗址与宿沙氏之国》，《管子学刊》2009 年第 2 期。

中，宿沙氏与神农成为盐业兴起与农业发展的两个标志性人物。神话传说中把两者看作是贤君与叛臣的关系、君主与诸侯的关系、农神与盐宗的关系，其隐喻或许就在于"粮"与"盐"的关系。

宿沙氏与炎帝神农的关系具有某种象征意义。炎帝神农氏是以粟作农业为主的部落，神农氏作育五谷，教民稼穑，发明医药，使人们从渔猎和采集生活，过渡到定居农业时代，故被尊为农业之神，成为农业起源的始祖。据《竹书纪年》载：

> 炎帝神农氏，少典之君娶于有蟜氏之女曰安登，生神农。三日而能言，七日而齿具，三岁而知稼穑。育于姜水，故以姜为姓。其起本于烈山，号烈山氏。其初国伊，又国耆，合而称之，又号伊耆氏。元年即位，居陈。迁曲阜。尊师受学。作五弦琴，作耒耜。教天下种谷。立历日。日中为市。辨水泉甘苦。味尝草木，作方书。建明堂。作《中天易》。有火瑞，以火纪官。命官分职。作《下谋》之乐。

另有《易·系词》言："神农氏作，斫木为耜，揉木为耒，耒耨之利，以教天下。"《淮南子·脩务训》载："古者，民茹草饮水，采树木之实，食蠃蚘之肉，时多疾病毒伤之害。于是神农氏乃始教民播种五谷。"由于神农的卓越贡献和这一时期的农业发展，人类已开始由渔猎时代进步到农业时代。

神农氏所在的部族是最早实现农耕作业的部族。定居农业的出现、饮食结构的变化，使得人们对盐的需求陡然增加，进而促进了食盐的开发与利用。这一方面是因为农业的发展带来人口的大量增加，促使食物的消耗大幅增长，不仅人类自身的健康需要一定盐分的摄入，而且食草类家禽家畜品种的驯化和养殖也需添加适量的盐分，人们对食盐的需要量由此激增；另一方面人口的增加使食品变得更加宝贵，而食品的保存由此变得更为重要。人们学会了用食盐腌制这一保存食物的方法，于是人类需要更多的食盐。人类生活的现实需要，迫切要求人类突破自然盐的限制而用人工的方法获取更多的食盐，于是宿沙氏作为食盐生产的代表，适应时代的要求应运而生。

所以宿沙氏"煮海为盐"，开发海盐，从某种意义上正是适应农耕民族食用谷类食物而产生的食盐需求而出现的开创性人物。所谓"时诸侯夙沙氏叛，不用帝命，其臣箕文谏而被杀。炎帝益修厥德，宿沙之民自攻其君，而来归其地"的记载，说明了炎帝神农氏与宿沙氏之间的矛盾和斗争。至于宿沙氏为何反叛炎帝，宿沙之民为何为自攻其君而归服炎帝，文献记载没有言明。或许是宿沙氏自恃掌握了食盐财富而与炎帝分庭抗礼，或许双方为争夺对食盐资源的控制权而发生冲突。但斗争的结果是显而易见的，即宿沙举族归服神农。

宿沙氏族的归服，使海盐的来源渠道得以畅通，以农立国的炎帝神农氏有赖食盐而得以强固国本，扩展势力，由此也足以证明"粮"与"盐"、农业文明与盐业文明的相互作用，它们是共同促进人类造化的原动力。设若有粮无盐，食五谷之民能否健康地生存，实为一大问题。"由此盖知盐之造福人群，至高至大，诚非一般物质所可望其万一也。"①宿沙氏"煮海为

---

① 田秋野、周维亮：《中华盐业史》，台北：台湾商务印书馆，1979年，第51页。

盐"，使人类有了新的盐分补充来源，靠五谷稼穑的生活成为可能，由此揭开了华夏农耕文明的序幕。①不仅如此，宿沙作为史籍记载的中华民族最早的盐宗和炎帝时期的一位氏族首领，被炎帝征服，对增强炎帝部落的势力起到了关键作用，这从另一方面也喻示着，即便食盐再重要，也不可能与粮食相提并论。然而食盐毕竟又是重要的，所以宿沙氏族的归服使炎帝神农氏的势力大增，所控制的地域也空前广阔，以至"南至交趾，北至幽都，东至旸谷，西至三危，莫不从其化也"。炎帝、黄帝和蚩尤3个不同区域、不同氏族部落的首领，经过长期的战争和民族融合，最终融合为一体，组成了早期的中华民族大家庭。②其民族融合的驱动力之一便是对黄河流域食盐资源的争夺。其中宿沙之国的海盐及其宿沙之民的归服成为中华民族形成的重要因素。

炎帝神农氏与宿沙氏之间的密切关系也反映在他们的后裔之间。高广仁通过考证，认为炎帝后裔的一支很可能迁居到海岱之间的莱州湾南岸地区，与宿沙氏后裔共居于同一区域。他认为宿沙氏是在沿海一带以渔、盐为生的族群。宿沙氏所在的沿海一带，就是海岱北区莱州湾南岸。针对这支古老的东夷土著族群。高氏推定，早在史前时代，炎帝后裔姜姓族群就进入海岱地区并吸纳了宿沙氏等东夷土著，成为海岱区"准东夷"族群的新血液。③常兴照根据鲁东（烟台）白石村和邱家庄文

① 李乃胜、胡建廷等：《试论"盐圣"夙沙氏的历史地位和作用》，《太平洋学报》2013年第3期。

② 张银河：《盐是人类生命及其文化之本》，曾凡英主编：《盐文化研究论丛》第4辑，成都：巴蜀书社，2010年，第187页。

③ 高广仁：《从海岱姜姓国史看炎帝族系对中国文明的巨大贡献》，霍彦儒：《炎帝与民族复兴》，西安：陕西人民出版社，2006年，第131页。

化遗存的类型与鲁北（潍坊）与鲁北地区商周时期遗存中煮盐的坩埚"盔形器"十分相近，推知其主人可能为宿沙氏，而且很有可能是后李文化晚期融入北辛文化。这种情况与夙沙氏的过程正相符合，由此也可证明宿沙氏初作煮盐并非只是神话传说。①

此外，宿沙氏"煮海为盐"开创了中国海洋文明的新时代。海洋文明是人类源于直接与间接的海洋活动而生成的文明类型，它是中华文明的源头之一和有机组成部分。②应当说，历史是由人民群众共同创造的，但英雄人物或圣贤哲人总会在历史的记忆中写下浓重的一笔，特别是在远古时期。宿沙氏这样被公认为"盐宗"的人物，更是凭借伟大的发现加速人类向文明的迈进。从海洋文明文明发展过程看，人类也已经历了靠海吃海、渔盐之利以及舟楫之便等诸多阶段。如果说靠海吃海是出于人的生物本能，而尚未达到开发海洋资源的程度，那么"渔盐之利"才是人类对海洋开发和利用的开始。海水中存在大的盐，人们从前并不知道如何提取，而宿沙氏带领人们"煮海为盐"，获得食盐的同时，开启了海洋资源开发的伟大时代。③周初，齐国充分利用宿沙的这一发明，尤其是管仲相齐后，依靠盐铁而治天下。此后，盐就不仅是人们的生活所需，也是各代统治者富国强民的最大依靠，甚至有了"得盐利者得天下"的说法。宿沙氏"煮海为盐"在海洋开发和利用方面中扮演了极为重要的角色。

---

① 常兴照：《炎黄文化东西说》，《文物春秋》2005 年第 6 期。

② 杨国桢：《中华海洋文明论发凡》，《中国高校社会科学》2013 年第 7 期。

③ 李乃胜、胡建廷等：《试论"盐圣"夙沙氏的历史地位和作用》，《太平洋学报》2013 年第 3 期。

再者，宿沙氏"煮海为盐"开启了海洋工业的新时代。宿沙氏掌握了人工制盐业技术，从事规模化海盐生产。早期盐业生产条件虽显简陋，但其制盐技术和生产过程都达到了复杂的程度。从制盐工具的选择，到海水制卤技术，再到卤水制盐、协作分工等，无不是宿沙氏及其后人长期艰苦探求和创造的结果。宿沙氏的盐分萃取技术是使用盔型的陶器"煮"，这种方法费时、费薪火、出盐低、器具也容易损坏，但在当时的技术条件下，这实在是一项伟大的创造历史的技术发明。[①]如前所述，亦有学者考证，宿沙氏时代的"煮海为盐"，并非由海水直接煮成盐，而是先制卤而后再煎煮成盐。因为如果直接以海水煎煮，使之饱和结晶，则所费燃料甚多，极不经济，故应该先有制卤之法。据后世制盐工艺推论，系先采用易于吸卤之物质，或用细沙，或用各种草灰，在地面摊晒，洒上海水，借日光之热，使卤质凝聚于其内。反复为之，等到卤质吸收充分或者饱和后，即收集倒入坑内，坑底垫以竹管，直通卤缸，成为浓卤。然后注卤于锅，置锅于灶，再煎熬成盐。据推算，当时煮盐主要利用海沙（就地取材即可）作为吸卤之物，煮盐的氏族命名为"宿沙"，很可能就是因为常年使用海沙吸卤这一制盐工艺而得出的。[②]马新亦考证认为宿沙氏"初作煮海为盐"并非说是直接煮海水为盐，而是通过积沙汲卤，然后煮而成盐；他积沙汲卤，一宿即成，那些经过十宿反复积沙汲卤的制盐人，也不如他产盐丰厚。[③]宿沙氏"煮海为盐"标志着人工

---

① 李乃胜、胡建廷等：《试论"盐圣"夙沙氏的历史地位和作用》，《太平洋学报》2013年第3期。

② 陈振中：《先秦手工业史》，福州：福建人民出版社，2008年，第755页。

③ 马新：《汉唐时代的海盐生产》，《盐业史研究》1997年第2期。

制盐技术的突破，为先民们提供了源源不断的食盐原料，也为农牧业和食品加业提供了丰富的海盐原料，而且原盐是化学工业之母，为后世化学工业的发展也开启了先河。数千年来盐业生产大致经历了煮、煎、熬、晒四个阶段。汉代以后由煮盐改为煎盐，明代以后又改为熬盐，明清之后晒盐大受认可，新中国成立后又不断改进晒盐的方法、方式和工艺，盐田机械化水平程度不断提高，原盐生产也由原来的季节性转变为全年都能生产。由此看出，制盐工艺的改进，不仅与当时的生产力水平、器具制作能力相关，而且与社会需求呈正相关的关系。[①]

最后，宿沙氏作为中国"煮海为盐"的创始人，对盐业文明、农业文明、中华文明发展等作出了卓越贡献，成为后世盐业人的精神领袖和盐文化源头。在我国广大海盐和池盐产区，普遍奉宿沙氏为"盐宗"。更为重要的是，"宿沙部落将食盐的生产规模化、规范化，不仅成为后来胶莱半岛乃至整个沿海地区海盐业发展的基本模式，也为促进内陆井盐和池盐的发展提供了精神动力，因此不论海盐、池盐和井盐业都尊宿沙为'盐宗'，宿沙成为古代盐业的精神领袖也是理所当然的"[②]。宿沙氏"煮海为盐"的事迹流传很早，但直到汉代，才开始立庙祭祀。据可信资料记载，盐宗庙始建于汉代。[③]汉代安邑盐池（今运城盐池）很著名，安邑人也祭祀宿沙氏，把他看作是发

---

① 李乃胜、胡建廷等：《试论"盐圣"夙沙氏的历史地位和作用》，《太平洋学报》2013 年第 3 期。

② 王仁湘：《夙沙部落的踪迹——关于山东寿光商周制盐遗迹的思考》，《中国文物报》，2010 年 4 月 16 日，第 7 版；于云洪、王明德：《盐业神祇谱系与盐神信仰》，《扬州大学学报（人文社会科学版）》2015 年第 3 期。

③ 卢南乔：《山东古代科技人物论集》，济南：齐鲁书社，1979 年，第 119 页。

明盐的先民。①

可见，下面论断是非常有道理的："宿沙氏盐宗信仰具有普遍性，其盐宗地位得到全国多数盐区人民的认可和崇敬，在众多盐神崇拜中具有突出地位。因为宿沙氏煮海为盐，不仅开创了中国古代海盐生产的先河，而且也成了人们认识海洋、利用海洋、开发海洋的起点，应是中国海洋开发的鼻祖。从某种意义上讲，宿沙氏煮海为盐具有某种划时代的意义。"②

宿沙氏可以说是半真半假、半人半神的存在。从神的角度言之，对宿沙氏的信仰从南到北、从东到西、从海滨到内陆，凡是产盐的地方，皆有盐神崇拜的祀典，其传播范围之广、影响之深远，远超其他行业神祇，佛道宗教人物难以比拟。从人的角度言之，现代人所见的文献资料及民间传说其实从某种程度上证明远古时代宿沙氏存在的可能性，但因时代过于久远且文献所记凌乱不堪乃至相互矛盾之处所在多有，所以难以确定宿沙氏的存在。可以确定的是，宿沙氏"煮海为盐"正是适应农耕民族食用谷类食物而产生的食盐需求而出现的，而"煮海为盐"这一事实本身，则成为先民认识海洋和利用海洋的新起点。

二、莱州湾南岸盐业的早期发展

宿沙氏"煮海为盐"，开启了海盐生产的历史，此后莱州湾南岸地区就成了重要的盐业生产基地。

---

① 卢南乔：《山东古代科技人物论集》，济南：齐鲁书社，1979 年，第 119 页。

② 于云洪、王明德：《盐业神祇谱系与盐神信仰》，《扬州大学学报（人文社会科学版）》2015 年第 3 期。

（一）龙山文化时期的盐业

人口向盐而居，盐业催生早期文明。无疑，盐业生产最早发生发展的地方，应当是文明最早兴起、文化最先勃兴的地方。而最早掌握盐业生产技术、控制盐业资源的民族或政权，必然会聚集大批的财富。伴随着人口发展及城市的出现，规模化的盐业生产形成了。这是因为早期盐业生产全靠人工，是一种劳动力高度密集的行业。一个盐场既是一个重要的工业基地，又是一个经济聚集中心。大规模的食盐销售与运输活动也需要众多的人口。这样围绕盐业生产、销售、运输和管理等，就会形成一个复杂而有序的社会系统，构成一个庞大的以盐为生的社会人口群体。

盐和盐业在远古社会生活中成了影响人口聚散的重要因素，它犹如黑夜中的一盏明灯，将四面八方的人口牢牢地吸引在周围，共同创造了早期文明。随着社会的变迁和岁月的磨洗，许多因盐而兴的文明湮没在时间的长河中，但依然留下许多文化遗址。莱州湾南岸及其周围地区就有许多这样的文化遗址。

从 20 世纪 50 年代，通过文物普查和考古学家及学者的长期调查发掘，在莱州湾南岸区域发现了大量的盐业遗址及古城文化遗址。在今寿光南部弥河故道一侧的边线王村西发现面积达 6 万平方米的北辛文化遗址（距今 7500—6200 年）。在今寿光北部（古弥河入海口）发现多处大汶口文化遗址，后又在边线王村北发现面积达 5.7 万平方米的龙山文化城堡。从边线王村向北到薛家、后疃再到郭井子村均发现龙山文化遗址，并且均出土了煮盐工具盔形器。在潍坊北部沿海地区，发现了大量龙山文化遗址，从大量出土材料看，这是一个无论社会关系还是生产力，都发生过巨大变革的时代，氏族社会开始解体，大型城址出现，部族国家开始出现，社会进入文明时代的门槛。其中有颇具表性的文化遗址主要有：

千戈庄遗址。①位于潍坊昌邑市北孟镇千戈庄，南北长 200 米，东西宽 100 米，面积 2 万平方米，曾出土素面夹砂黑陶器残片，经专家鉴定为龙山文化，这说明大约距今 4000 多年前就有人开始在此聚居。

鲁家口遗址。②位于潍坊市寒亭区开元街道于村西南 1 公里处，长宽各 200 米，面积 4 万平方米，考古发掘显示，文化堆积厚 3 米以上，分 7 层，以大汶口、龙山文化堆积为主。在3、4 层龙山文化堆积中，有灰坑、房址等遗迹，发现圆形、椭圆形和方形灰坑 29 个，其中袋形穴约占一半。房址 11 座，除 1 座呈浅穴式外，均为地面建筑；除 1 座长方形房址外，均为圆形与椭圆形小房子，面积在 4—10 平方米之间。文化遗物主要是石、骨、蚌、陶器等。石器 75 件，有斧、锛、凿、铲、镰、钺、镞、矛、锤、杵等。骨器 48 件，以镞最多，锥、笄次之，还有凿、刀、匕、针、鱼镖和鱼钩等。蚌器大多残破，器形以铲、镰、刀、镞为主。陶器以轮制黑陶为主，泥质黑陶居多，器型有豆、鼎、盂、杯、罐等，并发现了薄胎高柄杯，此杯的制作精度、造型的艺术，都达到了绝伦无比的程度，至今令制陶专家惊叹不已。

瓜埠顶遗址。位于潍坊市寒亭区固堤街道大流河村东南

① 任怀国：《潍坊文化遗迹述要》，天津：天津人民出版社，2007 年，第 8 页。

② 张学海：《龙山文化》，北京：文物出版社，2006 年，第 47 页。

900 米处的土埠上，面积约 2 万平方米，发掘出龙山文化时期与西周 2 个时期的遗物石钵、陶制纺轮等，遗址是目前潍坊北境发现的最北端的龙山文化遗址，为研究渤海南海线的变迁提供了可靠依据。①

在寒亭区的高里镇李家埠村和吴家村之间发现的李家埠遗址和固堤街道固堤村东南的长墓田遗址、潍坊市坊子区九龙街道北流文化遗址、范家庄遗址、郑家集遗址下层等，也都发现了龙山文化时期遗物。这表明在潍坊区域的北部和中心地带，农业和手工业都有了新的发展。

寿光的龙山文化聚落群如孙集镇的楼子里遗址、大马疃遗址；纪台乡的周家庄遗址、小王家（南）、小王家（东）遗址、赵家庄子遗址；张建桥乡的金马寨遗址；东埠乡的桃园遗址、丁家尧河遗址；寿光镇的李二庄遗址；洛城乡的董家庄（南）遗址；寒桥乡的马家齐村遗址等，在这些遗址中发现了大量的黑陶片、黑陶杯等器物。与我国的龙山文化后期的发展进程是同步的。

位于寿光孙家集镇后埠岭的边线王城址②是一处龙山文化时期有内外两道城墙的古城遗址。它为研究龙山文化时期的城市文明提供了可靠的资料。1977 年平整埠岭时发现。1984—1986 年，为配合修筑益羊铁路工程，山东省考古工作者对边线王遗址进行了深入的勘查、发掘，历时 3 年，取得了丰硕成果。此次发掘，共清理灰坑 100 多个，墓葬 150 余座，出土文物上千件。初步查明遗址的范围、性质、时代、文化堆积和文

---

① 潍坊市地方史志编纂委员会：《潍坊市志》下卷，北京：中央文献出版社，1995 年，第 1529 页。
② 鲁文生等编：《遗址》，济南：山东友谊出版社，2002 年，第 103 页。

化面貌。这座早期城堡的发现，清楚地展现了在龙山文化晚期，黄河下游地区的社会发展已经进入一个新的阶段。

从城堡遗址的发掘情况可知，在4000多年以前，莱州湾南岸地区已经出现了城市。考古资料显示，城堡呈圆角梯形，一般为西南—东北方向。每边长240米，总面积5.76万平方米。分内城、外城两大部分。内城（小城堡）呈圆角方形，每边长约100米。小城堡略早于大城堡。经中国社会科学院专家考证，这属于4000多年前的龙山文化晚期，也是国内迄今已发现的4座龙山文化城堡中最大的一座。①

城堡设施完备。城墙环绕埠岭修筑，现仅存城墙基槽。外城平面为不甚规则的圆角方形，方向（以东墙为准）约15度。城墙长度约240米，总面积5.76万余平方米。已发现的3座城门分别位于东墙、西墙、北墙的中部，南墙为村舍所压，无法探测。内城位于外城中部略偏南，方向与外城一致，东墙基槽保存尚好，北墙的西半部，南墙的东西两端及整个西墙均已破坏。据残存部分观察，平面应为圆角长方形，总面积近1万平方米。东墙中部发现城门1座，与外城东门相对，南墙中部亦发现城门1座，与外城南墙中部相对。北墙和西墙城门已破坏。内城基槽夯土较纯净，内含陶片较少。外城基槽含灰土，陶片较多，时代略晚于内城，均属于龙山文化中期遗存。两道城圈的建筑基槽底部，因埠岭地势起伏，相对高差1—4米。外城基槽横断面呈倒三角形，两侧坡面均有供施工上下用的台阶，间有不规整的上土台。基槽底部有深1—3米的渗水沟，并配置若干小型汲水坑，坑内常发现陶钵、陶盆等，可知当时

---

① 《中国古代城市萌芽于原始社会末期》，《人民日报》，1987年3月2日。

地下水位较高，施工中要不断地向外汲水。内城基槽横剖面呈倒梯形，上口两侧各有一台阶，有的地段，外侧坡面中部还设有较宽的二层台，应该是用作上下通道和堆土使用的，基底未见渗水沟和汲水坑，可能是因内城基本都建在土埠之上，基槽深度较浅而未抵达地下水层面的缘故。

城堡建造水平高，采用了夯筑法。内、外城基槽的夯筑方法、夯层结构基本一致。夯层的层理结构，横剖面均呈下弧状。但上口和底部弧度较小，纵剖面呈水平状态。夯痕以圆坑最为常见，也有一些不规则圆坑。夯窝表面大都铺有一层细砂，这说明那时这里已经具备了加砂防粘的工艺。夯筑技术原始，夯层的质密程度不同，有的夯层很不明显。夯土的硬度较当地的原生土层更为坚实，因而在夯土与基槽壁原生土层的结合部常常形成一层厚 5—10 厘米的钙质结核带。尽管此城只残存了城垣基槽，但这是山东地区龙山文化城零的突破。①经发掘的 4 座城门，均处于各墙中部未挖基槽的空白地段。门道两侧的基槽内发现有陶坑及完整的狗坑、人坑等，应与当地的祭奠仪式有关。

从城堡出土的文物看，证明这里已经有了阶级分化，国家开始萌芽。在边线王夯筑层中，考古学家还发现埋有人、猪、狗的骨架和部分完整的龙山文化陶器。这表明边线王的人们已经开始有了农业和家畜饲养业。从墓葬的规模可知，这里有了氏族组织，两极分化明显，阶级开始产生。边线王龙山文化城堡的发现，在山东史前文化的研究上是一个突破，对研究我国早期城市的形成和国家起源等，揭示潍坊古代城市形成，都有

---

① 张学海：《龙山文化》，北京：文物出版社，2006 年，第 86 页。

着重要意义。

在潍坊北部滨海地区亦发现了龙山文化时期至夏代的（距今4400—4000年）遗址约8处，分别为寿光郭井子、杨家、清水泊农场、西宅科北、双王城09、SL29、SL31号遗址及潍坊市滨海经济开发区韩家庙子21号遗址等。①

寿光郭井子遗址（塌河东）。坐落于潍坊寿光市羊口镇（原属于卧铺乡）郭井子村西北，东西150米，南北120米，该遗址出土了大量的夹砂红陶片、鬶足、泥质黑陶片。据鉴定属于龙山文化时期遗址。虽然此时的陶器不能认定为制盐的器具，但是，龙山时期已经有了煮盐，传说的东夷部落首领夙沙氏煮盐，就发生于这个时期。

双王城。双王城一带属于古巨淀湖东北边缘，古代曾称霜王城，也称盐城。这里发现了两处龙山文化时期的盐业遗址。所见动物遗骸中，除麋鹿角外，还发现了生活在沿海浅滩和内陆淡水中的文蛤、毛蛤、青蛤、毛蚶、蟹、丽蚌等遗骸。郭井子村边海发现了贝壳坝②，该坝形成于距今6350—5340年间，发现的泥质黑陶片，主要用于生活和生产，其中包括用于制盐所用工具。

---

① 寿光县博物馆：《寿光县古遗址调查报告》，《海岱考古》第1辑，济南：山东大学出版社，1989年；山东大学东方考古研究中心、寿光市博物馆：《山东寿光市北部沿海环境考古报告》，《华夏考古》2005年第4期；燕生东、兰玉富：《2007年鲁北沿海地区先秦盐业考古工作的主要收获》，北京大学震旦古代文明研究中心编：《古代文明研究通讯》总36期，2008年；山东大学盐业考古队：《山东北部小清河下游2010年盐业考古调查简报》，《华夏考古》2012年第3期；最近，在潍坊市央子办事处韩家庙子南（21号遗址）、寿光市杨庄北、广饶县东赵村北（5号遗址）等地又发现了4处龙山时期盐业遗址。

② 赵希涛：《中国沿海环境变迁》，北京：海洋出版社，1994年，第21页。

就采集的陶片而言，每处遗址延续时间都不太长，如郭井子、清水泊农场、西宅科北的遗址大致为龙山文化早期晚段，双王城09、SL29 等遗址及韩家庙子遗址属于龙山文化中期晚段。潍坊北部沿海的龙山文化遗存内虽然所发现陶器都常见于内陆地区，还未见专门的制盐用具，但考虑到这些遗址的分布范围，大致与商周、汉魏、元明清盐业遗址及现代、当代盐场基本重合，考古证实，这些遗址应该是当时人们制盐活动所遗留。当然，龙山时期制盐原料到底是什么？是古潟湖水？海水、地下卤水还是盐碱土？如何制卤？用什么工具煮盐？这些问题均需要将来进一步的田野考证。

就目前考古资料而言，莱州湾南岸龙山时期的制盐业规模化程度可能比较小，应属于沿海地区盐业开发的早期阶段。

（二）夏代的盐业

夏朝时，"芒芒禹迹，划为九州"，当时管辖着潍坊的青州，即为九州之一。明朝朱廷立等撰写的《盐政志》就明确记载："盐无地无之，其出于海井山池木石，种类匪一。海，则青州、闽、越、东西浙、南北淮。"①《尚书·禹贡》所载的青州缴纳"盐、絺"贡品，说明早在夏朝青州就开始缴纳贡盐了，也表明夏代潍坊北部沿海就已经开始进行大规模盐业生产了。

考古和文献资料表明，远古时期重要的盐产区常常与史前文明的形成、发展密切相关，那些海盐、池盐、岩盐和盐泉所

---

① （明）朱廷立、（明）史绅等：《盐政志》，北京：北京图书馆出版社，1999 年，第 22 页。

在之地，常常会聚居许多史前人类，并形成群落和氏族集团。在其基础之上，才有了国家和城市等人类文明的中心。这说明盐产地是原始文化的重要凝聚力，史前文明中心的形成与食盐产地的出现存在密切关系。宿沙氏族能够发展成为神农之世的强大诸侯国，其首领敢于与神农氏分庭抗礼，想必其国力强盛，神农氏难以驾驭。宿沙之国不仅人口众多，而且掌握了足够多的食盐财富，人民过着富庶的生活。

《尚书·禹贡》中有关青州盐贡的记载可谓是宿沙氏族后裔经营北海盐业较为确切的证明。宿沙氏族世居北海之滨（北海即渤海，汉魏南北朝时期今莱州湾南岸称"北海郡"或"北海国"），至夏代其盐业生产规模占据了王朝食盐供应中的主导地位。青州是中国最古老的地名之一，今莱州湾南岸属古青州。《汉书·地理志》载："昔在黄帝，作舟车以济不通，旁行天下，方制万里，画野分州，得百里之国万区……尧遭洪水，怀山襄陵，天下分绝，为十二州，使禹治之，水土既平，更制九州，列五服，任土作贡。"①大禹治水成功后，把全国分为9个区域，名之为九州。青州为九州之一，这或许是当时人们心目中的理想政区划分，属于早期行政区划的雏形，真正的州制当创行于汉代。《尚书·禹贡》载："海岱惟青州。嵎夷既略，潍、淄其道。厥土白坟，海滨广斥。厥田为上下，厥赋中上。厥贡盐、绨，海物维错，岱畎丝、枲、铅、松、怪石。莱夷作牧，厥篚檿丝，浮于汶，达于济。"这段话的大意是：青州东北据海，西南距岱（泰山）。嵎夷之地，既已划定界限；潍、

① （汉）班固：《汉书·地理志第八上》，北京：中华书局，2019年，第1523页。

淄二水，亦已流入故道，不致泛滥成灾。因以辨其土性，平地则色白坟起，海滨则遍处斥卤，所以以盐为重。莱州湾南岸地区滩涂广阔，海水盐分高，为海盐生产的天然场所，其物产和贡品主要是盐和细葛布及各种海产品等。虽然这些记述文字简略，但它透露出重要的历史信息。

首先，青州盐贡具有独特价值。《禹贡》所述是青州物产和贡品的最早文献记录，而且是九州中唯一以盐作为贡品的地方，说明青州所产海盐在龙山时代以至于夏朝就是当时天下最著名、最珍贵的特产，青州沿海是当时闻名天下的盐业中心。所谓"贡盐"，实际上乃是当时中央王朝向该地区从事海盐生产的部族征收的食盐，并被视为该地区的"贡品"。征收贡品，亦即征税的原始形态。在产品交换仍为重要贸易手段的夏代，虽然已有了以玄贝为货（货币）的交换方式，但其流通尚未大成气候，故而王室征税采用了向各地征收特产作为贡品的方式。①青州贡盐出自青州北境的莱州湾南岸地区，即古宿沙国所在的地域。先秦时期，齐人称渤海为北海，把桀、纣食用北海之盐作为他们生活奢侈腐化的证据。古青州莱州湾南岸地区滩涂广阔，海面平稳，光照充足，浅滩海水蒸发量大，海水含盐量高，容易利用煮卤的办法获取高质量的海盐。②而且青州海盐能够大量、稳定地生产，能够供应王朝都城地区官民的需要，且有水路交通直通晋南。

其次，青州盐贡在王朝经济生活中占有重要地位。青州以

---

① 任桂园：《从远古走向现代：长江三峡地区盐业发展史研究》，成都：巴蜀书社，2006 年，第 110 页。

② 周光华：《远古华夏族群的融合：〈禹贡〉新解》，深圳：海天出版社，2013 年，第 76—77 页。

南的徐州，因沿海地区未能形成以制盐为业的族群，不能成为古都地区获取海盐的稳定源地。夏帝都所在的晋南地区有盐池，但因其易受水旱灾害且产量很不稳定，亦不能取代海盐的作用。而与其他地区相比，古青州海盐生产的自然条件得天独厚，生产量大，质量好，供应稳定，交通便捷，故青州盐成为支撑古帝国地域人们生存及发展的重要贡品。亦是王朝财政收入的重要经济支柱，也是《禹贡》中唯一记载的"国家"盐贡。①

再次，青州制盐中心与王朝政治中心交通畅达。青州盐贡运往都城的贡路交通路线是："浮于汶，达于济"，也就是顺着汶水进入济水，再从济水入黄河然后抵达帝都。具体行运路线是由潍、淄两河，逆水行船运到鲁山脚下的淄河发源地，沿山谷往西南路行进，运到今莱芜市的汶水河上游；顺汶水河船运西行，进入东平湖，由东平湖行船进入古济水河道，之后进入古荥泽，再入黄河，逆河水西行至晋南码头。然后经过陆运，通过中条山到达古帝都。②这条运道保证了青州贡盐等物品源源不断地运往王朝政治中心。

最后，重要的经济地位表现在政治上，就是古青州域内的古国与夏王朝保持互动关系。夏代青州存在多个部族国家，与王朝关系密切，有些时候甚至能够影响王朝政局的走向，古寒国、斟灌、斟寻等即为其中的代表，因此说"二斟"在夏王朝居于极为重要的地位。③民国《寿光县志》明确记载，"斟灌城

---

① 周光华：《远古华夏族群的融合：〈禹贡〉新解》，深圳：海天出版社，2013年，第78页。

② 同上书，第52页。

③ 高广仁、邵望平：《海岱文化与齐鲁文明》，南京：江苏教育出版社，2004年，第183页。

在今县城东北四十里"，就是现在寿光市留吕镇斟灌村一带。考古发现，斟灌城遗址呈方形，遗址中出土不少文物，至今，这里仍保留东斟灌、西斟灌、城里村 3 处村落，东斟灌村的百姓每逢年节，祭祖必祭禹。斟寻故城一般认为是在今潍坊市奎文区清池街道治浑街村一带，也有一种说法是说在今潍坊市西南昌乐境内。不管是春秋文献史料、文物，还是考古发现等都能够为莱州湾南岸"二斟"古国的存在提供证据。西汉时，在斟寻国故地置斟县，归属北海郡，故址在今潍坊市区东。

按理，斟寻、斟灌、寒国都为东方沿海小国，不能也不应该与中原王朝发生直接关联，更不用说能够影响王朝政局走向，但文献记载显示，寒国不仅能够以滨海小国干预夏王废立，而且居然能够还代夏政。最为可能的解释就是：如同宿沙氏反叛炎帝一样，寒国掌握着重要的盐业资源。通过以上分析，就可以明白，为何区区 3 个小国有参与或者干预王朝政局的能力和机会；同时，从另一意义上说，三国与夏王室之间的联系也正是两大族群互动关系的表达。

三、商周时期莱州湾南岸的盐业

商周时期，是莱州湾南岸制盐业的第一个发展高峰。从商周到秦汉，这里都是全国的制盐中心，盐业成为莱州湾南岸的重要产业。食盐的生产和交换为商王朝的文化繁荣打下了经济基础。在寿光双王城和广饶东北坞、南河崖等处众多盐业遗址的发现，说明这一时期盐不仅受到王朝的高度重视，而且已经具有很大的规模。至周代，周王朝大力发展海盐生产，提高生产力，食盐开始征税，并以此为基础，发展农工商业和海洋产业。需要说明的是，这里的商周中的"周"，指的是西周。东周，也就是春秋战国时期，不包括在内。

（一）莱州湾南岸地区的盐业考古

自20世纪50年代，考古学者开始在潍坊北部的寿光、寒亭、昌邑等莱州湾南岸一带进行勘探调查，特别是自2003年开始在寿光市发现了双王城、大荒北央、王家庄以及潍坊市滨海经济开发区央子镇（包含韩家庙子、固堤场、河北岭子、烽台、西利渔、崔家央子、昌邑东利渔）等近10处殷墟时期至西周早期大型盐业遗址群（图1-1），单个盐业遗址数量超过400处。这些遗址群大体分布范围东至昌邑的虞河，经莱州湾

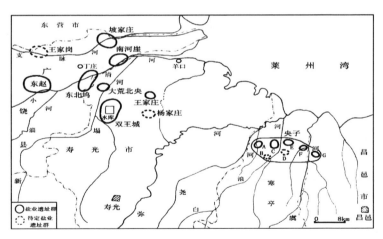

图 1-1　鲁北沿海地区殷墟时期至西周早期盐业遗址群及相关遗址分布示意图

（燕生东等：《鲁北沿海地区先秦盐业遗址2007年调查简报》，《文物》2012年第7期。）

南岸开发区、寿光、广饶，向西越过小清河、淄脉河到东营市黄河之滨。

莱州湾南岸盐业遗址众多，分布密集，保存情况较好，现将主要盐业遗址群的情况和特点论述如下：

1. 山东寿光双王城盐业遗址群

双王城盐业遗址群是以双王城为中心，包括周边发现的200多处盐业遗址。该遗址群位于羊口镇寇家坞村北、六股路村南、林海公园（大致就是今天的林海博览园周边）西南，这里东北距今海岸线大约27公里（图1-2）。

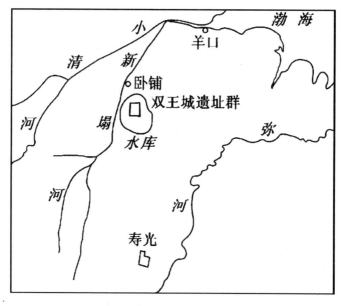

图 1-2　双王城遗址位置

（燕生东等：《山东寿光市双王城盐业遗址2008年的发掘》，《考古》2010年第3期。）

这一地带在地方志中曾称之为"盐城""霜王城"。这一带地表平坦、地势低洼，海拔仅 3—4 米。今天的双王城水库在 20 世纪 60 年代之前是湖沼地，那时，这里的村民曾在双王城北部和寇家坞村南部掘井、修滩、晒盐。省考古勘查时还发现了当时的盐井和煮盐遗留下的灰渣等。考古资料显示，这里的制盐活动在龙山时期、东周时期和元明时期都有印证，其中，东周时期遗存是东部官台盐业遗址群的一部分，金元时期的制盐规模也较大。

近十几年来，南水北调东线重点工程双王城水库建设是在原基础上向北、向西扩容，并挖沟通向济黄济青干渠；寿光市双王城遗址就是在该工程的山东段寿光市双王城水库建设工地施工时发现。2003 年以来由中国社科院、北京大学考古研究所及山东的考古专家联合在寿光考察发现，并进行田野调查、钻探、试掘。专家学者在距今 3000 多年的商代制盐作坊遗址考察论证，发现并确定了商周时期大型盐业遗址群，如双王城、寒亭央子、大荒北央、沾化杨家等都是著名代表。盐业遗址总数已达 200 余处。[①]其中，双王城盐业遗址群总面积达 30 多平方公里，包括龙山文化中期、商代至西周初期、东周时期、宋元时期的古遗址 89 处。这里的发现也是迄今为止所发现的规模最大的商周遗址群。该遗址群的发现，再次证明莱州湾沿岸盐业在当时的兴盛和地位的重要性。

考古发现，每处作坊遗址的规模不是很大，多数一般在 4 千—6 千平方米之间，极少数在数万平方米。就制盐工具

---

① 北京大学中国考古学研究中心、北京大学震旦古代文明研究中心编：《古代文明》第 8 卷，北京：文物出版社，2010 年，第 90 页。

盍形器的年代学研究显示，每处盐业作坊遗址的延续时间不太长。所见遗物多是烧土、草木灰和盍形器（制盐工具），生活器皿不多见。从对盍形器的研究看，商周时期盐业遗址群主要从殷墟第一期延续到西周早期前段，时空分布也呈现出如下规律：由早及晚逐步向北发生位移。值得注意的是，发掘显示，大约在西周早期前段，双王城盐场群整体上开始消失，而到了东周和宋、元时代，这里又分别出现盐业遗址（群）。①

遗址群内较具代表性的遗址情况：

07 遗址：位于遗址群的中北部。2003 年对它的北部进行了调查，发现地表上有宋元瓷器碎片，2004 年春在其南半部发现了商周时期的盍形器遗留（后鉴定其年代为殷墟第一期至第四期）以及宋元时期遗物。后复查，确定该遗址南北长 250 米、东西宽 150 米面积大约 4 万平方米。②

014、014A、014B 遗址：该遗址 2003 年夏季发现，次年秋季试掘。2005 年和 2007 年又对遗址进行了复查。经鉴定，该遗址的时代为殷墟第三、四期至西周早期。位于双王城水库大坝的西北部、遗址群的中偏西北，有两条南北向的现代排水沟穿过遗址东部和西部，使之遭到一定程度的破坏（图 1-3）。在发掘 014 遗址之前，还勘查出了 014A 和 014B 遗址。这些遗址已经是比较完整的制盐单元遗址，参见图 1-4 和图 1-5。

---

① 燕生东、党浩、王守功、李水城、王德明：《山东寿光市双王城盐业遗址 2008 年的发掘》，《考古》2010 年第 3 期。
② 同上书，第 19 页。

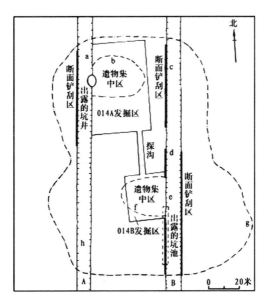

图 1-3　双王城 014 遗址发掘位置

（注：A、B 为现代排水沟，a—h 为遗物采集区）

（燕生东等：《山东寿光市双王城盐业遗址 2008 年的发掘》，《考古》2010 年第 3 期。）

图 1-4　014 遗址盔形器碎片及烧土堆积

（燕生东等：《山东寿光市双王城盐业遗址 2008 年的发掘》，《考古》2010 年第 3 期。）

2. 014BH2：2　　　　　　　3. 014BHK1：3

5. 014AH20：2　　　　　　　6. 014BH2：9

图 1-5　014A 和 014B 遗址出土的盔形器

（燕生东等：《山东寿光市双王城盐业遗址 2008 年的发掘》，《考古》2010 年第 3 期。）

2. 寿光市大荒北央盐业遗址群

位于寿光市郭井子村西南部，南距双王城遗址群 5 公里（图 1-6［1］）。1980 年文物普查时发现了该遗址（群），2001 年山东大学等单位试掘过①（编号为 SD2 遗址）。2007 年 2

---

① 山东大学东方考古研究中心、寿光市博物馆：《山东寿光市大荒北央西周遗址的发掘》，《考古》2005 年第 12 期。

次对该遗址群进行了系统调查，共发现盐业遗址33处（其中31处为新发现遗址）。30多处遗址中，主要是西周时期的：西周早期共27处，东周10处。[①]整体看来遗址分布非常密集（图1-6［2］）。[②]

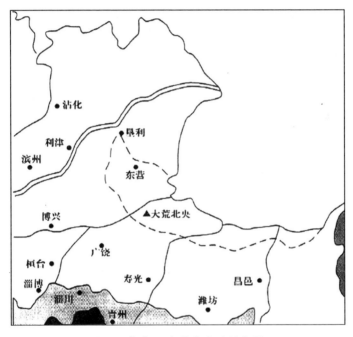

图1-6［1］　大荒北央遗址位置

（王青：《淋煎法海盐生产技术起源的考古学探索》，《盐业史研究》2007年第1期。）

---

　　① 燕生东、兰玉富：《2007年鲁北沿海地区先秦盐业考古工作的主要收获》，北京大学震旦古代文明研究中心编：《古代文明研究通讯》总36期，2008年，第43—56页。

　　② 鲁北沿海地区先秦盐业考古课题组、燕生东、兰玉富：《鲁北沿海地区先秦盐业遗址2007年调查简报》，《文物》2012年第7期。

图 1-6〔2〕 大荒北央周代盐业遗址群

（燕生东、兰玉富：《鲁北沿海地区先秦盐业遗址 2007 年调查简报》，《文物》2012 年第 7 期。）

大荒北央遗址同双王城遗址一样，也存在着三级盐业生产组织。该盐场密集的空间分布正是延续了双王城三期早段开始的"盐场集中化"的现象。加上其他方面的相似，可以认为，这两大遗址群是一个前后发展的整体。

3. 寿光市王家庄盐业遗址群

遗址位于寿光市羊口镇王家庄西南 500 米在棉田内。2009年，寿光市文化局在第 3 次全国文物普查时发现。2010 年秋，北京大学中国考古学研究中心与山东师范大学齐鲁文化研究中心对该地区进行了系统调查，调查范围约 10 平方公里。遗址群西距同时代大荒北央 11 公里，北距现海岸线 23 公里，该范围内共发现遗址 7 处，集中分布在南北长 800 米、东西宽 700

米范围内。遗址保存较好。采集的盔形器可分为一期两段，属于五期（西周早期）前段、中段（图 1-7），延续时间较短，与大荒北央同时，是一个独立的制盐作坊群。

如果把盔形器分期结果反映到遗址群上，可以发现所见盐业遗址均属于这个时期，它们应共存过。

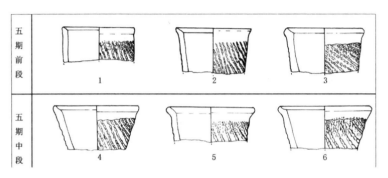

图 1-7　王家庄遗址群出土盔形器分期

（注：1、2，出自 W23 号遗址；3、6，出自 W24 号遗址；5，出自 W25 号遗址。）

上图中，编号 W10、W11、W23、W24、W25 各 2 个制盐单元，W5、W26 各只有 1 个制盐单元，共 12 个制盐单元（表 1-1）。从空间布局上看，比较集中，不能再划分更小的组群，它们隶属于同一个生产组织单位，也是一级独立的生产组织单位。这与这个阶段的制盐单元数量较多的情况是一致的。

王家庄盐业遗址群属于西周早期，时代稍晚。南部咸淡水分界线两侧盐工定居地和内陆腹地聚落都发现了殷墟各阶段遗存，也出土了商代的盔形器。根据盐业遗址群的分布规律，王家庄可能有对应的、年代较早的盐业遗址群。就位置而言，大体应在营里镇北、杨庄以南一带。此外，根据第五期即西周早期盐业生产规模和制盐单位数量普遍减少的规律，与王家庄有发展关系的制盐作坊群的生产单元数量应超过之。当然，这些认识还有待下一步的田野考古工作来证实。

表 1-1　王家庄制盐单元数量表

遗址编号	面积（m²）	制盐单元个数	备　　注
W15 号	2000	1	被水沟破坏
W10 号	11000	2	
W11 号	10000	2	
W23 号	10000	2	
W24 号	11000	2	
W25 号	9500	2	
W26 号	5000	1	中部被水沟挖掉

（资料来源：燕生东：《渤海南岸地区商周时期盐业遗址群结构研究——兼论制盐业的生产组织》，《古代文明（辑刊）》2010 年 11 月刊。）

4. 滨海开发区央子遗址群

该遗址位于潍坊市滨海开发区央子办事处和昌邑市西北的龙池镇东利渔一带，丹河、白浪河、虞河从南向北穿过遗址群（图 1-8）。遗址群北缘距莱州湾约 17 公里，是距今海岸线最近的盐业遗址群之一。这些盐业遗址群内还见少量龙山时期制盐遗址以及规模巨大的东周时期、金元时期盐业遗址群，其所在位置几乎与形成于明清时期的、距海岸线最近的现代村落乡镇重合，说明该地海岸线 4000 年来变化不大。现代盐业资源的高度开发以及近年来修建的一些厂房，对遗址群的破坏很大。

20 世纪 80 年代文物普查时，以固堤场为中心，东边到烽台、东利渔，西利渔，西边到韩家庙子，南边到河北岭子、崔家央子，北边到蔡家央子、林家央子，都发现了盐业遗存。其中，在固堤场、崔家央子、河北岭子、央子井场、西利渔等地还出土过盔形器，同时考古还在这里发现了数量不多的绳纹鬲、素面鬲、簋、罐等生活器皿。①北京大学考古学中心、山东师大齐鲁文化中心与潍坊市文化局等单位于 2007—2009 年对这一带进行了 3 次系统调查，除发现了商代和西周早期制盐遗存外，还有上百处东周时期的盐业遗址。这再次证明莱州湾南岸盐业在商周时代的发达状况。

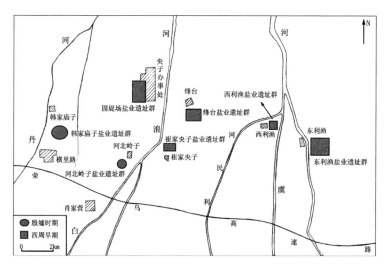

图 1-8　潍坊市滨海开发区央子一带盐业遗址群分布示意图

（燕生东：《商周时期渤海南岸地区的盐业》，北京：文物出版社，2013 年，第 155 页。）

　　央子遗址群规模虽大，但分布在东西横跨 18 公里、南北宽约 5 公里范围内，比较松散。包含了韩家庙子、固堤场、烽

①　曹元启：《试论西周至战国时代的盔形器》，《北方文物》1996 年第 3 期；参见潍县文化馆编：《潍县文物志》（内部刊），1985 年。

台、东利渔、河北岭子、崔家央子以及昌邑市东利渔等7处规模较小的盐业遗址群。就空间分布而言，它们各自属于独立的单元。与其他地区的盐业遗址群与海岸线垂直分布不同，这些遗址群与胶州湾平行展开。应是与横亘在遗址群南部的大湾口古潟湖（别画湖、朕怀湖）有关。①

韩家庙子遗址群位于潍坊市滨海开发区（原为寒亭区）央子办事处韩家庙子村南、横里村以北的棉田和现代盐田内。丹水从遗址群西部穿过，新沙路经过其南部。韩家庙子遗址群东南距同时期遗址河北岭子约4公里，东北距固堤场遗址群约5公里。央子遗址群规模较大，东西横跨18公里。实际上，央子遗址群包含了韩家庙子、固堤场、烽台、东利渔、河北岭子、崔家央子以及昌邑市东利渔等7处规模较小的盐业遗址群。经过详细调查的韩家庙子有4处、固堤场7处、烽台2处、西利渔1处、东利渔6处，而河北岭子和崔家央子早年曾出土过完整盔形器②，说明那里也有遗址（群）。就盔形器形态特征和同出的生活器皿来看，韩家庙子、河北岭子出土盔形器时代最早，可分三期五段，相当于盔形器分期的一、二期前、后段及三期前段。固堤场、烽台、东利渔、西利渔、崔家央子出土盔形器时代较晚，可分前、后两段，相当于盔形器分

---

① 徐明广：《引黄济青工程沿线浅层第四系沉积相和沉积环境》，《海洋地质与第四纪地质》1988年第8卷第2期；郭永盛《历史上山东湖泊的变迁》，《海洋湖沼通报》1990年第3期。湖呈北西向分布，西起丰台岭（韩家庙子以西5公里），东至博乐埠，南到大湾口，北到蔡家央子，长约30公里、宽约20公里。曹元启：《试论西周至战国时代的盔形器》，《北方文物》1996年第3期；参见潍县文化馆编：《潍县文物志》（内部刊），1985年。

② 曹元启：《试论西周至战国时代的盔形器》，《北方文物》1996年第3期；参见潍县文化馆编：《潍县文物志》（内部刊），1985年，第16—20页。

期的五期中、后段。

从出土的盔形器标本看，该遗址可以分为三期五段，相当于盔形器总分期的一期、二期、三期前段，即相当于双王城、东北坞的第一阶段。把盔形器分期的结果反映到盐业遗址群上，就可以发现韩家庙子所见盐业遗址均属于这一时期，说明它们同时共存。三期前段，出土遗物开始减少，制盐作坊开始出现整体迁移的现象。盐业生产在三期四段后发生变化，与双王城、东北坞、东赵情况完全一样。

这4处盐业遗址，编号H21、H23、H24遗址均被破坏，面积不清楚，只有H17保存较好，面积在6000平方米，有1个制盐单元。这4处盐业遗址至少有4个制盐单元。从空间布局上看，比较集中，应属于同一组群，是一级独立的生产组织单位。1组群内有5个左右的制盐单元，这与同时期其他盐业遗址群的情况完全相同。

固堤场遗址群位于潍坊市滨海区央子办事处、蔡家央子以西、林家央子以南的棉田和现代盐场内，东距白浪河约800米处，北距莱州湾仅15公里，东距烽台遗址群2.8公里。遗址群北缘有1条东西向的古贝壳堤，西部、南部被工厂和盐田占压，东部也被央子办事处、林家央子、蔡家央子村破坏，只有林家央子南部棉田和现代墓地周围的遗址保存较好。

经过考古工作者在面积2.5平方公里的范围的系统调查，发现西周的盐业遗址7处，东周20处，宋元时期3处。7处西周盐业遗址集中分布在南北长1200米、东西宽550米、面积近70万平方米的范围内。多数遗址已被破坏，只有编号为G1遗址保存地相对较好，遗址中心是盐灶等设施，面积大约600平方米，地表上散见盔形器残片、烧土块和文蛤。另有灰坑、坑池及陶片等。所出盔形器的年代大致分为 2 段，相当于盔形器总分期中的五期中段、后段。如果把盔形器分期的结果对应到盐业遗址群上，不难看出固堤场所见盐业遗址都属于这一时期。

这 7 处盐业遗址，编号 G10 遗址面积 1 万多平方米，有 2 个制盐单元，编号 G1、G4、G12 遗址，面积在 4000—6000 平方米，各 1 个制盐单元，其他 3 处破坏较重，遗物多不存，制盐单元数量不清。但固堤场制盐单元总数量在 10 个左右应没问题，与寿光市王家庄相似。从空间布局上看，这些制盐作坊比较集中，应属于同一组群，是一级独立的生产组织单位。

烽台遗址群位于潍坊市滨海开发区央子办事处烽台村南部、东南部的棉田内。西距白浪河约 1 公里，东距西利渔遗址群约 2 公里。目前，考古调查范围超过 5 平方公里，只在北部靠烽台村南发现 2 处盐业遗址，估计大部被现代盐场破坏（图 1-9）。编号 F12、F21 遗址已被东周时期盐业遗存所破坏，面积和制盐单元数量都无法搞清。从地表采集的样本看，年代与固堤场大致同时。

西利渔遗址（群）位于潍坊市滨海开发区央子办事处西利渔村北，北临利民河。目前，只对南半部大约面积 1.4 平方公里的范围进行过调查，仅发现西周早期盐业遗址 1 处。村民说在利民河以北修建盐田时，曾发现过盔形器残片。估计这一带还有这个时期的盐业遗存。

该遗址已被东周时期的盐业遗存破坏，面积和制盐单元数量无法了解。所见盔形器标本均为五期中、后段。

东利渔遗址群位于昌邑市龙池镇东利渔东南，遗址群北部被盐田占压。西距西利渔遗址（群）仅有 3.5 公里，向北距离莱州湾也只有 16 公里。当地文物部门曾经采集过盔形器碎片。我们在这一带做过 2 次简单调查，在一大型取土坑四周断崖上发现了西周早期盔形器碎片。2010 年冬，山东省文物考古研究所与昌邑市博物馆在这一带进行系统调查，在 10 平方公里范围内，发现 6 处西周早期盐业遗址。①

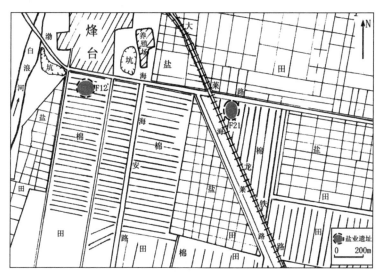

图 1-9　烽台盐业遗址群分布

位于烽台南部 2.6 公里的崔家央子村一带，考古队曾在村东及东南部做过调查，但也未发现遗址。早年，文物部门曾在此地征集过多件完整盔形器。就时代而言，属于五期中段。估计该遗址（群）与固堤场大体同时。

目前所发现的固堤场、烽台、西利渔、东利渔，加上崔家

① 燕生东、田永德等：《渤海南岸地区发现的东周时期盐业遗存》，《中国国家博物馆刊》2011 年第 9 期。

央子共 5 处西周早盐业遗址群，分布在东西长 12 多公里范围内。遗址保存较好，调查工作较为详细的固堤场、东利渔，各发现 6、7 处盐业遗址，每处约 10 个制盐单元（典型者如寿光市王家庄盐业遗址群）。如果其他 3 处的情况与其相似的话，那么制盐单元总数在 50 处左右。上面已经提及过，这一阶段的制盐单元数量在广饶、寿光一带大大缩减，而黄河三角洲地区已基本不见这一时期的盐业遗址，只有这一个地方，盐业生产规模不仅未缩小，还有扩大的趋势，而且在内陆地区发现的盐工定居地聚落，也向东发展到潍河西岸（如昌邑市蔺家庄），其现象比较特殊。至于出现的原因，需要进一步考虑。

另有昌邑瓦城盐业遗址群。该遗址位于昌邑市龙池镇东利渔瓦城附近，北距西利渔盐业遗址（群）仅有 5 公里。昌邑市博物馆在这里采集到的 2 件盔形器均为残品，时代为西周早期的中段、后段。[①]最近的考古发掘出属于西周早期的盐业遗址 6 处。如此众多的盐业遗址群的发现表明，先秦时期莱州湾岸的盐业已经发展为很大规模，制盐业也称得上非常普遍的手工业了。

5. 广饶西杜疃遗址和南河崖遗址

西杜疃遗址位于广饶县城东北约 7.5 公里的西杜疃村西。面积大约 12 万平方米。1988 年发现，后遭到破坏。该遗址的文化层超过 3 米，自下而上的堆积依次为龙山文化—岳石文化—商周—汉代。其中，商周层所出盔形器约占陶器总量的 1/3（一说超过半数），是盐业遗址。

南河崖遗址群位于广饶县广北农场南河崖村周围，南距大荒

---

① 李水城、兰玉富：《鲁北——胶东盐业考古调查记》，《华夏考古》2009 年第 1 期。

北央遗址 4.5 公里，西南距东北坞遗址群约 5 公里（图 1-10）。①

　　这里发现了不同时期的盐业遗址，尤其是商周、东周时期的遗址。2002 年，专家们在鲁北莱州湾和胶东的考古调查中，发现多处商周时期的遗址，其中盔形器就是制盐专用器具。2007 年学者又重点考察了目前鲁北沿海最大的制盐遗址群之一，即广饶南河崖遗址，新发现古遗址 60 余处。②

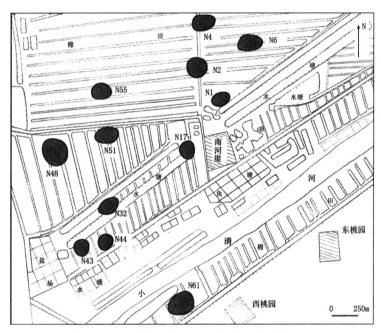

图 1-10　广饶县南河崖盐业遗址群分布示意图

（燕生东：《商周时期渤海南岸地区的盐业》，北京：文物出版社，2013 年，第 142 页。）

　　①　燕生东：《商周时期渤海南岸地区的盐业》，北京：文物出版社，2013 年，第 142 页。

　　②　李水城、燕生东：《山东广饶南河崖发现大规模制盐遗址群》，《中国文物报》，2008 年 4 月 23 日，第 2 版。

（二）考古发掘反映出的莱州湾南岸盐业

从上面考古资料可知，潍坊海盐在商周时期占据社会生产的重要位置。海盐业获得了很大发展。现从几个方面论述考古发掘反映出的莱州湾南岸盐业的进展情况：

1. 生产流程及相关问题

通过多年来大量的遗址调查、钻探和试掘资料，考古工作者基本上已经理清了莱州湾南岸商代晚期、西周早期的制盐作坊结构、布局及流程。

制盐作坊作为盐业生产地点，需兼顾制盐各环节工作，同时还要考虑莱州湾南岸地区气候条件，因此，作坊之结构、布局诸方面的设计颇为周到，兼具使用的实用性与功能的多样性。在盐业生产环节中，莱州湾南岸已出现足以载入史册的生产技艺革新，受自然环境及社会人文因素影响，莱州湾南岸地区的制盐人员较早地采用了卤水制盐技术及盔形器等生产工具，对煮盐时间等生产环节的把握亦较具水平。随着制盐规模的发展，该区域也逐渐形成了一定规模的生产聚落。

先看制盐单元的布局：一个完整的制盐单元结构包括卤水坑井、盐灶、灶棚（灶棚作用有三：一为防风雨；二是在春末夏初东南风多的时候，风顺助火；三为方便生产、住宿之用的同时可以存储物品）及附属盐灶的工作间、储卤坑等，它们处于地势最高的中部，以此为中线，卤水沟和坑池分布在两侧，而生产垃圾则倾倒在盐灶周围空地和废弃的坑池内。此外，灶棚内的空地可以作为盐工的临时住所以及仓储使用，具有房屋的功能。一个完整制盐作坊单元面积在 2000 平方米左右（不含生产和生活垃圾区）。下面以双王城遗址群为例，较为详细地再现其基本布局（图1-11）。

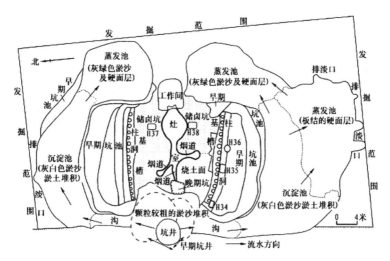

图1-11 双王城遗址制盐作坊单元结构复原图

（燕生东、党浩、王守功、李水城、王德明：《山东寿光市双王城盐业遗址2008年的发掘》，《考古》2010年第3期。）

该遗址南北大致长150米，东西宽大约100米，面积1.5万平方米。遗址地表散落盔形器碎片。西部排水沟暴露出坑井，东部排水沟暴露出坑池，坑池底部具有明显防渗漏加工的迹象，不仅底面平整、光滑，而且还铺有灰绿色砂黏土，坑池内遍布草木灰和硬质白色土块。①该遗址014A、014B以及相近的遗址的发掘说明，每一完整制盐单元的结构模式也大致相同。下面分述其结构：

坑井：井口基本形状是圆形，上部为敞口、斜壁，1米以下则为直口、直壁，坑井下部周壁是井圈，便于卤水的收集，

---

① 燕生东、党浩、王守功、李水城、王德明：《山东寿光市双王城盐业遗址2008年的发掘》，《考古》2010年第3期。

也能够防止井壁的塌陷。坑井与水沟、坑池相连。

坑沟：简言之，就是连接浅坑与坑池的水沟。

坑池：一般分列南北两侧，成组出现。1 组坑池一般包含 1 个弧边长方形大坑池，1 个弧边正方形中坑池，外加连接两池的宽沟。从发掘情况看，晚期坑池保存较好。大型坑池一般位于南北两侧，中型坑池分别位于东南和东北部，池内堆积灰绿色淤沙，每层间都发现了板结的硬面。

根据考古判断，堆积着灰白色淤沙、深褐色淤泥黏土的大型坑池应该是沉淀池，中型坑池为蒸发池。大型坑池外缘上的豁口供排走淡水之用，雨水来临，它可以防止卤水被雨水冲淡，在盐池下风口处的豁口可以将浮于表面的淡水排出。根据物相分析，蒸发池内灰绿色沙土中的元素成分比沉淀池、卤水沟中多了白云石（$MgCO_3$）。井水提出后，逐级过滤，杂质含量逐渐降低，卤水逐渐提纯。经过化学分析，坑池的性质得到了证实。[1]

盐灶：这是制盐单元的核心，一般位于地势较高的中心部位及东部，与卤水井位于同一轴线。盐灶的组成一般包括工作间、烧火坑、火门、大型灶室（大多为椭圆形）、灶室（长条状）、烟道和圆形烟筒，加上左右两个储卤坑。工作间位于东部，半地穴式，底面由东向西倾斜，底部有 3 个活动面。每一活动面上都保留了人们活动痕迹，例如留下的灰土以及陶盆、罐等碎片。工作间的西部是亚腰形烧火坑，坑内保留着草木灰。烧火坑西侧就是火门，火门无论是底部还是左右两壁，都

---

① 燕生东、党浩、王守功、李水城、王德明：《山东寿光市双王城盐业遗址 2008 年的发掘》，《考古》2010 年第 3 期。

非常坚硬，且颜色呈砖红色。火门口向西与大型灶室相连。椭圆形灶室向西通向长条形灶室，灶室西端和南北两侧各有窄形的长条烟道和圆形烟筒。灶室南北两侧各有一个存放水用的圆角长方形坑，坑壁、坑底都经过了加工，坚硬防渗（图1-12）。

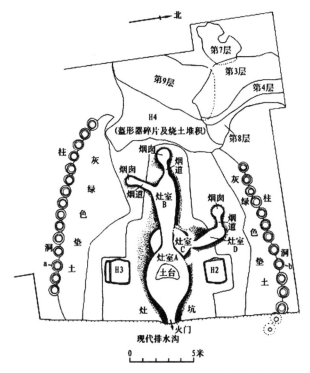

图 1-12 双王城遗址盐灶及周围遗迹

（燕生东等：《山东寿光市双王城盐业遗址 2008 年的发掘》，《考古》2010 年第 3 期。）

考古资料发现，盐灶的数量和面积决定了盐的产量。通过目前的相关资料，如双王城等遗址的测量和计算，1 个制盐单元一般只有 1 座盐灶，其面积约 30—40 平方米；根据盔形器的口径、腹径可以推断出，一座盐灶可以同时放置150—200个盔形器（因为不同时期盔形器的口径、腹径有差别），每个盔形器的盛盐量不同，但基本在 2.5—3.5 公斤之间，也就是说，1 个制盐单元 1 次举火的制盐量大约就在 1 千斤左右。[①]

制盐单元的布局，除了坑井、坑沟、盐灶，还有灶棚和灰坑等，前面已经提及，灶棚的作用主要有三方面，灶棚的平面形状近似正方形，南、北两侧挖坑立柱，木柱排列成的墙体大致呈弧形，从而把灶室、烟筒、烟道和储卤坑包围在中间。东南、西北两端开口，中间为工作间，左右紧靠蒸发池。灰坑有大有小，功能也不同，有存放淡水的，还有储放粮食、生活器皿等物品的，也有倾倒生活垃圾的。

通过对其他遗址，如距离双王城遗址、大荒北央遗址不远的东营市广饶的南河崖遗址的发掘，发现这些遗址的制盐单元的构成都是一致的。

制盐流程方面：除了制盐单元的布局，我们再了解一下制盐流程。一般史料显示，海水煮盐技术大致分为直接煎煮法和淋卤法两种方法。具体拿双王城遗址来说，王青教授认为此时煮盐采用的是摊灰淋卤煎盐法，其流程大致是：摊灰刮面（即先开沟取得卤水，再摊灰刮卤、筑坑淋卤），煎卤成盐（即设盐灶，以罐煎卤，破罐取盐）。[②]但是这一观点也有人提出质疑。学术界一般认可的流程大致为：首先是将高浓度卤水净化

① 燕生东：《商周时期渤海南岸地区的盐业》，北京：文物出版社，2013年，第114—115页。

② 王青：《煎淋法海盐生产技术起源的考古学探索》，《盐业史研究》2007年第1期。

提纯，然后把它容器中储存、蒸发，最后再放进罐形器内慢火熬煮成盐。①

　　从考古资料可以断定，商周时期莱州湾南岸地区的制盐流程大致如下：制盐原料为浓度较高的地下卤水（当然还需要适当提纯工艺）。②"从井内取出卤水后流入沉淀池过滤，卤，再流入蒸发池内日晒从而形成高浓度的卤水。再将制好的卤水放入储卤坑。在灶室上搭设网状架子，上面放上盔形器（内添加卤水），在工作间内点火。煮盐过程中还要除去杂质。盐块满至盔形器口沿时停火。后打碎盔形器，取出盐块。最后将生产垃圾倾倒在一侧。"③

　　双王城等遗址考古发现，颠覆了以前人们从文献中获得的认知；文献表明，莱州湾南岸的卤水制盐的方法最早见于西晋或唐代。④而双王城商代盐井的发掘则将这里盐井的历史提早了1500多年。这里的制盐单元内外的设施，如坑井、蒸发池、盐灶、灶棚等都属于商周时期盐业考古的首次发现。

　　根据目前考古发现，宋元时期这里的制盐流程大致为，首先从卤水井提取到卤水，倒入过滤沟净化，之后将制好的卤水装到盐灶旁的大缸内。起火之前，再将卤水倒入盐灶的

---

　　① 祁培：《先秦齐地盐业的形成与演变》，华东师范大学硕士学位论文，2014年。

　　② 该区地下卤水的浓度是海水的3—6倍。见孔庆友等：《山东矿床》第3章第2节"山东地下卤水矿床"，济南：山东科学技术出版社，2006年；韩有松等：《中国北方沿海第四纪地下卤水》，北京：科学出版社，1994年。

　　③ 燕生东、党浩、王守功、李水城、王德明：《山东寿光市双王城盐业遗址2008年的发掘》，《考古》2010年第3期。

　　④ 《北堂书钞》一百四十六卷引（晋）伏琛《齐地记》载："齐有皮邱坑，民煮坑水为盐，色如白石，石盐似之。"《新唐书》卷三十八《地理志》记载，贞观元年，东莱郡掖县"有盐井二"。

铁盘或铁锅内，点火熬煮。从文献记录看，莱州湾南岸当时的制盐原料为海水，海水盐度不够，就通过淋灰法来汲卤并提高卤水浓度，最后再煎熬，盐灶是平地垒筑的灶台。而双王城考古发现，与文献记录不尽相同，例如，盐灶就不是平地垒筑灶台，这些都能够修正或弥补文献的不足或者不够确切。

煮盐时间与盐产量： 从先秦资料来看，莱州湾南岸的煮盐时间季节性较强。文献和考古资料都表明，商周时期莱州湾南岸地区的煮盐时间主要集中在春、秋两季，到了春秋时期，政府介入民间煮盐业，时间则被限定在十月到来年正月这一范围内。[1]可以推断，既然政府明令禁止春季煮盐，说明在这一季节，民间一定存在煮盐之事。从 2008 年南河崖遗址的发掘看，秋季是民众煮盐的最佳时节。对此，燕生东先生认为，从煮盐遗址（如双王城遗址）的遗存和制盐单元的构架以及碳酸盐氧碳同位素比值等要素看，结合有关气象资料，煮盐季节应集中在春夏之间，一般在雨水来临之前。[2]

如果再考虑到作为燃料的草本植物的收割季节，就会发现这一论断是很合理的。当时芦苇的需求量最大，不仅仅是做燃料，还要铺垫盐棚顶、编制井圈等。而芦苇的收割，只能是在冬季河湖水上冻后进行。准备好芦苇，春季制盐才成为可能和

---

① 祁培：《先秦齐地盐业的形成与演变》，华东师范大学硕士学位论文，2014 年，第 35 页。

② 山东省寿光市羊口镇志编委会：《羊口镇志》，潍坊：山东潍坊新闻出版局，1992 年，第 56—65 页；山东省广饶县地方史志编纂委员会：《广饶县志》，北京：中华书局，1998 年，第 104 页；山东省寿光县地方史志编纂委员会：《寿光县志》，上海：中国大百科全书出版社上海分社，1992 年，第 94 页；山东省盐务局：《山东省盐业志》，济南：齐鲁书社，1992 年，第 118 页。

现实。因此，可以得出这样的推论，制盐具有季节性，制盐时间应集中春季和夏初，并且，这种季节性制盐是有规律的、固定性的、周而复始的。[①]

2. 生产工具和技术

在莱州湾南岸的盐业遗址中，经常会发现一种外形类似头盔的陶器，这就是著名的煮盐工具——盔形器。

盔形器出土的遗址大都在海拔 10 米以下，位置离海非常近，且这些遗址中的盔形器出土数量巨大。山东地区盔形器 20 世纪 50 年代就已出土，只是当时没有引起重视，到了 90 年代，任相宏先生通过对青州的盔形器的研究，认定其主要是用来舂米和汲水气，而后来曹启元分析潍坊和惠民的盔形器则指出盔形器的主要用途是生产盐和卤膏。[②]山东地区出土盔形器到底有多少？王青先生作了统计：西起乐陵，东至昌邑的 19 个县市区在内的鲁西北地区接近 80 处。遗址年代主要是商周时期，春秋战国较少。

2000 年后随着盔形器的不断发掘，盔形器研究也成为热点，受到考古专家们的关注，方辉、王青、李水城、燕生东等都认为，盔形器与海盐生产一定有着密切的联系。王青先生指出，经科学检测，山东寿光大荒北央和阳信李屋遗址出土盔形器的内壁凝结物应与早期制盐有关，这两处遗址靠近海边，出土的盔形器应该就是专门用于生产海盐的工具。另外，结合附近出土盔形器的考古资料，可以明确断定盔形器应是用以煎卤

---

① 燕生东：《商周时期渤海南岸地区的盐业》，北京：文物出版社，2013 年，第 115 页。

② 曹启元：《试论西周至战国时代的盔形器》，《北方文物》1996 年第 3 期。

成盐的器具。①王青先生还提到，内陆出土的盔形器是有除煮盐之外的其他用途的。②

李水城先生结合自己对莱州湾地区的考察，加上对文献资料的梳理，得出这样的结论：胶州湾地区盔形器基本是环绕莱州湾分布的。根据不同遗址的出土情况，可以将盔形器的分布区域细化为高低密度两个部分。高密度区主要指的是以莱州湾为圆心，沿海岸线 15—30 公里范围形成面向海湾的弧线，这一范围内的商周遗址都发现了盔形器，并且，盔形器的比例非常高，甚者可以达到九成以上。低密度区指的是在高密度区的外围的商周遗址，这些区域的盔形器较少，基本呈零星分布状态。当然，专家们通过研究和田野调查，对盔形器的年代有不同看法，多数学者将其推定为商周时期。对于盔形器的功能，学者们的看法也不一统一，有的看作是汲水器，有的看作是煮盐或晒盐用具，还有人视为陶臼。李水城从其胎体较为厚重的这一特征看，盔形器不应该是一般生活用具。结合世界其他地区的发现，认为盔形器应该是一种生产用具，并且这一生产用具是较为特殊的，或者是专门来用作某种生产或者某种产业的。通过追溯盐业发展史，尤其是商周时期，可知齐国一直是重要的盐业基地，被尊为海盐之神的宿沙氏活动在山东境内，山东的盐产业出现得相当早。③这里，李先生还明显地暗示了莱州湾南岸盔形器的制盐工具的功用。

---

① 王青：《"管子"所载海盐生产的考古学新证》，《东岳论丛》2005 年第 6 期。

② 王青、朱继平：《山东北部商周时期海盐生产的几个问题》，《文物》2006 年第 4 期。

③ 李水城：《近年来中国盐业考古领域的新进展》，《盐业史研究》2003 年第 1 期。

燕生东先生则把盔形器认定为煮盐用具，尤其是东周时期，此类器物主要集中在渤海沿岸，不仅出土数量多，而且形态很特殊，在东周时期遗址中，这类器物多与鬲、豆、盆等共存，并且前面提过，《管子·轻重甲篇》等文献也有这方面的论述。①20 世纪八九十年代，学者们已普遍认识到这一器物的年代可以追溯到殷墟时期，并把它看作鲁北商周时期东方土著（东夷）式陶器。②

20 世纪 90 年代，学者们开始对制盐工具盔形器类型学、编年、文化性质、分布与功用等进行专门研究。曹元启先生应该是最先对盔形器进行形态分析的学者③，他对历年发现的盔形器进行研究并得出这样的结论：盔形器是用来煮煎海水、卤水（地下）或卤膏（硝）的用具。

方辉在《商周时期鲁北地区海盐业的考古学研究》等文中也对鲁北海盐生产着力进行研究。④他根据邹平丁公遗址的新发现以及殷墟的盔形器认为，鲁北地区的盔形器属于煮盐工具，与三峡地区煮盐用具、美洲玛雅地区的圆底罐（煮盐工具）、日本的尖底圆底器都大致相似。他还根据甲骨文

---

① 燕生东：《商周时期渤海南岸地区的盐业》，北京：文物出版社，2013年，第 6 页。

② 王迅：《东夷文化与淮夷文化研究》，北京：北京大学出版社，1994年，第 42 页；栾丰实：《东夷考古》，济南：山东大学出版社，1996 年，第343—347 页；栾丰实：《商时期鲁北地区的夷人遗存》，三代文明研究委员会编：《三代文明研究》（一），北京：科学出版社，1999 年，第 270—279 页；中国社会科学院考古研究所编：《中国考古学·夏商卷》，北京：中国科学出版社，2003 年，第 308、313—315 页；陈淑卿：《山东地区商文化编年与类型研究》，《华夏考古》2003 年第 1 期。

③ 曹元启：《试论西周至战国时代的盔形器》，《北方文物》1996 年第 3 期。

④ 方辉：《商周时期鲁北地区海盐业的考古学研究》，《考古》2004 年第4 期。

等颇有说服力的资料，证明商王朝东征夷方的根本企图就是控制鲁北的海盐。在以后的论文中，他又进一步强调了这一观点。①

关于盔形器用途的科学依据，祁培博士也再次认定其煮盐工具之性质，在他的论文中进行详细阐述。非常明确地指出，盔形器是沿海地区的煮盐工具，"是毋庸置疑的"②。

围绕盔形器这一制盐工具，燕生东先生曾进行10多年的实地田野工作，积累了第一手丰厚资料。在其《商周时期渤海南岸地区的盐业》一书中，对盔形器进行了相当精细和科学的论证③：

他指出，渤海湾南岸发掘的盐业遗址中，盔形器占到出土器物的95％以上，而在盔形器当中，大约90％的盔形器的腹部内壁都存留了白色垢状物。科学分析的结果已经毫无疑义地证明，这些白色物质基本都是煮盐过程形成的。④

由此可见，盔形器应为煮盐工具。目前考古发现商代的盔形器大多数为泥制陶，不能直接受火。并且，盔形器底部也没有二次受火的痕迹，腹上粗宽的绳纹上也没有发现烟炱。那么，怎样煮盐即如何摆放盔形器是必须要考虑到的。

---

① 方辉：《从考古发现谈商代末年的征夷方》，《东方考古》第1集，北京：科学出版社，2004年，第249—262页；方辉：《商王朝经略东方的考古学观察》，荆志淳等编：《多维视域——商王朝与中国早期文明研究》，北京：科学出版社，2009年，第70—84页。转引自燕生东：《商周时期渤海南岸地区的盐业》，北京：文物出版社，2013年，第6—7页。

② 祁培：《先秦齐地盐业的形成与演变》，华东师范大学硕士学位论文，2014年。

③ 燕生东：《商周时期渤海南岸地区的盐业》，北京：文物出版社，2013年，第105—110页。

④ 崔剑锋、燕生东等：《山东寿光市双王城遗址古代制盐工艺的几个问题》，《考古》2010年第3期。

从考古发掘看，煮盐灶室底面都建有硬度高的受火面，烟道和烟筒内也都有厚厚的烟灰，说明灶室肯定是封闭的，不然留不下这些痕迹。商周盐业遗址中，专家们发现了众多的草伴泥烧土堆积。烧土内掺加的草类数量多，这些草类主要是芦苇，这种植物在当地随处可见，茎秆也粗大，因而，烧土结构呈现出疏松、质轻的特点。其形状大多数呈圆底状（图1-13：1、2），内壁还有粘印的绳纹，部分呈扁平状。因盔形器底部还粘带圜底状红色草拌泥（图1-13：1），可以推断这些烧土肯定是紧紧附贴在盔形器底部的（盐灶内周壁见不到草拌泥烧土）。

图1-13 双王城遗址出土盔形器底部、凹状草拌泥红烧土

（燕生东：《商周时期渤海南岸地区的盐业》，北京：文物出版社，2013年，第107页。）

此外，灶室旁灰坑内也发现存留着数量不小的圆柱形的、方柱状、扁柱形、长条形的烧土残块。烧土条块烧制坚硬，上还有木条状凹痕。这类遗存在014遗址发掘过程中也发现很多，由于烧土内羼杂的草叶茎太多，非常酥散，不易提取。最近，在广饶县东赵遗址群内多个盐灶周围发现了这类遗存。

除此之外，在双王城014遗址制盐单元2内还发现了4个盔形器连成"一体"的不凡现象，盔形器之间被塞上碎片，使之稳固。这些发现已经充分证明，当时的灶室上应该设有网状格的架子，网口内还会铺垫草拌泥，在这之上就是盔形器的摆放（图1-14）。专家们的考古发现已经表明，长方形和长条灶室是方便架子搭建和置放盔形器的，这一架构充分利用了力学原理，从而圆满解决承重问题。

据碳酸盐氧同位素温度计算方式，分析出了盔形器内白色垢状物的形成，需要的温度是 60 ℃左右，远远低于与金元时期用铁盘煮盐时的温度（90—100 ℃）。根据常识可以判定，这是由于盔形器的器壁足够厚，底部与火之间还隔着草拌泥，所以盔形器不是直接受火，也就是说，盐的形成是利用慢火熬煮实现的。①

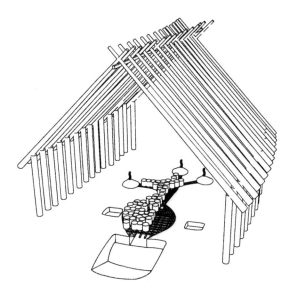

图 1-14　盔形器在灶室内摆放示意图及灶棚架构复原图

---

① 崔剑锋、燕生东等：《山东寿光市双王城遗址古代制盐工艺的几个问题》，《考古》2010 年第 3 期。

作为煮盐工具的盔形器，口径、最大腹径、通高尺寸大小、器物自重等因素都影响其盛盐量。而盔形器盛盐量的多少则在某种程度上直接决定着每一盐灶（即一个生产单元）的盐产量。

从相关数据整合起来可以看出，盔形器的生产应遵循统一的定制，其盛盐量受制于器形尤其是口沿和腹部的大小和器壁厚薄的影响。同样大小的器物，若器壁较厚的话，容量也不会太多，如五期的盔形器，看起来，器物较大，但器壁加厚，盛盐量却变少。煮盐工具盔形器的容积大小即盛盐量，似乎并不能直接决定每次煮盐所获数量。但口沿和腹部的形态和大小影响着一个盐灶内置放的盔形器数量。比如莱州湾南岸地带，殷墟时期的盔形器虽然容积大些，盛盐量多些，但腹部外鼓，同等面积的灶室，放置的盔形器数量少些；虽然西周早期盔形器容积小，盛盐量少，但腹部斜收，同等面积的灶室内，置放的盔形器数量就多。看来，不管盔形器尺寸如何变化，如果盐灶室面积不变的话，每次举火煮盐，一座盐灶获盐总数却是相差无几的。[①]

3. 生产组织及其他

学界对考古发掘所反映出的盐业生产组织和与此有关的活动及其他情况十分重视，试图还原当时的生产场景及生产组织的运作状况。

燕生东先生对当时的盐业生产组织进行了合理、科学的推测。他指出，目前已经发现的从殷墟一期延续至西周早期的盐

---

① 燕生东：《商周时期渤海南岸地区的盐业》，北京：文物出版社，2013年，第110—114页。

业聚落群有多处，如莱州湾南岸地区的东赵—王家岗、坡家庄、双王城—大荒北央、东北坞—南河崖、杨庄—王家庄、央子等，每处盐业聚落群的规模在上百平方公里、数十平方公里至数平方公里不等。每处盐业聚落群，可以同时共存 20—40 处制盐的作坊，30—50 各制盐单元（也就是海盐的生产单位）。盐业聚落群一般呈现的如下分布特点和规律：按照从早到晚的时间顺序，由内陆向海岸一带逐渐移动。从共时性、历时性方面看，盐业聚落群应该可以划分为 5 个较稳定的发展阶段。

第一阶段中，每一盐业聚落群下又能够划分若干制盐作坊小组群，例如，双王城聚落就可以划分出 10 个组群，每小组群大约存有 4—5 个制盐单元，似乎存在着某种定制。而从第二阶段开始，每一盐业聚落群之下的小组群明显减少，一般也就是 2—3 个，但与第一阶段不同的是，这些小组群所包含的制盐单元的数量却增加了不少，一般有 10—20 个单元，有的甚至达到 30 个单元。如果说每个生产单元定位为生产的一级组织的话，那么包括若干生产单元的小组群就代表着较高一级的生产组织，而在它上面的整个盐业聚落群就可以代表最高一级的生产组织。这样看来，每处聚落至少含有三级生产组织（单位）。第二阶段之后，制盐作坊在空间分布上的"集中化"现象可能是为了方便管理，也有更方便比较的可能。

就盐业遗址（制盐作坊）和制盐单元总体数量和规模变化而言，可分殷墟时期（第一与第二阶段）、商末周初（第三与第四阶段）和西周早期晚段（第五阶段）三大时期。制盐规模随时代发展依次递减。莱州湾南岸地区明显可以看出制盐规模的这种变化趋势，据初步统计，在殷墟时期的制盐作坊（盐业遗址）数量在 100 处以上，制盐单元数量在 140 处以上，商末周初的制盐作坊在 60 处左右、制盐单元 80 处左右，而西周早期晚段，制盐作坊减至 50 处上下，制盐单元 60 处上下。考古资料完备、时空关系清晰的寿光双王城、广饶县东北坞、南河崖、大荒北央盐业等地的遗址群，发现的殷墟时期制盐作坊有 61 处、制盐单元 80 处，商末周初制盐作坊 44 处、制盐单元 54 处，西周早期晚段制盐作坊减为 29 处、制盐单元为 31 处，制盐规模下降趋势非常明显。第三阶段，莱州湾南岸地区还存在多处盐业聚落群的整合现象。这些现象的出现，很可能是由于当时的政治格局发生了某些变化。①

　　殷墟时期，以双王城为例，双王城共存制盐单元约 50 处，每处制盐单元一次举火就能获盐上千斤，仅双王城每年的盐产量可多达四五万斤，整个渤海南岸存在多达十几处、年产量多达几十万斤的大体量的盐业遗址群。如果最初级的制盐单元就有 10 名盐工（这应该是保守数据），仅双王城的盐工就有四五百人，而整个莱州湾南岸地区，直接或间接从事盐业生产则达数千人或者万人以上，他们又是如何组织起来的呢？

　　根据调查和发掘，可以推算，莱州湾南岸的盐业遗址中，每个制盐作坊（单元）是当时的最基本生产组织单位，所需盐工是 10 个人左右。盐业生产除了需要一定的技术和经验，还有重要的一个方面，就是必须学会分工合作，因此，每个盐业单位就需要多人组成，尤其不可或缺的就是那些经验丰富的、技术熟练的盐工（或者工头）。那些面积大的制盐作坊，就包含多个（一般是 2—4 个）共存的生产单元，盐工达到几十名，

---

　　① 燕生东：《商周时期渤海南岸地区的盐业》，北京：文物出版社，2013年，第 167 页。

同一个作坊内的制盐单元之间关系可能较周围生产单元密切些，他们可能是生活同一村落内的劳力。其内部生产和生活物资的调配，应由一名地位较高的人负责，就像李屋遗址内那位原始瓷器和玉钺等贵重物品的拥有者。

假设每处制盐单元或制盐作坊属于当时盐业生产的一级社会组织单位，那么就有若干处制盐作坊组成的小组群代表着较高一级的生产组织单位，即盐业生产的二级社会组织。第一阶段，盐业聚落群内划分的组群数量较多，每小组群的规模稍微小一些，大约有四五个制盐单元，盐工人数约在几名到四五十名，这与盐工在一个聚落内的劳动力数量相当，其内盐业生产和相关物资的调配应有村落级内的首领负责。第二阶段开始，每一聚落群之下的小组群减少了，一般为 2—5 个，而小组群内的制盐单元数量却增多了不少。盐工数量在数百名，应当有专职人员负责盐业生产、操作相关物资的流动以及配发生活和生产物资。这么多的盐工数量所对应的是若干处盐业聚落内的劳动力数量。需要指出的是，第三阶段之后，有些盐业聚落群内就已经没有了这一级别的生产组织。

整个盐业聚落群（即制盐作坊群）又代表着更高一级的生产组织。目前所确定的双王城—大荒北央等十几处盐业聚落大群，年代大约相当，从殷墟一期延续至西周早期，且分布在不同区域，且与内陆都存在对应或联系的两类聚落群，这表明它们代表不同生产组织。因此，在同一时期内，渤海南岸应该存在至少十几个较大规模的且互不隶属的独立生产组织。每个盐业聚落群包含了数十处制盐作坊和生产单元及四五百名盐工。如此规模的盐工人数，显然是来自咸淡水交界线两侧某区域聚落群内的劳力。盐业生产的宏观控制、数万斤盐制品外运与集中、大量生产和生活物资运入及分配，应当由像居住在咸淡水分界线两侧的寿光古城等的各高等级贵族专职负责、管理和操作。

就聚落和墓地的规模、墓葬形制、出土青铜礼器以及徽识符号等诸方面考察，渤海南岸地区还存在着凌驾于咸淡水分界线上、负责各区域盐工定居点的高等级聚落和内陆腹地各区域中心聚落之上的多处更高层级的聚落，如位于居莱州湾南岸中部的古青州的苏埠屯。如是，就各盐业聚落群及与之对应的咸淡水分界线两侧盐工定居地的空间，以及制盐工具盔形器的形态差异而言，双王城—大荒北央、央子等地的制盐作坊群的盐业生产以及生产、生活物资的调配，食盐向商都安阳与王畿地区的运输，应由内陆腹地商王朝的封国苏埠屯的"亚丑"族氏负责和控制。在西周早期，渤海南岸地区的盐业生产，则由周王朝东封的齐国、纪国等直接控制。[①]

从上面的分析看，莱州湾南岸的盐业生产应当是在商周时期进入大规模有组织的阶段，其生产组织愈来愈趋向规范化，在这一有组织的生产中，以下几个方面是一定需要提及的。

盐工及盐产量：制盐离不开人的活动，尤其是盐工。盐工的主要任务及数量大致是怎样的一种情况呢？盐工每年的工作任务是非常繁重的。春季，盐工从定居地返回盐场，并随身运来煮盐用的盔形器[②]，以及一些日常生活用品。在盐场，需要

---

① 燕生东：《商周时期渤海南岸地区的盐业》，北京：文物出版社，2013年，第167页。

② 盐场附近，黏土和淡水资源不易获得，且土壤内含盐量较高，不便烧制陶器。这一点，有学者早已指出，参见王青、朱继平《山东北部商周盔形器的用途与产地再论》，《考古》2006年第4期。

在不太长的时间内，完成淘井、疏通水沟、整修坑池、修筑盐灶、搭设（或修补）灶棚、提水灌池、制卤、煮盐等工作任务，还要把制好的盐制品运出。返回一二十公里之外的居住地后，还要烧制盔形器，以便煮盐使用。到了秋末冬初、隆冬季节，则到盐场附近收割芦苇等薪料，显然，这是准备来年煮盐的燃料。

关于1个生产单元所需盐工数量，可从盐业生产过程、盐制品、盔形器的运输所需劳力数量以及盐工居住区规模来计算。首先，制卤过程，从井内提水至少需要2人1组计4人分别向南北2个坑池不停地提水灌池；与此同时，南北两侧的坑池内也应各有2人导水、整池堵漏，其中，这4人还可与提水者轮换工作（提水是最消耗体力的工作）；此外，还要有1—2人干些杂活，比如准备食品和饮用水等。这需要盐工10名左右。其次，在煮盐过程中，烧火需1—2人，从左右2个蒸发池向两个储卤坑运送卤水至少需2人，从储卤坑向盔形器内不断添加卤水至少2人，1—2人做杂物，也是10人左右。再次，运送盐制品和盔形器，肩背或担挑上千斤的盐制品（每人背负或肩担100斤计），一次运输到10—30公里以外居住地的话也需10人左右，而从居住地运送200—250件（1个盐灶可放置150—200个盔形器，但要考虑破损率，须预留备用品），总重量也恰好在1千斤左右，也需10人左右来承担。最后，目前在发掘的制盐作坊内，没有发现盐工专门居住的房屋设施，只在灶棚两侧存有临时居住场所，如014遗址制盐单元1，灶棚内红烧土活动面的面积只有30平方米左右，能容下的人数也不会太多；而位于咸淡水分界线两侧的盐工夏、秋冬季节及亲属人员生活的居住地，据分析，每个社群人口规模也不太大，成人劳力也只有 10 人左右。

概言之，1 个生产单元的盐工数量应保持在 10 人左右。殷墟时期，双王城就有同时共存制盐单元约 50 处。也就是说，仅双王城每年就要达 5 万多斤，整个渤海南岸地区，不下 10 余处大规模的盐业遗址群，年产量应有几十万斤左右，数量是相当惊人的。①

制盐原料和准备：莱州湾南岸地区蕴含着丰富的卤水资源，卤水的含盐量是远高于海水的，各个阶段的考古发掘中都可以看到盐业遗址的卤水井。所以，最新考证是用卤水煮盐。

要制盐，就要首先进行准备工作。一般而言，一个专业的制盐作坊，都需要建设盐池、盐灶、卤水井、卤水沟等设施。其中最主要的就是搭建盐灶和获得卤水。从发掘情况看，搭建盐灶都是选择地势较高的地方，关键是这里地下卤水的浓度虽然很高，但是如果直接用来煎制海盐，其浓度还是不够的，因此，在制盐之前，就必须先要制卤。制卤，通常采用的方法就是摊灰刮卤。摊灰刮卤一般分为晒灰、刮卤、淋卤 3 个步骤，首先，把卤水泼在草木灰上，或者直接把草木灰铺在卤水含量高的摊场上日晒。晒后，卤水析出的结晶就会自动附着于所铺的草木灰上，之后，将草木灰收集起来淋滤，这样的过程就使得卤水的浓度大大提升。而经过这样处理的卤水才是制盐的真正的原材料。②

---

① 燕生东：《商周时期渤海南岸地区的盐业》，北京：文物出版社，2013 年，第 116 页。

② 祁培：《先秦齐地盐业的形成与演变》，华东师范大学硕士学位论文，2014 年。

结　语

方方面面的资料表明，作为古青州的核心区域，莱州湾南岸自古就是重要的海盐生产基地。《尚书·禹贡》明确记载，盐是古青州的贡物，《管子》一书也多次提及"北海煮盐""渠展之盐"等（有关资料已经充分证实，那时的"北海""渠展"都属于今天的莱州湾南岸区域）。

从纵的角度看，龙山时期的莱州湾南岸制盐业的规模化程度比较小，应属于盐业开发的早期阶段。夏朝的青州开始缴纳贡盐，说明那时莱州湾沿海就已经开始进行一定规模的盐业生产了。商周时期是莱州湾南岸制盐业的第一个发展高峰。从商周到秦汉，莱州湾南岸都是全国的制盐中心，盐业成为这里的重要产业。这里发掘出众多商周时期盐业遗址（如双王城、大荒北央、韩家庙子、固堤场、烽台、东/西利渔、广饶东北坞、南河崖等）。这些遗址群大体分布范围东至昌邑的虞河，经莱州湾南岸开发区、寿光、广饶，向西越过小清河、淄脉河到东营市黄河之滨。

在当时，盔形器是煮盐工具，而盔形器盛盐量的多少则在某种程度上直接决定着每一盐灶（生产单元）的盐产量。从盐业组织看，当时莱州湾南岸每个制盐作坊是当时最基本的生产组织单位，较高一级的生产组织单位，是由若干处制盐作坊组成的小组群，再高一级的，就是整个盐业聚落群。各方面的资料显示，这一时期盐业不仅受到王朝的重视，而且已经具有较大规模。周代的食盐已经开始征税，以此为基础的农工商业和海洋业也逐渐发展起来。

第二章　东周时期莱州湾南岸的盐业

　　东周时期，齐人继承商周盐业遗产，专擅渔盐之利，终成东方诸侯强国，也将莱州湾南岸盐业推向一个新的高峰。《史记·货殖列传》记载："齐带山海，膏壤千里，宜桑麻，人民多文采布帛鱼盐。"①又载："（齐国）太公望封于营丘，地潟卤，人民寡，于是太公劝其女功，极技巧，通鱼盐，则人物归之，繦至而辐凑。故齐冠带衣履天下，海岱之间敛袂而往朝焉。"②"山西饶材、竹、裁、笋、旄、玉，山东多鱼、盐、漆、丝、声、色"，"山东食海盐，山西食盐卤"。③《管子》多次提到齐国有"渠展之盐"④。管仲相齐之后，考虑到齐国资源特点，制定"官山海"之策，提出"食盐官营"，即听民自产，放开盐业生产，实行民产、官收、官运、官销，发挥海盐资源优势的同时，收财用于国家。凭借渔盐之利，齐国逐步走上强

---

　　① （汉）司马迁：《史记》卷一百二十九《货殖列传》，北京：中华书局，2000年，第3册，第2469页。

　　② 同上书，第2462页。

　　③ 同上书，第2461页。

　　④ 《管子·地数》："桓公问于管子曰：'吾欲守国则毋税于天下，而外因天下，可乎？'……管子对曰：'可。夫楚有汝汉之金，齐有渠展之盐、燕有辽东之煮。此三者亦可以当武王之数。'"《管子·轻重甲》："管子曰：'阴王之国有三，而齐与在焉。'桓公：'此若言可得闻乎？'管子对曰：'楚有汝、汉之黄金，而齐有渠展之盐，燕有辽东之煮。此阴王之国也。'"

国之路，齐桓公也成为"九合诸侯，一匡天下"的春秋第一霸。

一、春秋战国时期盐业的考古发掘情况

多年以来，考古工作者在莱州湾南岸地区发现了这一时期大量的盐业考古遗址群，出土了与盐业有关的遗存、遗物、遗迹，这些考古实物与《管子》《战国策》《史记》等传世文献相结合，便于我们更深入地了解春秋战国时期莱州湾南岸盐业的发展情况。

（一）东周时期盐业遗址群发现情况与分布

东周时期，莱州湾南岸地区地下卤水蕴藏丰富且极易开采，这里地势平坦，面积开阔，是开滩煮盐的理想之地。自20世纪50年代起，当地百姓为了排涝除盐碱，开挖了纵横交错的排水系统。在排水工程修建期间，发现了大量的遗迹和遗物，这为我们研究东周盐业遗址提供大量实证材料。

2003年开始，北京大学联合山东省相关考古单位对莱州湾南岸地区以及黄河三角洲地区进行了长达数年的系统田野考古勘查工作，发现了不同历史时期千余处制盐遗存。经过勘测，发现东周时期盐业遗址群的规模和数量远超过殷墟时期。这些遗址主要集中在今山东昌邑、寿光、东营、利津、沾化、河北无棣、海兴、黄骅等地，共有20多处（图2-1）。[1]其中，莱州湾南岸的东周遗址群占绝大部分。

---

[1] 燕生东、田永德等：《渤海南岸地区发现的东周时期制盐遗存与相关问题》，《中国国家博物馆馆刊》2011年第9期。

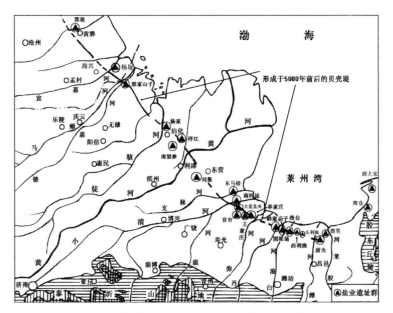

图 2-1　渤海南岸地区东周时期盐业遗址群分布示意图

（燕生东：《商周时期渤海南岸地区的盐业》，北京：文物出版社，2013 年，第 123 页。）

东周时期盐业遗址的分布形式以群为主。[1]每处遗址群约有30 个遗址，主要分布在滨海平原，遗址规模就单个而言，均在2 万平方米左右，似乎存在某种规制。文化堆积层在0.6—2.0 米之间，大部分遗址都发现有草木灰层，曾出土小口或中口圆底薄胎瓮、大口圆底厚胎罐（盆）形器，数量占整个陶器的70％—80％以上，多为制盐工具，器物内壁发现纹饰，有戳印和拍印两种纹饰，以方格纹、菱形纹、椭圆形纹、圆形纹为主。

———————

[1] 《山东潍坊发现大型东周盐业遗址群》，《中国文物报》，2010 年 6 月18 日，第 4 版。

目前在莱州湾南岸地区的韩家庙子、固堤场、烽台、唐央—火道、厥里、东利渔等遗址群，考古所见主要是卤水坑井（当地地表以下 300 米内无淡水）、沉淀坑、盐灶等制盐遗存。①

盐井直径 4—6 米，井深 3 米，井口呈圆形，上大下小。井壁和底部均有用植物茎叶编制的井圈。卤水过滤坑直径大都在 3 米以内，部分坑底部铺垫有碎陶片和碎贝壳，坑内堆积有淤沙和淤泥。盐灶通常位于盐井一侧，面积达 4 米以上，每个盐灶可放二三十个大口圆底罐（瓮）用于煮盐。遗址群中的个别遗址内发现多个盐井和多个盐灶。从以上堆积现象和遗迹说明这就是当时的制盐遗存，而每个遗址就是当时的盐场。有些盐业遗址还发现房屋和院落等建筑遗迹，也出土了大量的陶鬲、釜豆、盂、盆、罐、壶等生活所用器皿，在文化堆积层内还发现有大量文蛤、青蛤和蚬类等的生活垃圾，可见，此处聚落群体以近海滩涂地和河流入海处的海洋资源来维持生计。②同时也反映出盐工可能长期生活在盐场附近，他们的盐业生产不受季节限制。

从现有资料来看，东周时期的制盐工艺流程分为 3 步：首先盐工从盐井提炼卤水，稍加净化后储存在小口圆底瓮中，其次采用加热或其他方式进一步净化，最后用卤水在大口圆底罐（盆）形器内熬煮成盐。这些发现说明，该地区东周时期盐业遗址与商代盐业遗址相比较，在分布、规模、堆积方式和制盐工艺流程上都有不同。

---

①② 燕生东、田永德等：《渤海南岸地区发现的东周时期制盐遗存与相关问题》，《中国国家博物馆馆刊》2011 年第 9 期。

目前发现的莱州湾南岸东周时期盐业遗址群主要分布在寿光市、昌邑市等地，寿光遗址群集中于长35公里、宽4公里范围内，有单家庄子、王家庄子、官台、大荒北央、南河崖、东马楼等遗址群（图2-2）；昌邑市西北部长约25、宽3公里范围内发现有韩家庙子、固堤场、烽台、西利渔、东利渔5处大型盐业遗址群。上述盐业遗址群分布集中，每个遗址群约有40—50个制盐单位，每处遗址就是1个制盐单位，每个单位内又有若干制盐作坊。由此看来，盐业遗址群无论是分布和数量还是规模和内部结构都具有一致性，说明当时已经懂得整体规划。①

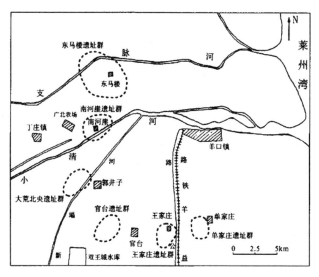

图2-2　广饶县东北寿光市西北部盐业遗址群分布示意图

（燕生东：《商周时期渤海南岸地区的盐业》，北京：文物出版社，2013年，第124页。）

---

　　① 燕生东：《商周时期渤海南岸地区的盐业》，北京：文物出版社，2013年，第124页。

上述盐业遗址群的具体时代可以从出土陶器的形制加以判断，遗址中出土的生活用品，如鬲，多为中口折沿、圆肩敛腹、矮足、低裆近平；豆为圆折沿，深腹高柄；盂，腹稍外鼓较深，诸此器物所成时代大约在春秋末期。另外，出土之釜系由鬲演变而来，形体较大。豆多为直口、浅盘、高柄，已具有战国早中期器物特征。而出土之带盖盒、壶和高颈罐则主要存在于战国晚期至西汉初期。因此，通过器物形制可以推断，这些盐业遗址群的年代，大致从春秋末期延续至战国时期，部分甚至延续到了西汉初期。①

（二）各盐业遗址群的情况和特点

在了解莱州湾南岸东周时期盐业遗址群的整体情况后，有必要对各个盐业遗址群的具体情况和特点作一较为翔实的阐述。

1. 潍坊寿光市北部东周时期主要遗址群

东周时期，寿光北部的盐业发展很快，近些年发现的遗址群也可以证明这一点，现举要如下：

寿光市大荒北央遗址群：该遗址群位于寿光市郭井子村西南约 2.5 公里，系 1980 年文物普查时发现，2001 年春，山东大学考古系进行试掘。2007 年春、冬两季，在约东西长 2.1 公里、南北宽 1.4 公里、面积约 3 平方公里的范围内进行系统调查，发现盐业遗址 33 处。其中，西周早期遗址 27 处，东周时期遗址（部分遗址延续至西汉时期）10 处。②每处遗址面积

---

① 燕生东、田永德等：《渤海南岸地区发现的东周时期制盐遗存与相关问题》，《中国国家博物馆刊》2011 年第 9 期。

② 鲁北沿海地区先秦盐业考古课题组：《鲁北沿海地区先秦盐业遗址 2007 年调查简报》，《文物》2012 年第 7 期。

在 1 万—2 万平方米（图 2-3）。

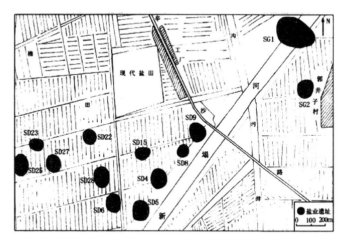

图 2-3 寿光市大荒北央盐业遗址群分布示意图

（燕生东：《商周时期渤海南岸地区的盐业》，北京：文物出版
社，2013 年，第 137 页。）

距离郭井子村西北 300 米的新塌河两岸，曾经也发现 1 处
遗址。该遗址贯穿东西方向的一条古贝壳堤，规模约 4 万平方
米，以山东大学为主的考古单位在新塌河东岸进行过试掘。①
该遗址主要为龙山早期和东周时期的堆积。其中属于东周时期
遗迹的有灰坑和房址各 1 座，房址为方形地面式建筑，采用土
坯堆砌墙体，居合面采用火烤方式。出土的陶器（片）有釜、
豆、壶、盘、盂、盆、瓮、器盖和量形器。新塌河西岸是东周
时期堆积层，这里文化堆积较厚，厚度在 1 米以上。大量的厚
胎小口瓮、大口罐残片散落于地表。在井塔下还发现了一座大

---

① 山东大学东方考古研究中心等：《山东寿光市北部沿海环境考古报
告》，《华夏考古》2006 年第 4 期。

型灰坑，直径超过 5 米，深度超过 2 米，内填满陶片。[①]

寿光市官台遗址群：该遗址位于寿光市羊口镇官台村西 2 公里，双王城水库东北，紧邻双王城商周盐业遗址群。目前，在长 4 公里、宽约 3 公里、面积约 12 平方公里的范围内发现多处东周遗存。20 世纪进行文物普查，曾在官台村西北 3 公里处发现过遗址（群），通过对其文化堆积层和遗址范围进行研究，推定考古年代为战国时期至汉代，可能包含了若干个遗址。[②]此后，在双王城水库东边的林海公园内，曾发现 4 处遗址。北部现代盐田内也发现 1 处遗址，卤水沟旁亦发现数量可观之陶瓮、罐碎片。[③]

寿光市王家庄遗址群：该遗址位于寿光市羊口镇王家庄村西的棉田内，该遗址群遭破坏最少，保存最好，是目前发现盐业遗存数量最多的遗址群。考古工作者在王家庄周围共发现遗址 46 处，分布在王家庄村南、村西南约 8 平方公里的范围内（图 2-4）。中部遗址分布密集，遗址面积均在 2 万平方米左右，出土制盐工具数量也最多，周边的遗址则比较松散，面积较小，在 1 万平方米以下，出土陶片数量也少。遗址群中部发现成堆海蛤、螺壳，或许与这一带的贝壳堤或积贝墓有关。遗址内所见遗物多为小口圆底深腹陶瓮和大口圜底罐，及少量陶鬲、釜、豆、小罐、盆等残片，个别豆上有刻画符号。1983 年，考古工作者在王家遗址群北边约 2.5 公里处发现菜央子遗址，遗址勘测面积约 2.5 万平方米，发现有东周时期陶豆、盂、

---

①③　燕生东等：《渤海南岸地区发现的东周时期盐业遗存及相关问题》，《中国国家博物馆馆刊》2011 年第 9 期。

②　国家文物局主编：《中国文物地图集：山东分册》（上册），北京：中国地图出版社，2008 年，第 220、221 页。

小壶、圆鼓腹瓮（釜）、小口鼓腹绳纹罐和素面罐等陶器，这些陶器完好无损，考虑应该是随葬品。①该遗址可能属于王家庄遗址群的某个墓地，但不排除其周围还有盐业遗址群。

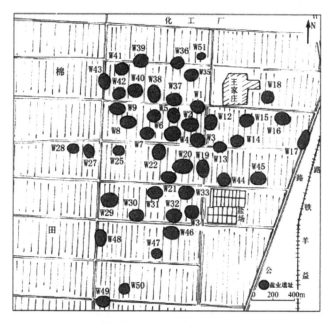

图 2-4　寿光市王家庄盐业遗址群分布示意图

（燕生东：《商周时期渤海南岸地区的盐业》，北京：文物出版社，2013 年，第 153 页。）

寿光市单家庄遗址群：位于山东省寿光市羊口镇单家庄村西的棉田内，北距莱州湾 12 公里。遗址群的规模目前还不非常清楚。考古工作者在面积约 1.5 平方公里的范围内发现东周

① 国家文物局主编：《中国文物地图集：山东分册》（上册），北京：中国地图出版社，2008 年，第 220、221 页；国家文物局主编：《中国文物地图集：山东分册》（下册），北京：中国地图出版社，2008 年，第 333 页。

遗址共 6 处。文化堆积层均在地表以下 0.3 米。单个遗址面积约 1 万平方米以上。出土小口圜底陶瓮、大口圜底罐、小型陶盆残片等遗物，整体保存较为完好。

2. 潍坊滨海开发区东周遗址群

韩家庙子遗址群： 该遗址群位于潍坊市滨海开发区（原为寒亭区）央子办事处韩家庙子村周围，横里村以北的棉田和盐田内。遗址群北侧 15 公里就是莱州湾，东北 3 公里处是固堤场遗址。遗址南北长 2.8 公里、东西宽 2.1 公里、面积约 5.9 平方公里，发现东周遗址 26 处（图 2-5）。韩家庙棉田范围内遗址保存较好，考古测绘面积为 2 万平方米，曾在地表发现成堆陶片。

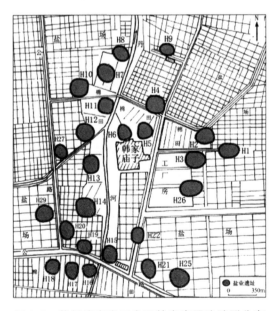

图 2-5　莱州湾南岸开发区韩家庙子遗址群分布

（燕生东：《商周时期渤海南岸地区的盐业》，北京：文物出版社，2013 年，第 156 页。）

该遗址群的 H1 号遗址，发现半米厚的陶片、草木灰层，成片的草拌泥烧土。烧土厚度约 5 厘米，一侧光滑，还粘有白色钙化物，可能是盐灶的周壁碎块。H19 号遗址西南边缘的排水沟断崖上，发现了地下卤水坑井，坑井上部 2.5 米已破坏。坑井口呈圆形，口径残长在 2 米以上，深度难以推断。坑井周壁围有植物茎叶编制的井圈，井圈厚度约 3 厘米，植物茎叶呈灰黑色，坑井内还有灰白色淤沙。坑井内发现有马的骨架、头骨、脊椎、肋骨、肢骨、胫骨、距骨、掌骨等。

固堤场遗址群： 该遗址群位于山东省潍坊市滨海区央子办事处、林家央子、蔡家央子西部一带，白狼河以西 800 米。遗址群北部贯穿一条东西走向的古贝壳堤。遗址群向北 12 公里处是莱州湾，向东 2.8 公里处是烽台遗址群。遗址群要么被工厂和盐田占压，要么被村庄破坏，只有林家央子南部，棉田和墓地周围的遗址保存较好。

该遗址群最早发现于 20 世纪 80 年代文物普查。[①] 当时在固堤场、蔡家央子、央子井场、西利渔等地约 25 万平方米范围内出土过制盐工具盔形器、陶瓷和生活用具簋、素面鬲、罐、豆等。此外，在央子办事处西南部 1 公里还发现了积贝墓葬。

考古小组先后于 2007 年春、2009 年春和 2009 年冬 3 次对该遗址群进行调查，考古测绘南北长 2 公里、东西宽 1.25 公里、面积约 2.5 平方公里。发现东周遗址 20 处，其中盐业

---

① 曹元启：《试论西周至战国时代的盔形一器》，《北方文物》2009 年第 3 期；参见潍县文化馆编：《潍县文物志》（内部刊），1985 年，第 16—20 页。

遗存 18 处，墓地 2 处（编号 G1、G23）（图 2-6），并发现了灰坑、瓮罐碎片、卤水井等遗物。

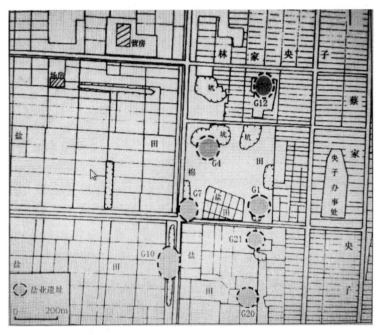

图 2-6　莱州湾南岸开发区固堤场遗址群分布示意图

（燕生东：《商周时期渤海南岸地区的盐业》，北京：文物出版社，2013 年，第 157 页。）

烽台遗址群：该遗址群位于山东省潍坊市滨海开发区央子办事处烽台村南部和东南部的棉田和盐田内。遗址群向西 1 公里是白浪河，向东 2 公里是西利渔遗址群，向北 14 公里是莱州湾，向南是海源路。

遗址范围东西长 2 公里、南北宽 1.8 公里、面积不足 4 平方公里，目前已发现东周时期遗址 36 处。盐业遗存 34 处，遗址分布较为密集。仅就北半部 2 平方公里内，就有 29 处东周时期遗址集中分布，它们几乎连成一片。只能通过陶片的集中程度划定单个遗址范围。保存较好的约 2 万平方米左右，剩下的在 1 万平方米以下。在地表和排水沟断崖上发现有陶罐、瓮碎片等遗物。

西利渔遗址群： 该遗址群位于山东省潍坊市滨海开发区央子办事处西利渔村北，遗址群南部有利民河穿过，遗址群的中北部被现在的盐田破坏。目前已知在南半部长 1.5 公里、宽 0.9 公里、面积 1.4 平方公里的范围内有东周遗址 5 处（图 2-7）。单个盐业遗址面积在 2 万平方米左右，保存较好。村民回忆在村北修建盐田时，曾发现大量陶片，考古人员在盐田卤水沟两侧随机调查，即能够看到到处散布制盐工具瓮、罐等残片，但无法确定遗址的范围和数量。

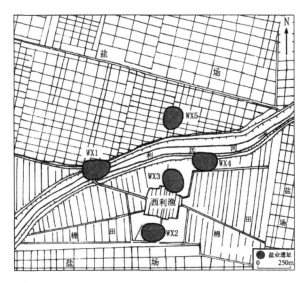

图 2-7　莱州湾南岸开发区西利渔遗址群分布示意图

（燕生东：《商周时期渤海南岸地区的盐业》，北京：文物出版社，2013 年，第 159 页。）

3. 昌邑市东周遗址群

山东省文物考古研究所联合昌邑博物馆对其进行考察，发现两处重要盐业遗址。[①]

东利渔遗址群发现盐业遗存 40 处，火道—厥里遗址群发现盐业遗存 166 处，规模较大。[②]

东利渔遗址群：该遗址位于昌邑市龙池镇东利渔东南 2 公里，靠近虞河东岸，打靶场北部，遗址群北部被盐田占压。遗址群向西 3.5 公里处是西利渔盐业遗址群，向北 16 公里是莱州湾，曾经发现过鄑邑故城（当地称为瓦城），出土文物既有汉晋时期砖瓦，也有东周时期青铜兵器、陶豆、鬲、罐等。目前考古调查发现 40 余处东周时期盐业遗址，有些遗址还发现了地下卤水坑井和盐灶。此外也发现了这一时期的青铜兵器、陶豆、扁、罐等遗物。[③]

昌邑市唐央—火道、辛庄与厥里遗址群：该遗址位于山东省昌邑市下营镇火道村东南、辛庄、厥里村西北一带，考古勘测范围在 50 平方公里以内。

其中唐央 01 号遗址发现较早，遗址占地面积约 2 万平方米，南北长约 250 米，东西宽约 10 米，所处地势略高于周围，遗址目前被部分建筑侵占或破坏。曾经出土过制盐工具小口厚胎陶瓮。[④]从文化堆积层可以看到陶片和贝克，还可以看到排

① 山东省文物考古研究所、山东昌邑市博物馆：《山东昌邑市盐业遗址调查简报》，《南方文物》2012 年第 1 期。

② 李大鸣：《先秦时期盐业生产与贸易研究》，吉林大学博士学位论文，2015 年。

③④ 国家文物局主编：《中国文物地图集：山东分册》（上册），北京：中国地图出版社，2008 年，第 210 页；国家文物局主编：《中国文物地图集：山东分册》（下册），北京：中国地图出版社，2008 年，第 346 页。

列有序的十数个瓮罐，以及地下卤水井等遗迹。此外，考古工作人员还在周围发现有成片的烧土块和草木灰。考古人员推测这里很可能是存放制盐工具的仓库。①

近期，山东省文物考古所和昌邑市博物馆进行联合调查研究，发现当地有近百处东周盐业遗址，分属辛庄、傲里、唐央—火道三大群。从目前发现的地下卤水井、盐灶、煮盐所用陶器来看，属于这个时期的盐业遗存。②

通过调查，发现绝大多数遗址属于单纯的制盐产业遗址。遗物遗迹大部分为卤水井、盐灶和大型盔形器，生活用器很少发现，由此可以推断这是专门的制盐作坊。此外，文化堆积层内发现大量贝壳，说明制盐工匠的食物主要以海产品为主。

从上述发现的遗物遗迹来看，昌邑市东周的制盐工艺与商周时期大体相同，都是汲取原料、提纯提浓、熬煮成盐。此外，考古人员在第 14 号遗址发现 8 个卤水井并行排列，说明当时"汲取卤水"已出现产业规模化现象。在第 105 号遗址发现的盐灶尺寸变小，结构改变以及盔形器变得高大厚重，种种迹象表明东周时期的制盐业技术不断提高，进而促进生产能力的不断提高。在持续的考古发掘中，也会有更多的发现来考证制盐工艺细节的变化。

昌邑东周盐业遗址群的大规模发现，印证了文献记载姜齐时期的"便鱼盐之利"政策，为我们研究这一时期的食盐官营

---

① 燕生东、田永德等：《渤海南岸地区发现的东周时期制盐遗存与相关问题》，《中国国家博物馆馆刊》2011 年第 9 期。

② 国家文物局主编：《中国文物地图集：山东分册》（上册），北京：中国地图出版社，2008 年，第 196、197 页；国家文物局主编：《中国文物地图集：山东分册》（下册），北京：中国地图出版社，2008 年，第 240 页。

制提供了丰富的实物史料，也为中国盐业考古添砖加瓦，进一步丰富了第一手的实践资料。①

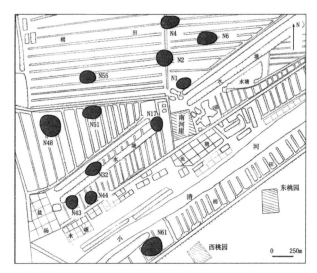

图 2-8　广饶县南河崖盐业遗址群分布示意图

（燕生东：《商周时期渤海南岸地区的盐业》，北京：文物出版社，2013 年，第 142 页。）

4. 东营广饶等地盐业遗址

在广饶的南河崖盐业遗址群中，除了商周时期的遗址，还有东周时期的。东周遗址主要是在 2009 年以后勘查出来的。东周遗址位于广饶县南河崖村周围，小清河穿过该遗址群南部。考古人员在南河崖村的北、西部进行系统调查并发现 12 处东周时期遗址（图 2-8）。

除了南河崖，在广饶东马楼也发现东周盐业遗址群，已发

① 党浩、王守功、刘乃贤、王伟波、王君玮、李水城：《山东昌邑市盐业遗址调查简报》，《南方文物》2012 年第 1 期。

现遗址 16 处，这是离海岸线最近的遗址群之一。它以东马楼和坡家庄为中心，面积近 18 平方公里（图 2-9）。该遗址群北部 4 公里的王岗村也发现了此时期的盐业遗存。

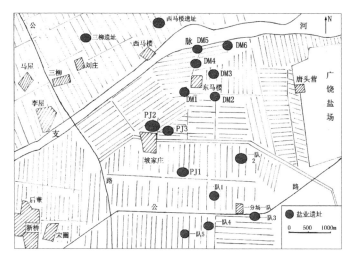

图 2-9 广饶县东马楼盐业遗址群分布示意图

（据 2010 Google Earth 太空卫星照片改绘。）

在广饶东北坞的盐业遗址群中，除了商周时期的遗址，也有东周时期的。此外，东营市刘集、利津县南望参、利津县洋江等地也发现了文化堆积厚在 0.6—2.0 米之间的东周盐业遗址（群）。该遗址群的显著特征是文化堆积层较厚，这主要是由于历史上黄河在东营的南北摆动，造就了黄河在古、今的相互套叠状态，从而使得文化层深厚。

综上所述，在莱州湾南岸一带，东周盐业遗址区域与商周盐业遗址区域大致重合，更有部分靠近海岸线。分布范围跨度大。其该区域东周时期盐场分布、规模、制盐工具特别是工艺流程与商周时期不同，而盐工生活和居住方式则更不相同。

二、齐国海盐业的发展

春秋战国时期，潍坊所在地区大致属于齐国的范畴，齐国开发"渠展之盐"，在商周基础上又有大的发展。齐桓公当政时，管仲辅佐，利用海盐资源丰富的优势，实行"官山海"之策，首开食盐专卖之先声，终使齐国成就一世霸业。

（一）齐地早期盐业发展

齐国盐业是在前代基础上发展起来的。西周初年，太公望吕尚受封于齐地。"太公至国，修政，因其俗，简其礼，通商工之业，便鱼盐之利，而人民多归齐，齐国为大国。"①经过数百年发展，至齐桓公时，任用管仲为相，实行全面改革，开发渔盐之利，齐国海洋经济全面振兴。

夏商周三代之时及其以前，民众煮盐只为自食，一是调味，二是或许此时的先人已发现了"无盐则肿"的生活规律，认识到食盐可防肿这一盐的神奇功效。

夏代，从齐地出土文物来看，当属岳石文化考古类型。齐地靠近海边，海盐生产已初具规模，并成为全国重要的产盐区之一。大禹执政，隶属齐地的青州之盐被定为贡品。《中国商业史》载："禹既十三年在外，则于土地之肥瘠，物产之多寡……遂别为九州，任土作贡……罗列无遗……"②，其中属于青州贡品的记载如下，"青州：盐……绨（细葛）……海物……丝……枲（麻）……铅（锡也）……松……怪石"③。

---

① （汉）司马迁：《史记》卷三十二《齐太公世家第二》，北京：中华书局，2006年，第197页。

②③ 王孝通：《中国商业史》，上海：上海书店出版社，1984年，第15页。

从中我们可以看出，作为贡品，盐被列在首位，足以证明盐在青州之地乃至全国都占有重要地位。

《尚书·说命下》中有这样一句话"若作和羹，尔惟盐梅"，意思是武丁认为傅说对于国家而言就像盐对民众一样重要，由此可见，商代，盐已经成为生活必需品，青州海盐依然是中央贡品。武丁以后，商朝势力强大，逐渐向东方进行扩张，甲骨文有帝辛"征夷方"的记载，《左传》也有"封克东夷"[①]记载，学者对其地望进行考证，认为它包括渔盐资源极为丰富的齐地。李学勤先生认为征夷方的路线为"安阳—兖州—新泰—青州—潍坊"[②]。这就说明，商朝之所以对东夷发动进攻，其主要目的在于攫取渔盐之利。考古发现也证明商朝征夷方，就是利用东夷人的技术来获取渔盐之利。[③]

西周王朝对于盐的重视程度，上升到政治层面，专门设立掌管盐之食物的官员——"盐人"。《周礼·天官》载："盐人掌盐之政令……祭祀，共其苦盐、散盐；宾客，共其形盐、散盐；王之膳羞，共饴盐……"[④]这里所提及的"散盐"，大多数学者认为是海盐，因为散盐较为珍贵，只能在祭祀和招待宾客时使用，就连周王都不能随意食用，说明当时海盐产量较低，且运输也不便利。

姜太公受封齐地之时，齐地农业不发达。《盐铁论·轻重篇》

---

①　杨伯峻：《春秋左传注》昭公十一年，北京：中华书局，1984 年。

②　李学勤：《夏商周与山东》，《烟台大学学报（哲学社会科学版）》2002 年第 3 期。

③　祁培：《先秦齐地盐业的形成与演变》，华东师范大学硕士学位论文，2014 年。

④　（西周）姬旦著，钱玄等注译：《周礼》，长沙：岳麓书社，2001 年，第 50 页。

记载："昔太公封于营丘，辟草莱而居焉。地薄人少……"①，《史记》记载："故太公望封于营丘，地潟卤，人民寡……"②这些史料说明当时齐地土地不足，人口稀少，不利于发展农业。

鉴于这种情况，太公因势利导，发展渔盐之利。《史记》载："于是太公劝其女功，极技巧，通鱼盐。"太公利用当地的鱼盐资源优势，很快发展起来，为后来齐国强盛奠定了基础。③

商周两代，主要是向时王纳贡，纳贡的物品以土特产为主，齐地盛产海盐，就以盐为贡。当时纳贡数量较少，负担较轻，没有专门管理机构，只是设置虞衡之官，督民按时煮盐。但到了春秋时期，王室衰微，诸侯国强大，其执政者的野心不断膨胀，原来百姓自产自销模式开始被打破。④

（二）齐、纪两国对海盐产地的争夺

纪国自商朝起便是东方强国，该地盐资源丰富，为其国势增色不少。西周初期姜氏封齐，在较长一段时间内还呈现纪强齐弱之势，初封之齐"少五谷，人民寡"，仅有"方百里"之幅，且姜尚、吕伋父子仍在朝辅佐周王，自太公至哀公死后"五世而返"。在西周和春秋前期，虽然《史记·齐太公世家》记载成王时即授太公"东至海，西至河，南至穆棱，北至无

---

① （汉）桓宽：《盐铁论》，上海：上海人民出版社，1974年，第30页。
② （汉）司马迁：《史记》卷三十二《齐太公世家第二》，北京：中华书局，2006年，第197页。
③ （汉）司马迁：《史记》卷一百二十九《货殖列传》，北京：中华书局，2006年，第751页。
④ 祁培：《先秦齐地盐业的形成与演变》，华东师范大学硕士学位论文，2014年，第20页。

棣，五侯九伯，实得征之"之权①，但直至公元前690年纪侯"大去其国"之前，距齐都以东淄河东岸仅几公里的纪国酅邑及以东大片土地仍主要是纪国势力范围，而且纪能监齐且使周懿王烹杀齐哀公（齐哀公荒淫）。齐国从太公到文公十君历有200余年，齐公室动荡不已，齐与纪虽紧邻，齐却一直处于弱势地位。②

这一时期，莱州湾南岸渔盐之利多为纪国所用，寿光双王城盐业遗址中殷墟一至四期和西周早期的盐业遗址共76处当为纪国所有。因为纪国掌握丰富的盐业资源，在西周以至东周前期，得以国富民强，成为东方强国。因之才有《左传》所记"纪人伐夷""纪子帛、莒子盟于密""（纪）公及莒人盟于浮来"以及"纪裂繻来逆女""伯姬归于纪""逆王后于纪""季姜归于京师"等重要历史事件。

就齐国而言，虽然《史记·姜太公世家》记载"太公至国，修政，因其俗，简其礼，通工商之业，便渔盐之利"③。但是，姜太公所定的这一治国方略，到真正显效，实是经过了一个很长时期。从太公受封到齐文公，齐国逐渐占有东方原由纪国等控制的大片土地海域，但齐国的发展尚未到强盛水平。齐国的发展与壮大是从七世君齐献公由薄姑迁都临淄起步。临淄为东西交通要冲，位于平原农业地带，在客观上为齐国的壮大发展创造了条件。与此同时，齐国调整政治路线与中原商业中心的郑国交好，从而打开经济发展的西大门，使齐国之渔盐

---

①③　（汉）司马迁：《史记》卷三十二《齐太公世家第二》，北京：中华书局，2006年，第197页。

②　曹斌：《周文化统治的历史格局在"东土"的形成》，《考古》2017年第6期。

布帛畅销中原。之后齐经襄公引起之内乱后迎来齐桓公，桓公以管仲为相，推行全面改革，带来政治经济的振兴。

齐国的崛起过程中，纪国一度是其劲敌。据《史记·齐太公世家》记载："（齐）哀公时，纪侯谮之周，周烹哀公而立其弟静，是为胡公。胡公徙都薄姑，而当周夷王之时。"①这一冲突发生于西周时期，表面上看，是因为齐哀公"荒淫田游"，所以纪侯才向周王告发，导致哀公被烹。然而究其深层次原因，则是由于两国的经济利益冲突，即对盐的争夺。②

考古证实，纪国是山东古国之一，夏商周三朝都对其进行册封，其主要产业为制盐业，世代生活在山东半岛。据寿光大荒北央制盐遗址"出土扁、篦、罐等陶器推断，年代应在西周前期，约公元前1000—前900年之间"③。而双王城盐业遗存也发现有多个西周早期遗址，个别遗址可能更早，约为商代晚期。其中在双王城盐业遗址的014A遗址中，发现完整的"盐灶（014AZY1），由工作间、烧火坑、火门、椭圆形大型灶室、长条形灶室、3条烟道和圆形烟囱、左右2个储卤坑8部分组成，总长17.2米，宽8.3米"④。该盐灶构思巧妙，设施完备，规模庞大，可见纪国制盐工艺历史非常悠久，非一朝一夕所能达到。

---

① （汉）司马迁：《史记》卷三十二《齐太公世家第二》，北京：中华书局，2006年，第197页。

② 李大鸣：《周代齐国海盐业的发展历程》，葛志毅编：《中国古代社会与思想文化研究论集》第4辑，哈尔滨：黑龙江人民出版社，2010年，第103页。

③ 王青：《淋煎法海盐生产技术起源的考古学探索》，《盐业史研究》2007年第1期。

④ 山东省文物考古所、北京大学中国考古学研究中心、寿光市文化局：《山东寿光市双王城遗址2008年发掘报告》，《考古》2010年第3期。

上古时期，贸易方式主要是以物易物。纪国贸易以海盐为主，而运盐的交通工具可能是马车。《晏子春秋·内篇杂上》有"食鱼无反，勿乘驽马"之语。学者认为极有可能是纪国海盐兴国的经验总结。为什么这样说呢？"食鱼无反"之意是说，作为主要贸易物品的鱼盐，要吃一半留一半，必须节约食用，才可留下一部分与周边部族交换其他物品。

在纪国海盐富国的启迪下，齐国也大力发展渔盐之利，迅速成为东方大国，致使周边部族纷纷归附。特别是协助周王平定三监叛乱，成为其统治东方的重要倚重力量。"齐由此得征伐，为大国。都营丘。"①该地煮盐业历史悠久，在周代以前就盛产海盐，当地居民以海盐为生，姜太公到任后，接管其盐业作坊及工匠。②营丘原有的制盐业，自然就成为齐国的盐业之基础。

东周时期，齐国迅速强大，使纪国利益受到威胁，尤其表现在海盐贸易之上。为了遏制齐国，"（齐）哀公时，纪侯潜之周，周烹哀公而立其弟静，是为胡公"③。可见，当时纪国在政治上占据上风，为避其锋芒，齐国西迁。其后五世胡公迁都薄姑，六世献公迁都临淄。由此推测，以齐、纪两国以边界为分界线，划定各自的势力范围，齐国在山东半岛西部，纪国在山东半岛东部。

更有甚者，齐、纪矛盾由经济冲突上升到家族血仇，斗争愈演愈烈。春秋时期，纪国逐渐衰微，万般无奈之下，请求鲁

---

①③　（汉）司马迁：《史记》卷三十二《齐太公世家第二》，北京：中华书局，2006年，第197页。

②　李大鸣：《周代齐国海盐业的发展历程》，葛志毅编：《中国古代社会与思想文化研究论集》第4辑，哈尔滨：黑龙江人民出版社，2010年，第108页。

国斡旋，鲁桓公六年"夏，（鲁、纪）会于成，纪来谐谋齐难也"①。同年"冬，纪侯来朝，请王命以求成于齐。公告不能"。其注曰："夏四月，纪侯来鲁商谋齐难，冬又来朝，请鲁转求王命以与齐和。桓公告以不能。"②鲁桓公八年，周王派"祭公来，遂逆王后于纪，礼也"。其注曰："礼也者，谓祭公来受命于鲁，然后往迎王后，合于天子娶于诸侯，使同姓诸侯为其主之礼。"③尽管纪国在外交上不停斡旋，却依然挡不住齐国咄咄逼人的进攻态势。鲁庄公元年，齐国兵临纪国城下，纪侯之弟纪季投敌叛国，导致鲁庄公四年，纪国灭亡。纪侯撤走之时，没有给齐国留下任何制盐工匠，说明两国在盐的问题上积怨之深，更说明盐的极端重要性以至于成为两方争斗之最深层原因。此后，齐国版图扩大，到齐桓公执政时，"正其封疆，地南至于岱阴，西至于济，北至于河，东至于纪都"④。齐国占领了纪国的领土，至此打开了向东发展的门户，将势力范围扩展至莱夷人建立的东莱国。

为了打通东部的鱼盐贸易通道，齐桓公采取一边武力、一边贸易的方法。首先，齐桓公执政时，打败东莱国，迫使其向齐国称臣。其次，制定"通齐国之鱼盐于东莱，使关市几而不征"政策，即销往东莱国之盐不征收关税。与东莱国建立贸易关系以后，开始将大量鱼盐运往东莱，并且不加征鱼盐税。通过上述种种方式手段，占据东夷广大贸易市场，使齐国迅速走

---

① （春秋）左丘明：《左传》上册《桓公六年》，北京：中华书局，2012年，第133页。

② 同上书，第138页。

③ 同上书，第145页。

④ 徐元浩撰，王树民、沈长云点校：《国语集解·齐语》，北京：中华书局，2002年，第232页。

向富强之路。①

　　齐国强大之后，野心也逐渐膨胀，不再满足渔盐之利，而是想吞并东莱疆域，扩大自己的统治范围。于是在鲁襄公六年，东莱国被齐国所灭。

　　综上所述，从齐太公建国，到齐灵公灭东莱，齐国的海盐业一直不断发展，数百年间没有间断。海盐业就是齐国的命脉，关系到齐国的存亡。为此，齐国历代国君竭尽全力打击各种竞争对手，确保齐国盐业顺畅发展，拓宽贸易空间。可以说齐国以盐业起家、以盐业富国、以盐业强国。

（三）齐国制盐产业的发展

　　煮盐业是齐国在立国之时就制定的一项基本方针。《史记·货殖列传》载："太公望封于营丘，地潟卤，人民寡，于是太公劝其女功，极技巧，通鱼盐，则人物归之，襁至而辐凑。"②随着社会的发展，齐国更是加大力度发展渔盐之利，成为春秋战国齐国称雄争霸的经济条件。从今天的考古发现中我们亦可以窥见当时齐国盐业的发达。

　　目前资料所见，《左传》是最早提及齐国盐业情况的③，记录了齐景公在位期间的盐业和盐政问题。《左传·昭公三年》

---

　　① 李大鸣：《周代齐国海盐业的发展历程》，葛志毅编：《中国古代社会与思想文化研究论集》第 4 辑，哈尔滨：黑龙江人民出版社，2010 年，第 112 页。

　　② （汉）司马迁：《史记》卷一百二十九《货殖列传》，北京：中华书局，2006 年，第 751 页。

　　③ 杨伯峻：《春秋左传注》（修订本），北京：中华书局，1990 年，"前言"。杨认为《左传》成书在公元前 403—前 389 年。

载"山木如市，弗加于山，鱼、盐、蜃、蛤，弗加于海"①。这条史料说明田氏代齐后，盐业政策发生变化，即食盐在销售过程中不另加盐税的惠民政策，与姜齐政权的食盐政策截然不同。据《左传·昭公二十年》载："山林之木，衡鹿守之；泽之萑蒲，舟鲛守之；薮之薪蒸，虞候守之；海之盐、蜃，祈望守之"②，齐景公时期，晏子佐政，劝说齐景公"使有司宽政，毁关，去禁，薄敛，已责"③。这些史料均说明，春秋末年齐国的盐业生产和销售是受政府严格管控的。这恰恰与考古实物资料相佐证，说明春秋末期齐国才开始出现规模化盐业生产。

进入战国时期，齐国的煮盐业更为出名，在诸侯国间的影响更大。《战国策》对其就有描述，纵横家张仪游说齐宣王与秦国连横，作为答谢，齐乃"献鱼盐之地三百（里）于秦"作为贿质，以事秦。④由此可知齐国煮盐业的规模很大。纵横家张仪为游说赵王与秦连横，声称齐国已"献鱼盐之地"向秦国臣服，这一举动必将斩断赵国的右臂。⑤纵横家苏秦也向赵王鼓吹，如果赵王听从他的建议，"齐必致海隅（边）鱼盐之地"以示臣服。⑥通过上述史料分析，齐国的鱼盐之地，不仅是财富的象征，还是国家社稷的象征。而齐国鱼盐之地所处的地理位置和生产规模与考古所见渤海南岸地区发现的绵延 300 多公里的齐国盐场规模是完全相符的。

齐国充分利用其优越的海陆环境，大力发展海盐产业。春

①② 杨伯峻：《春秋左传注》（修订本），北京：中华书局，1990 年，第 1235、1236 页。

③ 同上书，第 1417、1418 页。

④ 何建章：《战国策注释》，北京：中华书局，2004 年，第 331—334 页。

⑤ 同上书，第 673 页。

⑥ 同上书，第 655 页。

秋初期，管仲辅佐齐桓公治理齐国，进行了一系列的改革，尤其是经济方面的盐政改革可谓影响深远。其改革思想被其追随者们收录在《管子》一书中，集中体现在两个方面，一是加强国家对盐业的管理，制定一系列惠民政策；二是积极开展对外贸易，将食盐销往其他诸侯国。①

与各诸侯国的贸易过程中，齐国盐价较高，是正常食盐价格的 40 倍。齐国先后将食盐卖给梁国、赵国、宋国和卫国等地处内陆的诸侯国，获得巨额利润，使齐国走向兴旺发达之路，百姓安居乐业，特别是齐国都城临淄，呈现出一派欣欣向荣的景象。

《战国策·齐策一》载：

> 临淄之中七万户，臣窃度之，下户三男子，三七二十一万，不待发于远县，而临淄之卒，固以二十一万矣；临淄甚富而实，其民无不吹竽、鼓瑟、击筑、弹琴、斗鸡、走犬、六博、蹴鞠者；临淄之途，车毂击，人肩摩，连衽成帷，举袂成幕，挥汗如雨；家敦而富，志高而扬。②

齐国凭借海盐和其他海洋资源使得"国以殷富，士气腾满，日益富强"，从而被称为名副其实的"海王之国"。③

今天的考古发掘已经证明，渤海南岸地区发现的东周时期制盐遗存当属齐国的制盐遗存，而且东周时期齐国盐业已经成为国家管控的一个相对重要的产业部门。

---

① ③　杨新亮：《海王之国：先秦齐国海洋文明考论》，中国海洋大学硕士学位论文，2012 年。

②　徐运全：《战国策》，北京：金城出版社，2019 年，第 199 页。

燕生东先生在《渤海南岸地区发现的东周时期制盐遗存与相关问题》中对东周时期渤海南岸地区的盐业遗存的归属问题进行详细考证。他认为春秋末年和战国时期，古渤海南岸地区（古今黄河三角洲和莱州湾）地处齐国北部海疆范围。这里的盐业遗址群出土的陶器等生活器皿以及周围考古所见墓葬形制、发现的随葬品组合与齐国内陆地区完全一致。因此，可以推定目前在渤海南岸地区所发现的东周时期盐业遗址群属于齐国的制盐遗存。①

（四）管仲的盐业经营及《管子》所反映的盐业状况

在莱州湾南岸盐业史发展中，必须要提及的一个人就是管仲；必须要提及的一部典籍就是《管子》，从管子的思想与实践中，我们可以窥见东周时期的盐政及盐业发展状况。

1. 管仲"官山海，正盐策"

公元前685年，齐桓公封"到哪个国家，哪个国家就能强盛（鲍叔牙语）"的仇人管仲为相，以图霸强。管仲感遇明主，不遗余力，尽使才华。短短几年，君臣协力把齐国治理得社稷安定，百姓富足。这些，得益于管仲对经济的重视。他认为"仓廪实而知礼节，衣食足而知荣辱"。他辅助齐桓公施行仁政、爱护百姓；建议齐桓公开山川林泽渔盐之利，发展商业贸易，增收赋税，增加国家财政收入。

对此，《管子》曾有这样的描述："烧增薮，焚沛泽，不益民利，逃械器，闭知能者，辅己者也。诸侯无牛马之牢，不利

① 燕生东、田永德等：《渤海南岸地区商周时期盐业考古发现与研究》，《中国国家博物馆馆刊》2011年第9期。

其器者，曰淫器而一民心者也。以人御人，逃戈刃，高仁义，乘天固以安己者也。五家之数殊而用一也。"①桓公曰："今当时之王者立何而可？"管子对曰："请兼用五家而勿尽。"桓公曰："何谓？"管子对曰："立祈祥以固山泽，立械器以使万物，天下皆利而谨操重筴。童山竭泽，益利抟流。出金山立币，存菑丘，立骈牢，以为民饶。彼菹菜之壤，非五谷之所生也，麋鹿牛马之地。春秋赋生杀老，立施以守五谷，此以无用之壤臧民之赢。五家之数皆用而勿尽。"②

管仲认识到，其他诸侯国没有海盐，而海盐又是人人需要的必需品，需求量很大，如果以它作为商品，不仅会让其他诸侯国受制于齐国，还会增加齐国政府的财政收入，进而增强齐国的经济实力。因此，管仲建议齐桓公"请以令梁、赵、宋、卫、濮阳。彼尽馈食之也。国无盐则肿，守圉之国，用盐独甚"③。这一政策的实施，使齐国"得成金万壹千馀斤"④。显然，管仲想把盐当成削弱邻国、充实齐国的工具。在这样的认识基础上，他建议齐桓公："夫楚有汝汉之金，齐有渠展之盐"，其意思是，楚国有金矿，而我们齐国有渠展的盐。要让盐成为发展经济的命脉，必须推行"正盐策"，就是把盐业资源收归国有的同时，建立征税、专卖制度。⑤

---

① 谢浩范等译注：《管子》，上海：上海古籍出版社，2020年，第855—856页。

② 同上书，第856—857页。

③ 同上书，第872—873页。

④ 曲金良主编，陈智勇本卷主编：《中国海洋文化史长编·先秦秦汉卷》，青岛：中国海洋大学出版社，2008年，第214—228页。

⑤ 蒋义奎、崔光编：《海桑田黄河口》，郑州：黄河水利出版社，2009年，第51页。

司马迁在《史记》中则记载："管仲既任政齐相，以区区之齐在海滨，通货积财，富国强兵，与俗同恶"①，修旧法，择其善者而业用之。管仲相齐，持"力地而动于时，则国必富矣"②思想，以"食盐官营"之策"通货积财"，同时在原有食盐西售的基础上，进一步开辟东部市场，实行民产、官收、官运、官销，尽收财用于国家。

食盐官营政策的实行使得齐国的盐业资源得到空前开发，在某种意义上，正是管仲的盐业经营才使得齐国的盐业得以声名远扬，也使得齐国称霸成为可能和现实。司马迁在《史记·平淮书》中认为："齐桓公用管仲，通轻重之权，缴山海之业，以朝诸侯，用区区之齐显成霸名。"③

《管子》一书成书年代及其作者都有争议，但是该书确实反映了管仲的思想这一点是毋庸置疑的。④关于齐国的盐政及盐业生产情况，在《管子》轻重诸篇如《海王》《山国轨》《地数》《揆度》《轻重甲》《轻重乙》《轻重丁》等都有提及。

2. 盐业发展与齐国霸业

借助盐等资源，齐国成为春秋时期的霸主和六国中存世最长的国家。那么，到了战国时期，盐和齐国又是怎样关系呢？

战国时期，齐国的海盐业在各个诸侯国颇负盛名，《战国策》对齐国盐业规模、产盐之地和盐业生产在齐国的重要地位

---

① （汉）司马迁：《史记》，北京：中华书局，2011年，第1892页。
② 吴文涛、张善良编：《管子》，北京：燕山出版社，1995年，第348页。
③ （汉）司马迁：《史记》，北京：中华书局，2011年，第1331页。
④ 祁培：《先秦齐地盐业的形成与演变》，华东师范大学硕士学位论文，2014年。

等问题都有明确记载。前文已有论述，这里不再提及。

祁培也对战国时期齐国的盐业发展情况进行了有力的论述，他指出：战国时期，齐地海盐业发展体现在以下几个方面，一是随着生产工具鼓风设备的使用，海盐的产量有了大大的提高；二是齐地盐业与河东、西北地区的池盐相比，它们在数量和质量上都无法与齐地制盐相抗衡；三是为了发展盐业贸易，齐国开辟了 6 条陆路交通线和 1 条水路交通线。齐国拥有的丰富海盐资源成为其与其他大国抗衡的重要筹码，直接导致"盐业外交"成为当时大国关系的重要内容。①已知齐国与秦国就曾用鱼盐之富进行周旋，在风云诡谲的战国时期，齐国是最后被兼并的诸侯国，其中是否是渔盐之利在起作用，不得而知，但是有一点是毋庸置疑的，那就是鱼盐在齐国的对外交往中发挥过重要的作用。资料显示，这一时期的东莱，食盐也主要是从齐国进口的。

（五）渠展之盐

"渠展"是一地名，这里生产的盐在历史上非常著名。例如，明清时代的利津诗人对渠展多有吟咏，其中李华的《渠展怀古》诗与张铨的竹枝词《渠展盐池》很有影响。李华在乾隆朝曾任京山县令，是著名金石家李佐贤的祖父，他辞官归里后自东津乘舟至黄芦台，顺流而下铁门关，眺望平地起冰山的丰国盐场，诗兴大发，写下了这首五言诗："济水赴海流，急如离弦矢。强哉齐桓公，富国从此始。我来引领望，霁色沧溟

_____

① 祁培：《先秦齐地盐业的形成与演变》，华东师范大学硕士学位论文，2014 年。

里。一登黄芦台，一想齐管子。管子不复见，渠展犹在耳。忆昔图伯时，烟火几千里。府海饶鱼盐，美利谁与比……"①；有趣的是，利津县在明清时期曾设立"渠展书院"，并在《山东通志》记载的书院中榜上有名。

渠展的出名，不是因为文化人的偏爱，而是由于其出产的海盐的价值。渠展之盐牵涉到的，不仅仅是民生，更是国计和战略。直到今天，它仍然魅力无比，仍让各行各业的人们乐此不疲地讨论它。

1. 学术界对渠展之盐已有的研究

学术界对渠展之盐研究成果众多，有渤海说、有利津说、有渤海湾卤水区说。

要弄清渠展之盐的地望，离不开 3 个关键因素：一是对传世文献的准确解读；二是需要与现代盐业考古资料相佐证；三是应当符合齐国当时大规模盐业生产的环境条件。鉴于此，不同学者提出自己的看法，安作璋先生认为，渠展之地就在今广饶、寿光交界的巨淀湖一带。赵守祥先生考证渠展之地在今山东寿光境内。②孙敬明先生则认为在莱州湾一带，这里有广阔的滩涂，适宜于发展浅海捕捞和煮盐牧马。③

从莱州湾地区的自然条件看，这里海岸线近百公里，呈舌状形浅滩口，地势平坦，风浪较小，鱼儿成群，海水盐分较

---

① 王增山编著：《李佐贤生平著述考》，济南：齐鲁书社，2014 年，第 255 页。

② 赵守祥：《论寿光的文化特质》，山东省社会科学界联合会：《整合文化资源与建设文化强省：挑战·机遇·对策》，山东省社会科学界 2009 年学术年会文集（3）。

③ 孙敬明：《从货币流通看海洋文化在齐国经济重心之发展形成中的作用——论临淄、海阳、临沂所出土的大批货币》，《山东金融》1997 年第 1 期。

高，是理想的煮盐之地。

从盐业考古资料看，目前考古学者在渤海莱州湾南岸寿光、广饶、寒亭、昌邑等地发现商周及宋元等时期的700余处盐业遗存。尤其以寿光市双王城古海盐场遗址群最为典型，这里是保存最好、面积最大的商周海盐遗存。如此密集分布的商周盐业遗址群，可以证实这里应是殷墟至西周早期的盐业生产中心。①继西周之后春秋战国时期，这里也会是其盐业中心所在。

综上所述，渠展之盐的产地当属莱州湾南岸地区，渠展地望当属莱州湾南岸盐业生产区。

《管子》一书提到齐国的渠展之盐。管子认为齐国的"渠展之盐"、楚国的"汝汉之金"、燕国的"辽东之煮"是当时三大并列的重要资源，最具争夺性。史料有齐国曾经在渠展煮盐"三万六千钟"，销往梁（魏）、赵、宋、卫、灌阳之地，"得成金万壹千餘金"的记载。由此我们可以证实，渠展之盐是管仲"官山海"政策的首选对象，也反映出其价值之大。

从地方志的记载中我们可以窥见渠展之盐的价值："利津制盐，起于春秋战国时期，兴盛于清朝早期。历史上曾出现'渠展之盐'兴盛景象和'永阜盐场冠齐鲁'的辉煌。早在春秋战国时期，利津县域西南部还是一片滨海古陆地，济水和漯水会在这一带入海。那时，这里土地肥沃，草木繁茂，海滨广阔，盛产鱼盐。管子载'齐有渠展之盐'即指此。清康熙《山东通志》也有'渠展，齐地，济水入海处，为煮盐之所……'当时齐国是个诸侯国，地处黄河下游，南有泰山，北达渤海，

① 燕生东、田永德等：《渤海南岸地区发现的东周时期盐业遗存》，《中国国家博物馆刊》2011年第9期。

占据着最为膏腴的滨海大平原，宜农、宜渔、宜盐。管仲任齐相时，实行改革，'设盐官煮盐'是其重要措施之一。由于齐国得渔盐之利，所以经营数年，国富民强，终成霸业。利津境地始见发达和兴旺。古制盐业，对齐国富足强盛作出了重要贡献。"①

对于渠展之盐的价值，齐国以经营海盐得利立国，又以海盐之利称霸诸侯，盐是齐国之命脉所在。曲金良先生认为，"在当时的自然经济条件下，拥有海盐资源的齐国，在政治生活中的重要性不言而喻，比其他地区发挥大一点的作用也是情理中的事"②。

2. 齐国的渠展之盐

齐国的渠展之盐在当时社会各界都有较大的影响，那么，它的生产进程和优势是什么？其产、运、销又是如何进行的？

对渠展之盐的生产进程，学者们进行了或详细、或简略的描述，这里不一一介绍。只是特别指出，燕生东先生在渤海南岸地区从事田野考古工作 10 余年，其对渠展之盐生产进程的论述应该是很具有说服力的。他认为，位于莱州湾南岸一线的齐国具有产盐的区位优势，而研究齐国盐业的学者们几乎都对渠展之盐的优势进行过或多或少的描述，基本强调了这里出产海盐的有力的自然条件和地理环境。

当地学者孙敬明先生也指出，临淄地处莱州湾南岸附近，地理位置极为优越，沿海有广阔的滩涂，这里是发展浅海捕捞

---

① 山东省地方史志办公室编：《2005 年度地方志资政文集》（上册），济南：山东省地图出版社，2007 年，第 160 页。

② 曲金良主编，陈智勇本卷主编：《中国海洋文化史长编·先秦秦汉卷》，青岛：中国海洋大学出版社，2008 年，第 214—228 页。

和煮盐牧马的最佳之地。向西可分抵燕赵，向东可达辽东胡地，因此文献中有"燕有辽东之煮，齐有渠展之盐"的记载。孙敬明在其《齐币流通论》中称：渠展，作为受古代弥水冲击而形成的滩涂，从古至今一直是最大的产盐基地。①

学者郭丽也有相似论述：渠展之盐得益于齐地丰富的自然资源条件。据考古证实，渤海南部地区在殷商时期和西周早期就开始煮盐。王青等学者经过研究认为，莱州湾南岸地下卤水丰富，其中广饶、寿光、寒亭和昌邑等地的储量最大，与正常海水相比，含盐浓度高4—5倍，且不仅仅限于海滨之地。《管子》所述的"煮海为盐"，其所占比例很小。而大部分地域远离海岸，制盐主要靠地下卤水，齐国地处北部沿海一带，卤水含量丰富，这就为齐国煮盐业的迅猛发展带来极为便利的条件。②具体说来，包括以下几个层面：

第一，齐国北部淤泥质海岸地势平坦。海滨有大片低地泥滩，蓄水条件好，不易使卤水下渗，这里天气多晴，日照充足，是"煮海为盐"极为有利的场所。尤其"马常坑"这个自然海湾的周边，有绵延200里的滩涂，潮涨潮落，渗卤日久，掘坑即涌，沙滩板结，风吹是盐，具有良好的产盐条件；身处海边却远离惊涛骇浪，进湾捕鱼竟风平浪静，也是盐民难得之生存佳境，渠展之盐因势而兴。在《管子·轻重乙》中，齐国大夫隰朋曾"报告"过这一地区的具体情形："北方之萌者，衍处负海，煮沸为盐，梁济取鱼之萌也，薪食。"对照隰朋的

① 孙敬明：《从货币流通看海洋文化在齐国经济重心之发展形成中的作用——论临淄、海阳、临沂所出土的大批货币》，《山东金融》1997年1月号。
② 郭丽：《齐桓公时期盐业制度初探——以"管子"为中心》，《哈尔滨工业大学学报（社会科学版）》2011年第2期。

这份"报告"，我们是不是可以这样去想象——古老的渠展之地，东倚渤海，滩涂袤广。在地势平坦的"海袖子"周边，有茂密苗壮的柽柳林，在莺飞鱼跃的河海交汇处，是铺天盖地的芦苇荡，这一切都是"煮沛为盐"的优越条件。

第二，春秋时期齐国北部的沿海地带，卤水储量巨大。这一带地下卤水含盐浓度之高，也是全国仅有的，即使今天的山东莱州湾西岸，仍存有大量地下卤水。卤水是古人"煮海为盐"的原料。许多盐业遗存表明，古代卤水在渤海西南岸埋藏较浅，甚至可以挖沟引卤。

第三，齐国的淄济运河，使渠展之盐运销畅通。西周初期，齐国就在沿海发展盐业，及至春秋时期，齐国的渠展之盐已蜚声四海，远销梁、赵、宋、卫等诸侯国。桓公时管仲凭借滨海的地理优势，"兴渔盐之利""通舟楫之便"，通过盐业的生产、运输和销售，更好地促进了齐国食盐和商业的发展，最终使齐国成为称霸东方的诸侯大国。至关重要的是，为了发展与中原地区的水运交通，使渠展之盐运销畅通无阻，齐国利用临淄城下的淄水与济水邻近的有利地理条件，在淄、济之间开了一条运河。这条运河由临淄附近开渠北上，借时水运道至博昌（今博兴东南），再引渠入济。《史记·河渠书》所说："于齐，则通菑、济之间"，就是指的这条运河。淄、济二水沟通以后，齐国的船只由淄入济，由济入漯，很便捷地把马常坑周边堆砌如山的海盐直接运往中原各地。齐国淄济运河的开凿，使渠展之盐更加兴盛。正因为具备了上述生产要素，渠展之盐才能够产销两旺，也才能够为齐国强盛和霸业发挥重大作用。

盐为"食者之将"，人人仰给；无盐则肿，百姓不食盐则四肢乏力。[1]因此，盐的运输和销售，历来受到重视。早在商代末年，就有从事盐业的名人胶鬲。西周初年，太公望封于齐，吕望正是从"通商工之业，便鱼盐之利"入手，即从重视运输和商业出发，来推动社会生产力的全面发展。就食盐而言，主要是通过解决运输和销售，来促进食盐的生产发展。

在产、运、销方面，春秋之前是民间的自发行为，民产民销，政府不加干涉。夏商周三代王室用盐主要来自各地的贡赋。传世文献《周礼》和《禹贡》提及的九贡都将食盐包括在内。然论及当时民间民众用盐，则听凭民众自产自销，盐商可以从中获利。

到了春秋战国时期，"官营"成为渠展之盐的主要方向。燕生东先生认为，主要体现在一是实行食盐民产官征制度；二是实行食盐官府专运专销制度；三是实行食盐国内征税制度。《管子·海王篇》提及的"盐筴"就是按人口册籍出卖食盐，以稳收盐利。

如果将渠展之盐的产、运、销等流程展开，具体包括以下几个层面：

《管子·轻重甲》载："齐有渠展之盐，请君伐菹薪，煮沸水为盐，正（同征）而积之"，"十月始正（征），至于正月，成盐三万六千钟"。[2]从中可以看出，制盐并非官方行为，而是由民间征收而来；而从"孟春既至，农事且起"和"北海之众，毋得聚庸而煮盐"等史料可以看出官府只是对食盐资源和

---

① 转引自曲金良主编：《中国海洋文化史长编》，青岛：中国海洋大学出版社，2017年，第180页。

② 谢浩范等译注：《管子》，上海：上海古籍出版社，2020年，第872页。

生产时间方面进行管控。①

运输方面则是官运为主。盐是社会经济生活的重要资源，控制食盐运输，是管仲盐业政策的重要环节。管仲提出，"以四什之贾（价），循河、济之流，南输梁、赵、宋、卫、濮阳"②，同时，通过齐长城的修建，管控食盐西运之途，以此达到在经济政治上控制西南诸国的目的。为了进一步控制盐业资源，管仲还提出"因人之山海假之"，即把不产于本国的盐廉价收买，"吾受而官出之一百"，经过转手贸易，把控盐业资源与售盐价格，从而将盐利收于齐国。

该时期主要售盐渠道是官卖。管仲提出"海王之国，谨正盐筴"③。盐为重要生活物资，为了实现食盐专卖，国家对人口进行登记，官府按户口定额售盐，稳收盐利，使民众无从逃税，"盐利收入，其数必巨"，"国用已足"，以尽收"国无海不王"之效。由此可见管仲实行的盐业专营制度，给齐国带来巨大利益，也引起了民众的不满，形成"山林之木，衡鹿守之；泽之萑蒲，舟鲛守之；薮之薪蒸，虞候守之；海之盐、蜃，祈望守之"的局面。田氏代齐以后改变食盐专制政策，实行"鱼、盐、蜃、蛤，弗加于海"，"泽之鱼盐龟鳖赢蚌，不加贵于海"即不加盐税的惠民政策。我们从《管子·轻重甲》《管子·地数》《管子·海王》等篇中对齐国盐业经营的记载，可知东周时期齐国首次施行了食盐官营制度。④

春秋战国时期，海盐官营，似乎扼杀了盐商存在的可能

---

①④　燕生东：《商周时期渤海南岸地区的盐业》，北京：文物出版社，2013 年，第 293 页。

②　谢浩范等译注：《管子》，上海：上海古籍出版社，2020 年，第 834 页。

③　同上书，第 767 页。

性，然实则不然。一是由于这一时期人口在短时期内的急剧增加对食盐的需求量大增；二是一向重视商业发展的齐国在这一时期给予盐商的尽可能的支持：首先，齐国交通便利，便于贸易联系。在陆路方面，有《管子·五辅》："修道途，便关市，慎将宿，此谓输之以财。导水潦，利阪沟，决潘渚，溃泥滞，通郁闭，慎津梁，此谓遗之以利"①的记载；在水路方面，有《国语·齐语》"齐桓公北伐山戎、刜令支、斩孤竹而南归；滨海诸侯，莫敢不来服"的记载。紧邻齐国的几个诸侯国都纷纷投靠齐国。可见，四通八达的交通运输线为盐商的活动提供了基础性条件。②其次，齐国提供各种优惠条件，为盐商开方便之门。《管子·侈靡》："开其国门者，玩之以善言。"③体现出齐国开放的治国风气。《管子·轻重乙》载："为诸侯之商贾立客舍，一乘者有食，三乘者有刍菽，五乘者有五养，天下之商贾归齐若流水。"④这些政策无疑大大促进了商业的发展，而齐国又是以盐立国的，所以对盐业和盐商的支持无疑是最明显的。

结　语

春秋战国时期，莱州湾南岸盐业在商周基础上又有大的发展。这可以从齐国盐业的发展中窥见一斑。尤其是齐桓公当政

①　谢浩范等译注：《管子》，上海：上海古籍出版社，2020年，第114页。
②　祁培：《先秦齐地盐业的形成与演变》，华东师范大学硕士学位论文，2014年，第38—39页。
③　谢浩范等译注：《管子》，上海：上海古籍出版社，2020年，第416页。
④　同上书，第902页。

时，管仲辅佐，利用海盐资源丰富的优势，实行"官山海"之策，使得齐国成就一世霸业。资料证实，春秋末年齐国的盐业生产和销售是受政府严格管控的。齐国规模化的盐业生产，也是到了春秋末期才开始出现的。东周时期盐业遗址的分布形态也明确了其规模化生产的特点，如，东周盐业遗址的分布大都以群为主。遗址群（如韩家庙子、固堤场、烽台、唐央—火道、厥里、东利渔等）约有 30 个；从盐业遗址规模看，单个大约就有 2 万平方米，且存在某种规制。这些都说明，东周时期的莱州湾南岸盐业出现了一个新的高峰。

第三章　秦汉时期莱州湾南岸的盐业

　　从秦王嬴政统一全国到东汉献帝禅位，秦汉两大王朝统治中国长达400余年，可谓是中国第一个大一统时期。在这400余年间，社会生产力有了较大的提高，盐业，尤其是莱州湾南岸的盐业也有了较大发展。位处齐鲁故地的诸盐场，包括莱州湾南岸地区的北海郡（国）都昌、寿光等地汉代均设有盐官，全国盐税其约占三分之一，并在两汉时期长期保持了全国制盐中心的地位。这一方面固然是由于大一统局面的出现，另一方面也是由盐业政策的改善、盐区的扩大、生产工具的改进、生产技术的进步及运销区域的扩大、运销工具的改进等诸方面的因素共同促成。

　　从盐业管理上看，夏商周时期各国开始注意到盐的重要性，夏商周的"以贡代税"，春秋战国的"官山海"说明盐业受到重视。而到了秦汉时期，中央政权对盐业的管理进一步加强，食盐国家专卖政策和专卖制度得以确立。但需要指出的是，这一时期的盐政是不断变化的，即由秦朝的盐税、汉初的"弛山泽之禁"，到汉武帝的"食盐专卖之制"，再到东汉光武帝废食盐专卖之法。在这些变化中，食盐专卖制尽管总体上呈现出起伏交替，但其总的精神未变且为后世历朝历代所继承与发展。[①]同

---

　　① 参见王守文：《先秦秦汉时期山东盐业研究》，山东师范大学硕士学位论文，2016年。

时，该时期也是全国性统一市场的形成时期，而莱州湾沿岸，则是清代晒盐法普及之前最后的辉煌。此后随着全国性统一市场的不复存在以及南方盐业的兴起，莱州湾盐业地位不断降低。

一、秦代莱州湾南岸盐业的延承发展

秦始皇统一六国后，建立起统一的多民族中央集权国家，把中国推向大一统时代。为加强专制主义中央集权制度，秦始皇采取李斯的"书同文，车同轨，行同伦"建议，还统一了度量衡，全国修驰道，政治、经济、文化等较之先秦都有了很大的发展。秦朝统治者继承了以往的盐业政策，加上中央集权制度下社会生产力的较大提高，莱州湾沿岸盐业也有了明显的发展。

（一）秦代莱州湾沿岸的盐业管理政策

春秋战国时期，秦国既与东方齐国一样，实施盐政，征收盐税，但秦国的盐业政策前后并不稳定，先后经历过秦穆公时期的民营征税制、秦孝公的食盐专卖制、秦惠王时期的民营征税制，秦始皇统一全国后，盐业政策才基本稳定下来。

秦孝公时期，任用商鞅变法，商鞅为解决商品经济的自由发展可能削弱封建国家的经济基础，不利于国家集中财力进行统一的战争的问题，借鉴齐国管仲的盐业管理思想，主张抛弃自由放任的盐业管理方式，在《商君书·内外篇》"去其商贾技巧而事地利"的指导方针之下，实施"专山泽之利，管山林之饶"的政策，强调盐的生产环节和流通环节都必须由国家严密控制，在产盐区设官管理，制定法令，严禁私煮和私人擅自运销，进而征收盐税，应该是很自然且顺理成章的事情。但商鞅的这一政策，只是限制了商人从盐业中获取厚利，从而减小社会贫富差距，防止富商巨贾据富坐大和不利于社会稳定与中央集权统治的情形出现。然而，完全的官营政策并不利于生产力的提高和商品经济的发展，食盐的完全官营政策会导致财政收入减少，不利于秦国的发展壮大。因此，商鞅对盐业采取了宏观管理与市场调配相结合的政策，在实施食盐官营政策的同时，利用商人的销售能力，增强食盐的销售量，以增加财政收入，允许部分商人自由销售，即把食盐交给商人分销，但商人需缴纳较重的专卖税来换取经销权。经销商人也是经过特许的，人数有限制，并由国家规定盐价。商鞅的用意主要还是使商人既难以从盐业中获取厚利，但又不妨碍财政收入稳定。汉代刘向《说苑·臣术篇》载："秦穆公使贾人载盐，征诸贾人。"①即是说秦穆公对商鞅盐业管理政策的借鉴。汉代董仲舒说秦国盐政：

> 至秦则不然，用商鞅之法，改帝王之制，除井田，民得买卖，富者田连阡陌，贫者无立锥之地。又颛川泽之利，管山林之饶，荒淫逾制，奢侈以相高。邑有人君之尊，里有公侯之富，小民安得不困？又加月为更卒，复为正一岁，屯戍一岁，力役三十倍于古；田租之赋，盐铁之利，二十倍于古。②

<hr />

① 程翔评注：《说苑》，北京：商务印书馆，2018 年，第 78 页。
② （汉）班固：《汉书》卷二四上《食货志第四上》，北京：中华书局，1962 年，第 1137 页。

商鞅变法中经济政策的核心是重本抑末，目的则在于富国强兵。正因如此，才会有司马迁对汉初政策转变的那段著名的描述："汉兴，海内为一，开关梁，弛山泽之禁。"在汉武帝时期的盐铁会议上，商鞅的盐铁政策也受到攻击，但恰如桑弘羊所言：

> 昔商君相秦也，内立法度，严刑罚，饬政教，奸伪无所容；外设百倍之利，收山泽之税，国富民强。器械完饬，蓄积有余，是以征敌伐国，攘地斥境，不赋百姓而师以赡。故利用不竭而民不知，地尽西河而民不苦。
>
> 秦任商君，国以当强，其后卒并六国而成帝业。①

商鞅的盐业管理政策有助于政权的巩固和社会经济的稳定与繁荣，增加了财政收入，保证了秦国统一战争的胜利发展。商鞅国家统制盐业管理的政策，很快就为秦国所接受，并为秦国统一天下后所继承。

秦统一六国后，秦始皇"以咸阳帝都所在，系全国政治之中心，应谋经济势力之充实，于是徙天下富豪于咸阳十二万户，关中富商尽诸田，田啬、田兰皆巨万，诸田必临淄富商，始皇徙之，而其富如故，可见商贾初不畏迁徙矣。然诸田由临淄而迁咸阳，犹在通都饶衍之区，若卓氏、程郑、孔氏者或居边地，或居腹地，亦以实业世其家，尤可见当时商贾之毅力矣"②。秦始皇统一天下后，六国的大商巨贾虽大都被迁往了他乡，但秦朝仍然允许商人经商的政策并没有改变。据王孝通

---

① （汉）桓宽：《盐铁论》卷二《非鞅第七》，上海：上海人民出版社，1974 年，第 15 页。

② 王孝通：《中国商业史》，北京：中国文史出版社，2015 年，第 4 页。

所论，迁居咸阳之临淄富商，多与盐业相关。事实上，秦始皇统一天下后，是允许民间开矿冶铁的，而自古以来，盐铁政策又往往保持一致，对食盐也是允许民间经营的。正因如此，虽然六国的富商大贾被迁往他地，但仍然重操旧业并因此致富，其原因即在于秦朝允许私商经营盐业的政策并没有改变。

纵览现有秦代文献，并无盐业管理政策相关详细资料，此外，根据《汉书》及汉初的政策制度，还可对秦代的盐业管理政策进行一下窥测。如《汉书·百官公卿表》载："少府，秦官，掌山海池泽之税，以供给养。"秦朝时已经设立了少府官职，专门负责山海池泽税收，包括征收盐业之税。又依据"汉承秦制"，西汉初年的一些盐业政策是对秦朝盐业政策的继承，从而可推知，秦朝建立后，虽推行食盐的官营政策，但亦实行食盐民包征税的政策，即把食盐的生产销售权承包给大盐商，然后对盐商征收一定的盐税，所谓置盐官以收"百倍之利"①。尽管秦朝关于莱州湾沿岸盐业管理情况没有单独记载，但其中央集权下全国性的盐业管理政策，必然也适用于莱州湾沿岸的盐业产售。

（二）秦代莱州湾南岸的盐业生产

秦代盐业管理整体而言不够统一和稳定，最初是仿效齐国推行食盐专卖，此后又对食盐征收重税，而且这两种盐业管理方式交替进行。据《汉书·食货志》载，秦自商鞅变法后，"富者田连阡陌"，"又专川泽之利，管山林之饶"。②也就是说，出

---

①　曲金良主编：《中国海洋文化史长编》，青岛：中国海洋大学出版社，2017年，第195页。

②　（汉）班固：《汉书》卷二四上《食货志第四上》，北京：中华书局，1962年，第1137页。

现了富商大贾与国家争夺利益的情况。为了改变这种现状，秦实行了一定程度的食盐专卖，但并不严格且不具备食盐专卖的典型特征。对那些食盐私商，秦国对他们实行的是高收税的政策，此恰如前文所引董仲舒之说秦国"盐铁之利，二十倍于古"。如此巨大的经济收益，唯有一定程度的专卖及高税收才有可能获得。

秦人对齐国莱州湾南岸的渔盐之利早有认识。据《太平御览》载，秦在灭齐之前，曾要齐"献鱼盐之地"，并称："齐负海，有鱼盐之利。"①故秦朝建立后，重视开发盐业，在盐区设置盐官，统管生产和流通；于齐国盐业生产基地的旧址盐城附近设立寿光县，以开发这一地区的海盐资源，此时的寿光县成为秦帝国的海盐生产中心。寿光一带在隋唐以前一直称为秦城乡，秦皇多次东巡曾在盐城附近以东筑有望海台。秦统一全国后仍然在一定程度上施行食盐专卖，据《汉书·百官公卿表》记载："少府，秦官，掌山海池泽之税，以供给养。"②说明秦国此时已经萌生了独占山泽之利的思想，开始实行盐铁专卖。置盐官以收"百倍之利"。《说苑·臣术篇》亦谓："秦穆公使贾人载盐，征诸贾人。"③应该注意的是，秦朝实行的并不是严格意义上的食盐专卖，而是实行食盐民包征税政策，把盐业生产承包给大盐商，然后对这些盐商收取一定的盐税，从而增加了国家的财政收入，实现了国富民强。

---

① （宋）李昉编纂，孙雍长、熊毓兰校点：《太平御览》卷七，石家庄：河北教育出版社，1994 年，第 972 页。

② （汉）班固：《汉书》卷十九上《百官公卿表第七上》，北京：中华书局，1962 年，第 731 页。

③ 程翔评注：《说苑》，北京：商务印书馆，2018 年，第 78 页。

据地方史学者考证，秦置寿光县城址大致在今寿光市北境双王城水库一带，即双王城盐业考古遗址所在区域。寿光古城又称盐城，位于寿光市北的巨淀湖畔，秦代寿光古城可能就设在当时的制盐基地附近。城址自大汶口文化、龙山文化以至夏商周三代、春秋战国时期就是当时的主要海盐生产地，今双王城水库西侧一带即为古盐城遗址。清嘉庆《寿光县志》载，盐城在今羊口镇寇家坞村北、六股路村南、古巨淀湖（又名清水泊）内。清光绪《寿光乡土志》载："古城在清水泊侧，汉寿光故城也。"民国《寿光县志》亦载："此城日久陷没于巨淀洼中"，常有"海市蜃楼"景观出现，"雾现霜城"即为旧时"八景"之一，今讹为"雪城""双王城"。在今寿光市西北30公里处，有清水泊，俗名霜雪城，据说是因白茫茫盐碱而得名。《汉书》载："寿光有盐官"，今尚有官台。[①]寿光盐城应是在盐业经济基础上形成的一座城市，为当时的盐业中心和朝廷贡盐的制造基地。秦时置郡县，在此始设寿光县。据传秦始皇东巡曾到此地，明嘉靖年间这一带仍称"秦城乡"，说明秦王朝对此地的看重并间接证明此时莱州湾南岸地区盐业发展的盛况。[②]

二、两汉的盐业管理

西汉时期随着国家的重新统一及中央集权的不断加强，社会秩序重新安定，生产力大幅提高，为盐业的发展提供了有利

---

① 今羊口镇官台村北。

② 学者们对秦代的盐政也有不同观点。曾仰丰认为秦代盐业实行征税制，允许民间经营。高凯等学者提出先秦至秦都存在盐铁官营制度。逄振镐则提出，私营盐铁须征得官府批准并交重税，秦代盐铁政策是严格控制下的重税政策。

条件。莱州湾沿岸盐业得到兴盛发展。对于这一时期莱州湾南岸的盐业，无论如何都绕不过去的话题就是其盐业管理。无论是汉初休息生息政策时代的"弛山泽之禁"，还是汉武帝的食盐专卖制度，抑或东汉对专卖政策的废除，都是基于当时社会情势变动的需要。

（一）汉代盐业政策演变及对莱州湾南岸盐业的影响

盐业在汉朝初年的经济中占有重要地位，所谓"夫盐，食肴之将……非编户齐民所能家作，必卬于市，虽贵数倍，不得不买"①。司马迁《史记·货殖列传》也把"盐"与"豉"放在日常生活必需的 12 种商品之内，可见在汉代人的心中盐确乎占有一日不可或缺的重要地位。

1. 汉朝初年的盐业政策

汉朝建立后，高祖刘邦即"开关梁，弛山泽之禁"②，即减少税收的征取，让百姓开发获利。但据一些学者研究，尽管朝廷"弛山泽之禁"，但百姓开发仍需缴纳一定的税。杨宽认为汉文帝时，盐业采取"包商经营而由少府抽税的办法"。③陈直也认为："卓王孙之富因邓通也，余因考西汉初期盐铁为包商制。"④汉初之所以采取这种盐业政策，一方面是汉初对秦代在盐业中实行包商政策有所承袭，即《说苑·臣术》所云：

---

① （汉）班固：《汉书》卷二四《食货志第四下》，北京：中华书局，1962年，第1183页。

② （汉）司马迁：《史记》卷一百二十九《货殖列传》，北京：中华书局，2011年，第2826页。

③ 杨宽：《从"少府"职掌看秦汉封建统治者的特权》，《杨宽古史论文选集》，上海：上海人民出版社，2003年，第2卷。

④ 陈直：《史记新证·货殖列传第六十九》，北京：中华书局，2006年，第194页。

"秦穆公使贾人载盐，征诸贾人。"另一方面则与汉初经济残破，亟待休养生息有关。据史载，经过八年战争之后才建立起来的汉朝，人口大量死亡，国家所控制的户口锐减，以至于"自天子不能具钧驷，而将相或乘牛车，齐民无藏盖"①。基于这一现实，高祖刘邦以黄老思想中的"无为而治"为立足点，历经惠帝、吕后"俱欲无为"。其核心在于，使国民经济尽快恢复，必须要有相应的政策，要让经济有一个相对宽松的自由发展时期，要做到"君子之为治也，块然若无事，寂然若无声，官府若无吏，亭落若无民，间时不讼于巷，老幼不愁于庭"②。社会经济由此得到相对宽松的发展环境，恢复速度明显加快。

惠帝、高后时，伴随着经济社会状况的明显好转，国家秩序亦逐渐安定下来，对包括盐业在内的商业政策亦逐渐改变，开始采取对经济更加宽松的政策。《资治通鉴·文景之治》载："孝惠、高后时，为天下初定，复弛商贾之律，然市井之子孙亦不得仕官为吏。量吏禄，度官用，以赋于民。而山川园池市井租税之入，自天子以至于封君汤沐邑，皆各为私奉养焉，不领于天下之经费。"惠帝、高后时开始放松对盐业生产的控制，放任商人生产销售。汉文帝时，则又进一步变"抑商"政策为"惠商"政策。下令"开关梁，弛山泽之禁"，取消在关口津梁处检查来往行人的制度和山林川泽樵采、捕捞的禁令。商人们可以自由贩运，任意开采资源，这些措施实行后，商业和手工

---

① （汉）司马迁：《史记》卷三十《平准书》，北京：中华书局，2011年，第1311页。

② （汉）扬雄撰，黄寿成校：《新语》，沈阳：辽宁教育出版社，1998年，第11—12页。

业都获得迅速的发展。汉文帝对盐业的经营更加放任，"纵民得铸钱、冶铁、煮盐"，把利润最丰厚的盐铁等生产销售活动完全让与私商，一时间，富商大贾纷纷占有山海，"专山泽之饶，或采矿冶铁，或煮海制盐"。①《史记·货殖列传》载："汉兴，海内为一，开关梁，弛山泽之禁，是以富商大贾周流天下，交易之物莫不通。"既是对当时私商兴盛状况的真实写照，同时也为盐业的发展提供了条件。

在此基础上，莱州湾南岸盐业生产得到较快发展，许多私营盐商因经营盐业而致富。司马迁《史记·货殖列传》中多次提到以莱州湾南岸为代表的齐地盐为区：

> 夫天下物所鲜所多，人民谣俗，山东食海盐，山西食盐卤，岭南、沙北固往往出盐，大体如此矣。
>
> 齐带山海，膏壤千里，宜桑麻，人民多文采布帛鱼盐。

《货殖列传》及班固《汉书·食货志》中提及的为数不多的经营盐业的大商人，属于齐地的莱州湾南岸盐产区就有两个：一个是东郭咸阳，一个是刀间，前者是齐之大鬻盐，后者起富数十万。②东郭咸阳作为一个布衣盐商，能为班固《汉书》所记载，可见其应属闻名全国的著名大盐商，其凭借煮盐业而累积的财富非但数量巨大，而且名扬全国、富拟王侯。对于齐地大盐商刀间，《货殖列传》载："齐俗贱奴虏，而刀间独爱贵

---

① （汉）桓宽：《盐铁论》，上海：上海人民出版社，1974年，第10页。

② 马开梁：《远古三代秦西汉史》，昆明：云南大学出版社，1993年，第192页。

之。桀黠奴，人之所患也，唯刀间收取，使之逐渔盐商贾之利，或连车骑，交守相，然愈益任之。终得其力，起富数千万。故曰：'宁爵毋刀'，言其能使豪奴自饶而尽其力。"盐业是工商合一的产业，一面生产，一面销售，资本周转迅速，繁殖累积速度很快。所以时有"冶铸鬻盐，财或累万金"[①]的说法。盐业的这一优势与汉初"弛山泽之禁"以及低租税率相结合，就成为众多工商业者趋之若鹜的目标。

西汉中前期对盐业等商业行为的放任政策，促进了商品经济的繁荣发展，使整个社会经济出现了繁荣景象。《史记·平准书》载："汉兴，七十余年之间，国家无事，非遇水旱之灾，民则人给家足，都鄙廪庾皆满，而府库余财货，京师之钱累巨万，贯朽而不可校。太仓之粟陈陈相因，充溢露积于外，至腐败不可食。众庶街巷有马，阡陌之间成群，乘字牝者傧而不得聚会，守闾阎者食粱肉"，即是对这一时期盐业等商品经济繁荣发展的真实描绘。

然而物极必反，对盐商的放任政策，又导致一系列问题产生，巨商大贾们占有较大的社会及物质财富，他们往往收罗并使用成百上千的天下亡命和流浪人口。所谓"亡命"，晋灼曰："亡，无也；命者，名也。逃匿则削除名籍，故以逃为亡命。"[②]这些人被皇亲国戚或富商大贾罗致来，"（吴王）濞招致天下亡命者，盗铸钱，煮海水为盐，以故无赋，国用富饶"[③]。

① （汉）班固：《汉书》卷九一《货殖传》，长沙：岳麓书社，1993年，第1599页。

② （汉）司马迁：《史记》卷八十九《张耳陈余列传》"索隐"注，北京：中华书局，2011年，第2259页。

③ （汉）司马迁：《史记》卷一百六十《吴王濞列传》，北京：中华书局，2011年，第2462页。

这显然对社会稳定造成了极大的隐患。与此同时，巨商大贾罗致流人在山区海滨，或采矿冶铁，或煮海制盐，垄断对国计民生有重要影响的冶铁制盐业，这些巨商富甲一方，通常采取粗放式、掠夺式生产，片面追求利益的最大化，对朝廷和百姓则"冶铸煮盐，财或累万金，而不佐国家之急，黎民困重"①，不仅影响了中央的财政收入，而且各自雄踞一方，形成割据势力，严重影响中央集权的统治。汉武帝时国家形势发生变化，对盐业的管理政策随之调整。

2. 汉武帝时期的食盐专卖制度

汉武帝作为一位较有作为的封建君主，上台后在政治、经济、军事诸方面都采取了强有力的措施，对内开始加强中央集权，对外开始开疆扩土，与匈奴等诸民族发生大规模战争。为打击富商大贾的势力和增加财政收入，汉武帝首先注意到了盐铁虽贵而民不得不买的事实：

> 夫盐，食肴之将；铁，田农之本。非编户齐民所能家作，必卬于市，虽贵数倍，不得不买。②

因而在盐业管理方面，他一改汉初"弛山泽之禁"的放任政策，把盐业收归国有，由政府进行经营，在食盐的生产、运输、销售等领域都实行了专管，可以说实行的是完全意义上的食盐专卖政策。在元狩四年（前119年），大农令向汉武帝推

---

① （汉）司马迁：《史记》卷三十《平准书》，北京：中华书局，2011年，第1318页。

② （汉）班固：《汉书》卷二四下《食货志第四下》，北京：中华书局，1962年，第1183页。

荐了几个大商人来主持盐铁事业，汉武帝力排众议，不顾富商大贾们的强烈反对，决心启用东郭咸阳、孔仅和桑弘羊三人共同策划盐铁等政策改革，实行盐铁专卖，"于是东郭咸阳、孔仅为大农丞，领盐铁事；桑弘羊以计算用事，侍中。咸阳，齐之大煮盐；孔仅，南阳大冶，皆致生累千金，故郑当时进言之。弘羊，洛阳贾人子，以心计，年十三侍中。故三人言利事析秋毫矣"①。不久孔仅与东郭咸阳向汉进言："山海，天地之藏也，皆宜属少府，陛下不私，以属大农佐赋。愿募民自给费，因官器作煮盐，官与牢盆。……敢私铸盐铁器煮盐者，釱左趾，没入其器物。"②他们的建议得到了汉武帝的同意，"使孔仅、东郭咸阳乘传举行天下盐铁，作官府，除故盐铁家富者为吏"③。可见孔仅和咸阳一方面为汉武帝实行全面的食盐专卖提供了具体的实施细则，另一方面则荐盐铁商人为官并让其放手专司盐铁经营，目的就是利用盐铁商人的经验手段，进而把以前绝大部分流入商贾手中的丰厚利润转进国库之中。同样在汉武帝元狩四年，御史大夫张汤建议，笼罗天下盐利归官，抑制豪强，堵塞兼并。盐的产、运、销三项皆由官营，故称专卖制。④由此产盐滩灶悉数收归官府；转输销售也并不假手商贩；其卖盐法，则设盐吏，坐列市肆，贩物求利。具体而言，

---

① （汉）司马迁：《史记》卷三十《平准书》，北京：中华书局，2011年，第1320页。

② 同上书，第1320—1321页。

③ 同上书，第1321页。

④ 在盐业专卖制的起源问题上，存在着西周、春秋、西汉等3种不同的看法。将专卖制始行时间推溯得最早的是刘佛丁等著的《中华文化通志·工商制度志》。该书认为专卖政策始于西周末期，周厉王是实行这一政策的鼻祖，为了抑制庶家经济的增长，从生产到流通领域全面垄断了盐铁等山泽之利。日本的加藤繁则认为盐铁专卖始行于汉武帝元狩年间。

盐铁专卖政策相较以前，有几个方面的变化：

第一，把本属少府的盐铁事业转给大司农经营，由朝廷分派盐铁官到各地专职管理盐铁专卖的相关事宜。在此之前，少府"掌山泽陂池之税以供王之私用"[1]。盐铁税作为山海池泽之税的一部分，自然归少府掌管。实行盐铁专卖，这项税收势必大大增加，因而东郭咸阳和孔仅一方面认为这部分收入宜归少府，同时又认为陛下不私，这项收入应转纳国家财政，以属大司农佐赋。为适应这一管理上的变化，朝廷设立"大农部丞数十人"，作为朝廷派往各郡国的专使，专掌各地盐铁专营事宜。

第二，盐铁专卖意味着国家直接介入盐铁的生产和销售。盐铁专卖制度的实施，使得各郡国设置的盐铁官迅速增加，而且盐铁官的职能也由单一的负责征税，扩展到管理盐铁的生产、分配、禁私诸方面。杨华星曾举例分析了《汉书·终军传》中徐偃"矫制使胶东，鲁国鼓铸盐铁"之事，认为盐铁官的职能仅限于执行朝廷鼓铸盐铁的命令和产品的销售。食盐的分配和大规模运转，由产区中转官负责，按照销盐地区的人口数和田亩数决定供应食盐的数额。煮盐地区必须按照数量多少从产盐郡调入食盐，不能擅自制造，以免冲击国家盐铁专卖制度的统一安排。[2]要做到这一点，需要盐铁官具备相当的生产技术和产品营销的知识和经验，事实上，汉武帝任用东郭咸阳和孔仅领盐铁事，就是因为其出身于大盐铁商，而桑弘羊则是

---

[1] 龚延明：《中国历代职官别名大辞典》，上海：上海辞书出版社，2006年，第67页。

[2] 杨华星、缪坤和：《试论汉武帝时期的盐铁专卖与商品经济》，《盐业史研究》2004年第3期。

"洛阳贾人子，以心计"。这三人史称"言利事，析秋毫"①。他们所选择的盐铁专卖中的下级官员，也多是盐铁商人出身，并由此保证盐铁专卖过程中不会受到经销商的蒙蔽，而且在政策上下通行无阻。

第三，禁止私人煮盐冶铁，违者"钛左趾，没入器物"②。实行盐铁专卖后，铁器的生产和销售统一由政府管理，禁止私人经营，然而盐允许私人生产，产品则由官府收购和销售。盐作为人的生活必需品，市场需求量大且遍及全国市镇乡村的每一个角落。同时，盐的产地又相对分散且技术含量也并不是很高，故而由官府完全组织生产还是有难度的，唯有重刑重罚。所谓"钛左趾"的钛，就是脚踏钳，这种刑罚是指在左腿下载一个 6 斤重的铁钳。朝廷正是通过暴力及没收经营工具的方式来保证盐铁专卖的正常运行。

盐与铁是当时获利最大、对国计民生影响深远且商品化程度最深的商品，盐铁专卖的实施使天下盐利尽归于朝廷，堵塞了私营盐铁的富商大贾的获利之途，并为国家开辟了新的财源，进而部分地解决了长期困扰朝廷的经费问题。所谓"当此之时，四方征暴乱，车甲之费，克获之赏，以亿万计，皆赡大司农。此者扁鹊之力，而盐铁之福也"③。国家财政收入的增加，使"县官用饶足，民不困乏，本末并利，上下俱足"④，"边用度不足，故兴盐铁，设酒榷，置均输，蕃货长时，以佐

---

① （汉）司马迁：《史记》卷三十《平准书》，北京：中华书局，2011 年，第 1320 页。

② 林剑鸣：《秦汉史》上册，上海：上海人民出版社，1989 年，第 379 页。

③ （汉）桓宽：《盐铁论》，上海：上海人民出版社，1974 年，第 32 页。

④ 同上书，第 30 页。

助边费"①；"大夫君运筹策，建国用，笼天下盐铁诸利，以排富商大贾"②。可见食盐专卖政策抑制了富商攫取盐业利润，打击了地方豪强的势力，并成为当时解决朝廷诸项费用的重要手段，加强了中央集权的统治。

当然，作为食盐专卖官营的新举措，一方面政府财政收入增加，政府投入资金，有利于盐业一定程度的发展；另一方面政府专营又容易滋生严重的官场腐败现象，其弊端也是显而易见的。首先，专卖政策导致官商不分，而且生产、销售、运输过程中官僚作风严重。官商利用专卖政策的漏洞，采取各种手段假公济私；其次，官员在食盐及铁器的销售中只顾完成上级下达的任务，对盐铁的定价不合理，且往往为了销售完其生产的不合格的产品而强令百姓购买。另外，盐铁销售点的分布也明显带有随意性，甚至让百姓自己去盐产地运输。所以食盐专营之法实质上就是在官府的监督下由盐民生产，官府定价收购，并由官府运输和销售的政策。至此盐业的生产及销售完全收归政府，改由官府经营煮盐。官府转输销售，并不假手商贩，盐的产、运、销三项皆由官营，最终导致盐价飞涨，盐质下降，民多怨之。由于诸弊端的存在，汉武帝驾崩后，朝野中要求废除食盐专卖的呼声日益高涨，但由于食盐由国家专卖关系到国家政治经济的稳定，昭宣时期，始终被保留下来，直到汉元帝时，"在位诸儒多言盐、铁官及北假田官、常平仓可罢，毋与民争利"③，才废除了食盐专卖，然而，又因用度不足，

---

① （汉）桓宽：《盐铁论》，上海：上海人民出版社，1974 年，第 1 页。
② 同上书，第 31 页。
③ （汉）班固：《汉书》卷二四《食货志》，长沙：岳麓书社，2009 年，第 197 页。

"独复盐铁官"①，恢复食盐专卖，并于元始五年（5年）最终罢除。据统计，自西汉武帝元狩四年起，至汉末平帝元始五年止，实行专卖制长达125年之久。②

到西汉后期，天灾人祸不断，人民流离失所，无以为生，社会危机日益严重。加之统治阶级内部的矛盾激化，西汉王朝处于风雨飘摇之中。在这种情形之下，外戚王莽夺取了政权，实行了一系列改制措施，其中就包括"六筦"。据《汉书·王莽传》载，始建国二年（10年）"初设六筦之令。命县官酤酒，卖盐铁器，铸钱，诸采取名山大泽众物者税之。又令市官收贱卖贵，赊贷予民，收息百月三"③。国家对盐、铁、酒实行了专卖，钱布冶铸也开始由国家经营，名山大泽的产品也由国家对其进行征税，加上五均赊贷，称之为"六筦"。王莽继承了汉武帝时期的食盐专卖之制，但相比汉武帝时期有了更多的补充和发展。王莽的六筦确实有限制富商大贾对百姓的剥削之意，但因弊端积重难返，王莽的食盐专卖政策，不但没有解决社会危机，而且更加重了百姓的负担，引起社会强烈反抗，各地起义不断。王莽不得不下令，"分行天下，除井田奴婢山泽六筦之禁，即位以来诏令不便于民者皆收还之"④，宣布废除食盐专卖政策。

3. 东汉盐业从官营专卖至民营征税

历经西汉末年的战乱，东汉政权重新建立起了一个统一的

---

① （汉）班固：《汉书》卷二四《食货志》，长沙：岳麓书社，2009年，第197页。

② 祝慈寿：《中国古代工业史》，上海：学林出版社，1988年，第263页。

③ （汉）班固：《汉书》卷九九《王莽传》，长沙：岳麓书社，2009年，第1202页。

④ 同上书，第1224页。

封建中央集权专制主义国家。作为西汉政权的继承者，东汉王朝在西汉盐业政策基础上，采取了官营与民营相结合的盐业管理政策。灵活实用的盐业政策，加上社会生产力的快速发展，东汉时期，莱州湾沿岸的制盐中心地位依然确立不变，盐业生产繁荣发展。

东汉初年仍是实行盐铁专卖制，所谓"孝武榷收盐铁之利，以奉师旅之费，中兴以来犹未能革"①。光武帝刘秀像汉武帝一样，用铁盆作为控制盐户的手段，盐户煮盐必须先从官府领取铁盆。光武帝建武年间，还曾把盐作为百官的俸禄，"常受俸得盐豉千斛，遣诸生迎取上河，令粜之。盐贱，诸生不粜……及其贱，悉粜卖，不与民争利"②。值得注意的是，东汉初年尽管对盐铁专卖官营，但在执行上却漏洞颇多。这一方面是因为长期战乱之后，百废待兴，来不及整顿，统治者采取休养生息的国策，在盐业管理上，承接了王莽末年以来的状况，放松对盐业产销的管理，进而被一些贪官污吏钻了空子。另一方面，煮盐铸铁之地大多位处偏僻，新成立的政权难免有时会因鞭长莫及而疏于管理。③这一情形到东汉章帝时期为之一变。随着社会的逐渐稳定，经济的逐渐恢复，为打击豪强地主的势力，加强中央集权统治，东汉统治者逐渐通过行政手段加强对食盐生产与销售的控制。更重要的是，东汉章帝时期，国家形势逐渐发生变化，国内叛乱时有发生，对外与匈奴发生

---

① （南朝宋）范晔、（晋）司马彪：《后汉书》卷四《孝和孝殇帝纪》，长沙：岳麓书社，2009年，第50页。

② （汉）班固等撰：《东观汉记·宋弘传》，转引自罗庆康：《汉代专卖制度研究》，北京：中国文史出版社，1991年，第92页。

③ 参见罗庆康、罗威：《汉代盐制研究（续）》，《盐业史研究》1996年第1期。

战争，国家用度逐渐增加，诸多费用尤其是军费支出捉襟见肘，恰如《后汉书·和帝本纪》载：

> 诏曰：昔孝武皇帝，致诛胡越，故权收盐铁之利，以奉师旅之费。自中兴以来，匈奴未宾，永平末年，复修征伐。先帝（章帝）即位，务休力役，然犹深思远虑，安不忘危。探旧典，复收盐铁，以备不虞，宁安边境，而吏多不良，动失其便，先帝恨之。故遗戒郡国罢盐铁之禁，纵民煮铸，入税县官如故事。

正是在这一背景下，尚书张林于元和年间奏云："盐，食之急者，虽贵，不得不须，官可自煮。"汉章帝认为张林之议"于国诚便，帝然之，有诏施行"①。盐铁官营专卖就此重新提上了日程。

这一政策持续不久，汉章帝驾崩前又遗诏，废除食盐专卖政策。《后汉书·和帝本纪》载："诏罢盐铁之禁，纵民煮铸，入税县官如故事。"汉和帝即位后不久，即在全国范围内废除了食盐专卖之制，重新实行了征税制，允许民间私自煮盐和销售。虽然东汉王大部分时期都实行食盐民营政策，但并不是说国家就不经营盐业了。《后汉书·百官志五》载："郡有盐官铁官……者，随事广狭，置令长及丞，秩次皆如县。道无分士，给均本吏。本注曰：凡郡县出盐多者，置盐官，主盐税。"《续

---

① 《后汉书·朱晖列传》；又《资治通鉴·汉纪》载，章帝元和元年（84年）九月，张林云："县官经用不足，宜自煮盐。"《资治通鉴》与《后汉书》所记内容差别不大，但时间上《资治通鉴》的记载却具体得多了，并表明汉章帝从元和元年即开始恢复盐业官营。

汉书·百官志》又载，"郡国盐官，本属司农，中兴（指东汉光武帝时）皆属郡县；凡郡县出盐多者，设置盐官，主管盐税，随事务繁简，置令长及丞，秩次皆如县令"①。又《通考·征榷考二》载：

> 献帝建安初，置使者监卖盐。时关中百姓流入荆州者，十余万家，及闻本土安宁，皆企愿思归，而无以自业。于是卫觊议，以为盐者国家之大宝……今宜依旧置使者监卖，以其直益市犁牛百姓归者以供给之，劝耕积粟，以丰实关中。远者闻之必竞还魏武于是遣谒者仆射监盐官……流人果还，关中丰实。

上述材料大致说明：一是东汉时期食盐官民并制两种经营方式都存在。二是各郡国产盐铁者虽仍设有盐官、铁官，但仅征收租税而已，其生产与销售均由民间经营，故民间煮、铸之业又盛。三是如《续汉书·百官志》所载，郡国盐官，本属司农，东汉时期则皆属郡县；凡郡县出盐多者，设置盐官，主管盐税，随事务繁简，置令长及丞，秩次皆如县令。可知东汉时期，各区盐务，已不隶于中央。

东汉时期官营与民营兼用的灵活盐业政策，促进了莱州湾沿岸盐业生产的发展。北海郡（国）制盐业又得到较快发展，莱州湾南岸北海郡的都昌、寿光都设有盐官，盐业得到较快发展。盐业的生产和贸易推动了沿海工商业城镇的兴起。农业和盐业及其他手工业的发展，促进了城市的发展和商业的繁荣。

---

① 祝慈寿：《中国古代工业史》，上海：学林出版社，1988 年，第 263 页。

富商大贾"周流天下"非常活跃。北海、琅琊一带有不少商人因经营盐铁和丝绸生意而致富。一些郡治或县治所在地因交通便利、人口密集而成为商品集散地。当时的临淄已成为一个全国性的商业都市，商贾云集，商货荟萃。

三、汉代莱州湾盐业的发展与制盐中心地位的确立

两汉盐业专卖制度的实施、莱州湾盐业的良好积淀和盐业策略以及国家对盐业的重视，使得莱州湾盐业在两汉时期均得到较快发展，并进入一个极为关键的时期，莱州湾南岸地区由此成为当时的全国性制盐中心。其盐官分布的密度之高位于全国之冠，且现代意义上山东的盐税几乎占了全国盐税的 1/3，而莱州湾南岸地区无疑是盐产量最大的，由此可见莱州湾南岸盐业的重要地位。

（一）汉代莱州湾盐业的发展

汉代莱州湾盐业发展的一大重要表现就是盐官的密集设置，体现出此地在全国盐业中的特殊重要地位。西汉时期，分布于 30 个郡国的盐官共计 43 处[①]，位于沿海的共有 19 处，约占 44.18％。其中莱州湾南岸全长只有 120 公里，可这里的

---

① 《汉书·地理志》中记载各地盐官计 35 处，严耕望先生曾考补 2 处，参见严耕望：《中国地方行政制度史》上编，《中央研究院历史语言研究所专刊》，1961 年 12 月；杨远先生考补 6 处，参见杨远：《西汉盐、铁、工官的地理分布》，《香港中文大学中国文化研究所学报》第 9 卷上册，1978 年，以上共计 43 处。

盐官却设置了千乘、都昌、寿光、当利①4 处，平均 30 公里 1 处。对比之下，西汉时期井盐产区的广大地域内只设 4 处盐官，在除却巴蜀之外的整个江南地区，只设有会稽海盐、南海番禺及苍梧高要这 3 处盐官。两汉时期盐官设置的基本原则是"凡郡县出盐多者置盐官"②，因而盐官的设置本身就体现了该地在全国盐业生产中的地位。

两汉时期莱州湾南岸盐业发展的又一重要表现是出现了具有全国影响力的大盐商。《史记·货殖列传》及《汉书·食货志》载：

> 齐俗贱奴虏，而刀间独爱贵之。桀黠奴，人之所患也，唯刀间收取，使之逐渔盐商贾之利，或连车骑，交守相，然愈益任之。终得其力，起富数千万。故曰："宁爵毋刀"，言其能使豪奴自饶而尽其力。
>
> 以东郭咸阳、孔仅为大农丞，领盐铁事，而桑弘羊贵幸。咸阳，齐之大鬻盐，孔仅，南阳大冶，皆致产累千金。……使仅、咸阳乘传举行天下盐铁，作官府。

齐地风俗是鄙视奴仆，而刀间却偏偏重视他们并收留使用，让他们为其追逐渔盐商业上的利益，最终获得巨大的成功，致富达数千万钱。故而人言："与其出外求取官爵，不如在刀家为奴。"此恰如《盐铁论》卷一《复古篇》所载："浮食

---

① 都昌，今山东昌邑；寿光，今山东寿光；当利，今山东掖县西南；千乘，今山东广饶一带。

② （南朝宋）范晔：《后汉书》卷一百一十八《百官五》，北京：中华书局，2007 年，第 1034 页。

奇民，好欲擅山海之货，以致富业……往者豪强大家，得管山海之利，采铁石鼓铸，煮海为盐。家聚众或至千余人，大抵尽收放流人民也。"汉武帝时期的齐地大盐商东郭咸阳号称最大的盐商，并和南阳最大的冶铁家孔仅共同主管国家盐铁事务，由此可知当时莱州湾南岸海盐产业声名显赫。

两汉时期莱州湾南岸盐业发展的第三大重要表现是，盐业推动了临淄城的发展，进而使其成为全国性的商业都市。司马迁在《史记·货殖列传》中写道：

> 齐带山海，膏壤千里，宜桑麻，人民多文采布帛鱼盐。临菑亦海岱之间一都会也。其俗宽缓阔达，而足智，好议论，地重，难动摇，怯于众斗，勇于持刺，故多劫人者，大国之风也。[1]

可以说是莱州湾南岸的盐业生产和贸易推动了沿海工商业城镇的兴起。农业和盐业及其他手工业的发展，促进了城市的发展和商业的繁荣。当时富商大贾"周流天下"非常活跃。莱州湾南岸一线的临淄、北海有不少商人因经营盐铁和丝绸生意而致富。一些郡治或县治所在地则因交通便利、人口密集而成为商品集散地。当时的临淄已成为一个全国性的商业都市。西方商贾云集，南北商货荟萃。齐人主父偃说："临淄十万户，市租千金，人众殷富，巨于长安。"[2]

---

[1] （汉）司马迁：《史记》卷一百二十九《货殖列传》，北京：中华书局，2011年，第2829页。

[2] （汉）司马迁：《史记》卷五十二《齐悼惠王世家》，北京：中华书局，2011年，第1790页。

西汉时，今山东境内者有 11 处盐官，分置于 4 郡国，其总数约占全国的 30％，这些盐官主要集中在莱州湾和胶州湾沿岸地区。西汉沿海地区共置盐官 19 处，其中山东 11 处皆在沿海，约占沿海盐官一半稍强，这表明莱州湾南岸盐业在全国占有重要地位。又据两汉书《地理志》所列郡国物产，其中北海郡有：都昌、寿光、东莱、曲成、东牟、㟃县、昌阳。[①]两汉时北海郡（国）辖地时有变迁，最大范围当包括了当时的胶东郡、甾川国等 3 个郡国，辖 26 县之多。最盛之时，北海一郡置 7 盐官。若置盐官数目不误，则北海一郡当占全国约 1/6，这与现代潍坊海盐产量约占 1/6 的比例恰好相当，其盐业中心的地位当是确凿无疑。尽管盐官数量不代表产盐量，但由莱州湾沿岸以往盐业生产的传统优势可知，两汉北海郡的海盐业重心区地位是可能的。

海盐业发展带来了王朝盐税收入的增长，莱州湾沿岸盐产区几乎承担了西汉王朝 1/3 的赋税额，由此成为汉王朝经济收入的重要支柱，由此亦可见当时山东海盐业在全国的重要地位。[②]

（二）两汉莱州湾南岸盐业的中心地位

两汉时期莱州湾南岸盐业区中心地位的形成主要原因在于盐业市场需求量大、悠久的盐业生产传统、畅通的交通运输条件。如果以北海、千乘、东莱 3 郡盐产供应当时的青、兖、豫 3 州以及徐州北部地区来推算，西汉后期其市场范围内民众有 4778316 户，占全国总户数的 39％，这是支撑莱州湾南岸盐业

---

① 牟润孙：《注史斋丛稿》（下），北京：中华书局，2009 年，第 759 页。

② 臧文文：《从历史文献看山东盐业的地位演变》，《盐业史研究》2011 年第 1 期。

发展顶峰阶段的市场需求。西汉以后，伴随全国人口下降，其规模有所萎缩。东汉时，其市场范围户数降至 2898117 户，约占全国总户数的 27.9%；西晋时 315317 户，约占全国总户数的 12.8%；东魏时共计约 426302 户，约占东魏总户数的 21.3%；隋代时又稍有反弹，达 2604699 户，约占全国总户数的 28.7%；唐贞观年间又降至 231770 户，仅占全国总户数的 7.6%。[①]

统计资料显示，莱州湾南岸作为古青州的核心区域，是汉代人口密集地区之一。西汉平帝元始二年（2 年），据《汉书·地理志》记载，莱州湾南岸大致包含北海郡、高密国、甾川国 3 部分，北海郡 26 县，有 127000 户，593159 口；高密国 5 县，有 40531 户，192536 口；甾川国 3 县，有 50289 户，227031 口。3 者合计共有 217820 户，1012729 口，约占当时山东总人口 12135828 口的 8.3%。东汉顺帝永和五年（140 年），北海国辖 18 县，158641 户，853604 口。[②]从西汉元始二年胶东半岛地区部分郡国人口密度看，甾川国、高密国、北海郡、齐郡 4 郡国为人口最密集地区。其中甾川国密度最大，每平方公里高达 247.85 人，其密度在全国居第 2 位；高密国为 186.56 人，居全国第 5 位；北海郡与齐郡分列 3、4 位，分别为 148.29 人和 141.15 人，居全国第 8、9 位。可见上述 4 郡国不仅在山东半岛属人口最为密集之地，即便在全国 103 郡国中亦居最前列。[③]东汉建武十三年（37 年），将甾川、高密、胶东

① 以上数字根据梁方仲编著：《中国历代户口、田地、田赋统计》正编甲编中的甲表 3、7、15、20、22、24 等计算而得。

② 王赛时：《山东沿海开发史》，济南：齐鲁书社，2005 年，第 84—85 页。

③ 李嘎：《山东半岛城市地理研究——以西汉至元城市群体与中心城市的演变为中心》，复旦大学博士学位论文，2008 年。

3 郡并入北海，北海郡属地大为扩展。建武二十八年（52 年），又改北海郡为北海国，徙封鲁王刘兴为北海王，共辖 18 县（国）。两汉时期的北海郡国属青州的核心区域，其经济文化发展处于领先地位。人口重心区的地位拉动了盐业生产量，促进了制盐中心地位的形成。只是随着社会动荡和人口中心及经济文化中心的转移，才造成制盐中心地位的衰变。

四、两汉时期莱州湾南岸的盐业生产与技术变革

汉代莱州湾南岸的海盐生产主要采用摊灰取卤和淋卤煎盐的淋盐法。由于莱州湾南岸滩涂卤水资源丰富，淋卤变得相对简单。这最重要的一环解决之后，再将盐卤置于盐盘中加热蒸发，盐卤渐渐浓厚，最后析出固体食盐。也正是因为采用了这种较为先进的生产技术，汉朝的盐业生产得到了迅速的发展。

（一）两汉时期莱州湾南岸盐业生产技术

汉代莱州湾南岸的海盐生产主要采用淋盐法，该法分 2 步：摊灰取卤和淋卤煎盐。摊灰取卤需要在盐田先铺上稻麦的灰或芦茅灰 1 寸左右，把灰压平，以便于吸收盐分，如此大约持续 1 天，待中午晴朗的时候，把灰和盐一并扫起来，这样就可以淋卤煎盐了。这里需要注意的一点是，有些盐田是不需要草灰的，只需待潮水过后，通过自然干晒成盐再扫起淋煎。还有的盐田地势较低，这种盐田取卤的方法有点复杂，需要先挖深坑，在上面放上竹木，再铺上席苇，最后放上沙子，待潮水过后，盐卤就在坑内，便可以淋卤煎盐了。当地的制盐原料即

为浓度较高的地下卤水，并施以摊灰淋卤等适当提纯工艺[1]，或直接从井内取出卤水后经卤水沟流入沉淀池过滤、沉淀，卤水在此得到初步蒸发、净化，再流入蒸发池内风吹日晒，形成高浓度的卤水。在这个过程中，部分碳酸镁钙析出，卤水得到了纯化。盐工将制好的卤水放入盐灶两侧的储卤坑。淋卤是海盐生产中的重要一环，制卤成功后剩下的就是煎炼成盐了，将盐卤置于盐盘中加热蒸发，盐卤渐渐浓厚，最后析出固体食盐。也正是因为采用了这种较为先进的生产技术，汉朝的盐业生产得到了迅速的发展。

（二）略说"牢盆"

虽然春秋战国时期，已出现铁质工具，但先秦时期莱州湾沿岸使用的煮盐器具仍是类似头盔型的陶器。西汉时期，伴随人口的激增，食盐的需求量越来越大，小小陶器已远远不能满足食盐生产快速发展的需要，需要更先进的生产器具以满足食盐生产规模的扩大。西汉时以烧煮海水之法取盐，即谓煮盐，需用大量海水，故煮盐之器需有较大容量。因盐业官营，煮盐必用"官器"，煮盐之器又为铁器，名曰"牢盆"。

《史记·平准书》载："愿募民自给费，因官器作煮盐，官与牢盆……敢私铸铁器煮盐者，钛左趾，没入其器物。"《史记·平准书》"索隐"引乐产的话说："牢乃盆名。"对"牢盆"二字的解释，历来存在诸多争议：唐代杜佑《通典·盐铁》曰："牢盆，煮盐盆也。"明代李时珍《本草纲目·石部五》

---

[1] 该区地下卤水的浓度是海水的3—6倍。见孔庆友等：《山东矿床》第3章第2节"山东地下卤水矿床"，济南：山东科学技术出版社，2006年；韩有松等：《中国北方沿海第四纪地下卤水》，北京：科学出版社，1994年。

"食盐"下引苏颂曰："煮盐之器。汉谓之牢盆。"明代宋应星《天工开物·作咸第五》曰："凡煎盐锅，古谓之牢盆，亦有两种制度。其盆周阔数丈，径亦丈许。用铁者，以铁打成叶片，铁钉拴合，其底平如盂，其四周高尺二寸，其合缝处一经卤汁结塞，永无隙漏。其下列灶燃薪，多者十二三眼，少者七八眼，共煎此盘。南海有编竹为者，将竹编成阔丈深尺，糊以厦灰，附以釜背。火燃釜底，滚沸延及成盐。亦名盐盆，然不若铁叶镶成之使也。"清代郭嵩焘《史记札记·平准书》曰："《说文》：'牢养牛马圈，取其四周匝也'，则牢为煮盐所，盆为煮盐器也。"清代王先谦《汉书补注·食货志下》曰："此是官与以煮盐器作而定其价值，故曰牢盆。"当代学者宋杰伸王说，"盐民使用国家工具煮盐上交，再由国家发给雇价，故称煮盐之盆为牢盆"①。当代学者李运元亦说，认为"'牢'指政府付与劳动者之工值（工钱、工资），'盆'指政府对劳动者提供之煮盐器具。这也体现政府垄断煮盐，凡不用官盆煮盐者犯法"②。现代学者陈直《汉书新证·食货志下》曰："牢，疑为坚实牢固之意。"据此，则"牢盆"乃坚实牢固之煮盐之器。《盐铁论·复古篇》载：武帝官营盐铁前，"豪强大家得管山海之利，采铁石鼓铸，煮海为盐。一家聚众，或至千余人，大抵尽收放流人民也"。《汉书·吴王濞传》载：吴王"招致天下亡命……东煮海水为盐"。西汉盐业官营以前，盐场规模就很大，盐业官营更属合法、正当之经营，其规模肯定不会比官营之前的盐场小。西汉政府招募劳动力建立大型盐场，各种需要的劳

---

① 宋杰：《中国历史大辞典·秦汉史卷》，上海：上海辞书出版社，1990年，第211页。

② 李运元：《释"牢盆"》，《财经科学》1995年第3期。

动力都有，对操作煮盐的技术工都应按煮盐之盆数付工值。由此可知，王先谦先生的观点是比较合理的，即盐民使用国家的工具煮盐上缴，再由国家发给雇价，故称煮盐之盆为牢盆。

《隶续》一书中记载了两件汉代牢盆的铭文，分别写明了这两件牢盆的重量，一件为"三百五十斤"，另一件为"二十五石"，这是汉代已发现牢盆中形制和重量都比较大的一例。1971 年 4 月，在掖县路宿村出土汉代青铜煎锅 1 口，锅重 101.5 公斤，口径 122 公分，深 14 公分。据估算，用这种青铜煎锅煎盐，1 昼夜可煎 6 盘，约得盐 200 公斤。根据《史记》记载，西汉已出现了牢盆，尽管当前还不能确定上述两件牢盆确切属于西汉还是东汉，但可以推知，西汉时期的牢盆比先秦时期的陶罐制盐工具是有巨大进步的。牢盆和青铜煎锅的使用，也充分表明了西汉盐业生产工具的快速提高。同时，由牢盆和青铜煎锅，似乎能够窥视到西汉盐民煎盐的身影动作[1]，可以想象西汉盐业生产之兴盛。

（三）考古发掘所反映的汉代盐业

西汉末至东汉，盐官屡复屡罢，遂又允许民间自行煮盐出售，制盐成兴旺之势。有关学者考证说，西汉每人每月对食盐的平均消费量当在 3 升左右，以西汉人口总数 5 千万来计算，每月需要消费盐 150 万斛，人口发展推动了盐业生产的发展，所以汉代的许多地方诸侯王和私家商人都把煮盐贩盐看作是生财暴富的有效途径。[2]盐业生产的发展，为朝廷和商人带来巨

---

① 王赛时：《山东沿海开发史》，济南：齐鲁书社，2005 年，第 92 页。

② 王凯旋：《秦汉社会生活四十讲》，北京：九州出版社，2008 年，第182 页。

额财富。《汉书》卷二四下《食货志》载："于是以东郭咸阳、孔仅为大农丞，领盐铁事，而桑弘羊贵幸。咸阳，齐之大煮盐，孔仅，南阳大冶，皆致产累千金。……使仅、咸阳乘传举行天下盐铁，作官府。"这是说，汉武帝委任山东最大的盐商东郭咸阳和南阳最大的冶铁家孔仅来主管国家盐铁事务，由此可知当时莱州湾海盐产业声名显赫。《盐铁论》卷一《复古篇》载："浮食奇民，好欲擅山海之货，以致富业。……往者豪强大家，得管山海之利，采铁石鼓铸，煮海为盐。家聚众或至千余人，大抵尽收放流人民也。"①

东汉时期，伴随社会生产力的发展，莱州湾沿岸的盐业生产技术亦得以突飞发展。1972 年在掖县路旺乡当利古城遗址出土铁釜一件，大口，深腹，口沿下有两道凸棱，双环耳，圆底。口径 66 厘米、腹深 40 厘米、壁厚 2.6 厘米。铁釜不但为铁铸，而且体大、厚重、腹深，容量大，口沿处又设有巨大的环形耳，以便杠抬搬动。西代煮盐的主要生产工具是铁盆（铁锅或铜锅），此铁釜与《史记》所载诸多相合，即谓史籍记载的煮盐官器——牢盆。考古学者认为，此牢盆为东汉时期器物。②当利，汉代县名，属东莱郡，地处胶莱河人渤海海口东岸，西北距海 5 公里。海滩地势低平，至今是规模巨大的盐场，《汉书·地理志》载，汉代时曾设盐官于此。当利故城现有遗址 4.5 万平方米，汉代文化层厚达 1.5 米。此遗址出土众多的陶器、铁器等，其中包括汉代常见的云纹瓦当、"君宜侯王"瓦当、小口大陶瓮及这件铁釜。目前所发现的盐业遗存应

---

① 王赛时：《山东沿海开发史》，济南：齐鲁书社，2005 年，第 91 页。
② 林仙庭、崔天勇：《山东半岛出土的几件古盐业用器》，《考古》1992年第 12 期。

是东汉官营的产物。

清代嘉庆年间，西由街村曾出土过类似铜盘 30 多个，有学者这类铜盘推测为宋元时期的煎盐之器①，但就考古发现和形态而言，更像是汉魏时期的煮盐之工具。

由盐业考古得知，莱州湾沿岸地区有相当数量的东周盐业遗址一直延续至汉魏时期。2009—2010 年，山东省文物考古研究所对潍坊昌邑市北部沿海地区进行了大规模的区域调查工作，发现周代盐业遗址 110 余处，其中鄑邑故城遗址和廒里遗址面积大、文化内涵丰富，为东周时期该区域制盐管理机构所在地。其中，"鄑邑故城"遗址为东周至汉代制盐官署遗址。"鄑邑故城"，当地村民称为瓦城，长 300 米、宽 200 米，地表所见主要是板瓦、筒瓦和砖块，时代应是汉魏时期。2012 年文物部门对该遗址进行了勘探和发掘，清理面积为 2800 平方米，发现大型建筑遗迹 1 座，陶窑 22 座，以及灰坑、沟、井等遗迹。出土遗物绝大多数为筒瓦、板瓦、瓦当，另有少量铜钱、陶拍、陶壶、罐等。考古工作者认为这些陶窑是专门烧制建筑用材的，汉代窑址应是相当大规模的汉代官府手工业遗址，周围有管理盐务的官署。在遗址西部还暴露出十几座土坑竖穴木椁墓，木板保存完好，填土经过层层夯打，这些墓葬的时代可能属于汉代。

2013 年文物部门在广饶县广北农场一分队汉魏时期盐业遗址进行了发掘，发现地下卤水坑井和烧土、草木灰堆积。约 8 口坑井集中分布在一处，由芦苇和木棍编制的井圈保存完好。

---

① 林仙庭、崔天勇：《山东半岛出土的几件古盐业用器》，《考古》1992 年第 12 期；崔天勇：《莱州市出土盐官印考》，山东大学历史系考古教研室编：《纪念山东大学考古专业创建 20 周年文集》，济南：山东大学出版社，1992 年。

图 3-1　"右盐主官"

（1981 年莱州发现汉代官印，重 6.5 公斤，属特大型铜制印，为盐官征收盐税之用。）

20 世纪 80 年代初莱州（掖县）海边的西由街西村出土了一枚重约 6.5 公斤的特大型铜印，上铸"右盐主官"（图 3-1），研究者根据印面上部的兽像和字体特征，认为其时代为东汉或稍晚。铜印是为海盐封包或直接盖印于盐坨上，以便运销时官方核验，防范私盐私贩。东汉时废盐铁专卖制，而改为收税制，盐税则归少府，"凡郡国出盐多者置盐官，主收税"，郡国盐官铁官"皆属郡县"。这枚全国罕见的巨印即是东汉时东莱郡"右主盐官"官府为收取盐税和监督私盐发卖时用的封盐大印。当时海盐生产均采用煎煮法制取，煎煮出的盐，颗粒散碎，称为"末盐"，盐官用铜印盖于盐坨之上。据《汉书·地理志》记载，汉王朝在莱州湾沿岸地区的千乘郡千乘县（广饶北）、北海郡都昌（昌邑）、北海郡寿光、东莱当利（莱州）等县设立盐官，管理盐业生产和盐制品外运。目前所发现的汉代盐业遗存应是汉代官营的产物。

汉代盐业生产的发展，为朝廷和商人带来巨额财富。汉代北海文学家徐干的《齐都赋》在描写这一时期山东半岛盐业生产的盛况时说："若其大利，则海滨博诸，溲盐是钟，皓皓乎如白雪之积，鄂鄂乎若景阿之崇。"①赋中描写齐地所产之盐，白若积雪，堆积如山。青齐盐业生产之盛况由此略见一斑。

结　语

自秦至两汉，是莱州湾南岸一线海盐生产及盐业发展的鼎盛时期。伴随着国家一统而出现的全国性统一市场，使滩涂卤水资源特别丰富的莱州湾南岸在淋卤这一工序上变得相对简单，海盐生产也相应变得更趋便捷，盐产量更大，加之畅通的交通运输条件，莱州湾南岸海盐生产所供应的户数，约占全国总户数的39％，这是支撑以莱州湾南岸盐业顶峰时的市场需求。以此为前提，齐国故地出现了诸如刀间、东郭咸阳这般具有全国影响力的大盐商，朝廷也在此设置了较其他区域远为密集的盐官。齐国故都临淄终成为司马迁笔下的全国性商业都市。

---

① （汉）徐干：《齐都赋》，费振刚、仇仲谦、刘南平校注：《全汉赋校注》下，广州：广东教育出版社，2005年，第990页。

第四章 魏晋至隋唐五代时期
莱州湾沿岸的盐业

自魏晋至隋唐的数百年间，中国经历从离乱到统一的艰难过程，一个直接结果就是战乱导致人口的大量南迁，全国的经济重心随之不断南移，全国性经济体系重新构建。在这一过程中，以地域资源为基础、生产技术含量不高而具有重大经济利益的盐业，成为整合的首要目标，而伴随着制卤技术的发现与逐步普及，莱州湾南岸地区所具有的浅表性卤水优势不再明显。①

隋朝结束了长期以来的分裂局面，为盐业经济的整体发展创造了良好的外部条件。自隋至唐前期，盐业政策相对宽松，食盐产业有了较大的发展，比如产盐区和食盐生产规模持续扩大，食盐的生产技术也有所提高。伴随着中央政府对食盐产业的重视程度逐步加强，食盐的产销开始从无税制、非专卖制转向有税制、专卖制。安史之乱以后，商运商销就场专卖法的创建实施，使盐在国民经济和政府财政收入中日益占据突出的地位。盐利与两税共同作为政府的财政支柱，长达一个半世纪之久。就隋唐五代时期全国的盐业发展而言，在长芦、淮、浙、闽、粤等地盐业渐兴的大背景下，莱州湾南岸一线海盐业生产在全国的地位虽然持续下降，但仍可与长芦盐区并称北方两大

---

① 于云汉：《莱州湾南岸盐业的阶段性发展及其特征》，《盐业史研究》2020年第1期。

海盐产区。《新唐书·食货志》将青州列为"盐价市轻货"的七州之首①，莱州湾沿岸地区依然保持着北方重要产盐区的地位。

一、魏晋南北朝时期莱州湾南岸盐业的曲折发展

三国、西晋时期，基本上都推行带有军事强制性的"食盐官营"政策。东晋中期以后和南朝宋、齐、梁时期，开盐禁，官府似从不课税；陈时"国用不足"，复立"煮海盐赋"。十六国、北朝时期，由于政权更迭频繁，盐政管理较混乱，或"官营"，或行"军管"，或课盐税，但从总体趋势来看是强化对食盐的管理，充分利用盐铁之利，以解军国之急需；北魏关注池盐，而北齐则重于对海盐的控制。整个魏晋南北朝时期，煮盐始终是莱州湾南岸一线手工业生产中的重要部门，也是当地财政的一项大宗收入，故受到当权者的高度重视。尽管政局动荡，政区变迁频繁，北方人口大量流亡，但莱州湾南岸盐业从未陷入停滞。

（一）盐政变迁与青州盐业生产

魏晋南北朝时期，莱州湾南岸核心区域的青州一带先后为"石赵、慕容、符秦、元魏"所据。这一时期盐业生产衰退"不逮往古"②。两晋之时，盐业专卖政策推行受阻。虽然政府

---

① 于云汉：《莱州湾南岸盐业的阶段性发展及其特征》，《盐业史研究》2020年第1期。

② 赵瑞军：《两汉魏晋时期莱州湾沿岸的盐业生产与技术变革》，曾凡英主编：《中国盐文化》第12辑，成都：西南交通大学出版社，2019年，第50页。

颁布了严格的法令严禁盐业私自生产，如南朝宋何法盛所撰《晋中兴书》中曾载西晋法令："凡民不得私煮盐，犯者四岁刑，主吏二岁刑"，东晋统治者也强调："盐者，国之重利"。由于两晋时期政治黑暗，豪门贵族为了获得巨大的盐业利润，不顾法令，侵占川泽，垄断盐业的生产，政府制定的盐业专卖政策在全国很难顺利推行。南北朝，盐业的专卖政策有所恢复，政府对盐的专卖管理比较松弛。南朝食盐主要以民营为主，一直到陈朝才恢复对盐业的专卖政策。①北朝时期，政府对山东的煮盐业实行官方控制，即把海盐的产、销权全部收归官营，内官府一手垄断。凡产盐地段均设盐官，监督盐户生产，盐产品由政府统购统销。但就整体而言，这一时期的食盐政策并不稳定，时而采取官营的生产方式，时而又对百姓开放食盐的生产管理，相较之下，对食盐的开放的时间远不及官营时间长。②当时，山东的煮盐业以青州地域最为发达，沿莱州湾南岸一线尽设盐务，盐灶设置及盐产量仅次于河北沧州，居北方第二位。③

北朝时期，青州的煮盐业更为兴盛，盐灶设置以及食盐产量仅次于沧州，仍是北方第二大产盐区。据《魏书》卷一百一十《食货志》云："自迁邺后，于沧、瀛、幽、青四州之境，

---

① 赵瑞军：《两汉魏晋时期莱州湾沿岸的盐业生产与技术变革》，曾凡英主编：《中国盐文化》第 12 辑，成都：西南交通大学出版社，2019 年，第 50 页。

② 杨新亮：《海王之国：先秦齐国海洋文明考论》，中国海洋大学硕士学位论文，2012 年。

③ 此部分内容可参赵瑞军：《两汉魏晋时期莱州湾沿岸的盐业生产与技术变革》，曾凡英主编：《中国盐文化》第 12 辑，成都：西南交通大学出版社，2019 年，第 50 页；于云汉：《莱州湾南岸盐业的阶段性发展及其特征》，《盐业史研究》2020 年第 1 期。

傍海煮盐。沧州置灶一千四百八十四，瀛州置灶四百五十二，幽州置灶一百八十，青州置灶五百四十六，又于邯郸置灶四，计终岁合收盐二十万九千七百二斛四升。军国所资，得以周赡矣。"时青州设置盐灶 546 个，约占全国盐灶总数的 20.5%，为北方中国的第二大产盐地区。[①]元魏时于青州置盐灶，傍海煮盐，年收海盐 20 万斛（10 斗为 1 斛）。[②]青州所辖 7 郡，包括现在的寿光、昌邑、乐安、沾化、海丰一带地方，煮盐并灶当在莱州湾沿岸地区。这是官府组织的盐业生产，其他地区可能还有私人煮盐活动。[③]

东魏时莱州湾南岸海盐生产主要限于青州，青州灶数约占全国的 20.5%。假设每灶盐产相同，则当时青州盐产大致也占东魏全境的 20.5%。而这一时期山东半岛盐产市场范围内的民众大致是 426302 户，占全国的 21.3%，则青州一州的产量大致上恰能满足其地区人口的需要。青州以一州之地而占全国盐产量的 20% 以上，表明青州由于其得天独厚的地理位置，在当时的制盐业中占据重要的地位。[④]

青州盐业在东魏至唐得以持续发展，得益于此地距离中原的交通相对便捷：青州可以溯清河、白沟直接进入中原腹地。

---

① 《魏书》卷一百一十《食货志》，另《通典》卷十、《通志》卷六十二和《文献通考》卷十五，有类似记录。

② 山东省盐务局编著：《山东省盐业志》，济南：齐鲁书社，1992 年，第 200 页。

③ 黄公勉、杨金森：《中国历史海洋经济地理》，北京：海洋出版社，1985 年，第 100 页。可另参赵瑞军：《两汉魏晋时期莱州湾沿岸的盐业生产与技术变革》，曾凡英主编：《中国盐文化》第 12 辑，成都：西南交通大学出版社，2019 年；于云汉：《莱州湾南岸盐业的阶段性发展及其特征》，《盐业史研究》2020 年第 1 期。

④ 赵瑞军：《两汉魏晋时期莱州湾沿岸的盐业生产与技术变革》，曾凡英主编：《中国盐文化》第 12 辑，成都：西南交通大学出版社，2019 年，第 50 页。

相对而言，胶东、胶南境内的入海河流流程较短，如果自鲁西平原西进中原则要翻越山路。所以，交通不便阻碍了登、莱、密三州拓展市场，进而使其盐产消费主要局限在流域市场之内。除便捷的交通之外，青州地区的经济发展整体水平、开发程度以及自身流域市场规模，也较胶东、胶南三州为高，比较四州的户数可以看出这种优势所在。莱州湾南岸盐业发展在西汉达到顶峰，之后有所衰退，其中只有青州仍保持了较高的发展水平，而胶东、胶南盐产以内向型自给为主，至隋唐时期，莱州湾南岸盐业又有了新的发展。

（二）南北朝时期莱州湾南岸的盐业生产

魏晋南北朝时期，煮盐方法以置灶煮盐为主。这一时期的盐业生产基层单位，北朝称"灶"，南朝称"亭"。灶以柴草为燃料，一灶一锅（镬），每灶年产食盐平均为 78.6 石（斛），日产为 0.21 石（斛）。北魏时期，盐工已经能够加工生产精制盐，这种由普通白盐精制而成的盐名曰花盐和印盐，"白如珂雪，其味又美"[①]。

北魏时煮盐业的兴旺，为其朝廷财政和军资提供了充足的收入。据《隋书》载，东魏时，政府"于沧、流、幽、青四州之境，傍海置盐官，以煮海。每岁收钱，军国之资，得以周赡"[②]。这一时期莱州湾南岸盐业得到普遍开发。《水经注》卷二十六曰："（胶水）又北迳平度县。汉武帝元朔二年（前127年），封菑川懿王子刘衍为侯国，王莽更名之曰利卢也。县有

---

① （北魏）贾思勰：《齐民要术》，成都：巴蜀书社，1995年，第145页。
② （唐）魏征：《隋书》卷二十四《食货志》。北京：中华书局，1973年，第675—676页。

土山，胶水北历土山，注于海。海南、土山以北悉盐坑，相承修煮不辍。"①平度，西汉旧县，北魏时期没有这个县名，今在今莱州东北，与潍坊昌邑相近。此处盐坑当是天然形成的卤泽，亦有可能是人工开挖的卤水池。从《水经注》所述盐坑位置来看，这些盐坑大致位于长广郡当利县（治所在今山东莱州市西南 36 里）境内。

在寿光、广饶沿海地区亦有相当规模的海盐开发。《北史》卷三十二《崔昂传》曰："右仆射崔暹奏请海沂煮盐，有利军国。文襄以问（崔）昂，昂曰：'亦既官煮，须断人灶；官力虽多，不及人广。请准关市，薄为灶税；私馆官给，彼此有宜。'朝廷从之。"可见，海沂生产海盐。有学者推论海沂就是北海郡。《魏书》卷六十六《崔光伯传》曰："（光伯）寻除北海太守，有司以其更满，依例奏代。肃宗诏曰：'光伯自莅海沂，清风远著，兼其兄光韶能辞荣侍养，兄弟忠孝，宜有甄录。可更申三年，以厉风化。'后历太傅、谘议参军。"从中可以看出，海沂就是北海。具体产盐地点不详。②另据《水经注·淄水》载："淄水入车马渎，乱流东北，径琅槐故城南……又东北至皮丘坑入海。"③《北堂书钞》引晋伏琛《奇地记》："齐有皮邱坑，民煮坑水为欲，色如白石，石欲似之。"④皮丘坑靠近莱州湾南岸，约在淄水下游入海处，其水应为地下

---

① （北魏）郦道元著，陈桥驿注：《水经注》，杭州：浙江古籍出版社，2001 年，第 2284 页。

② 吉成名：《论魏晋南北朝食盐产地》，《盐业史研究》2012 年第 2 期。

③ （北魏）郦道元著，杨守敬、熊会贞疏：《水经注疏》，杭州：江苏古籍出版社，1999 年，第 2284 页。

④ （唐）虞世南：《北堂书钞》（下），北京：学苑出版社，1998 年，第 482 页。

卤水。高浓度的卤水可能来自海水，也可能来自盐泽和潟湖，但有一点值得肯定，当时的煮盐业当非直接煮海水为盐，而是取卤水而煮盐。

南北朝时，慕荣德称帝于广固（今青州市），建南燕国。慕荣德接受当地人晏谟的建议，"立冶于商山，置盐官于乌常泽，以广军国之用"[①]。乌常泽即今寿光市北营里镇黑冢子村附近的黑冢泊，乌常泽临近大海，可以从事海盐生产。其地即西汉、东汉封刘赏、刘错之平望侯，后为平望县地，黑冢泊南侧高地上即秦始皇所筑望海台旧址。《晋书·慕容德载记》也记有"于乌常泽设盐官以广军国之用"。可见，南北朝时期莱州湾沿岸地区的盐业亦有所发展。[②]

总之，整个魏晋南北朝时期，北方盐业受政局动荡的影响，总体上处于衰落态势，但莱州湾南岸地区因其独特的地理环境、丰富的盐业资源、传统的盐业开发优势以及相对广阔的市场而成为当时长江以北四大盐区之一，并在北方呈一枝独秀的局面。南燕国建都青州，开发莱州湾南岸地区盐业，使莱州湾沿岸盐业的发展得以持续。

二、隋唐五代时期莱州湾沿岸盐业的发展

隋唐五代时期，手工业得到了进一步的发展，出现了诸如

---

① （唐）房玄龄等：《晋书》卷一百二十七《载记·慕容德》，台北：鼎文书局，1987年，影印本，第3169页。

② 此部分内容可参赵瑞军：《两汉魏晋时期莱州湾沿岸的盐业生产与技术变革》，曾凡英主编：《中国盐文化》第12辑，成都：西南交通大学出版社，2019年，第50—54页。

纺织业、煮盐业、酿酒业等重要的手工业部门，而煮盐业在众多部门中占有重要地位。虽然考古工作者在莱州湾南岸发现的隋唐时期盐业遗址不多，但根据文献记载，此时的煮盐业还是非常发达的。据李勣、苏敬所撰《唐本草》米部记载：青州郡北部所生产的海盐色发黄，不同于丰、道等州所生产的印盐，因为印盐"色红白、味甘、状如方印"；也不同于西州"颗大如斗，状白似玉"的石盐。另外，莱州湾南岸的盐还广泛地用于北方蚕茧的保存等其他手工业部门，证明此时青州盐的用途已日益广泛。

（一）盐业生产的状况

隋唐时期，是食盐生产进入全面发展的时期。此时食盐资源得到了广泛的开发，食盐产量大幅度增长，食盐生产技术更加成熟，从而使盐的生产力水平有了很大进步。

1. 食盐的种类及应用

食盐在古代一向被视为"食肴之将"和"生民喉命"。现代考古及历史文献记载证实，我国有四大种类的食盐，《隋书·食货志》总结："一曰散盐，煮海以成之；二曰盬盐，引池以化之；三曰形盐，物地以出之；四曰饴盐，于戎以取之。"[①]这四类盐品的划分，概括了隋唐五代时期盐的生产方式和生成形态，从中也可看出食盐种类的划分趋向丰富和繁细，且常常作为礼品贡献。如唐朝关内道丰、灵等州出产的"色红白、味甘、状如方印"的印盐，与"大而青白，名曰青盬，可

---

① （唐）魏征：《隋书》卷二十四《食货志》，北京：中华书局，1973年，第679页。

入药分"的戎盐，历代充当土贡①；西州"颗大如斗，状白似玉"的石盐，也早在高昌国时期"取以为枕，贡之中国"。②

食盐的功能也得到人们更多的重视，应用范围也在不断拓展。李勣、苏敬所撰《唐本草》米部在比较各地盐品优劣时说："东海盐白，草粒细；北海盐黄，草粒大；以作鱼鲊及咸菹，乃言北海胜，而藏茧必用盐官者。"③说明唐代已经能够根据盐品不同因材施用。其中"藏茧必用盐官者"，充分证明了至少在唐初以前，人们已经掌握了用"盐官"海盐贮存蚕茧的技术。这是食盐用于手工业生产的实例，也证明了唐朝时期莱州湾海盐在贮存物品中的巨大作用。此外，食盐自古用于医疗。《唐本草》中就有盐可以治疗头痛和眼疾的内容。北宋修订的《政和证类本草》卷四就记载了唐宪宗元和十一年（816年）唐人曾用盐汤治疗霍乱，"唐方又有药盐法，出于张文仲，唐士大夫多作之"。用盐作药治病，唐代非常普遍。

2. 海盐的生产

就海盐生产的整体而言，隋唐五代的海盐生产继承了前代的传统。其产区以唐时行政区域划分，属河北、河南、淮南、江南、岭南五道，即今天河北、山东、江苏、浙江、福建、广东、海南等省。若据地域关系及生产发展状况而分，唐代海盐

---

① （宋）李昉编，孙雍长、熊毓兰校点：《太平御览》卷七，石家庄：河北教育出版社，1994年，第97页；（北魏）郦道元：《水经注》，杭州：浙江古籍出版社，2013年，第32页。

② （宋）李昉编，孙雍长、熊毓兰校点：《太平御览》卷七，石家庄：河北教育出版社，1994年，第407页。

③ （唐）李勣、（唐）苏敬：《唐本草》，转引自朱柏铭主编：《宁波盐志》，宁波：宁波出版社，2009年，第75页。

生产又可分为北方、江淮、岭南三大产区。唐朝文献对此也记载清楚。据《玉海》卷一八一总括《新唐书·地理志》所载唐代诸道产盐之地时说："凡天下有盐之县一百（零）五。关内自富平至长泽县九，河南自掖至莒县六。"①而河南道的六县中著名的有棣州蒲台县、莱州胶水县、密州诸城县、莒县。胶水县煮盐处位于平度故城，"在县西北六十七里。城西北有土山，古今煮盐处"；诸城县"县城东南一百三十里滨海有卤泽九所，煮盐，今古多收其利"②。当时棣州盐池每年产盐达数十万斛③，盐利每年至少有 70 万贯，那么胶水县、莒县和诸城县的海盐产量和利润也应该是相当可观的。

　　唐朝北方海盐产区，主要包括渤海之滨的河北盐产区和莱州湾南岸及黄海之畔的山东"青齐"海盐产区。《新唐书·地理志》《元和郡县志》等文献记载唐代河北道产地主要有沧州清池、盐山，棣州蒲台、渤海，共 2 州 4 县；而河南道产地，有密州诸城、莒县，莱州胶水、即墨与掖，共 2 州 5 县。特别是莱州湾沿岸，都是卤泽及古今煮盐处。④青州千乘、莱州昌阳、登州牟平等县，汉代都设置了盐官，唐时应该生产仍在继续进行。《新唐书·食货志》载唐时以"盐价市轻货"诸州中，青、楚、海、沧、棣、杭、苏均在内，说明当时南北海盐生产发展大致相当。安史之乱之时，著名书法家颜真卿曾任监察御史，后因得罪杨国忠而被贬官。他率领义军对抗叛军，并利用

----

① （宋）王应麟：《玉海》，上海：上海书店出版社，1990 年。

② （唐）李吉甫：《元和郡县图志》卷一一，北京：中华书局，1983 年，第 299 页。

③ （后晋）刘昫等撰：《旧唐书》卷一二四《李正己传》，北京：中华书局，1975 年，第 3534 页。

④ 王赛时：《山东沿海开发史》，济南：齐鲁书社，2005 年，第 123 页。

景城郡（沧州）盐而初行专卖，使"军用遂赡"①。唐代宗时期，朝廷又曾一度设青、莱、登、海、密五州租庸以主持专卖事务。②此后北方盐业因战乱遭到破坏，沧、棣、幽、青诸州多落入藩镇之手，北方海盐生产相对没落，莱州湾也没有逃脱盐业发展萧条的命运。唐朝后期，刘晏整顿盐务，并在淮北设置涟水场，但一些盐业资源仍把持在藩镇手中。唐穆宗长庆初年（821年），山东淄博、青州、兖州、郓州等州归唐，诏敕说到其地"往年粜盐价钱，近收七十万贯"③。如以当时盐价斗约250文计算，则粜盐28万石，其中绝大部分都是青州等地所产。这充分证明了唐朝后期，莱州湾沿岸的海盐产量还是很大的，生产规模相当可观。五代时期，莱州湾沿岸海盐因缺乏记载生产情况不详。后晋高祖时，"每年海盐界分约收盐价钱一十七万贯"，说明所控制的北方海盐产地河北和山东等地，其海盐生产仍颇可观（见表4-1）。《新五代史》卷六十《职方考》，称五代之际置榷盐于海傍。后周显德三年（956年），乃割棣州之渤海、蒲台县而置滨州。民国初年（1912年）盐务署编著的《中国盐政沿革史》，曾据此指出五代时期山东盐产以滨州一带为旺。滨州位处莱州湾西南岸，由此也可看出唐后期至五代，莱州湾沿岸的海盐业并没有完全衰落。

---

① 周绍良主编：《全唐文新编》卷五百一十四《殷亮》，长春：吉林文史出版社，2000年，第6018页。

② （唐）白居易：《故滁州刺史赠刑部尚书荥阳郑公墓志铭》，张春林编：《白居易全集》，北京：中国文史出版社，1999年，第248页。

③ （宋）宋敏求编：《唐大诏令集·一百三十卷残存一百零七卷》，北京：商务印书馆，1959年，第584页。

表 4-1 唐代北方海盐产地分布表

道	州（府）	县	今地名	史料来源
河北	沧州	清池	河北沧州	《元和郡县志》卷十八、《新唐书》卷三十九。
		盐山	河北盐山	同上。
		鲁城	河北沧县	《元和郡县志》卷十八。
	棣州	蒲台	山东博兴	《元和郡县志》卷十七，《新唐书》卷三十九。
		渤海	山东滨州	同上。
河南	青州	千乘	山东广饶	《元和郡县志》卷十。
		北海	山东潍坊	《太平广记》卷二百三十八《王使君》记唐后期有"北海盐院"。
	密州	诸城	山东诸城	《元和郡县志》卷十一、《新唐书》卷三十八。
		莒	山东莒县	同上。
	莱州	掖	山东莱州	《元和郡县志》卷十一、《新唐书》卷三十八。
		胶水	山东平度	同上。
		即墨	山东即墨	同上。
		昌阳	山东莱阳	《元和郡县志》卷十一。
	登州	牟平	山东牟平	《元和郡县志》卷十一、《太平寰宇记》卷二十。
		文登	山东文登	同上。
		蓬莱	山东蓬莱	《太平寰宇记》卷二十。
	海州	东海	江苏东海	《元和郡县志》卷十一、《全唐诗》卷一百四十九刘长卿诗。
		怀仁	江苏赣榆	同上。

（资料来源：郭正忠主编：《中国盐业史·古代编》，北京：人民出版社，1997年，第86页。）

3. 藩镇控制下的莱州湾南岸盐业

《旧唐书·李正己传》记载："朝廷因授（怀玉）为平卢、淄青节度观察使、海运押新罗渤海两蕃使、检校工部尚书、兼御史大夫、青州刺史，赐今名。"[①]文中的怀义就是李正己。怀义本是高句丽后裔，后来跟随父母成为第一代迁入关内的移民。开元二十一年（733 年）出生于平卢。平卢是唐朝重镇，开元七年（719 年），升为平卢军节度使，为唐玄宗时十大节度使之一。安史之乱发生以后侯希逸时任平卢节度使，表面上是尊奉朝廷的。但是上元二年（761 年）侯希逸为史朝义和奚族所逼，举众南保青州。此后淄青节度使，或称平卢，治所仍然在青州。侯希逸南迁，怀玉相随，累至折冲将军。宝应年中，众军讨伐史朝义，至郑州。彼时回纥助唐朝平定安史之乱，势力方盛，"强暴恣横，诸节度皆下之"。怀玉时为军侯，"独欲以气吞之"，于是与回纥角逐，双方军士聚阵，相与约曰："后者批之。"也就是说，得胜的一方，可以用手掌击打失败者。怀义胜，"擒其领而批其背，回纥尿液俱下"，从此不敢作虐。由此，骁健而有勇力的李怀义赢得了"众心"[②]。后李正己为淄青节度使，辖淄、青、齐、海、登、莱、沂、密、德、棣[③]十州之地，与薛嵩、田承嗣、梁崇义等"连结姻娅，互为表里，意在以土地传付子孙，不禀朝旨，自补官吏，不输

---

① （后晋）刘昫等撰：《旧唐书》卷一百二十四《李正己传》，北京：中华书局，1975 年，第 3535 页。

② 苗威：《高句丽移民研究》，长春：吉林大学出版社，2011 年，第 252 页。

③ 齐，今山东济南；海，今江苏连云港市西南海州镇；登，今山东蓬莱；莱，今山东掖县；沂，今山东临沂；密，今山东诸城；德，今山东乐陵县；棣，今山东惠民东南。

王赋"①。大历中，薛嵩死，"及李灵曜之乱，诸道共攻其地，得者为己邑，正己复得曹、濮、徐、兖、郓，共有十五州"②，山东省大部分皆入其势力范围之内，"内视同列，货市渤海名马，岁岁不绝。法令齐一，赋税均轻"③，从而成为当时最为强大的藩镇之一。

李正己所管辖范围之内棣州、胶莱和诸城都是当时产盐大县，依靠着盐税收入作为他统治山东的经济基础，可以佐证盐生产规模之大和收入之多。李正己的儿子李纳和孙子李师古，承袭了淄青节度使的职务，依然以专擅渔盐利为其统治服务。李正己还任押新罗、渤海两蕃使，代表唐廷负责与新罗、渤海等国的外交业务，并一直延续到五代时期。淄青节度使辖区成为当时新罗、渤海诸国进京的主要通道和开展贸易活动、文化交往的主要场所，驻青州的押新罗、渤海两蕃使为唐代东方海上丝绸之路的繁荣作出了重要贡献。

海盐除了作为税收增加国家财政收入以外，据文献记载它还是重要的手工业原料，比如用它杀茧、制酱、作醋、入药均为上选。在唐代农产品加工与盐的腌、腊技术有很大关系。腌、腊技术的目的是延长食品保质期，在制糖技术还比较落后的唐代，腌、腊技术成为食品加工的重要技术之一，并由此带动了制盐业的发展。酱醋盐菜是山东居民，特别是沿海区域百姓常年所需，家家制备。唐朝时期，到中国学习的日本高僧圆仁就曾经到过青州、诸城等地，他到鼍车村的宋日成家中时，

---

① （后晋）刘昫等撰：《旧唐书》卷一百四十一《李宝臣传》，北京：中华书局，1975年，第3866页。

②③ （后晋）刘昫等撰：《旧唐书》卷一百二十四《李正己传》，北京：中华书局，1975年，第3535页。

就向主人"乞酱酢盐菜"，到达密州潘村潘家之时，亦向主人乞菜、酱不得，"遂出茶一斤，买得酱菜"①。唐朝没有现代保鲜器具和保鲜技术，但是并不妨碍先人利用先天自然条件达到保鲜的目的。鲊、菹②法是隋唐时期保存肉类食物不变质、调配口味的重要方法，隋唐时期莱州湾南岸一带的北海、寿光等地居民"以卖鲊为业"，而制鲊、作菹皆以莱州湾南岸所产海盐为佳，"今有北海、东海盐供京都及西川南江用……此间东海盐、官盐白，草粒细。北海盐黄，草粒大。以作鱼鲊及咸菹，乃言北海胜"③。直到如今莱州湾南岸寿光、滨海、昌邑一带的农村居民仍然喜吃腌制的咸鱼、虾酱、老咸菜，这都是古代流传下来的老传统习俗。

海盐除了食用以外，还可以用于丝织品的制作。自北魏以来，治茧有盐杀和日晒两种方法，"用盐杀茧，易缫而丝肕；日曝死者，虽白而薄脆"④，因为日曝法所产之丝薄而脆，虽色白而不堪用。到了唐朝已逐渐弃用日曝法，自是民间均采用盐杀茧的方法。唐朝后期实行榷盐制度以后，海盐价格上涨，致使"理生业者乏蚕酱之具"⑤，对手工业产生了较大影响。

盐还广泛应用在种瓜育秧等方面。唐代种瓜方法非常先进，《四时纂要校释》载，二月"种瓜，是月当上旬为上时。

---

① ［日］圆仁撰，顾承甫、何泉达点校：《入唐求法巡礼行记》卷二，上海：上海古籍出版社，1986年。

② 鲊，经过腌制的鱼类食品。菹，酸菜。

③ （唐）苏敬著，尚志钧辑校：《新修本草》，合肥：安徽科学技术出版社，2004年，第287页。

④ 缪启愉校释：《齐民要术校释》，北京：中国农业出版社，1998年，第333页。

⑤ （后晋）刘昫等撰：《旧唐书》卷二十八《食货志上》，北京：中华书局，1975年，第2109页。

先淘瓜子，以盐和之，著盐则不笼死"①，所以在唐代洗瓜子并用盐和之的技术是前所未有的，盐水起到了给种子消毒的作用，保证了蔬菜作物的生长，也是最环保的孕育种子的方法。

(二) 盐业生产技术的提高

魏晋以前的海盐生产以环渤海湾沿岸为中心，尤其是山东莱州湾南岸地区向来发达，这已被文献记载和考古发掘所证实。魏晋以后，南方经济开始发展，特别是隋唐时期，经两淮、江南等地逐渐成为重要的海盐产地，长芦、淮、浙、闽、粤等地盐业渐兴，北方沿海地区的盐业生产地位有所衰落，但文献资料表明，莱州湾南岸依然是海盐生产的重要地区，而且盐业生产技术也发展到一个新的水平。

从现有文献资料看，淋卤制盐法②在隋唐时期沿海各地的海盐生产中已经得到普遍应用。《吴都记》载："海滨广斥，盐田相望，吴煮海为盐，即盐官县境内。"③东晋郭璞《盐池赋·序》曰："吴郡沿海之滨，有盐田，相望皆赤卤。"浓度较高的卤水混浊而略泛赤色，"相望皆赤卤"，表明吴郡卤水的浓度较高。④《盐池赋》描写河东盐池的卤水颜色用的也是"赤"字："扬赤波兮焕烂"⑤，"赤波"的意思就是混浊的卤水。盐田即

---

① 缪启愉：《四时纂要校释》，北京：农业出版社，1979 年，第 50 页。

② (晋) 张勃：《吴都记》，转引自朱建君、修斌：《中国海洋文化史长编·魏晋南北朝隋唐卷》，青岛：中国海洋大学出版社，2013 年，第 113 页。

③ 朱建君、修斌：《中国海洋文化史长编·魏晋南北朝隋唐卷》，青岛：中国海洋大学出版社，2013 年，第 112 页。

④ 于云汉：《莱州湾南岸盐业的阶段性发展及其特征》，《盐业史研究》2020 年第 1 期。

⑤ (清) 严可均辑：《全晋文》，转引自朱建君、修斌：《中国海洋文化史长编·魏晋南北朝隋唐卷》，青岛：中国海洋大学出版社，2013 年，第 430 页。

是用来"取卤"的地方。由以上所引史料可见，在唐代各盐区已较为普遍地采用淋卤制盐法。尽管受史料所限，无法掌握淋卤制盐法的全貌，但从零星的史料记载中我们依然可以窥得唐代盐业生产的一些情况。

唐代海盐生产，首先是刺土置溜与淋卤，即刮取盐田中经过海水侵蚀的富含盐分的咸土或沙，将其堆聚到已经铺好的茅草上，排列成溜，这种"溜""大者高二尺，方一丈以上"。之后，再在溜侧挖一坑，称卤井，最后用海水浇淋。[①]《新唐书·食货志》记载刘晏盐法改革的情况时写道：

> 晏又以盐生霖潦则卤薄，暵旱则土溜坟，乃随时为令，遣吏晓导，倍于劝农。[②]

"土溜"是什么？《新唐书》记载不明晰，可以根据宋人的记载推知"土溜"是以含盐土壤堆积而成，用来淋卤。制作土溜与淋卤的方法，可从《太平寰宇记》中窥得一斑：

> 凡取卤煎盐，以雨晴为度，亭地干爽。先用人牛牵挟刺刀取土，经宿，铺草藉地，复牵爬车聚所刺土于草上成溜，大者高二尺，方一丈以上，锹作卤井于溜侧。多以妇人小丁执芦萁，名之为"黄头"，水灌浇，盖从其轻便，食顷，则卤流入井。
>
> 淋卤之后，咸土已淡，仍将土放回亭地，以待再次海

---

① 马新：《汉唐时代的海盐生产》，《盐业史研究》1997年第2期。

② （宋）欧阳修、（宋）宋祁等撰：《新唐书》卷五十四《食货志》，北京：中华书局，1975年，第1378页。

潮浸润，再次刺取，大约刺土至成盐，不过四五日。①

南宋《淳熙三山志》引《福清盐埕经》："使土虚而受信"，"海水有盐卤，潮长而过埕地，则卤归上中，潮退日曝，至生白花"，"刮起堆聚"，"取以淋卤"。②"埕地"就是制盐的地方，这种方式一直延续到近代。这样取卤，要受天气的影响，阴雨连绵的时节会影响盐卤的质量甚至不能取卤，而干旱季节则可获厚卤，所以刘晏认为"霖潦则卤薄，暵旱则土溜坋"。刘长卿《宿怀仁县南湖寄东海荀处士》诗云："寒塘起孤雁，夜色分盐田。"唐代，怀仁属海州所辖，即可知唐代此地已有制卤的盐田。③

利用沿海自然形成的卤水进行熬制，也是中国古代盐业生产史中较早出现而又流传久远的一种方式。在沿海地区一些相对封闭、曲折复杂的地形地貌中，容易使涌入的潮水滞留不去，在阳光蒸发与地表渗透的作用下，可能会形成含盐量较高的卤水，古代业盐者们往往直接利用这种卤水熬制成盐。史籍中所出现的沿海地区的盐井、卤池等，恐怕多是这种情况。莱州湾南岸一带正是这种天然卤水的集中地。④郦道元《水经注》云：

---

① （宋）乐史著，王文楚校注：《太平寰宇记》卷十三，转引自朱建君、修斌：《中国海洋文化史长编·魏晋南北朝隋唐卷》，青岛：中国海洋大学出版社，2013年，第113页。

② （南宋）陈傅良等撰：《淳熙三山志》，引《福清盐埕经》，转引自朱建君、修斌：《中国海洋文化史长编·魏晋南北朝隋唐卷》，青岛：中国海洋大学出版社，2013年，第113页。

③④ 此部分内容可参马新：《汉唐时代的海盐生产》，《盐业史研究》1997年第2期。

（胶水）北过夷安县东，县，故王莽更名之原亭也。应劭曰：故莱夷维邑也……西去潍水四十里。汉高帝九年，别为国。景帝封子寄为王国……王莽更名之为东莱亭也。又北径平度县。汉武帝元朔二年，封菑川懿王子刘衍为侯国，王莽更名之曰利卢也。县有土山，胶水北历土山，注于海。海南，土山以北，悉盐坈相承，修煮不辍，北眺巨海，杳冥无极，天际两分，白黑方别，所谓溟海者也。①

平度故城在今莱州东北，此时之产盐地相当于汉东莱郡的当利盐官。"盐坈"之"坈"，同"坑"，王逸《楚辞补注》云："坈字，书作坑。"既然"海南，土山以北，悉盐坈相承"，这些"盐坈"应当是卤水坑，抑或经过了人工再造，也未可知。②此外，伏琛《齐地记》记载："齐有皮邱坑，民煮坑水为盐，石盐似之。"③皮邱坑也见于《水经·淄水注》，其地在淄水下游入海处。这儿的盐坑相当于汉代的寿光盐井，也是积海水而成的卤池。类似的卤池在唐代史籍中亦常见到，《新唐书·地理志》云："莱州东莱郡掖县有盐井二。"④《元和郡县志》载，诸城县"东南一百三十里滨海有卤泽九所，煮盐，今古多收其利"⑤。

---

① （北魏）郦道元：《水经注》卷二十六《沭水、巨洋水、淄水、汶水、潍水、胶水》，杭州：浙江古籍出版社，2001 年。
② 赵瑞军：《两汉魏晋时期莱州湾沿岸的盐业生产与技术变革》，曾凡英主编：《中国盐文化》第 12 辑，成都：西南交通大学出版社，2019 年，第 53 页。
③ 朱建君、修斌：《中国海洋文化史长编·魏晋南北朝隋唐卷》，青岛：中国海洋大学出版社，2013 年，第 117 页。
④ （宋）欧阳修、（宋）宋祁等撰：《新唐书》卷三十八《地理志》，北京：中华书局，1975 年，第 995 页。
⑤ （唐）李吉甫：《元和郡县图志》卷一一，转引自朱建君、修斌：《中国海洋文化史长编·魏晋南北朝隋唐卷》，青岛：中国海洋大学出版社，2013 年，第 117 页。

　　莱州湾南岸的这种卤池当然是天然形成的，现代考古发掘证明当地利用这种卤水煮盐的历史应该很早。需要指出的是，这种天然卤池在魏晋至隋唐时代，应当不断地得到改造，有些卤池恐怕已完全是人工开挖。这种生产工艺的发展，应当是中国盐业生产史上天日晒盐法的最早源头。①

　　见于史载的其他盐产地，多是由海水先制卤，然后煮盐。《北史》卷九十四《流求传》载，流求"以木槽中暴海水为盐，木汁为酢，米面为酒，其味甚薄"。将海水取来，置于木槽之中，让其蒸发水分，结晶成盐。这是海盐生产最简单、最原始的办法，不必依赖人工生火煎煮，只要靠自然热能将水分蒸发即可成盐，没有多少技术因素。可见，当时流求海盐生产技术是十分落后的。由于四面环海，自然条件优越，采取这种简单的办法生产海盐十分方便，吃盐不成问题，也许正是这个原因，影响了流求海盐生产技术的提高和发展。海盐生产技术处于原始阶段的地区很可能不只流求一处，落后地区海盐生产往往采取这种因陋就简的办法。②

　　至于这一时期是否存在直接煮海水为盐的生产方法，学者们认识不一。因为牵涉到莱州湾南岸宿沙氏的制盐方法，故而略作解说。有的学者认为中国古代的海盐生产技术有三个阶段，即直接煎煮海盐、淋卤煎炼、晒制成盐。③两汉及其以前生产海盐的办法大概是直接煎煮海盐，根据是汉代许慎《说文》中有"古宿沙初作煮海为盐"的记述。白广美即持此说，并认为这种直接煮海水为盐的方式一直持续到唐宋时代。他在

―――――――――

　　①③　以上参见马新：《汉唐时代的海盐生产》，《盐业史研究》1997年第2期。

　　②　以上参见吉成名：《魏晋南北朝时期的海盐生产》，《盐业史研究》1996年第2期。

《中国古代海盐生产考》一文中认为："当论及海水煮盐时，一般总是介绍淋卤煎盐，往往忽略甚至不承认直接煮海水制盐这一历史事实。追究其原因，一方面是缺乏对古代海盐生产技术的深入研究，另一方面是古籍中的有关资料确实太少了。"①

朱去非先生曾撰文对白广美先生的这一观点进行了商榷，在《唐宋海盐制法考》一文中对其证据——辨析，认为唐宋时代不可能用海水直接煎盐。②

但这里是否还要考虑到一个问题，即既然用海水直接煎盐法前面一直实行，它是否就随着唐代普遍实行淋卤煎盐法而在全国各地都消失了呢？新技术的出现是否完全取代了旧技术？另外，如果说唐代已普遍实行淋卤煎盐法而不可能直接用海水煎盐，那么之前的魏晋南北朝时期是否还是处在由直接用海水煎盐向淋卤煎盐法转变的阶段？

马新在《汉唐时代的海盐生产》一文中则考证说，"中国古代盐业生产第一阶段就是淋卤制盐，而根本不存在所谓的直接煮海水为盐"③。

如果说直接用海水煮盐在中国古代制盐史上事实上并没存在过，那么魏晋南北朝至隋唐时期自然也就不存在直接用海水煮盐的盐业生产方法。

（三）盐业产地范围的扩大④

唐代海盐生产据《新唐书·地理志》《元和郡县志》等

---

① 白广美：《中国古代海盐生产考》，《盐业史研究》1988 年第 1 期。

② 朱去非：《唐宋海盐制法考》，《盐业史研究》1991 年第 1 期。

③ 马新：《汉唐时代的海盐生产》，《盐业史研究》1997 年第 2 期。

④ 本部分参见吉成名：《魏晋南北朝时期的海盐生产》，《盐业史研究》1996 年第 2 期；马新：《汉唐时代的海盐生产》，《盐业史研究》1997 年第 2 期。

书的记载，河北有 5 县产盐，河南有 8 县产盐，而淮南有 2 县、江南有 11 县、岭南有 7 县产盐，淮南以南共有 20 个县产海盐。当时潍坊属于河南道青州府管辖。在青州府之下北海郡、密州郡管辖着北海、寿光、营丘、诸城等制盐区域。显而易见，食盐产地的范围扩大到了从河北到岭南的几乎所有沿海地区，莱州湾南岸所在的青州，在全国的地位随之下降。

海盐的生产规模也是比较大的。据《魏书》卷一百一十《食货志》载，北魏"自迁邺后，于沧、瀛、幽、青四州之境，傍海煮盐。沧州置灶一千四百八十四，瀛州置灶四百五十二，幽州置灶一百八十，青州置灶五百四十六，又于邯郸置灶四，计终岁合收盐二十万九千七百二斛四升。军国所资，得以周赡矣"①。从灶数来看，当时沧、瀛、幽、青 4 州进行海盐生产的规模是很大的；就产量来看，2666 个盐灶 1 年产盐 209702 斛 4 升，平均每灶年产 78.66 斛（1 斛为 10 斗），产量应该不算太高。

到了唐代，海盐的生产规模明显扩大了，无论是产地数量还是产量，都比前代有了很大变化。据马新的研究，唐代海盐生产扩大，表现在三方面："首先，海盐产地数量较汉代有了较大提高。据《汉书·地理志》载，汉代沿海地区主要产盐县份共有 19 处，而唐代增加至 35 处，是汉代的 180％。其次，海盐产地的分布与前代明显不同，唐代池盐与井盐的分布除较前代更为广泛外，未有其他显著变化，唯海盐产地的重心由北方移向了江淮。汉代海盐地诸县设置盐官 19 处，其中淮河以

① （北齐）魏收：《魏书》卷一百一十《食货志》，北京：中华书局，1974 年，第 863 页。

北 16 处，江淮、岭南仅 3 处，只占 19%。海盐产地主要集中于河北、山东地区。至唐代，北方产盐县史籍所记仅 8 处，而南方则多达 27 处，北方所占比重，与西汉正倒置。盐产重心的南移对唐王朝经济、财政重心的南移影响甚大。再次，唐代形成了淮南与两浙两大海盐生产重地。唐代淮南道设有海陵监与盐城监，其中，扬州海陵监的食盐产量位居全国之首。"①唐代海盐产地可简单列表（表 4-2）：

表 4-2 唐代海盐产地一览表

道别	所在州县	产　地	备　注
河北道	沧州清池县	（有盐）	《元和志朋新地志》
	盐山县	（有盐）	《新地志》
	邢州巨鹿县	（有盐泉）	《新地志》
	棣州渤海县	（有盐）	《新地志》
	蒲台县	斗口淀盐场·哈垛盐池	《元和志》
河南道	莱州掖县	（盐井二）	《新地志》
	胶水县	（有盐）	《新地志》
	密州诸城县	（有卤泽九所）	《元和志》
淮南道	楚州涟水军	涟水场	《新食志》
	盐城县	盐亭北二十三	《新食志》
	扬州海陵县	盐场九	《太平寰宇记》
	如皋县	如皋场	《太平寰宇记》
岭南道	潮州海阳县	（有盐）	《新地志》
	思　州	诸石桥场	《岭表录异》
	儋州琼山县	（有盐）	《新地志》

---

① 马新：《汉唐时代的海盐生产》，《盐业史研究》1997 年第 2 期。

续表

道别	所在州县	产　地	备　注
岭南道	义伦县	（有盐）	《新地志》
	振州宁远县	（有盐）	《新地志》
	广州东莞县	（有盐）	《新地志》
	浈阳县	（有盐）	《新地志》
江南道	苏州嘉兴县	（有盐场）	《新食志》
	海盐县	（有盐场）	《新食志》
	杭　州	（杭州场）	《新食志》
	盐官县	（有盐场）	《新食志》
	越　州	会稽东场、会稽西场、余姚场、地心场、怀远场	
	明州鄮县	（有盐）	《新地志》
	翁山县	（有盐场）	《新地志》
	台州黄严县	（有盐）	《新地志》
	宁海县	（有盐）	《新地志》
	福州侯官县	梅溪场等	《太平寰宇记》
	长乐县	罗元场等	《太平寰宇记》
	连江县	（有盐场）	《太平寰宇记》
	长溪县	（有盐场）	《太平寰宇记》
	泉州晋江县	（有盐）	《新地志》
	南安县	大同场、武德场、桃林场、小溪场	《太平寰宇记》
	潭州湘乡县	（有盐）	《元和志》

　　（资料来源：马新：《汉唐时代的海盐生产》，《盐业史研究》1997年第2期。）

将汉代和唐代海盐产地略加比较即可发现，莱州湾沿岸一直都是山东主要的海盐产地。但在唐代已不占重要地位。

三、盐法变革与莱州湾沿岸盐业的发展

隋唐时期的盐业政策一直处在变化之中，且与政治、经济形势直接相关，甚至从某种程度上说，隋唐王朝的兴衰与盐业政策的制定和推行就有着不可分割的内在联系。

（一）盐法改革

唐朝建立后，统治集团制定了与当时的社会形势相适应的盐业政策。既有继承，又有创新。唐朝政府继承了前代的征税制、官营制、无税制；创立了以盐代租制、租佃制。由于这种盐业政策不仅简便，而且考虑到了社会承受能力，所以对前期社会经济的恢复和发展起了积极作用。[①]

唐时期的盐业经营政策与税制改革，大体分为两个阶段：第一阶段是隋及唐前期，基本在全国范围内施行弛禁政策，第二阶段是安史之乱后专卖制度的建立与唐朝后期的盐法改革。

1. **隋朝及唐朝前期自由开放的盐业政策**

研究隋朝与唐朝前期的盐业，就不能不注意隋文帝对于食盐资源所颁行的弛禁政策。但是在这一政策执行的过程中，特别是唐朝前期经济发展和财政需求不断增加的情况下，政府对于盐业资源的占取程度乃至盐税的征收则发生了很多变化。

---

① 吉成名：《论唐代盐业政策与王朝的兴衰》，《河北学刊》1996 年第 3 期。

北朝时期，北齐、北周政府对于食盐实行严酷的封锁禁榷制，据《隋书·食货志》载："文帝霸政之初，置掌盐之政令，一曰散盐，煮海以成之；二曰盬盐，引池以化之；三曰形盐，掘地以出之；四曰饴盐，於戎以取之。凡盬盐、形盐，每地为之禁，百姓取之皆税焉。"①隋初尚依周末之弊，盐池、盐井皆禁与百姓采用。隋文帝开皇三年（583年），针对北周末期的盐政之弊，而宣布解除严禁。这项措施与其他轻税政策一道，意在改善周齐之际的弊病而获得百姓欢迎，盐业生产出现了大发展的新局面。

隋文帝的"与民共之"政策，承认百姓与国家"共有"盐利，放松了官府对食盐资源的开采权与经营权，鼓励百姓对盐业的开发，因而具有一定的积极意义。唐朝伊始，很多制度承袭隋代。隋唐政权对于盐业管理也比较松弛。隋代仅仅在某些地方的盐池设监，置总监、副监、丞等员。唐沿袭隋制，盐池监隶属司农寺，设盐池监1人，秩正七品下，并设录事1人、史2人，职"掌盐功簿账"，即是征集一定的产品——食盐，以供"京都百司官吏禄廪、朝会、祭祀所须"②。《旧唐书·职官志》载："《武德令》，有盐池、盐井监、丞。"显然，盐池、盐井的监、丞其职掌是负责有关池盐和井盐事务。不过，这里仅仅谈到盐池、盐井，没有涉及海盐，但考虑到国家政策的一致性，海盐的管理想必与盐池、盐井相类似。《唐律疏议》卷

---

① （唐）魏征等：《隋书》卷二十四《食货志》，北京：中华书局，1973年，第679页。

② （宋）欧阳修、（宋）宋祁等撰：《新唐书》卷四十八《百官志》，北京：中华书局，1975年。《旧唐书》卷四十二《职官志》也载"武德令有盐池、盐井监丞"。

二十六《诸占固山野陂湖之利者》条宣令，"山泽陂湖，物产所植，所有利润，与众共之"，开元九年（721 年）左拾遗刘彤《论盐铁表》说，"夫煮海为盐，采山铸钱，伐木为室，丰余之辈也"①，都清楚地反映了盐铁在事实上可由私人开采经营的情况。

唐前期设置盐监不多，且作为司农寺直属机构。唐前期在财政税收主要依靠租庸调、地税的情况下，属于中央政府直接支配的食盐产品不多。除了盐监所征之外，对沿海诸道"岁免租为盐"的 2 万余石。②这些食盐由地方政府负责征运，贮于司农寺仓，以备公用。其他食盐则由盐商负责销售。这种情况，也一直持续到安史之乱初。

吉成名对唐朝前期的盐业政策的分析较为透彻，他先将《新唐书》中部分内容摘出：

> 蒲州安邑、解县有池五，总曰"两池"，岁得盐万斛，以供京师。盐州五原有乌池、白池、瓦池、细项池，灵州有温泉池、两井池、长尾池、五泉池、红桃池、回乐池、弘静池，会州有河池，三州皆输米以代盐。
>
> 安北都护府有胡落池，岁得盐万四千斛，以给振武、天德。
>
> 幽州、大同（军）、横野军有盐屯，每屯有丁有兵，岁得盐二千八百斛，下者千五百斛。

---

① 周绍良主编：《全唐文新编》卷三百零一《刘彤》，长春：吉林文史出版社，2000 年，第 3416 页。

② 蔡次薛：《隋唐五代财政史》，北京：中国财政经济出版社，1990 年，第 75—76 页。

负海州岁免租为盐二万斛以输司农。青、楚、海、沧、棣、杭、苏等州，以盐价市轻货，亦输司农。①

然后，吉成名在文章中总结了全国各地的盐业政策，其中包括山东青州的盐业政策。对沿海其他各州的基本政策是"岁免租为盐二万斛以输司农"，即用盐代替租庸调中的田租。青、楚、海、沧、棣、杭、苏等州将盐换成轻货，上缴司农寺。他同时认为，以盐代租的制度前代没有过。②

从各地的盐业政策可以得知，莱州湾南岸属于沿海地区，适用的盐业政策当为"岁免租为盐二万斛以输司农"，即以盐代替租庸调中的租。

2. 安史之乱后专卖制度的建立与唐朝后期的盐法改革

天宝十四年（755 年）爆发的安史之乱，不仅打乱了唐朝的政治格局，也使唐政府的经济政策发生重大改变。战争之际的财政危机，迫使唐政府不得不从单纯依赖农业税，转向重视间接税的征收。由此，榷盐法得以创建实施。榷盐法的实施对于唐后期的盐业经济有着指导性的意义。

安史之乱初期，被任命为盐铁转运使第五琦创立"榷盐法"，"就山海井灶收榷其盐"，"尽榷天下盐"。③盐法的实行已面向唐朝廷所控制的一切产盐区，进而在此基础上建立了一套完整的专卖体系，形成了以监院为中心，食盐民制—官收—官

---

① （宋）欧阳修、（宋）宋祁等撰：《新唐书》卷五十四《食货志》，北京：中华书局，1975 年，第 1377 页。

② 吉成名：《论唐代盐业政策与王朝兴衰》，《河北学刊》1996 年第 3 期。

③ （宋）欧阳修、（宋）宋祁撰，陈焕良、文华点校：《新唐书》卷五十四《食货志》，长沙：岳麓书社，1997 年，第 848 页。

运—官销的产销体系，唐朝的盐专卖由此初具规模。

由于设立产盐地的监院无法监督非产盐区的食盐营销，第五琦的盐法设置明显存在制度上的缺陷。此后不久唐代著名的理财家刘晏对此进行完善，为唐代盐政改革画上了圆满的句号。其具体做法即一方面承袭第五琦在产盐地设置机构榷售的做法，以保证国家对于盐利的垄断；另一方面则承认和借助商人的作用，利用官定榷价低于市场盐价的这一价格因素，鼓励商人积极转销，使商人与政府利益共享。同时，朝廷到后期不行禁盐，让许多藩镇割据地区也承担食盐榷税，保证整个国家的盐政税收来源，并真正使唐朝后期的食盐专卖实现"中兴"。后来，盐铁使杜佑和李巽相继实行深入改革，调正盐价，加强中央集权，使唐朝财政收入大大增加。公元781年，唐朝廷与河北、山东境内的藩镇战争爆发，榷盐法的弊病便日益暴露出来，使得榷盐法在北方这个大海盐产区的推行遇到了前所未有的挑战。战争期间，政府将食盐榷价自每斗110文直增至每斗370文，超过了百姓的承受能力，以致私盐盛行，盐利锐减，其间虽屡次调整，但效果却不尽如人意。永贞元年（805年）三月，唐朝廷以宰相杜佑兼判度支、诸道盐铁转运使，再次开启了盐法改革，不久杜佑被兵部侍郎李巽所代，盐法改革最终由李巽接替完成。

李巽和杜佑的改革也是先从盐价入手，他们将建中、贞元以来上涨到每斗370文的池盐与海盐价格分别降到每斗300文和250文；同时恢复了常平盐制度，增修了州县的常平仓。[①]

---

① （宋）欧阳修、（宋）宋祁撰，陈焕良、文华点校：《新唐书》卷五十四《食货志》，长沙：岳麓书社，1997年，第856页。

而在李琦反叛被削平之后，李巽又针对其破坏盐法的行径采取了对盐价保护更为有力的保障措施，一是撤销节度观察使私设的堰埭关卡，二是宣布盐铁使上缴盐利以实估算，三是实行"盐铁使理盐，利系度支"，这可以说是最关键的一条。盐铁财赋不隶于度支，为盐铁使把持盐利提供了方便。李巽将盐铁使的全部收入，"请以其数除为煮盐之外，付度支收其数"。这项改革很明显是为了理顺度支与盐铁使分掌的财务关系，使得盐税与两税一样，逐步实现由中央政府直接控制的目的，使唐后期的盐专卖收入再次达到高峰。

3. 唐朝后期管理体制的变化

唐后期的盐政组织可分为两部分，一是度支、盐铁二使所在的中央机构，二是二使派向地方的庞大系统——场、监、院等分支机构，这样的机构设置对中央加强对地方的监督和控制在一定时期内确实起到了良好的作用。但从另一方面看，专卖制的不断加强，也使得度支、盐铁使下的盐政组织发展到相当庞大的地步。沈亚之指出，"自渭以东，督稽之官凡四十七署，署吏不下万员"[1]，由此可以看出盐业官吏队伍之庞大。唐朝廷对这些机构的官员实行辟举制，选任始终比较重视才干。《唐会要》称嘉兴监官是"拔其贤干，升于宪署"[2]。文宗时，下令"盐铁、户部、度支三使下监院官，使虽更改，官不得移替。如显有旷败，即具事以闻"[3]。宣宗明

---

① 岑仲勉：《隋唐史》卷一，北京：高等教育出版社，1954年，第114页。

② （明）胡震亨：《海盐县图经》，杭州：浙江古籍出版社，2009年，第31页。

③ 周绍良主编：《全唐文新编》卷七十四《文宗皇帝》，长春：吉林文史出版社，2000年，第905页。

令对度支、户部、盐铁三司吏人"去留之际，切在类能"，而不得"一概节以年劳"。①由于对官吏责以成效，故使专卖机构保持了较高的效率。唐政府通过盐政组织取得了丰厚税利，也加强了中央对地方的监督与控制，在一定程度上实现了以专卖制为核心带动国家经济的意图。

这一时期莱州湾南岸的盐业生产情况却不容乐观。尽管唐王朝于元和十四年（819年）平定淄青李师道，将其所管12州分为泰宁、淄青平卢、太平3节度使。并于同年三月，在郓、青、兖州各置榷盐院，专司收税。山东此区域的盐务管理又再一次纳入唐王朝的统一管理下，直到僖宗中和二年（882年）。但就整个黄河以北地区而论，由于自穆宗长庆六年（821年）就陷入战乱之中，形成了藩镇割据的局面，这也是安史之乱后，莱州湾南岸地区尽管具有丰富的海盐资源，却无法贡献于唐王朝中央政府的主要原因。

（二）盐税征收

1. 唐代盐运机构的建立

唐朝后期各地有关盐运机构纷纷建立，巡院遍布全国海盐生产区域。据《新唐书》卷五十四《食货志》记载，山东归属的河南道设立了兖郓院和北海院，其中兖郓院为刘晏十三巡院之一。据《唐代墓志汇编》② 所载，山东淄青设置青州院，因

①　周绍良主编：《全唐文新编》卷八十二《宣宗皇帝》，长春：吉林文史出版社，2000年，第997页。

②　周绍良编：《唐代墓志汇编》宝历012《唐故试太常□□□张府君墓志》，（宋）李昉等撰：《太平广记》卷二百三十八《王使君》，转引自《南楚新闻》。

为当时青州府下设立北海郡，所以又可以称为"北海院"。

2. 盐税的征收

唐代乾元元年（758 年），为应付当时庞大的军费开支，北海院所辖盐区推行盐铁使第五琦制定的民制、官收、官运、官销的直接专卖制。

法定制盐需经政府许可，专立户籍，称为亭户，由官府强派给卤地、草滩和制盐工本费，每年按定额上缴食盐，作为灶税。非亭户而煮盐的，以盗煮论罪。此法推行以后，随即大幅度提高盐价。当时山东盐价在原来的基础上提高了 10 倍。宝应元年（762 年）改行民制、官收、商运、商销的间接专卖制度，产盐地区设置盐官，向盐户收购食盐，再将税加入卖价，售予商人，所过州县不再收税。此为就场征税之始。

此时朝廷通过技术指导和供应生产工具以提高产量、通过改善运输条件以加快运销，再通过加强缉私护税以保障守法盐商利益。为防止边远地区盐斤短缺，官府按时将官盐运往存储，作为常平盐，以备急需。此法推行以后，莱州湾南岸盐业发展很较快，当时"天下之赋，盐利居半"，北海院所辖地区的盐利占其中 1/10 以上。

五代时期，战乱频仍，为适应各自军费需要，盐的官运官销和商运商销交相沿用。为扩大财政收入，盐业在实行就场征税的同时，另有蚕盐、屋盐、过路、落地、人户等税目。一盐数税借此开征。

3. 蚕盐税与屋盐税

始于后唐同光二年（924 年）。当时因为盐价太高，官销不畅，乃按户强征蚕盐税和屋盐税。其中蚕盐税用于农村，每年于农历二月，农家开始育蚕之时按照人口强行配给；屋盐税用于城镇，即按每年缴纳屋税之数配给盐斤，计价缴款。为防止这类盐冲销市场，法定剩余盐斤不得出售，否则以私盐从重治罪。

4. 人户税与灶税

人户税，开始于后晋天福元年（936 年），即除了屋盐税以外，又按照人户征收盐税。因系按人口计征，又称人口税。征收之时，根据贫富，计分 5 等，上户征 1000 文，下户征 200 文。灶税，又称灶课，系唐五代时期政府向食盐生产者征收的盐税。这种盐税，起于唐代乾元元年推行的盐专卖制，当时为了发展盐业生产，官府发给盐户工本费，使其从事制盐，灶丁每年按生产定额交盐。

5. 过税与住税

此 2 种税始于后晋天福七年（924 年），当时除了按照人口计算征收盐税以外，又立过税和住税。过税系于关、津要道设卡所征盐税，每斤征税 7 文，即所谓通过税；住税系于城镇或店铺计盐征税，每斤征税 10 文，即所谓落地税。由于既已就场征税，又复征蚕盐、屋盐、人户、通过、落地等税目，于是一盐数税，由此兴起。

6. 盐的缉私

唐代为了强化缉私，朝廷在要冲地带专设巡院。当时的属于河南道管辖的淄青地区，就设有兖郓巡院和青州巡院，专缉私盐。另外有盐使司、运盐司、都转运使司等盐政机构也在盐区各地先后设置。

为了确保盐税收入，隋唐五代时期对于私盐、私盐商贩所立法规一再从严从繁。唐德宗贞元年间，法定盗卖盐 1 石者死刑，元和年间减死罪为流放。五代后唐同光年间，行蚕盐税后，法定民间剩余之盐，不得出售，违者一经查获，数量在1两至1斤的，买卖双方各杖六十，1—3斤的各杖八十，10斤以上的杖二十后处死，没收其携带财物，全家逃亡的，典卖其家产；知情不报的，与私犯同罪，缉私不力的严惩。为了鼓励缉私，法定捉获私盐数在1—10斤的，赏钱二十千；50—100斤的，赏钱三十千；300斤以上的，赏钱五十千。对于偷盗官盐贩卖，买者、窝主或知情不报的，5斤以上处死。后汉天福年间，法定凡是贩运私盐的，不计斤两，均处极刑。后周广顺年间，改为贩私盐五斤以上者处死，煎制土盐犯1斤以上者处死。为鼓励查缉土盐，法定"获偷刮盐土一人，赏绢十匹，获二人赏绢二十匹；获三人者，赏绢五十匹"。

（三）滨海盐业发展的成就

杜佑《通典·青州》载："青州古齐，号称强国，凭负山海，擅利盐铁。"[①]宪宗元和年间，于青、兖、郓3州各置榷盐院，划分食盐销售区域，时有盐场130多处，专司缉私收税，始有"盐岸"之制，盐的销售收入成为当地财税主要来源。青州榷盐院治所在青州，专门对莱州湾南岸的制盐业进行管理和征税。唐穆宗长庆二年又在青州置盐院，主征税缉私之事。《太平广记》记唐后期在青州北海郡设"北海盐院"，说明唐后期莱州湾南岸地区的盐业生产仍在持续发展。

淄青镇割据以来，藩镇势力自擅青州盐铁之利，成为当时势力最盛的藩镇。《新唐书·高沐传》载："山东煮海之饶，得

---

① （唐）杜佑：《通典》卷一百八十《青州》，北京：中华书局，1992年，第955—960页。

其地可以富国。"《旧唐书·食货志》载："淄青、兖、郓三道，往来槖盐价钱，近取七十万贯，军资给费，优赡有余。"《新唐书·王涯传》载："三道十二州皆有铜铁官，岁取冶赋百万。"盐、铁 2 项，总收入可达 170 万贯以上，在维持当时山东军费之后，还有巨额剩余，于此足见山东盐业和冶金的巨大生产规模。①

结　语

生产技术含量不高而具有重大经济利益的盐业，成为自魏晋至隋唐的数百年间国民经济整合的首要目标，但伴随着生产技术的南移、制卤技术的发现与逐步普及，莱州湾南岸地区所具有的浅表性卤水优势不再明显。加之动乱所导致的国内统一市场不复存在，莱州湾南岸盐区受到前所未有的沉重打击，秦汉时期此地盐业生产中心的地位随之远去。

自隋至唐前期，盐业政策相对宽松，食盐产业有了较大的发展，产盐区和食盐生产规模持续扩大，食盐的生产技术也较前有了明显提高。这一发展也表现在盐产地上，南方的盐产区迅速增多，北方固有传统盐区相对萎缩，生产规模也因此而受到严重限制。另外，伴随着中央政府对食盐产业的重视程度逐步加强，食盐的产销开始从无税制、非专卖制转向有税制、专卖制，并使盐在国民经济和政府财政收入中日益占据突出的地位。盐利与两税共同作为政府的财政支柱，长达一个半世纪

① 傅海伦编：《山东科学技术史》，济南：山东人民出版社，2011 年，第 247 页。

之久。

就隋唐五代时期全国的盐业发展而言，在长芦、淮、浙、闽、粤等地盐业渐兴的大背景下，莱州湾南岸一线海盐业生产在全国的地位虽然持续下降，但仍可与长芦盐区并称北方两大海盐产区。《新唐书·食货志》将青州列为"盐价市轻货"的7州之首，莱州湾沿岸地区依然保持着北方重要产盐区的地位。

第五章　宋金元时期的
莱州湾南岸盐业

　　莱州湾南岸盐业发展到宋辽金元时期，呈现出新的特征，一方面，盐业出现了全面拓展的势头，主要表现在盐场管理制度的完备、盐民人员的增多、盐官职能的扩展、盐税的变化、盐商的增多，而且莱州湾和黄河三角洲地区重新成为山东地区的制盐中心①，盐产量不断提高。另一方面，大约同时期，与莱州湾盐业迅速发展并行的是，淮河以南盐业发展迅速，食产地范围及规模日趋扩大、盐民大量南迁、盐税的征收较北方而言也更加规范、盐商的数量多且势力雄厚多等。相比之下，虽然莱州湾南岸的盐业仍然在北方占据举足轻重的地位，但南方盐业进步更为迅猛，盐业中心逐步由北向南过渡已成不可扭转之势。

一、宋代莱州湾南岸的盐业

　　宋王朝建立之初，为增加国家税收，特别注重盐业生产。莱州湾南岸地理环境优越，光照充足，适合盐业生产。宋王朝借助这些天然资源，大力发展盐业。因而莱州湾南岸盐业在这段时间得到政府的重视，盐业生产较前有了较大发展。

―――――――――

　　①　燕生东、党浩等：《山东寿光市双王城盐业遗址 2008 年的发掘》，《考古》2010 年第 3 期。

（一）盐官的设置与管理

北宋政府对盐务的管理可分为北宋前期与北宋中期熙丰改制后。北宋前期，三司盐铁、度支、户部共同管理盐务。太府寺的榷货作为管理部门，协助三司参与盐务管理。北宋中期熙丰改制后，户部左曹官管理盐权，并设置外台专司，负责盐务事务。《宋史·职官志》指出："盐铁，掌天下山泽之货，关市、河渠、军器之事……度支，掌天下财赋之数……户部，掌天下户口、税赋之籍，榷酒、工作、衣储之事。"①盐务的管理在宋代经济中十分重要，宋代政府也根据各地的情形设置盐官，负责盐务的管理。他们负责盐的生产、运输、销售、征税等环节，确保盐务的有序管理。

宋代吸取前代盐官弊政的教训，对盐官的管理也越来越严格。他们由中央直接控制，中央派官员对他们进行监督、考核，加大对盐官的约束。盐转换为政府收入需要产、运、销3个环节。为了使盐流通方便，中央政府加强对盐官的管理，设置催煎官、买纳官负责盐的生产，管押盐袋官负责盐的运输，支盐官、榷货务等官员负责销售。中央考虑到盐官弊政的危害，还设置巡捕缉拿私盐贩卖人员。同时提举官、知州、知县等也被纳入盐务的管理。

宋代的盐官选用有以下几种方式：第一种是皇帝依据需要直接任命。如绍兴元年（1131 年）提拔郭揖任提举淮南东路茶盐公事，专一措置兴复盐事。②第二种是高级官员推荐。如

---

① （元）脱脱等：《宋史》，长春：吉林人民出版社，1995 年，第 2386 页。
② （清）徐松辑，叶渭清撰：《宋会要·食货》，上海：上海古籍出版社，2002 年，第 355 页。

《宋史·选举志》载："凡被举擢官，于诰命署举主姓名，他日不如举状，则连坐之"①，高级官员可对有较高德行的官员进行推荐。第三种是吏部专司铨选。如元丰二年（1079年），福建路"盐官并产盐州巡检使臣不以课额高下，令铨院选差"②。

私盐问题影响到盐官的设置，宋代盐场设巡检，负责监察盐场事务。宋初，诸路产盐场买纳、支发并为一处。为防止弊端，后来将买纳、支发分为二，设州仓、添差监官、押袋官。支盐仓、催盐官等负责食盐的管理与销售工作。③盐官经过一系列的选拔，成为国家的正式人员。他们必须履行职责，遵纪守法，否则将受到处罚。国家出台了一系列政策对他们进行管理与考核。考核侧重于年终考核、任满考核、私盐。考核优秀，可提前转官。反之，则受到处罚。

（二）莱州湾南岸盐场的变迁

有关北宋时期山东食盐产地的分布情况，《宋史·食货志》载："其在京东曰密州涛雒场，一岁鬻三万二千余石，以给本州及沂、潍，唯登、莱州则通商，后增登州四场。"④据此可知，密州涛雒盐场和登州四场均为北宋山东重要的食盐产地之一，且功能有所区分，即涛雒场主要供应当地及沂州、潍州，而位处莱州湾南岸的登莱诸场则进行通商贸易。后随着贸易规模的扩大，又增设登州四场。另据《文献通考》记载："滨州

---

① （清）徐松辑，叶渭清撰：《宋会要·食货》，上海：上海古籍出版社，2002年，第399页。

② 同上书，第443页。

③ 同上书，第410页。

④ （元）脱脱等：《宋史》，长春：吉林人民出版社，1995年，第2765页。

场岁煮盐二万一千余石，以给本州及棣、祁州杂支，并京东之青、淄、齐州。"①从史料可知，滨州盐场是当时山东的又一海盐产地，其地理位置在今山东滨州市滨城区附近。②《宋会要辑稿·食货》记载："（天禧二年）二月二十七日……言：登、莱等州末盐望许过胶河商贩，诏许于淄潍青兖沂密州、淮阳军行商。"③从史料可知，登、莱等州的商贩未经允许不得越界贩卖盐，登、莱等州发生灾荒或是得到允许，才可以到淄、潍、青、兖、沂、密州、淮阳军等地贩卖盐。从中推测，到宋代莱州已经成为产盐地。此外，据戴裔煊考证，宋代莱州亦产盐，而北宋时期莱州亦即今山东省莱州市。④又据《元丰九域志》载，京东路青州寿光县，在宋初曾设有两个盐务⑤，《太平寰宇记》中亦有青州贡盐之记录，可证青州寿光出产食盐，属于潍州盐场。另据《太平寰宇记》载，沧州无棣（今山东无棣县）县东有"月明沽，西接马谷山，东滨海"，为宋代"煮盐之所"⑥，可知无棣县月明沽为当时山东另一食盐产区。

综合以上资料可以断定，北宋时期山东的食盐产地有所发展，主要分布在莱州湾沿岸的滨州、青州（治所在今山东青州市）、莱州、潍州和无棣县。

---

① 逢振镐、江奔东主编：《山东经济史·古代卷》，济南：济南出版社，1998年，第337页。

② 参见《辞海》地理分册（历史地理），上海：上海辞书出版社，1982年，第279页。

③ （清）徐松：《宋会要辑稿》，北京：中华书局，1976年，第6631页。

④ 参见戴裔煊：《宋代钞盐制度研究》，北京：中华书局，1954年，第10页。

⑤ 详见于云洪：《论鲁北莱州湾南岸区域盐业的发展》，《盐业史研究》2014年第2期。

⑥ 傅海伦编：《山东科学技术史》，济南：山东人民出版社，2011年，第174页。

（三）盐业的生产与销售

宋代莱州湾地区如何产盐？这些盐场产量如何？莱州湾盐场在山东乃至全国占有何种地位？

莱州湾地区主要生产海盐，宋人在生产海盐的过程中积累了丰富的历史经验。史籍中记载宋人制盐的方法主要有：海潮积卤法、刮咸淋卤法和晒灰淋卤法。盐业在山东手工业生产中占有重要地位，山东主要有密、登、青、莱、滨州 5 处盐场，且主要分布在莱州湾地区。可以说莱州湾地区是山东盐业的主要生产地，山东是全国七大产盐地区之一，那么莱州湾产盐区的地位就不言而喻。这些产盐区中有的主要供给山东本地居民食盐，其中以黄海沿岸的密州涛雒场产盐最为丰富，年产 3.2 万余石。有一部分对外销售，"京东产盐，较之他区，其数并不多，所以政府方面，不大注意，听灶户各煎各卖"①，国家对盐的对外销售管理不是很严格。山东作为全国的重要盐场，这里的盐业管理问题受到政府的重视。元丰三年（1080 年），李察建议"尽灶户所鬻盐而官自卖"②。这种措施也遭到官员的反对，其中苏轼直指这种做法的弊端。③为合理解决这一问题，苏轼请求朝廷罢登、莱榷盐，让盐户贩卖食盐，朝廷收缴盐税。

---

①② 戴裔煊：《宋代钞盐制度研究》，北京：中华书局，1954 年，第 10 页。

③ 参见（明）唐顺之：《文编》卷十八，清文渊阁四库全书本，第 258 页。"既榷入官，官买价贱，比之灶户卖与百姓，三不及一，灶户失业，渐以逃亡，其害一也；居民咫尺大海，而令顿食贵盐，深山穷谷，遂至食淡，其害二也；商贾不来，盐积不散，有入无出，所在官舍皆满，至于露积，若行配卖，即与福建、江西之患无异，若不配卖，即一二年间举为粪土，坐弃官本，官吏被责，专副破家，其害三也。"

苏轼不止一次提出解决山东盐业管理问题的措施，表明京东路地区的盐业，乃至莱州湾地区的盐业在全国占有重要地位。

宋初实行榷盐制度，《宋史》载："宋自削平诸国，天下盐利皆归县官。官鬻、通商，随州郡所宜，然亦变革不常，而尤重私贩之禁。"①官鬻指官府将盐场生产的食盐买断，然后依据社会价格，通过加价方式卖给民众。通商指允许盐商买卖，官府征收盐税。北宋政府还出台了一系列禁盐法，禁止沿海居民私自贩卖食盐，禁止居民购买私盐，以维护国家对食盐的控制。榷盐制度在宋初维护了食盐的稳定和国家收入，但后来限制了食盐的自由发展，弊端丛生，引起民众不满。据宋代官方统计，《续资治通鉴长编》卷三百四十载："京东都转运使吴居厚言，'准诏支盐息钱三万缗修青州城，已起发外，有未支修城钱万七千余缗，乞不用六年盐息钱，止以登、莱、潍、密州盐场支不尽脚钱应付'。从之。"②榷盐制度不仅危害民众的生活，也带来了莱州湾地区私盐问题，这些问题屡禁不止。因此，苏轼主张"先罢莱、登之榷盐，依旧令灶户卖与百姓，官收盐税"。登、莱两州百姓在苏轼的帮助下罢榷盐。

北宋时期，政府根据莱州湾地区海盐的产量给各地划分了一定的范围。最初只在本地销售，随着莱州湾南岸海盐规模的扩大与产盐量的增加，在政府的规划下销售的范围也在不断扩大。宋真宗天禧年间，京东提点刑狱常希古根据盐产量和社会生活的需要，要求"登、莱等州末盐（按海盐亦称'末盐'），

---

① （元）脱脱等：《宋史》卷一百八十一《食货志》，北京：中华书局，1985年，第4413页。

② （南宋）李焘：《续资治通鉴长编》卷三百四十，北京：中华书局，第8155页。

望许过胶河商贩"，真宗遂"诏许于淄、潍、青、兖、沂、密州、淮阳军行商"①，这些措施是依据当时的特殊情况采取的临时措施，并没有形成制度要求。"兖、郓皆以壤地相接，罢食池盐，得通海盐"②，莱州湾地区出产的海盐销售经过一系列的举措才到了山东西部。这表明盐的销售有严格规定，必须严格遵守，这些措施是国家为保障食盐而进行的合理控制。

（四）盐税的征收

宋代实行严格的盐税征收办法，一是针对盐户的盐税征收办法，二是针对盐商的征收办法。盐税由税务官设立账籍，依据账籍对盐户进行征收催缴。宋代的盐户缴纳的税额不同，依据产量而缴，应缴纳的盐税额每 3 年推排 1 次。莱州湾地区即属于此种方式，依据近 5 年的产量进行调整。谢深甫在《庆元条法事类》中指出："盐袋息钱本季收到钱若干，除充官吏请给钱若干外，合发钱若干。盐布袋计若干，每袋收钱一百文，省计钱若干。席袋计若干，每袋收钱二十文，省计钱若干。"③由此可知，因盐商使用盐钞有官府组织管理，装好食盐，盐商还须缴纳盐袋利息。此外，官府对盐商征收通关税，这些费用为每斤 1 文。④

宋代的盐税缴纳有一定的程序，对盐税缴纳期限有明确的规定："诸承买场务课利均为月纳，遇闰依所附月数别纳，并

---

① （清）徐松：《宋会要辑稿》，北京：中华书局，1976 年，第 5190 页。

② （元）脱脱等：《宋史》卷一百八十一《食货志》，北京：中华书局，1985 年，第 4427 页。

③ （南宋）谢深甫监修：《庆元条法事类》，燕京大学图书馆刻本，第 154 页。

④ 同上书，第 327 页。

限次月足其应支移，在三百里外者，季一纳限次季足。"①依据
时间，必须按时缴清。对于没按时缴纳的则给出相应的处罚。
宋代实行会计账籍制度，对财务进行监察。他们对盐税做全
面、系统的书面记录，防止出现弊端。会计账籍制度规定：
"诸官物应驱磨勘会者，止以账检文书为据。"宋代在产盐各县
设有账监官，专司财税的会计与审计工作："诸仓库场务应收
到钱物每处，止置都历一道，抄转分隶，上供及州用之数各立
项目椿发，仍从转运司每半年一次差官取索点检。"②莱州湾地
区收入的具体数目虽然不可考，但可以推测盐税的征收政府制
定了一系列政策，出台了一系列法律，规范盐税的征收，其中
不免有针对民户、商户缴税的拖沓，还有盐官的欺上瞒下等的
处罚。但从留下的史料可知，莱州湾地区的赋税征收总体来说
还是相对合理，没有引起很大的官民冲突。

（五）盐商与贩私

宋代的盐商主要为自由盐商，这些商人主要活动在自由通
商、只收商税的地区。钞盐商是凭官府钞引在实行半专卖性质
的地区贩卖食盐的商人。私盐贩是指食盐流通领域擅自贩运买
卖私盐之人。

莱州湾地区的盐法经历了9个阶段：第一阶段是宋初至天
圣末，这一时期为榷禁时期，实行专卖政策，只有登、莱等少
数海盐区放行商盐。第二阶段为天圣末至庆历初，京东路的解
盐销区开放，官府钞引，盐商凭票贸易，但海盐区仍榷禁，保

---

①②　（南宋）谢深甫监修：《庆元条法事类》，燕京大学图书馆刻本，第
329页。

障政府控制。第三阶段为 1041—1048 年，张观等人指出榷禁的弊端，推动京东海盐区全面放行商税盐。第四阶段为 1048—1076 年，京东路全部开放，也是解盐区推行范祥、薛向钞法时期，促进了莱州湾地区盐业的发展。第五阶段为 1076—1080 年，海盐区继续通商，解盐区则由张景温提举官卖。第六阶段为 1080—1085 年，京东路推行官卖，同时李察在海盐区实行"买卖盐场法"。第七阶段为 1085—1094 年，全面通商，漕臣鲜于侁奏罢海盐官卖法，"鲜于侁为京东转运使……乞海盐依河北通商，民大悦"①。第八阶段为 1095—1102 年，政府加强控制，基本实行官卖。第九阶段为 1102—1128 年，推行钞法阶段。张商英企图复熙丰盐法，"大观四年张商英为相，议复通行解盐如旧法，而东北盐毋得与解盐地相乱"②。但实际上，钞法并没有停废，"蔡京改盐钞法而比屋叹愁"，破坏了盐业的合理发展，使盐业经济发生混乱，商人经营困难，导致许多商人纷纷破产，民不聊生。

盐业由国家管理销售，莱州湾地区除官营、盐商销售外，私盐问题也尾大不掉。贩卖私盐自唐中叶以来就被视为严重的犯罪行为，国家制定了相应的法律法规，打击私盐贩卖活动。宋朝继承了许多政策法规，从北宋到南宋，还颁布了很多查禁私盐的法令法规。那么，私盐兴盛的原因是什么？为何产生私盐？

私盐流行的原因首先是盐务体制的弊端。官方管控盐务，提高了盐价，增加了民众的负担。如方大琮指出："盐者，致寇

---

① 佚名：《宋史全文》卷十二下《宋神宗三》，清文渊阁四库全书本，第 390 页。

② （元）脱脱等：《宋史》，长春：吉林人民出版社，1995 年，第 2764 页。

之根。丰年则无盗，而盐徒不能禁绝者，以衣食之路在焉。"①同时，宋代官盐质量存在很大的问题，价高质劣。如大臣盛度、王随和胡则联合上奏："纲吏侵盗，杂以泥沙、硝石，其味苦恶。"②官盐不仅价格高，而且存在质量问题，因此为私盐提供了可乘之机。私盐有一定的质量保障，而且私盐贩可获得丰厚的利润。如范仲淹所指出："利厚，则诱民犯法而刑不可禁。"③同时，私盐在贩卖过程中低于官盐价格，这也受到民众的喜爱，促进了私盐的发展。再者，宋代政府对莱州湾地区的食盐销区划分了一定的区域，但这些区域的划分并不合理。他们只考虑政府的收入，不考虑具体的实际情况，导致产生一些弊端。

私盐主要来自"生产领域、运销领域和外盐的走私入境"④。莱州湾地区也是如此，盐在生产过程中，有些生产者趁机将盐私藏贩卖获取利益。在运输过程中，官吏与舟卒等人在政府管理的疏漏中借机扣押，私自贩卖。官吏通过盐来谋取利益，有时压榨盐户的利益，造成私盐的混乱。朱熹指出私盐存在的原因，认为私盐较官盐便宜，虽然国家出台一系列法律，但很难禁止私盐。⑤

---

① （宋）方大琮：《铁庵集》卷二十一，台湾：台湾商务印书馆，1969年，第205页。

② （宋）杨仲良：《皇宋通鉴长编纪事本末》第二册，哈尔滨：黑龙江人民出版社，2006年，第796页。

③ （明）黄淮：《历代名臣奏议》卷二六六四《理财》，清文渊阁四库全书本，第5370页。

④ 史继刚：《宋代私盐的来源及其运销方式》，《中国经济史研究》1991年第1期。

⑤ （宋）朱熹：《晦庵先生朱文公文集》卷一八《奏盐酒课及差役利害状》，上海：上海古籍出版社；合肥：安徽教育出版社，2002年，第272页。"产盐地分，距亭场去处，近或跬步之间，远亦不踰百里，故其私盐常贱，而官盐常贵。利之所在，虽有重法，不能禁止，故贩私盐者，百十成群。"

私盐首先来自产盐区。政府以很低的价格采购盐户生产的盐，有时一些官吏还会剥削盐户。面临苛捐杂税，盐户生活压力巨大。有些盐户为了生存，不得不将私盐变卖，以维持生活。其次，私盐出现在运销过程中。押纲使臣和兵梢收入微薄，在运输食盐过程中，他们投机取巧，贩卖私盐，解决生活困境。官盐存在价格高质量差的问题，因此优质低廉的私盐受到欢迎。对于民众来说，只关心盐的价格与质量，至于是官盐还是私盐，并不在乎。虽然贩卖私盐违法犯罪，但私盐在民间依然盛行。私盐威胁政府的税收收入，影响官方盐业市场，引起政府的不满。加之私盐贩卖引起一系列社会问题，包括杀掠无辜商旅平民百姓等行径，具有一定的破坏性。因此，宋朝政府严厉打击私盐活动，维护盐业市场和社会的稳定。

二、金代莱州湾南岸的盐业

同唐宋时期相比，莱州湾南岸海盐在金朝得到进一步发展，开发程度更为深入。金代政府十分重视盐业的经营与控制，在莱州湾地区采取了一系列措施控制并发展盐业，主要表现在：第一，制盐技术明显进步；第二，盐业管理更为系统严格；第三，盐场数量大大增加；第四，盐产量增加。

（一）盐务管理

金代对盐务进行了改革，将盐务与铁、茶等行业分开管理。金代的盐务机构主要有盐史司及其分治使司、盐运司、盐税院、盐钱局、巡盐官署，他们负责食盐的产销、运输、收税、巡捕私盐等事务。此外还设置了一些机构，如榷货务、印造钞引库、地方转运司、地方按察司等机构，负责印制销售盐引兼卖私盐或巡盐等事宜。①山东盐使司成为当时金朝七大盐司中最大的机构，这些机构负责山东的盐务工作，对莱州湾地区的盐业发展起到了重大的推动作用。

山东盐使司设有"使一员，正五品，副使二员，正六品，判官三员，正七品"②，他们负责管理盐场的生产、经营与各色收入。金朝入主中原，如何管理盐场成为他们面对的难题。由于汉人对当地的政务熟悉，他们开始任用汉人担任盐官。金朝在盐官的选用上十分严格，梁素的建议"诸道盐铁使依旧文武参注"③，依据文武官员的选用标准进行选择。孙即康等人提议"山东、宝坻、沧盐司判官乞升为从七品，用进士"④。《金史·百官志》载："山东盐使司与宝坻、沧、解、辽东、西京、北京凡七司。使一员，正五品，他司皆同。副使二员，正六品。判官三员，正七品。掌干盐利以佐国用。管勾二十二员，正九品，掌分管诸场发买收纳恢办之事。同管勾五员。都监八员。监、同各屯员。知法一员。"⑤可见，盐官在金朝非常受到朝廷的重视。

金代开国之初，盐制因循辽的征税制。至海陵贞元二年（1154年），始行专卖制。这种专卖仿行宋朝的钞引法盐制。《金史》载："皆足以食境内之民，尝征其税。及得中土，盐场

①　黄天华：《中国财政制度史纲》，上海：上海财经大学出版社，2012年，第244页。

②⑤　（元）脱脱：《金史·百官志》，北京：中华书局，1975年，第1318页。

③　（元）脱脱：《金史·食货志》，北京：中华书局，1975年，第1104页。

④　同上书，第471页。

倍之，故设官立法加详焉。"①金朝统治者因地制宜，从征收盐税到统治中原，在莱州湾地区实行禁榷制度。

金政府又创设"巡捕使，山东、沧、宝坻各二员，解、西京各一员。山东则置于潍州、招远县……秩从六品，各给银牌，取盐使司弓手充巡捕人，且禁不得于人家搜索，若食盐一斗以下不得究治，惟盗贩私煮则捕之，在三百里内者属转运司，外者即随路府提点所治罪，盗课盐者亦如之"②。金政府为加强对盐务的管理，设巡捕使，治理私盐问题。

莱州湾地区的盐业作为山东乃至金国的主要产盐区，受到金朝政府的重视。他们选拔优秀人才管理盐场，促进盐业的发展。他们制定了严格的考核标准，"十万贯以上盐酒等使，若亏额五厘，克俸一分"③。对盐官业绩进行考核，课额增加者给予奖励，亏者给予惩罚，以此保障盐场合理有序运转。

（二）莱州湾盐场进一步开发

金朝统治者十分重视盐业的发展，金朝名将披懒认为，山东有"名藩巨镇膏胁之地，盐铁桑麻之利"④。冯讳也说："山东地方数千里，齐、魏、燕、赵皆在其中，士马强富，豪杰辈出，耕蚕足以衣食天下，形势足以控制四方。"⑤统治者对莱州湾沿岸盐场进行了大规模的开发。《金史·食货志》载："金

① （元）脱脱：《金史·食货志》，北京：中华书局，1975 年，第 371 页。
② 同上书，第 1097 页。
③ （元）脱脱：《金史·百官志》，北京：中华书局，1975 年，第 473 页。
④ （宋）宇文愚昭撰，崔文印校证：《大金国志校证》卷十《熙宗孝成皇帝二》，北京：中华书局，1986 年，第 147 页。
⑤ （清）张金吾：《金文最》卷九十五《内翰冯公神道碑铭》，北京：中华书局，1990 年，第 1389 页。

制，榷货之目有十……而盐为称首。"①盐税收入在金政府中占有重要作用，莱州湾地区又是金朝海盐的重要产地，因此金政府加强对莱州湾地区的盐业管理。《金史·食货志》又记载"山东滨、益九场之盐行于山东等六路"，可见滨州、乐安盐使分司共辖9个盐场，在益都府境内。《金史·地理志》还提到，"即墨有牢山、不其山、天室山、沽水、曲里盐场"。《金史·食货志》曰："益都、滨州旧置两盐司，大定十三年四月并为山东盐司。"可见，益都府和滨州都有盐场。滨州有渤海、利津、蒲台、霑化4县，其中利津（治所即今山东利津县）、霑化（治所在今山东沾化县古城镇）濒临渤海，当为海盐产地。②《金史·食货志》又曰："其行盐之界，各视其地宜。山东、沧州之场九，行山东、河北、大名、河南、南京、归德诸府路及许、亳、陈、蔡、颍、宿、泗、曹、睢、钧、单、寿诸州。"山东为金代七大食盐产区之一，相比辽代、北宋时期莱州湾地区的海盐产量相对增加，盐场得到进一步开发，所产食盐不仅供应山东地区人民的食用，还行销河南、河北和江苏北部的部分地区。③

莱州湾地区的盐场的开发促进了盐业的发展。随着盐业的发展，增加了许多管理盐务的盐官。《书胶州廨》曰："天马平南后，戈船不北侵。只知烹海利，谁识撅河心"④，描绘了莱州湾地区盐场制盐兴盛、船只往来的繁荣景象。《金史·食货

---

① （元）脱脱：《金史·食货志》，北京：中华书局，1975年，第1093页。

② 参见吉成名：《论金代食盐产地》，《盐业史研究》2008年第5期。

③ 傅海伦编：《山东科学技术史》，济南：山东人民出版社，2011年，第248页。

④ （元）张之翰：《西岩集》卷五《书胶州廨》，清文渊阁四库全书本，第27页。

志》记载，山东盐司每年的盐课收入与其他盐司相比更为丰厚，而莱州湾地区的盐场在山东占有重要地位，足以说明莱州湾地区盐场的重要性。

（三）盐业生产与销售

金代在莱州湾地区不仅采取严格的管理制度，而且采取新的盐业生产方式。宋代一般采取淋卤、刮硷等程序制盐，这种制盐方式要经过煎炼才能成盐，存在一定的弊端，私盐问题由此而生。金代发明了一种新的制盐方法，凭借日晒而制盐，名叫"日炙盐"。

金代与宋代盐业销售类似，实行民制官卖的榷盐制度，朝廷给各个盐场划定了明确的运销区域。临洪盐场销往赣榆县，莒盐司所辖盐场中涛雒盐场产盐销往莒州全境，板浦盐场产盐销往密州，独木盐场产盐销往海州司候司、朐山和东海县，上述 5 个盐场的食盐还销往沂、邳、徐、宿、泗、滕 6 州。西由盐场的食盐销售于莱州及招远县，衡村盐场的销售区域为即墨、莱阳县，宁海州盐场则行销于本州司候司和牟平县，而后来设置的盐场产盐均鬻卖零售，不再指定具体的销售区域。黄县盐场和福山盐场销售本县，巨风盐场食盐销于登州司候司、蓬莱县，同时这 3 个盐场的盐还销往栖霞县，文登盐场也只销售于本县。由此可见山东盐场的食盐销售范围覆盖河北、河南和南京诸路，行销区域范围之大，是当时金代其他盐场不可比拟的。①

---

① 参见陶静：《宋元山东盐业研究》，山东师范大学硕士学位论文，2016 年。

商人凭钞引到盐场支盐，然后在指定的区域销售。海陵贞元二年金朝皇帝完颜亮复行钞引法，要求山东"钞、引、公据三者具备然后听鬻"，即盐商需钞、引和公据三券俱全才能取得官盐及运销权。"钞，合盐司簿之符。引，会司县批缴之数。批引由盐司主之，缴引则由各州县主之"①，钞、引、公据三者并行，是金代盐业销售的一大特点。

三、元代莱州湾南岸的盐业

元代因袭金制，在海盐产区设官征税，依法管理沿海区域的盐业。元代对莱州湾地区盐业的经营也促进了该地区盐业的发展。

（一）盐务管理

元初朝廷在济南设转运司，管理山东的盐务。中统、至元"始克就绪，北海之滨，西极利津列十一场，滨乐二司主之。莱登东徼海隅，遵海而南放于琅琊，其为场也，胶莱莒密盐司主之"②。滨、乐、胶莱莒密3个区域，分三盐司管理。至元八年（1271年），升都转运盐使司。至元十二年（1275年），改立山东都转运司。至元十九年（1282年），立山东滨、乐、安及胶莱莒密盐使司。但何时改归山东盐运司，不得其详。

胶莱盐司"东微海隅"，所辖盐场8处：西由场、海沧场、

---

① 郑学檬主编：《中国赋役制度史》，上海：上海人民出版社，2000年，第428页。

② 《山东东路都转运盐使周信臣去总颂》，转引自张国旺：《元代榷盐与社会》，天津：天津古籍出版社，2009年，第16页。

登宁场、行村场、信阳场、即墨场、石河场（《元典章》作石河沧头）、涛雒场。此外，山东盐运司有利国场和富国场，两者均位于与河间盐运司相邻的滨盐司，河间盐运司也同样出现了利国场和富国场的名字。

盐运司机构主要对盐业的产销进行管理，转运司、分司、管勾司、盐仓、批验检校所分别在产销过程中发挥着重要作用。元代在各盐场设司令 1 人（从七品）、司丞 1 人（从八品）、管勾 1 人（从八品）以及同管勾等官，掌管督促制盐、收购、催办盐课等事务，盐政管理制度基本形成完备体制。具体来说，盐运司的职能如下：其一，办盐课。盐课由各盐司承办，按时完成户部的规定盐额。其二，申报盐事和参与制定盐法。其三，整治盐法和审理私盐案件。这些盐官负责盐场的生产、运输、销售、收入。

元代盐官的选拔经历了一个过程，开始由课税所长官辟选，由廉干士人担任。蒙古国时期，官僚体系尚未形成，盐官多由廉干士人担任。到了后期及元中统时期，诸王和地方世侯为地方实际管理者，他们掌管盐官的选任。山东于至元二年（1265 年）设转运司，形成"转运司—盐使司—盐场"的管理体系，"转运司设有运使、同知、副使、判官等司属官，及经历、知事、照磨等首领官，盐使司则设有盐使、盐副和盐判。从时任盐使的仕宦经历推知，盐官主要由中书铨调"①。元统一全国后，全国盐官设置趋于一致，随着转运司督征职能的减弱、盐使司的相继罢免、专司盐茶职能的强化等因素，形成了

---

① 张国旺：《元代榷盐与社会》，天津：天津古籍出版社，2009 年，第78 页。

"盐使司—分司—盐场"的管理体系。盐场官从正、同、副管勾变为司令、司丞、管勾，品秩相应提高。元代也设置了相应的考核制度，"将'循名责实'和'日月序迁'两个基本原则有机的结合在一起"①，通过这样的制度约束和管理盐官。

（二）盐业的发展

莱州湾南岸盐业发展到元代，盐业生产基础较好，政府保护力度加强。盐产业规模扩大、从业人员增多、盐场制度完备、制盐技术提高，莱州湾地区盐业呈现繁荣的景象。元朝建立后，不断发展莱州湾地区的盐业，使盐业成为沿海经济的支柱产业。元代全国重要产盐区共有 9 处，山东盐业规模位居第四，其中莱州湾地区盐业占有较大比重。莱州湾地区的盐场主要有 13 处，即永利、官台、丰国、新镇、丰民、富国、高家港、永阜、利国、固堤、王家冈、海沧、西繇，这一带产盐丰盛。

莱州湾作为山东的主要产盐区，受到元朝人的格外重视。海滨居民不仅积极投入生产，而且围绕着盐产业开展诸如祈神祭灵之类的社会活动，促进了莱州湾地区社会的发展。元人樊恩微记录了利津一带崇拜龙王的因果缘由："夫军国之需，盐贡是尚，凡兴作煎办，必借是神之佑，莫不备香火、割牲鲡酒以点奠……由是乞潮则滩场生盐。"②张之翰《西岩集》卷五《书胶州》中描绘至元年间的情形云："天马平南后，戈船不北侵，只知烹海利，谁识撅河心。地本连齐俗，人全带楚音。城

---

① 张国旺：《元代榷盐与社会》，天津：天津古籍出版社，2009 年，第92 页。

② （元）脱脱：《金史·食货志》，北京：中华书局，1975 年，第 526 页。

中谁守令，德化正须深。"元人杨维桢《海盐赋》曰："亭民输
力铲镂广场，刮磨荒碛畦，塍棋布坟壤山，积朝雨零而润滋，
晴暾上而蒸湿。"①赋中描绘了人民在盐场辛勤劳作、生产食盐
的热闹场景。

（三）盐利及税收

元朝一向认为"国之所资，其利最广者莫如盐"，因而将
包括莱州湾南岸在内的山东地区作为其盐利收入的重要来源。

元世祖中统元年（1260 年），山东盐运司"岁办银二千五
百锭"②，需要在山东征收 2500 锭银。到至元二年，改立山东
转运司，"办课银四千六百锭一十九两"。至元十二年（1275
年），改立山东都转运司，年办盐 147487 引。至元十八年
（1281 年），增灶户 700 户，年办盐增至 165487 引。至元二十
三年（1286 年），增至 271742 引。至元二十六年（1289 年）
一度减为 220000 引。可以看出元政府对盐税要求之高，对山
东盐业的赋税要求任务之重。莱州湾作为山东的主要产盐区，
在盐利方面作出了重要贡献。

莱州湾南岸的盐场隶属于山东盐业司管辖，史籍没有对莱
州湾南岸的产盐量作具体记载。不过，在山东 19 个盐场中莱
州湾沿岸占了 7 个，可以推测出莱州湾沿岸的产盐量。据《元
史·地理志》的统计，元代莱州湾沿岸宁海州有民户 5713 户，
莱州和登州的户口数都统计在般阳路中，共有 21530 户，其中
登州和莱州约占 2/3，即 14000 余户。3 州合计约 2 万户。如

---

① （元）杨维桢：《铁崖赋稿》卷下《海盐赋》，清劳权家钞本，第 43 页。
② 按 100 两为 1 锭。

按照中统四年（1264 年）山东都转运司曾下令益都山东民户每月买食盐 3 斤计算，则每月为 6 万斤，1 年为 72 万斤。可知，莱州湾地区盐收入之高。此外，《元史》卷九十七《食货志·盐法》有如下记载：

> （元统）三年（即至元元年，1335 年）二月，又据山东运司备临朐、沂水等县申："本县十山九水，居民稀少，元系食盐地方，后因改为行盐，民间遂食贵盐，公私不便。如蒙仍旧改为食盐，令居民验户口多寡，以输纳课钞，则官民俱便，抑且可革私盐之弊。"运司移文分司，并益都路及下滕、峄等州，从长讲究，互言食盐为便。及准本司运使辛朝列牒云："所据零盐，拟依登、莱等处，铨注局官，给印置局，散卖于民，非惟大课无亏，官释私盐之忧，民免刑配之罪。"户部议："山东运司所言，于滕、峄等处增置十有一局，如登、莱三十五局之例，于钱谷官内通行铨注局官，散卖食盐，官民俱便。既经有司讲究，宜从所议。"具呈中书省，如所拟行之。①

这里"食盐"指官运官销，按照人口数量分配食盐，收取盐价；"行盐"是指商人向盐司或户部纳钱，来换取盐引，凭盐引到指定的盐场或盐仓领盐，然后运销到各地。政府通过这两种方式销售食盐，获取盐利与税收。

元政府在山东积极管理盐场，拓展食盐销售。至元年间形

---

① （明）宋廉：《元史》卷九十七《食货志》，北京：中华书局，1976 年，第 3490 页。

成了以行盐法为主的商人运销体系。元贞以降，出于经济收入的考虑，计口摊派的"食盐法"实行范围日益扩大。元代后期行盐法衰落，各种形式的食盐法越来越重要，并成为明代户口盐米（钞）的源头。

盐课在元代政府专卖项目中占的比重最高，受到元政府的重视，从生产到销售的各环节，政府都进行严格管理，建立了以盐运司为中心的管理体系。陈高华指出元代盐的销售经历了一个转变的过程，从元初实行计口食盐，到从13世纪90年代到14世纪30年代以商人运销的行盐法为主，再到至正四年（1344年）元政府全面实行行盐法。所以，商运商销是元代主要的食盐运销方式。[①]张国旺基本认同陈高华的观点，但对食盐法提出了新的认识。他认为"食盐价格和市场需求发生矛盾"是因为在行盐法过程中商人与官员勾结，因而食盐法在一定意义上是元代政府宏观调控的一个重要举措。同时，他还强调，和行盐法不同，元代并不存在某种全国统一的食盐法制度。绝大部分按照户口摊派食盐的行为是盐运司或州县官吏的自作主张，故此食盐法的具体方式因时、因地而有很大不同。不过，其总的原则都是食盐摊派。[②]

结　语

宋朝建立之初，为增加国家税收，特别注重盐业生产，莱

---

① 参见陈高华：《元代盐政及其社会影响》，《史代研究论稿》，北京：中华书局，1991年，第67—98页。

② 张国旺：《元代海盐问题研究》，河北师范大学硕士学位论文，2003年，第15—20页。

州湾南岸盐业由此受到政府的重视，盐业生产较前有了较大发展。金国建立后，莱州湾南岸海盐的开发程度更为深入。金朝为增加政府收入，尤其重视盐业的经营与控制，使盐业管理更为系统严格，盐产量随之增加。迨至元代，朝廷不断发展莱州湾地区的盐业，莱州湾地区的盐场上升到 13 处，即永利、官台、丰国、新镇、丰民、富国、高家港、永阜、利国、固堤、王家冈、海沧、西繇。

就其整体而言，宋辽金元时期莱州湾南岸盐业的发展呈现出新的趋势，这里重新成为区域性的制盐中心，海盐产量不断提高。但由于南方盐业的进步更为迅猛，全国盐业中心逐步由北向南过渡已经不可扭转，所以相比之下，虽然莱州湾南岸的盐业仍然在北方占据举足轻重的地位，但已很难重现往日荣光。

第六章　明代及清前期莱州湾南岸盐业的重振

　　山东仍是明代重要的海盐产区，有 19 所盐场，莱州湾南岸是山东海盐生产的重要组成部分，寿光的官台场，潍县的固堤场，掖县的西由场、海沧场等都是具有代表性的大盐场，盐业生产相对稳定，其中，官台场等名列上等盐场，为"大课场"。清代，山东盐场几经裁并，但官台场、西由场等仍作为重要盐场而保留，其规模在不同阶段亦有波动。整体看来，明清时期莱州湾南岸盐业获得了再次的振兴。

一、明代莱州湾南岸盐业生产的恢复与发展

　　元末农民大起义历经十几年，社会经济备受冲击，经过明初休养生息，生产逐步回升，其中，关系国计民生的海盐业也有了一定程度的恢复和发展，莱州湾南岸的盐业生产进入新的发展时段。

（一）盐业机构的设置

　　早在元末农民起义期间，为筹措军费，朱元璋便有立盐法之举。1366 年，朱元璋待政权体系初具规模，沿元制，置两淮都转运盐使司，在此基础上开始对盐业进行严格统制，之后随着将山

东、福建等地纳入控制及明王朝正式肇建，明政府先后在主要盐产区设立了 6 个都转运盐使司，鉴于都转运盐使司辖地广大，为便于管理，盐使司下设有体系较为完整的职官系统，具体负责盐的生产、管理与纳税事宜，协调盐产区与行销区的关系。

在设置都转运盐使司对盐产区进行直接管理的同时，明王朝还不断调整中央机构对盐务的掌管能力，明初，中书省是执掌盐务的主要中央机构。洪武十三年（1380 年），罢中书省，盐务归户部管理。户部下分 4 属部，其中的金部负责渔盐管理。洪武二十三年（1390 年），又将 4 部分成了河南、北平、山东等 12 部，六年后又把 12 部改为 12 清吏司。宣德十年（1453 年），改为 13 司，之后未有变动。其中，"天下盐课，山东司兼领之"。为控制盐业税收，户部于产盐诸地设置盐官，按照产销多少分别设置都转运使司、盐课提举司、盐课司。①

就山东而言，山东设有都转运盐使司，主管本省的盐务政令，并置胶莱、滨乐 2 个分司和泺口（济南）、乐安（广饶）、蒲台 3 个批验所。当时，山东省有盐场 19 处，属于 2 个分司管辖：官台、固堤、富国、王家冈、高家冈、新镇、宁海、丰国、永阜、利国、丰民、永利等 12 场归滨乐分司管辖；而西由、海沧、信阳、涛雒、石河、行村、登宁 7 场则归胶莱分司管辖。在各盐场设置司令 1 人，为七品官，置司丞 1 人，管勾 1 人，为八品官。②在这种设置下，莱州湾南岸盐业产地分属胶

---

① 孙树芳：《试析明朝中央政府盐政治理的历史经验与借鉴》，于云汉主编：《海盐文化研究》第 2 辑，青岛：中国海洋大学出版社，2015 年，第 107—123 页。

② 山东省盐务局编著：《山东省盐业志》，济南：齐鲁书社，1992 年，第 61 页。

莱、滨乐分司。

(二) 莱州湾南岸盐场的分布

莱州湾南岸盐场，受所处地域等因素影响，分由滨乐分司、胶莱分司所辖。其中，滨乐分司所辖寿光县的官台盐场，潍县的固堤盐场，乐安县的王家冈、高家冈、新镇盐场等主要分布于莱州湾南岸的西侧区域，且以地缘之便连绵成片，成为一大盐区，例如，官台场西接王家冈场，东连固堤场，广袤50余里。西由、海沧等盐场则隶属于胶莱分司，主要分布于莱州湾南岸的东侧区域。

(三) 灶户的管理

明代各盐场灶丁额的多少，决定了各盐场的盐课数额。明制签民为灶，隶于灶籍，称为灶户，其人员称为灶丁。灶户专门从事盐业生产，为朝廷提供盐课收入，明政府严格管理灶籍，要求盐民"以籍为定"。明代，莱州湾南岸的灶丁数额一直是比较多的。有众多盐丁从事制盐业，使得这里的各盐场均保持着长期有效的生产能力。在明朝对山东灶户的管理之下，今莱州湾南岸地区的灶丁数额也占有不小的比例。据雍正《山东盐法志》第 6 卷《灶籍》记载，明末山东 19 场灶丁数额为：永利，797 丁；丰民，577 丁；富国，715 丁；利国，387 丁；永阜 795 丁；丰国，1416 丁；宁海，772 丁；王家冈，802丁；新镇，885 丁；高家港，736 丁；官台，1096 丁；固堤，2695 丁；西由，1787 丁；海沧，1498 丁；登宁，2326 丁；石河，688 丁；行村，626 丁；信阳，1560 丁；涛雒，1073丁。按此统计，莱州湾南岸的官台场、固堤场、王家冈、西由、海沧、新镇、高家港等盐田的灶丁分别是1096丁、2695丁、802丁、1787丁、1498丁、885丁、736丁。[1]通过这一组数字也可以反映出莱州湾南岸各盐场之于山东海盐业之重要性，其中，固堤场、西由场等盐场在灶丁数额上位居山东诸盐区前列。山东各盐场的灶户，归山东盐运司管辖。

明代，灶户一般都有土地，土地的来源途径不一：其一是由政府分配或者经过特许而开凿的；其二是灶户自己置买的；其三是民户被划入灶籍后，保留下来的田地。[2]土地的使用，为盐户生产生活提供物质保障。

简而述之，有明一代，莱州湾南岸地区的灶丁数额一直是比较多的。有众多盐丁从事制盐业，保持着有效的生产能力。

（四）盐课改征银两

盐业是国计民生之所需，而盐税则是官府的重要财源，并与国家的政治、军事密切关联。明代，和山东其他地区类似，莱州湾南岸盐课主要包括本色盐课、折色盐课、加斤加课及向各盐场征收的其他课税。

1. 本色盐课与折色盐课

本色盐课，即实物盐课。折色盐课则是将灶户应缴纳的实物盐课按照一定比率折成米、谷、布、金、银等实物，此举自洪武年间已践行。而成化年间，两浙地区开始施行盐课折银制以通盐利。实物盐课、盐课实物折纳及盐课折银，都是盐课制

---

① 纪丽真：《明清山东盐业研究》，济南：齐鲁书社，2009年，第66—70页。

② 祝慈寿：《中国古代工业史》，上海：学林出版社，1988年，第775页。

度的重要组成部分及发展阶段。[①]

明代的盐课折纳，较早见于洪武四年（1371年）的山东盐运司。那时，盐课折纳已为明政府官员所了解，并能认识到其方便之处，同时，通过此例我们可以看出盐课折纳在一定程度上是作为筹措军饷的权宜之计。这一考量在明代多次出现，鉴于盐课折纳在筹措军饷款项等方面的便利，明政府多次实践，莱州湾南岸盐场亦如此。此外，陈仁锡在《皇明世法录》中亦记载山东运司盐课折布的有信阳、西由、登宁、行村、海沧、固堤、官台诸场。[②]通过上述事例，我们可以看出，明代，盐课折纳在山东盐区实践较早，在一定程度上，莱州湾南岸地区又在山东盐课折纳诸场中占有相当比例，可以看作盐课折纳的先行者。

就盐课折银而言，其在一定程度上与盐课折纳有同样的意义，自布等实物到银、钞、钱，一方面体现出明政府对盐利之重视，一方面反映出白银在商品交易活动中的广泛需求，以及朝廷增加白银储备的需要。[③]

成化年间，盐课折银制在两浙地区开始施行，弘治十二年（1499年），山东首先在涛雒、富国、高家港3场开始实行盐课折银，"涛雒、富国、高家港三场，盐多苦黑，无商中纳，每一大引折征银一钱五分"。即每一大引折征银0.15两。正德三年（1508年），巡盐御史宇文钟上疏称信阳等8场所征收的布匹，因无海船运送，以致年久堆积滽烂，要依照涛雒各场折银事例实行盐课折银。于是，正德三年以后，固堤、官台等盐

---

①② 刘淼：《明代灶课研究》，《盐业史研究》1991年第2期。

③ 参见郭正忠主编：《中国盐业史》（古代编），北京：人民出版社，1997年，第651页。

场比照涛雒场诸场，每一大引折银 0.15 两。①由此可知位于莱州湾南岸地区的高家港场较早地成为山东地区盐课折银的"试验区"，之后，西由、海沧、固堤、官台场等与其他盐场一样，也由原来的折布盐课变为折银盐课。

明政府施行盐课折色在一定程度上是为调度和分配资源，除此之外，盐课折色也受灶户管理实效等因素推动，受灶丁逃亡、旧引难以完成等因素影响，主管盐务之官员提出折色之议。后来莱州湾南岸之王家冈、新镇等场在面临灶户逃亡的情况下实行折色。同年，折色施行范围进一步扩大，鉴于灶丁逃跑后所遗灶地系居民佃种，"除永利、利国二场，征银买补盐斤支商外，十七场该征大引盐二万八千三百九十引七十八斤有奇，每引折征民佃灶地银一钱五分"②。可见在明代，盐课折纳、折银受多种因素影响而有所调整，山东在全国盐业体系中所占比重不低，国家盐税调整，山东自然受到影响，而莱州湾南岸又是山东盐业重要组成部分，在盐课调整过程中，时常扮演重要角色。

除了本色盐、折色盐之分，明代山东的盐课还有其他类别，如，正德五年（1510 年）后又有存积盐、常股盐之分，"令长芦、山东运司每岁办盐课以十分为率，八分给予守支客商，二分另为收积在官。候边方紧急，粮储召中，以所积见盐人到即支，谓之存积。其价，则重其八分。年终挨次给守支客商，谓之常股。其价则轻例。以盐课册内二项数目，限以定

---

① 纪丽真：《明清山东盐业研究》，济南：齐鲁书社，2009 年，第 70—74 页。

② 周庆云：《盐法通志》卷七十一《征榷三·山东》，戊辰（1928 年）鸿宝斋聚珍第三版。

期，出给通关送缴"①。所辖区域包含莱州湾南岸区域在内的山东盐运司之盐课数目在《明会典》等史籍中有所记述，今学者将洪武时期、弘治时期、万历六年盐课额目制表（表6-1），以示其种类、数额与变动，借以反映明代山东盐运司不同时期的盐课缴纳情况。

表 6-1　明代山东盐运司盐课数目

时期	洪武时期	弘治时期	万历六年
岁办盐课	143387 引 150 斤	284124 引 162 斤	9611019 斤 5 两 9 钱，其中常股盐 86110 引 19 斤 5 两，存积盐 1 万引，岁解太仓余银 5 万两
折合盐斤	57354950 斤（每引 400 斤）	56824962 斤，其中本色盐 29979562 斤，折色盐 26845400 斤	约 19222020 斤，其中常股盐约 17222020 斤，存积盐 200 万斤（小引盐，每引 200 斤）

由表中数额对比可知，洪武时期行大引盐，弘治时期行小引盐，但是盐课数目大致稳定在 5700 万斤左右。不过，到弘治年间，行本色盐 29979562 斤，折色盐 26845400 斤，盐课折纳已接近一半的比例。

总之，到明后期，山东的引课普遍推行征银。②山东地区的这一盐课动态，在莱州湾南岸盐场中亦是如此。

2. 加斤征课

在明代，为增加盐课收入，朝廷还在定额之上增加盐的课额及行销量，并对此课以重税。定额盐课之上的增加部分即称

---

① 纪丽真：《明清山东盐业研究》，济南：齐鲁书社，2009 年，第 73 页。
② 同上书，第 73—74 页。

为增引、加斤。在嘉靖年间，山东地区确实存在以加斤方式加征课银之事。

所谓"加斤"，是在每引额定的基础上，增加重量，使每引盐的斤数超过额定斤重。嘉靖朝，时局不定，无论是军事还是朝政均需大量开支，因此如何获取财政收入便是朝廷不得不考虑的问题，但明政府采取加斤的手段以增加盐课收入的弊端也很明显。

3. 明代莱州湾南岸盐场的盐课

明代，莱州湾盐场和山东其他地区一样，征收的盐课有灶丁银、灶地银、草荡银、滩池银、锅盘银、鱼盐课钞银、食盐变价银。

明初，灶丁银和灶地银以灶籍为标准征收，"验其丁产多寡，地利有无，官田革荡纳税免科，薪卤得宜，约量定额，分为等则，逐一详定"①。除此之外，明代山东各盐场的盐课额已经开始有了"巧立名目"，鱼盐课钞和食盐变价银的征收即是例证。关于"鱼盐课钞"，据雍正《山东盐法志》第六卷《灶籍》所考："原有黑土课钞一项，因其地产黑土，刮取淋卤，工力甚便，后瀹海中，捕取鱼虾。洪永间遂改此制。旧例用钞，后改征银。""食盐变价"则为"前朝山东诸藩永利等各场，每岁共征食盐四百余引，中间折价轻重，屡变不等"②。

4. 灶丁银

明代山东盐运司所辖 19 场，除登宁、信阳、涛雒 3 场"一例行差"征纳额银外，富国等 16 场均分等级，按则征课，

---

① 姚伟军、李国祥、汤建英、杨昶编：《明实录类纂·经济史料卷》，武汉：武汉出版社，1993 年，第 312 页。

② 纪丽真：《明清山东盐业研究》，济南：齐鲁书社，2009 年，第 77 页。

"征银则例，多寡不等"，就莱州湾南岸而言，其大致情况如表 6-2 所示：

表 6-2　明代莱州湾南岸盐场灶丁银征收情况简表①

场　　名	灶丁额（丁）	则数	每则征银额（两）	灶丁银（两）
官　台	1096	3208	0.108	346.42
固　堤	2695	6095	0.108	658.26
西　由	1787	6380	0.072	459.36
海　沧	1498	5844	0.108	631.15
王家冈	802	2950	0.108	318.55
新　镇	885	2658	0.108	277.34
高家港	736	2386	0.108	257.65

按今日学者统计，在山东 19 盐场中，就灶丁额而言，固堤 2695 丁是为最高，就则数而言，西由场 6380 是为最高，固堤其次，灶丁银征收数中，固堤 658.26 两，为最高，海沧 631.15 两，列居前二。可见，有明一代，莱州湾南岸各盐场在灶丁银征收等税收中，实为山东之翘楚。

5. 灶地银、草荡银

按雍正《山东盐法志》卷六《灶籍》记载，山东 19 场，除登宁场外，其余 18 场都有这一课银。而山东各场滩池地的征银，则"每亩征银，多寡不等"。其中，官台场每亩征银 0.1 两，固堤场每亩征银 0.893 两，王家冈场每亩征银 0.214 两。②

6. 锅面银

山东 19 盐场中，有 6 场征收此项课银，"各场盐锅，每面

---

① 纪丽真：《明清山东盐业研究》，济南：齐鲁书社，2009 年，第 79—80 页。

② 同上书，第 80—81 页。

征银不等"。在山东相对庞大的海盐体系中，莱州湾南岸是锅面银征收主力。①

通过上述统计，我们大致能够将莱州湾南岸各盐场盐课事务作一概括式了解，对官台、固堤等场作出较为系统之梳理。官台场，灶丁银346.42两，灶地银589.05两，草荡银25.392两，滩池银33.016两，锅面银无，鱼盐课钞银无，食盐变价银无；固堤场，灶丁银658.26两，灶地银206.36两，草荡银无，滩池银20.708两，锅面银31.20两，鱼盐课钞银0.372两，食盐变价银无。②

（五）开中法的推行与盐政变迁

开中法，"召商输粮而与之盐，谓之开中"，即招商纳粮、纳马、纳铁、纳帛、纳银等官需之物，而以纳粮为主，易之与盐。凡边地缺粮，由户部出榜招商，赴边纳粮。此法在一定程度上缓解了政府物资调运的财政压力，省却了转运之劳费，边境军储粮饷由此而充实，可见开中法有利于减轻经济负担，充实边务，因此，明代自山西开中法之后，开中法的范围在全国迅速扩大。

明朝开中法引盐，其行盐依唐朝遗留下来的习惯实行疆界划定，由客商贩运到指定的府县，再由官配给民户或由商人销售，由此，形成以盐运司为中心的食盐销售区域，诸区域的合成，构成明代食盐运销网络。③可见，这种按地区划定销盐范围的制度，由唐朝所确立并且因时变化。

---

① 纪丽真：《明清山东盐业研究》，济南：齐鲁书社，2009年，第81页。
② 同上书，第77—81页。
③ 刘唯、张志德：《盐业运销工作实务》，北京：中国轻工业出版社，1999年，第21页。

明代开中法引盐的实质，是商人以力役和实物向封建国家换取盐的买卖权，其目的是明政府利用盐利吸引民间商人上纳朝廷所需的物资，如朱元璋所说，"朕初以边饷劳民，商人纳粟于边，以淮、浙盐偿之，盖欲足军食，而省民力也"①。按典籍所载，开中法所循原则大致有如下几条，即：开中法纳粮区域与开支盐场力求接近，附近没有盐场或盐场生产能力小的区域则以产量大的区域的盐开中，具体开中纳粮数额是根据地之远近、盐之好坏、筹粮运输方便与否而定，另，还需让商人有利可图，以能将此法贯彻。在上述原则之下，明代山东海盐虽不及江淮质量好，但因为距离近，开支方便，所以纳粮额高于江淮盐。②开中法既可以纳米粮，还可以纳马、纳铁、纳帛、纳草等，甚至包括直接纳金、银、铜或钞。缴纳的物资或钱钞，视朝廷的需要而变化，山东实行过纳钞引盐等方式。

开中法虽有诸多益处，明政府在推行之初亦采用监察等制度尝试维系之，但是，在执行过程中，开中法却逐渐崩坏，原因主要有以下几点：第一，明政府改变"得盐利以佐边计"的方针，而以食盐专卖为搜刮手段。一则将引价上调，压缩了商人利益空间。二则增发盐引而造成开中法溢额。三则盘剥灶户，造成场私透漏严重。第二，权贵包办开中法，朱元璋行开中法之初，便已规定开中仅限于商民，到成化以后，开中法不再是商户与明政权各取所需之策，在很大程度上已经成为权贵等人谋取利益的一条重要途径。第三，开中法折色的影响和盐务管理不力。

明代中叶以后，开中法制度在上述诸种因素综合作用下逐

① （明）薛应旂：《宪章录校注》，南京：凤凰出版社，2014 年，第 73 页。
② 李国章、赵昌平主编：《中华文史论丛》总第 71 辑，上海：上海古籍出版社，2003 年，第 215—216 页。

渐崩坏。盐商也分化为专司输粟报中的边商与专司守场候支的内商两大类。由于"势要占窝"，宦官权臣觊觎盐利，加之正盐的折色和余盐的开禁，在诸多因素的影响下，新、旧盐引都暴露出明显的问题，内、边商人之利益亦受很大冲击。此种情况下，政府在两淮行纲运制度，它对于缓解盐政弊端起了一定作用。

二、盐业生产技术的革新

明代制盐技术相较前朝有所革新，其中，"淋卤"工艺改进明显，在此基础上无论是传统煎盐法还是新兴晒盐法，都得到发展的机遇。在明代，山东海盐生产中煎盐法和晒盐法两种技术都有采用，两种技术一般都有四道工序，即：取卤—淋卤—试卤—煎晒成盐。其中，煎盐法的基本原理是利用火力制盐，其制盐工具各盐区的称谓不一，煎盐之器，在淮南谓之镦，山东则谓之盘。作为山东海盐重要产区之莱州湾南岸，亦流行此产盐方式，其中新镇、王家冈二场是此法重要代表。[①]不过，随着晒盐技术的推广，滩晒制盐也逐渐在莱州湾南岸施行。大致而言，明代，莱州湾南岸之海盐生产煎盐、晒盐之法都曾存在，但随着制盐技术改进，二法使用范围有所变化。这一发展趋势，与淋卤工艺改进、晒盐优势凸显等不无关系。

（一）淋卤工艺的改进

按史料记述及今人研究成果显示，在明代，莱州湾盐场无

---

① 朱年志：《明代山东盐业的生产和运销探析》，《兰州学刊》2009年第1期。

论是煎盐还是晒盐，淋卤工艺大致是相同的，在沿袭元代淋卤工艺的基础上作出改进，灰压法、刮土法等是使用相对普遍的取卤方式。

1. 灰压法取卤煎盐

所谓灰压法，即以稻麦草灰平铺在地上，让其灰吸收地表盐分。《古今鹾略》所引《山东盐法》对灰压取卤之法描述详细：

> 诘旦，仍出坑灰摊晒亭场间，至申，侯盐花浸入灰内，仍实灰于坑以取卤……至于积灰，则又以年久为良。卤水清润，出盐尤多。然久旱则潮气下降，上燥而盐不生花；久雨则客水浸溢，亭场沾湿，晒灰反致销蚀。故以灰取卤，必雨旸时若，而后盐始丰。

这种取卤法在明代宋应星著《天工开物》中亦有记载：

> 高堰地，潮波不没者，地可种盐。种户各有区划经界，不相侵越。度诘朝无雨，则今日广布稻麦稿灰及芦茅寸许于地上，压使平匀。明晨露气冲腾，则其下盐茅勃发，日中晴霁，灰、盐一并扫起淋煎。

山东的灰压法取卤与当时各盐区的晒灰取卤法一致，都是借用草灰吸取盐分，并以此淋卤。[①]

淋卤之法固然重要，而如何试卤以检验其质量亦须关注，

[①] 纪丽真：《明清山东盐业研究》，济南：齐鲁书社，2009年，第52—53页。

按《古今鹾略》对《山东盐志》之转述，山东盐场对石莲试卤之法颇有经验：

> 其试卤必以石莲。投之卤中，沉而下者为淡卤，浮而横侧者为半淡卤，煎之费蒱薪。必浮而立于卤面者乃舀入盘煎之，顷刻而就。[1]

可见，有明一代，莱州湾南岸海盐灰压法取卤煎盐既继承前期制盐技术成果，又充分结合地方物产等因素，在此类因素综合作用下，海盐生产取得发展。

2. 刮土法取卤煎盐

刮土法取卤、煎盐也是山东海盐取卤的重要方式。按时人记述，此法过程大致如下：

> 盐之所产，于海之注。潮波既退，男女如麻。区分畦列，刮土爬沙。漉水煎卤，炷灶参差。凝霜叠雪，积囷盈家。饮食贸易，资用无涯。[2]

按此技术，刮土取卤煎盐可分为三步，即：一是取卤，即"刮土爬沙"；二是淋卤，即"漉水煎卤"；三是煎制，即"炷灶参差"。

取卤之法是传统制盐环节中重要部分，在取卤等前期准备

---

[1]　纪丽真：《明清山东盐业研究》，济南：齐鲁书社，2009年，第54页。

[2]　（清）郭文大编修：《威海卫志》卷九《艺文志》，转引自纪丽真：《明清山东盐业研究》，济南：齐鲁书社，2009年，第54页。

之下，以何种工具煎盐是考验制盐成败的重要环节，按《古今鹾略》卷一引《山东盐志》所载，盘，是山东海盐生产的重要工具，其制作与使用关乎海盐生产之效果：

> 煎盐之法，率以天时为本，而成之以人力。每岁春夏间，天气晴明，取池卤注盘中，煎之。盘四角楮为一，织苇护盘上，周涂以蜃泥。自子至亥，谓之一伏火。凡六干，烧盐六盘，盘百斤，凡六百斤，为大引盐一，余二百斤。①

文中所提及之盘的制作材料是蜃泥，即贝壳粉末加水和成。之所以采用此种材料，是因为贝壳的主要成分是氧化钙，遇水可生成碳酸钙，经火烧则形成钙化物硬层，在盐盘上涂抹蜃泥以防渗漏。在海滨地带，贝壳可大量获取，而其经过加工之防渗功效又可用于煮盐，因此，蜃泥成就了煮盐之盘。2008年，寿光双王城遗址发现了金元时期与制盐有关的重要遗迹和遗物，按专家对遗物灶面的大小判断，这一时期，每盘可出盐上百斤，这一数字恰好与文献记载"每盘可煎制成盐 100 斤"互相印证。②

（二）晒盐法的推广

明代，晒盐技术得到进一步发展，在盛产海盐的莱州湾，晒盐技术亦普遍推广。晒盐法有多种制卤方式，其中不乏与煎盐法相似者，例如，按《古今鹾略》卷一《山东盐志》所载：

---

① 纪丽真：《明清山东盐业研究》，济南：齐鲁书社，2009 年，第 53 页。
② 同上书，第 53—54 页。

若夫晒盐之法，其取卤又有灰淋、土淋之殊。土淋之法，以畚锸起成碱潮滩土晒干，实土池中，注水取卤，如灰淋法。每灶各砌石为大晒池，旭日晴霁，挹坑井所积卤水，渗入池中曝之，自辰逮申，不烦铛鬵之力，即可扫盐以输官。①

煎盐法历史久远，其生产经验为晒盐法的成熟提供诸多便利。此外，晒盐法还以其自身具备之特点，在取卤晒盐方面有其体现。清人王守基在《山东盐务议略》中记述明清之际山东的几种晒盐技术：一种是"掘井取卤晒盐法"，即"就滩中掘井，周围阔十二丈，井上畔开五圈，圈之外开四池，汲井水入头圈，盈科而进，放至第五圈，水已成卤，谓之'卤台'。于是分引入池，曝晒数日，即可成盐"。另一种是"挖池取卤晒盐法"，即在"滩地周围掘井见水，其前筑员（圆）池一，以纳沟中之水，名曰马头。员（圆）池之旁开大方池一，大池之旁列小池四。先用柳斗将员（圆）池水汲入大池，一二日可成卤，然后引入小池，数日即可成盐"。取卤晒盐法脱离传统取卤、淋卤窜白，旨在充分利用阳光等自然力以蒸发水分，其取卤、成盐工序节省人力，在制盐技术史上是划时代的进步。②

可见，晒盐法与煎盐法不同之处较多，既体现在上文所述之卤水加工成盐方式上，亦在所制之盐的成色上，按史料所载，晒盐"全凭日色晒曝成盐，色与净砂无异，名曰砂盐"③。

---

① 纪丽真：《明清山东盐业研究》，济南：齐鲁书社，2009年，第56页。
② 刘淼：《明清沿海荡地开发研究》，汕头：汕头大学出版社，1996年，第137页。
③ 《元典章》卷二十二《户部八·盐课·禁治砂盐》，转引自张国旺：《元代榷盐与社会》，天津：天津古籍出版社，2009年，第229页。

按此描述，以晒盐之法而成的盐在色泽、形状等方面都具有优势。晒盐之法对自然力利用较为充足，产品质量亦上乘，但其形成及推广的时间却相对晚近，当今许多学者认为，淋卤晒盐法很可能在南宋时已存在于福建，但在一定范围内的应用，则是元代的事。①而在明中叶以后，滩晒之法才真正在全国范围内得到推广和应用。

也正是由于其明显优点，淋卤滩晒法逐渐成为莱州湾南岸海盐加工的重要方法，在莱州湾南岸，掖县、昌邑等地或掘井晒盐，或纳潮晒盐，二者取卤方式虽有不同，但晒盐工艺大致无异。产盐区海潮频繁涨落，滞留的海水蒸发浓缩后渗入地下，日久，卤水储量增大，盐民只需要在近海滩地掘井便可取卤，甚为便利。纳潮制卤则需要整地开沟，引纳潮水，待卤水饱和后方能灌池结晶。②莱州湾盐民根据不同的滩地条件采用不同的手段制卤晒盐，彰显出自己因地制宜的聪明才智，同时，也推动着所在地区制盐业发展。

综上所述，明代莱州湾南岸的海盐生产方式不一，有煎有晒。至于此类现象出现的原因及灶户对某一方式青睐的原因，或许从煎盐与晒盐的比较中可窥一斑。

（三）煎盐与晒盐的比较

煎煮成盐法对日照强度、滩涂面积、风力大小等要求不甚严格，故而使用的地域受限度不高，自其出现后便为诸多制盐者使用。但是，此法也存在较为明显的缺点，主要有二：一是

---

① 郭正忠主编：《中国盐业史》（古代编），北京：人民出版社，1997年，第437页。

② 王赛时：《山东沿海开发史》，济南：齐鲁书社，2005年，第270页。

生产成本较高，煎盐法需耗费柴薪等大量人力物力，但是按记载一盘每次只能成盐百斤，生产效率低；二是所制产品质量不佳，煎盐法所产之盐味苦性燥，已难以适应人们日常生活的需要。与煎盐法相比较，晒盐法的优点较明显。其一，晒盐法不需要繁琐之煎盐步骤，可以利用阳光让卤水经曝晒结晶成盐，省去盐民煎熬海盐之劳苦。其二，制盐过程中不需要提供柴薪和煎盘等物品，亦不需要此项人工，节省工时，降低成本，生产效率亦得到提升。其三，产品质量提高，无论是色泽还是盐质，晒盐法所产之盐要比煎盐法为优。①

因此，地方志书中常有晒盐、煎盐之对比，两者相比较之下，煎盐改为晒盐既方便了沿海居民的生活，降低其生活成本，在某种程度上也保障着盐民的物产销路，提高其生活质量：

> 各灶户向皆煎盐，薪贵价昂，道光初年，关东大盐（即晒盐）输入，居民利之。又以煎盐味苦性燥，春夏腌鱼、秋冬腌菜不适，销路渐滞，民灶时起纠纷。②

但是，晒盐法也存在不足。首先，晒盐法有诸多自然条件要求，既要晒盐，便需滩涂，假使空间不足此法就难以践行，而且晒盐法重在"晒"，对日照要求高，受天气影响显著，一旦遇到阴雨天气，难以晒制成盐，"少隐晦则绝无盐"③。其次，晒

---

① 纪丽真：《明清山东盐业研究》，济南：齐鲁书社，2009年，第56—57页。

② 《莱阳县志》卷二《财政·盐法》，民国二十四年（1935年）铅印本，第38页。

③ （明）汪砢玉：《古今鹾略》卷一，清钞本。

盐法相较与煎盐法虽省却柴薪、部分人力，但是仍然需要灶民通过灰淋、土淋法取卤，而为了获取大量的盐卤，盐民依旧需要付出辛苦的劳作以致身残的代价。再加上在封建主义生产关系下官府的层层盘剥，灶民即使终日劳作，生活仍然苦不堪言。①

因此，在明代，莱州湾诸盐场为代表的山东海盐业对煎盐、晒盐法之使用在一定程度上视条件而定，数百年历史中，既有两种方法并存的时期，也有煎盐法逐渐被晒盐法取代的时期，两种方法共同推动着莱州湾南岸成为山东海盐重要产区。

三、清代前期莱州湾南岸盐业的持续发展

明末清初，战乱频仍，社会动荡，人口锐减，土地荒芜，社会经济呈现凋敝状态，受战事波及与政局动荡等因素影响，盐业生产遭受较大破坏。

首先，制盐灶丁数量大为减少。四川、福建、两淮等盐场灶丁逃亡数量颇大，山东盐区亦不例外，据统计，顺治十一年以前，山东盐区逃亡灶丁多达 24213 人，超过灶丁原额的一半。其次，制盐设备遭受破坏，井塌灶废现象普遍，盐场生产能力下降。再者，承运盐商或受兵燹或遭难情，大量逃亡，严重影响盐的运输销售。②

盐业生产是各个环节有机结合形成的，其中一个环节遇到问题整个生产链条便会受到影响。在清初，盐业产销各环节均面临诸多问题，遂引起朝廷及社会人士的关注。顺治四年

---

① 纪丽真：《明清山东盐业研究》，济南：齐鲁书社，2009 年，第 56 页。
② 陈锋：《清代盐政与盐税》，武汉：武汉大学出版社，2013 年，第 8—12 页。

（1647 年）八月，长芦巡盐御史王守履称，"户口实为盐利之本，以户口存亡，关盐利多寡，理势必然也"①。顺治八年（1651 年）九月，新任长芦巡盐御史杨义也曾上奏："窃照盐法规则，原以户口之多寡，定引目之盈缩……我清定鼎，即因旧额行之，然而户口已非全盛之旧矣……近日情形更有甚难者，土寇窃发，洪水横流，村落悉成丘墟，田畴尽为薮泽；滋生抚集者少，死丧逃亡者多……盖食盐必须户口，以极残之户口，责全盛之引额，必不得之数也。"② 接连两任巡盐御史均作出户口与盐政之思虑，说明盐引与户口不符或脱节之事在清初较为普遍。这一现象透露出当时引额分配、食盐销售十分困难的重要原因之所在。

食盐产销，关乎国计民生，清廷为推动盐业恢复，针对存在的问题采取如下政策应对之：

第一，"焙灶"以保盐产，招徕、抚恤灶丁，修复盐场设备。第二，"招商"以办盐纳课，山东巡抚方大猷和巡盐御史吴邦臣在顺治元年（1644 年）便联衔提出"欲招商先须惠商"的建议，废"积盐充饷"令，废除明末各项加征，"许以见盐上课，行盐若干即征课若干"。受此影响，山东盐区在顺治元年初招商时，"未及两月，新商鳞集百家"。第三，"疏销"以利盐税。③在这种清初恢复盐业产业的大环境的影响之下，

---

① 顺治四年八月十二日王守履题：《为虚悬引额难敷事》，中国第一历史档案馆藏。参见陈锋：《清代盐政与盐税》，武汉：武汉大学出版社，2013 年，第 4 页。

② 顺治八年九月二十六日杨义题：《为东省荒残之后，水灾寇乱频行，照户口更定引额事》。

③ 参见陈锋：《论清顺治朝的盐税政策》，《社会科学辑刊》1987 年第 6 期。

莱州湾南岸地区的盐业生产、销售逐渐恢复并呈现较好的发展势头。

（一）莱州湾南岸盐业生产规模的扩大

有清一代，莱州湾制盐业由熬煎转为煎晒兼制的趋势更为明显，日晒盐法大量使用，海盐生产进入新阶段。以官台场为例，可窥察当时盐业生产的发展状况。

在清代，官台场之规模在不同历史时期有所变化，但总体来看，发展趋势为主线。康熙十八年（1679年），官台场裁归寿光管理，盐锅逐年减少。雍正八年（1730年）重新设置官台场，并将固堤场并入官台场管理。雍正、乾隆时期，由于清政府实行"恤灶惠商"政策，盐业生产颇为受益，官台盐最高年产达1500万斤。但是，嘉庆之后，随着政局日下，加之官商舞弊，海盐生产大受影响，商逃岸荒、盐业萧条，道光十七年（1837年），官台场产量竟降到325万斤。光绪二十二年，官台场获得发展的机会，当时，永阜盐场因黄河决口被毁，清政府确定在官台、王家冈、富国盐场大量辟滩，并允许商人投资。同年，官台共新建盐滩348副，海盐的年产盐达到3400万斤；同时，由于小清河疏浚通航，官台场发展获得助力。光绪三十四年，官台盐场东西长度已达120里，南北宽约100里，辖宋家、郑家、官台、宅科、宁家、郭垣、肖垣、横垣、崔垣等10处盐地，滩田也发展到405副，每年的盐产量高达1亿斤。从官台1例可知，清代以后莱州湾地区的海盐业已发展到较高水准。这一情况在清代寿光滨海盐贸易交往中亦可以得到证明。光绪三十三年《寿光乡土志》记载："侯镇为盐商荟萃之地。每值春秋两季，人喧马腾，彻夜不休……小清河岸商停泊，连檣约三里许，杂货卸地，堆积如阜。"①

总之，清代，莱州湾南岸盐业生产已达到较高水平，从盐场发展变迁中可见一斑。

（二）莱州湾南岸盐场的变迁

有清一代，盐法在因明制的基础上有所损益，盐场数量亦因时而有变化，就莱州湾南岸盐场而言，其数量在清代屡有调整。

清代山东盐场先沿明制，但是，因诸盐场产量、管理等因素影响，山东盐场向集中归并趋势发展。康熙十六年（1677年），山东盐场数量有大变动，是年，巡盐御史迈色会同山东巡抚题准高家港等 7 场裁并王家冈等 5 场管理。具体情况为：裁高家港、新镇 2 场，归并王家冈场管理；裁宁海、丰国 2 场，归并永阜场管理；裁利国场，归并富国场管理；裁丰民场，归并永利场管理；裁行村场，归并石河场管理。在此次调整中，莱州湾南岸之掖县的 3 处盐场归并为王家冈场管理。康熙十八年，因刑科给事中李迥题奏官台场、固堤场、王家冈场"三场相望不过百有余里，而额征钱粮不过二千余金，请裁并场官或归之于县，或合三为一。庶几省官所以省事，安灶即以安民户"，山东盐场再次迎来裁并，官台、固堤 2 场裁并寿光、潍县管理。雍正八年，巡盐御史郑禅宝疏称："请复设官台场，将已裁之固堤归并管理。"后，官台场得以复设。又因海沧、西由 2 场连界事简，且海沧产盐无多，海沧场裁并西由场管

① 于云汉：《莱州湾南岸盐业的阶段性发展及其特征》，《盐业史研究》2020 年第 1 期。

理。①调整之频繁也体现出以莱州湾南岸为代表之山东盐区在清代颇受关注。

乾隆十九年（1754 年），富国场由沾化县城东 60 里，移驻昌邑县之瓦城村，专营利渔等 3 盐滩。由此，山东 10 盐场与莱州湾南岸关系更为密切。按嘉庆年间《山东盐法志》载："现在设场十处，永利、富国、永阜、王家冈、官台等五场，隶滨乐分司；西由、登宁、石河、信阳、涛雒等五场，隶胶莱分司。"其中，富国，坐落昌邑县西北 40 里瓦城社；官台，坐落寿光县东北 50 里驻侯镇；王家冈，坐落乐安县东北乡，距县城百里，皆滨乐分司所辖。西由，坐落掖县西由庄……道光十二年（1832 年），山东盐场再次迎来调整，登宁场并入西由场，信阳场并入涛雒场。光绪二十年，黄河大水冲毁了永阜盐场，山东盐场到清末实际只剩 7 场。②至此，莱州湾南岸已成为山东盐区之主力，在盐场数量等领域已体现出在整个海盐体系中的地位。

归纳盐场数量、分布之调整，可以反观盐业生产之状况。在清代，山东盐场有数次大规模调整，产盐量、管理条件、盐税多寡、自然环境变化等因素都是影响盐场分布的重要因素。山东盐场分布虽大有调整，但莱州湾南岸一直是山东海盐重要产地，受到朝廷重视。康熙年间，虽将官台、固堤二场裁去，并入寿光、潍县管理。雍正年间，官台场复设，并将已裁之固堤归并管理，乾隆朝又将富国场移至昌邑，道光朝裁登宁场并入西由场，这几次盐场调整，在一定程度上肯定了莱州湾盐业

---

① 纪丽真：《明清山东盐业研究》，济南：齐鲁书社，2009 年，第 82—83 页。

② 同上书，第 82—84 页。

在山东乃至全国海盐产业中的分量。同时，以莱州湾为例，也可以窥见有清一代，政府因时因地对盐场进行裁减、合并，其原因大致如下：一则为便于管理，将分布较密集的盐场归并，如康熙十六年，为"归并管理"，山东将分布较集中之地的掖县诸盐场进行归并，高家港、新镇二场并于王家冈管理。同时，也是为了便于管理起见，虽已裁去的盐场也会复设。雍正八年，因"州县官地方事繁，不能兼顾"，对盐业生产机盐税征收并无益处，故而官台场得以复设。二则根据产盐数量、生产规模，将规模小的盐场裁并。雍正八年，因"海沧、西由二场连界事简，且海沧产盐无多"，海沧场裁并，归西由场管理。①可见，为了便于管理，发挥产能潜力，清政府会针对实际状况，对盐场作出裁、设等调整。

（三）商课与灶课

清代，纲运制同商课制结合。顺治初年，即明令全国："停止边商纳粟，令运司招商纳银，依额解部。"商课纳银成为定制。

盐课历来倍受朝廷重视。顺治、康熙等皇帝再三申令"盐课钱粮，关系军国急需"。为确保盐课收纳，清代在全国实行盐专卖制度，而为了便于管理，各盐区征收盐课类型却不一致。正如《清盐法志》所云："户部山东清吏司掌盐课之政令……其课，则以灶课、引课、杂课、税课、包课而榷之。"按《盐法议略·山东盐务议略》，山东盐课分为正课、杂课、灶课，

---

① 纪丽真：《明清山东盐业研究》，济南：齐鲁书社，2009 年，第 85—86 页。

按《清盐法志》，山东盐课则分商课、灶课。此外，还包括因需开征的加价、盐厘、摊款等课银。①莱州湾南岸的商课、灶课受清代盐课政策及山东实际情况影响。

1. 商课

商课包括正课、加价、盐厘、帑利、杂课等。

正课：一般说来，正课包括引课、票课等，其中，引课是各盐运司盐课中的重要组成部分，是食盐专卖制下按引缴纳的正税。盐税虽是国家正税，且有定制可依，但是，清代时局动荡，尤其到中后期，军事、政治等开销颇大，清政府根据需要，时常会在原额之上以增引、加斤、加价等方式增加盐的课额或行销量。增引，是在原额引盐之上增加引目，征收之盐课也会增加。加斤，即原本每引额定重基础上，增加每引重量。加价，则是在原定盐价之上，提高售盐价格。②

《清盐法志》对清代山东引课的变化有详细的记载，大致看来，山东引课额经常是变化的，其中，顺康雍时期，山东的引课额均有变化，总的看来，是增得多减得少，引课银总体呈上升趋势。及至道光朝，山东盐务疲乏，积欠增多，有大数额减引之举，但清后期，受时局所困，光绪十八年（1892 年）到光绪二十七年，为筹"海防、河工、洋债"，先后四次加斤加价，同时加增课银：

> 光绪二十三年，议准：北运各州县曾经加价之引票每张加课银一钱，未加价之曹、单、昌、潍、兰、郯、莒、

①　纪丽真：《明清山东盐业研究》，济南：齐鲁书社，2009 年，第 209—210 页。

②　同上书，第 212 页。

日及南运商办之丰、沛、萧、砀等十二州县，每引票一张加课银二钱，统加耗盐三十斤，南运局办河南九州县，宿、涡、铜山三处，均毋庸加耗加课。

光绪二十六年，奏准：每引票一张加课银一钱，再加耗盐十斤，除河南九州县，宿、涡、铜山外，其北运之曹、单，南运之丰、沛、萧、砀，票地之兰、郏、莒、日、昌、潍等十二州县均一律加课加耗。①

此次课银加赠波及范围颇广，莱州湾南岸因盛产海盐亦不免受到影响，从上文可知，昌邑、潍县等县多次加课加耗。加斤加价虽在一段时间内可以筹到一定的盐课，解一时财政之需，但是，从盐业发展大局来看，不顾实际情况地加斤加课，只会增加盐商负担，继而影响盐价，增加民众负担，由此引起商民不满，甚至引发私盐泛滥等弊端，使盐务陷入困境。

就票课而言，按《清盐法志》所载，清代山东票课屡有变化。顺、康、雍、乾四朝票课额不断增加，据统计，从顺治元年到乾隆四十三年（1778年），山东共增余票83180张，照则纳课，约增余票课18000两。

加价：该时期，一则由于"钱贱银贵，商人易银完课多亏成本"，以加价手段对商人进行补贴；一则由于清政府财政困难，因而加价"以资经费"。两种形式或有兼用。按《清盐法志》所载，从嘉庆十四年（1809年）到光绪二十八年（1902年），山东盐区数次加价，低则每斤半文，高则每斤4文。其加价理由则有"河工加价""堰工加价""银贵加价""赔款加

---

① 纪丽真：《明清山东盐业研究》，济南：齐鲁书社，2009年，第215页。

价""库储匮乏加价""专抵赔款加价"，甚至"豫省饷源枯竭加价"。可见，加价之理由繁多，但总的来说可以归纳为增加政府汲取财政之能力。莱州湾南岸以其所在区域及有产销于一地等因素影响，在清政府对盐价加价过程中受政策影响时有不同。

例如，作为盐价加价重要组成部分的堰工加价始于道光五年（1825 年），盐价"因高堰大工，又议加价二文。此时银价稍昂，每年应缴银二十三万余两，即所谓堰工加价也。奏明三年之后，以一半归公报拨，一半归商贴补积欠"，具体而言，"以制钱一千三百文合银一两，每引票征银三钱四分。惟民运十八州县及昌乐、潍县、兰山、郯城、莒州、日照六州县不征"。①道光八年，奏准将归德府属及宿州、铜山、萧县、砀山，并票地坐落滩场之利津、寿光、乐陵、沾化、临邑等州县俱行停免。②在堰工加价中，昌乐、潍县、寿光等地因并票地坐落滩场等原因未征收。

道光十八年（1838 年），清政府又"因银价昂贵，奏准北运引地，除曹、单二县外，其余四十九州县每盐一斤加钱二文，归商贴补"。此次加价是为 1 文加价。道光二十年（1840 年），又将票地除兰山县、郯城、莒州、日照、昌乐、潍县及民运州县不加，其余一律加价 2 文。道光二十九年（1849 年），奏准减去 1 文，以便民，仍留 1 文，以恤商。至咸丰九年，银价平减，部议毋庸归商，照数提解运库报拨。③

---

① 《述山东盐法》，湖南督学使署编：《近百年湖南学风》甲编，长沙：岳麓书社，2012 年，第 301 页。
②③ 纪丽真：《明清山东盐业研究》，济南：齐鲁书社，2009 年，第230 页。

盐厘：清朝税收，大致可以咸丰朝分为两段，前期相对稳定，到咸丰朝，随着太平天国运动兴起和地方团练崛起，诸地为筹措军饷大兴厘金征收，并为清政府所接受。盐业以其获利之高，未能避免，盐厘成为晚清盐课中的组成部分，诚如《清盐法志》所说"以抽厘为济饷之举"。有学者将各盐区征收的盐厘分作 5 种类型，即引厘、关卡厘、包厘、私盐厘、正课厘。①但盐厘的征收情况在全国各盐区有较大差异。具体来说，有的盐区征收盐厘税目很多，如四川，仅光绪年间征收的引厘税目就有 11 种。②而有的盐区盐厘的开征则较少，如山东的盐厘征收，仅光绪十一年（1885 年）在筹备饷需案内议定："每引票千张征盐厘银四十六两，岁可征银二万两上下，合堰工加价、铜斤河工、领票归公各项，共凑银五万两以济饷需，旋因治河需款留拨防汛经费。近年约征银一万六七千两。"③

帑利：是指盐商向官府的帑本缴纳的息银。帑本是指遇到盐商缺乏资本时，清政府借给盐商以资周转的帑金。对于这笔资金，盐商每年都要缴纳一定的息银，这就是帑利。山东的帑本发放时间集中在清中期，即乾隆后期至道光四年（1824 年）前，清政府前后向山东盐商发放帑本 20 款。山东帑本的发放有发闲款公费、发城工余存帑本，发拨船经费、发曹工帑本，发庙工帑本，发河加价银，满营养赡帑本等不同缘由，既有将闲钱发放以收取利息者，又有满足驻防旗人生活需求者，可谓

---

①　参见陈锋：《清代盐政与盐税》，郑州：中州古籍出版社，1988 年，第 143—154 页。

②　郭正忠主编：《中国盐业史》（古代编），北京：人民出版社，1997 年，第 797 页。

③　纪丽真：《明清山东盐业研究》，济南：齐鲁书社，2009 年，第 232 页。

名目繁多，如"乾隆五十九年，奏准：发青州、德州满营养赡帑本银七千二百五十七两三钱八分"，"嘉庆二十年，奏准：发青州驻防余兵经费帑本银三万两"。①

这些帑本的发放为包括莱州湾盐区在内的山东盐区产销提供金钱的助推，但更主要的是增加了清政府的收益，帑本所征收的帑利多"按月一分生息"，并且，大多数帑本"遇闰加增"。而据统计，同一时期山东的盐税正课即引票课额为189880两，灶课额约为15439两，帑息已超正课与灶课之和。可见，帑本高息加重盐商负担，后因积欠帑利太多，朝廷只得进行调剂，出台减息等政策，尝试调剂积欠帑利，增加新的帑本生息银。②

2. 灶课

按《清盐法志》所载，山东的灶课大致可分为以下两类：一类是狭义的灶课，即灶地银、草荡银、灶丁银、盐锅银、滩池银、鱼盐课钞等项，此类灶课征之于灶户，称为场灶课。一类是民佃盐课，由州县征解民佃银、盐课银和加摊丁地银等项，此项为征之于民佃者。在清代前期、中期及后期，受时局及盐政等因素影响，山东的灶课征收款目及数额是不同的。因为受战事、税收等因素影响，盐场灶丁数有新增、蠲免、逃亡，在灶丁人数不固定的背景下，灶丁银屡有变化。莱州湾南岸等处灶丁银也时常因丁口的差异而变化。乾隆二年（1737年），清政府又将山东应征一半新增灶丁银摊入地亩。至此，

---

① 盐务署编：《清盐法志》卷六十二《山东十三·商课上·征榷门》，1920年排印本，第13页。

② 纪丽真：《明清山东盐业研究》，济南：齐鲁书社，2009年，第233—237页。

灶课中再无"灶丁银"一项，取而代之的是"加摊丁银"。除灶丁银外，包含灶地银、草荡银、滩池银在内的地银也时有变化。地银征收过程中，随着盐业生产的发展，灶地、草荡、滩池除原额外，还会有"新垦、自首"等名目，与之相应，此类新增各项也会有征银。

各场滩池、锅面的征收则例，多寡不同。各场滩池地和锅面的征银则例也不同，其大致征收情况如表6-3所示：

表 6-3　山东各场滩池地银和锅面银征收则例①

场　别	滩池地每亩征银	锅面每面征银
永　利	1钱5厘	
富　国	1钱8厘	1钱8厘
永　阜	1钱5厘	1钱
王家冈	2钱1分4厘1毫4丝2忽5微	
海　沧	1钱8厘	1钱2分
西　由	8分9厘2毫6丝2忽2微	1钱2分
登　宁		1钱2分
石　河		1钱
信　阳	6厘	1钱2分
涛　雒	6厘	1钱2分
寿光县	1钱	1钱2分
潍　县	8分9厘2毫6丝2忽2微	

（注：表中空白，系旧额无载。）

清代，山东盐场灶课是征之于各场的，前文中已述山东盐场时有裁并、调整，因此，不同阶段的灶课在数额上也会产生

①　纪丽真：《清代山东海盐灶课考》，《中国海洋大学学报（社会科学版）》2012年第4期。

相应的变化。例如，康熙十八年，官台场、固堤场两场裁并，分别归寿光、潍县管理，此时，山东灶课由 10 场 2 县征收。雍正《山东盐法志》中记载王家冈、海沧、西由诸场及寿光、潍县各项课额，其记载如表 6-4 所示：

表 6-4 雍正以前莱州湾南岸场灶课数额表

（单位：两）①

盐场＼课别	灶丁银	地亩银	草荡滩池银	锅面银	鱼盐课钞课	食盐变价银	合计
王家冈	853.540	370.694	128.258		1.018	20.700	1374.209
海 沧	631.152	225.242	52.814	11.040	0.092		920.340
西 由	459.360	188.152	44.092	0.840	0.161		692.541
寿光县	346.420	589.048	58.408	1.560			995.436
潍 县	658.260	206.363	20.708	31.760	0.372		917.463
山东总额	6256.911	3458.997	962.891	70.804	2.744	123.900	10876.247

（注：为便于统计，课银均换算为两，且四舍五入至厘。）

这一时期各场的灶丁银尚未改摊，其中，莱州湾南岸之王家冈、海沧、西由等盐场以及潍县、寿光县所征收之课银在全省课银额中所居比例占 45％ 左右，而寿光县所征之地亩银则居于全省首位。雍正朝，山东盐场再次调整，官台场复设，海沧场并归西由场，此后，一直到道光朝前期，山东都为 10 个盐场之设，这一时期向各盐场征收的盐课额，合银 6918.182 两。按嘉庆《山东盐法志》所载，莱州湾南岸之官台、西由等场灶课数额如表 6-5 所示：

① 整理自纪丽真：《明清山东盐业研究》，济南：齐鲁书社，2009 年，第 272 页。

表 6-5　清中期莱州湾南岸灶课数额表

（单位：两）①

课别 场别	灶地银	草荡银	滩池银	家摊丁银	盐面银	食盐变价银	鱼盐课钞课	合计
富国	8.759		11.743	15.183	20.663			56.348
王家冈	328.379	131.233	15.377	351.862		20.7	1.018	848.569
官台	688.618	25.392	52.356	566.247	16.737		0.372	1349.722
西由	325.944	88.67	40.018	328.539	12.72		0.253	796.144
山东总计	2930.825	557.543	962.891	2840.54	98.704	123.9	2.736	6918.182

（注：为便于统计，课银均换算为两。）

表 6-6　清后期莱州湾南岸灶课数额表

（单位：两）②

课别 场别	灶地银	草荡滩池银	家摊灶丁银	锅面银	食盐变价银	鱼盐课钞课	白盐折色银	合计
富国	8.759	11.473	15.183	20.633				56.078
王家冈	134.68	169.788	105.4		20.7	1.018		431.586
官台	503.806	79.308	554.554	15.177		0.372		1153.217
西由	493.947	150.025	458.769	16.2		0.488		1119.429
山东合计	2332.805	945.134	2280.802	83.364	121.741	2.766	2.834	5769.446

① 整理自纪丽真：《明清山东盐业研究》，济南：齐鲁书社，2009年，第273页。
② 同上书，第274页。

按文献所载，富国、王家冈、官台、西由等莱州湾南岸盐场在整个山东海盐盐课征收中所占比重较大，其中，官台场所征之灶地银、家摊丁银均居于全省首位，该盐场总盐课数额亦是全省首位。可见，这一时段，莱州湾南岸之海盐发展已在全省海盐业中占据重要地位。

道光十二年，山东盐场再次调整，裁登宁场并入西由场，裁信阳场并入涛雒场，存8个盐场。山东8场的设置一直延续到光绪二十年，是年，黄河大水冲毁永阜场，山东盐场剩7场。按《清盐法志》所载，这一时段莱州湾南岸盐场的灶课如表6-6所示。

按《清盐法志》，山东诸盐场灶课额征银为5769.446两，其中，西由场的灶地银，额征银为493.947两，内豁除划归威海租界银50.874两，实应征银443.073两。石河场内豁除划归青岛租界诸项，实征银55.388两，因此，到清末，山东8场实应征银为5714.058两。在这其中，官台、西由等莱州湾南岸盐场无论是总课银数额，还是灶地银、草荡滩池银等单项，其征收数额均居全省前列。①

按照《清盐法志》所载，清中前期民佃灶课主要包括民佃银、加摊丁银、盐课银，到清后期，随着清政府财政趋紧，民佃灶课又加征一四耗羡银等项目。按《清盐法志》"旧志"和"现奏销册"中有关山东民佃灶课的记载，清代，顺康时期民佃灶课各项征银数额变化不大，雍正朝则有丁银摊入民佃银之举，乾隆时期随着莱州湾南岸盐业发展，民佃现象愈发增加，

---

① 纪丽真：《明清山东盐业研究》，济南：齐鲁书社，2009年，第266—279页。

其管理亦有调整，如乾隆五十年（1785 年），寿光县寄庄民佃移交益都、昌乐、乐安、潍县代征，仍交寿光县查收并解，倘奏销未完，即将代征各员开参。

（四）运销：官督商办

官督商办是清代食盐运销的主要形式，就莱州湾在内的山东盐务而言，官督商办的管理体系，一是政府设官对山东运司的事务实行监管，一则凭借盐商组织对当地的盐务发挥管理作用。

清代，户部是国家财政经济中枢，相当长的时间内，清政府以户部掌盐课之政令，并由户部属司山东清吏司职掌盐政的日常事务，但后来又屡有更改。职官方面，清代基本沿袭明制，山东盐运司初由长芦盐政兼管，后来，为便于管理，山东巡抚兼管本省盐务。在处理具体盐务的机构及官员设置上，清政府在山东设立盐运司，运司驻扎济南，其具体职掌包括食盐的运销、征课、钱粮的支兑拨解，以及盐属各官升迁降调、各地的私盐案件、缉私考核等。此外，设经历司经历 1 人，"掌领解京部河工饷课，承催商课，凡运使衙门事务，悉归委办"，设益昌库大使 1 人，"掌平兑收放各项饷课"。[1]盐课关乎国家财政，对政治机器运转具有重要影响，因此，为加强盐务管理，清政府对不同的盐务职官作出以销引、缉私为主要内容的考核。[2]

---

[1] 纪丽真：《清代山东盐业的管理体系及其盐商组织》，《盐业史研究》2009 年第 2 期。

[2] 参见陈锋：《清代盐政与盐税》，郑州：中州古籍出版社，1988 年，第 42 页。

按照清代政策，巡盐御史及兼理盐法的巡抚有严格的征课考成，而且，他们还需上奏所属职官征课等事宜完成情况，朝廷对未完成者视其情况有罚俸、降俸、降职、调用，直至革职等不同惩处方式，其严厉程度可见一斑。再者，盐课的征收除要求相关职官强化对合法途径的控制外，对非法途径的管控亦是重要一环，因此，清政府对职官缉私的考成也是较为严格，如若在管辖区内出现产、贩私盐事宜，其主管官长便要受到降级、罚俸、革职等惩处。同时，鉴于私盐行业之暴利及随之出现的武装私贩频发，清政府亦对官员缉拿武装贩私有相应考成。

山东盐务职官的销引、征课考成的主要方面都在清政府政策要求之中。另外，山东盐务职官的考成还有一些具有地域特点的组成部分，例如，对州县官催督商人缴销残引有考成规定，雍正七年（1729 年），"山东商人卖盐完日，即令缴销残引，如过期不缴，将该州县照失察例议处。如运使不揭报，照徇庇例议处，知情者加倍治罪"①。同时，考成中既有惩罚也有奖励，清廷议定对山东各场大使、州县官有奖叙规定。雍正八年，巡盐御史郑禅宝呈奏，准许山东各场大使、州县官征课议叙，因此，包括西由等盐场、潍县等县份在内，正杂钱粮盐课灶银等能够完成者，"准其纪录"，并根据所征收数额等确定纪录次数或加职级别。再者，乾隆七年（1742 年），山东灶地、民佃等盐课议叙的时间推后到奏销以缓解相关职员与灶户压力。②

---

① 盐务署编：《清盐法志》卷六十七《山东十八·职官门》，1920 年排印本，第 304 页。

② 纪丽真：《明清山东盐业研究》，济南：齐鲁书社，2009 年，第 149—150 页。

因盐课关乎国家财政收入，是支撑王朝运转的重要经济资源，因此，清政府对职官的考成持重视态度，并努力将之贯彻实践，以求能够整肃吏治，推进输销盐引、完纳盐课事宜。例如，顺治八年，鉴于部分官员玩忽职守，顺治帝谕旨："逋课怠玩各官，该部分别议奏，不得姑息。"这一年，山东因引课未完而遭到议处的职官有：栖霞县知县李成栋、费县知县叶焕、寿光县知县吴庆期、胶州知州郑朝凤等。在清前期，实行考成后，销引和征课确有增加，对于吏治整顿与规范盐务起到过积极作用。①但考成在带来一定积极效果的同时，也因其严厉等原因引发许多弊病，如食盐的强行派销等。

为满足官督商办之需，清政府还凭借盐商组织对地方盐务进行管理。山东盐商成立了"商纲"（主事之人就是俗称的"纲头"或"纲首"），他领导全纲商人经营业务、"领引告运"、"承管催追"课税等。清代，纲头一般由资财雄厚之盐商担任，但是不同时期纲头选任之自主性不同，顺治朝由富商轮流充任，康熙朝改为众商公选，雍正朝则改为官府指派。纲头产生方式的变换，反映出清政府对待盐商态度之变化，顺治朝为防止豪右势力之家因此坐大，故而取轮换之策，但此举并不能避免钻谋之事，康熙朝便行推选，德行端正、诸事练达者充任之，到雍正朝，为更能控制盐商，确保盐务顺畅，朝廷对商纲介入更深，官府指派纲头。

清代莱州湾行盐如山东其他地区一样，存在引盐、票盐之分，盐商也有引商、票商之别。引商与票商的组成、特点、设

---

①　陈锋：《清代盐政与盐税》，武汉：武汉大学出版社，2013年，第56页。

纲数目等都不相同。引商和票商管理的不同，清初主要表现在人员组成和是否设纲上。山东商纲取名多选吉利字眼，如永兴、同仁、集义、恒德，亦有部分可能与地名联系在一起或与商人的籍贯有关，如"晋"字起首之晋公纲、晋泽纲等商纲，成员多为山西商人。清代的商纲一般都有自己的法定引地和数量固定的引张。待乾隆朝末期裁并为 6 纲后，将引属 50 万引分隶 6 纲，商纲各纲头，"一切领引纳课，责成纲首经理，以取整齐"①。

与引商相比，票商的管理和商纲的设立要相对简单。二者在清初之差异，一是，组成人员不同。按《山东盐务议略》所载："票商则皆土著，必亲邻出具保结，方能承充，有力则当，无力则退，客商不能干预。"②二是，最初时票商没有设立商纲。但是，在相对宽松的管理条件下，票商发展出现问题。鉴于票商管理出现的问题，清政府为整顿盐务，故将先前颇具自主性的盐商管理模式予以更换，强化政府对盐务的掌控。再者，票商六大纲的名称主要以吉祥用语命之，反映出朝廷对此事务的重视，同时从侧面显示，票商主要以土著人士为主，不需要过于强调地域性。雍正六年（1728 年）以前，鉴于莱州湾南岸等地民运票盐多系肩挑背扛之负商，难以达到清政府要求，故而以领票数额为运盐必备，雍正六年后，盐课、归地银摊征民，凭照只是一种执照。其中，掖县、昌邑等 18 洲民运票盐，寿光、昌乐、潍县等地则为商运票盐。③

总之，通过对引商与票商各自特点及相互对比的分析，能

---

①②③ （清）王守基：《山东盐务议略》，席裕福、沈师徐：《近代中国史料丛刊续辑》880《皇朝政典类纂·盐法》，台北：文海出版社，1982 年，第 47 页。

够看到清政府对于售盐的商人的管理经历了由相对宽松到趋紧的过程，反映出朝廷对盐务之重视态度。在此过程中，商纲组织的成立以及其对盐的产、运、销的控制，也是清代盐业经济的一大重要特点。

（五）私盐兴起与缉私

盐业关乎民生，亦影响国家财税。因此，盐成为国家强力掌控的重要资源，汉代以后，政府一直将盐作为国家管制物品，非经允许不能贩卖，否则即是贩私盐。清代，为确保盐务，清政府将缉私问题视为要务处理。

私盐问题较为繁琐，但大都因利而起、逐利而为，清代私盐的种类大致可分为三种：场私，也称灶私，是食盐生产地区各场场的走私；邻私，也就是相邻的盐区之间违反规定的越界兴贩；官私，包括两种情况：一是官兵参与其中，他们与贩私者或者盐商勾结；二是官私与船私结合，即官船夹带私盐。[①]清代，官商之间的这种相互取利的关系为私盐稽查带来极大不便。食盐私贩古已有之，为严格控制行业利益，历代封建政府都大力惩治私盐。明朝甚至试图动用死刑、连坐等酷法遏止私盐。清代继承明代的盐业制度，在制盐源头进行强力管控，只允许专业灶户开滩制盐，民户不得染指，是为"民不侵灶"，试图通过管控产盐之源头达到控制食盐生产、销售之目的。为此，清政府除加强盐场管控，强化对盐务官员的要求，还制定相应条文对贩私行为严惩。

---

① 纪丽真：《明清山东盐业研究》，济南：齐鲁书社，2009年，第296—298页。

清政府对盐业生产持严格态度，但在灶户和滩户的管理问题上却较以前更为放松，如，滩户能自由选择滩地、制盐方法，甚至可以拓展规模。为打击私盐，上至朝廷，下至府县还采取放宽正规准入途径、增加缉私武力等多种措施，试图多管齐下，减少贩私动力，严控贩私行径，这在一定程度上抑制了民众参与贩卖私盐的动力。①

随着清政府减轻对灶户、滩户管理的力度，其生产自由度在某些方面已有显现。加之商品经济发展，对原有商贸体系形成冲击，而食盐作为生活必需品，利润丰厚，区域间盐价之差异、官盐与私盐售价之差异等都隐含巨大的利益，故而私盐业的发展也就有了经济动力。乾隆朝以后，不断出现制盐灶户发展私有产业的现象，而私开的盐滩、盐池也常常游离于官方控制之外。

在私盐泛滥的环境下，莱州湾地区私盐形成一定体系，从生产到运输、销售均有相应从业者。例如，在莱州湾区域，以寿光官台场等为中心，私盐业已形成产、运、销体系，场有"场私"，船有"船私"，产地有"偷私"，其名目不下10余种。此时，官台场盐水路行销80多个州县，私盐兴起影响正常盐务，引起清政府的警觉。为抑制私盐发展，山东官府对食盐销售区域、销售路径进行较为严格之管控，于各枢纽要地强加管理，以求私盐难入。同时，为防止"船户沿途洒卖，自羊角沟至安居设巡船，四年费银子三千余两"。可见，为管控食盐销售区域，山东地方官长之布置可谓周密。除此之外，山东在主

---

① 王赛时：《明清时期的山东盐业生产状况》，《盐业史研究》2005 年第 1 期。

要产盐区"官台、王家冈、永利等场多设置巡勇巡丁",查防场私,在控制外来私盐的同时,遏止本地私盐。光绪二十九年(1903年),更是在羊角沟成立巡警局,配备马步兵80多名,建立起专门缉私机构。到光绪三十四年,山东运司请准于官台、王家冈、永阜三场募设盐巡队专司巡防,"不独滩盐得资,亦为各商携款赴场春运免于意外之虑",所需经费由商人于盐价内扣银三分,汇总司库供用。寿光巡费字本年起概行免交。①由此可见,为控制盐业、遏止私盐,莱州湾区域已经建立起相对严密之管控。

　　同时,清政府在莱州湾设置的主管缉私的巡役数量也颇多。按《清盐法志》所载各盐场巡役数量为永利场149名、永阜场160名、王家冈22名、官台72名、涛雒202名,除以上巡役外,还有盐河巡役154名、昌潍帮巡604名,其中昌潍帮巡数量众多,是因为昌潍地区为与民运票地相接的商运票地,易为私贩所扰,故而增加人手。除却在盐场布置大量巡役,清政府在各口岸负责巡缉私盐的巡役数目更是庞大,其中,在寿光县有76名、昌乐县有40名、临朐县有40名、益都县有49名、潍县有80名,潍县巡役数量在整个山东地区96县中仅次于海丰县、沾化县、历城县、长清县,这也从一个侧面反映了当时莱州湾南岸地区私盐盛行与政府对此事之重视。②

　　在防止私自产盐、防止跨区域贩盐的同时,清政府对盐场

---

① 山东省寿光县地方史志编纂委员会编:《寿光县志》,上海:中国大百科全书出版社上海分社,1992年,第202页。

② 张小也:《清代私盐问题研究》,北京:社会科学文献出版社,2001年,第177—178页。

所产之盐也进行严格保管。海盐生产不同于池盐、井盐，其生产资源来源相对开放，生产场所亦不密闭，因此，海盐生产很难制止偷买、偷卖等行为。鉴于此，山东盐运司建立坨垣，专门储存灶户所产之盐。通过这一记载，可以看到，清政府之所以设立这一场所，是为试图从盐这一贩私的主要对象着手，通过登记、核对产量，达到杜绝灶丁私卖之弊的效果。坨垣对于隔断食盐私卖确实具有一定作用，因此清政府对坨垣的坚固性也很重视。但是，实际上，以坨垣为代表的试图从源头控制食盐走私的举措未能起到治本的作用，毕竟，灶户等冒触犯禁令之风险私贩食盐是为获利，清政府不着力去改善盐民的贫困生活，不解决私盐与官盐在盐价格、质量等方面的脱节，要解决场私问题几乎没有可能。

整顿私盐，对私产者予以惩戒是一个方面，对相关参与人员的惩戒亦是重要组成方面。清代，私盐贩卖因其利益巨大，参与贩私者有商贩也有军政官员等。为整治私盐贩卖，清政府制定了多方面的禁令，对莱州湾南岸的官兵贩私也是从严惩处。这些整顿私盐的手段有其震慑效果，但因部分官员亦是私盐获利者等原因，并不能彻底消除私盐之弊。

虽然清政府制定了严厉的法律和相应的缉私措施，并在一定程度上放宽专卖制条框，清代私盐问题仍然严重。清代私盐泛滥，究其原因，一则私盐贩卖对于买卖双方均可获利，私盐价格低于官盐价格，有时质量却优于官盐，而且购买方便。再者，私盐贩卖，部分官员亦可获得收益，导致缉私不彻底，加之清代盐政的逐渐衰败，缉私问题愈发突出。① 二则盐商与枭

---

① 参见［日］佐伯富：《清代盐政之研究》，《盐业史研究》1994 年第 4 期。

徒的勾结以及贪官劣吏的借官行私等助推私盐泛滥。[1]三则清代盐法较为僵化、教条等。

四、制盐技术的提高

清代，莱州湾盐场的制盐技术在很长一段时间内保持着有煎有晒的格局。嘉庆《山东盐法志》卷七《场灶上》记载清代山东十盐场各场的制盐方法："东运煎盐之场三：登宁、石河、信阳；晒盐之场三：永利、永阜、王家冈（永利、永阜二场，仅有收并盐锅数面，其产盐之丰，则专藉滩晒）；煎晒兼者四：富国、西由、涛雒、官台。"[2]民国《山东通志》所载山东八场之中煎盐、晒盐格局已有变化，"煎盐惟余石河一场；晒盐者三：永阜、水利、王家冈；煎晒兼者四：富国、西由、涛雒、官台"[3]。可见，在莱州湾，煎晒并举格局持续了较长的一段时间。正如时人所谓"东海取盐之法二，负海近者晒以池，厥形颗，厥品中，是谓盬盐。其远而不宜池者，利用煎，煎以盘，厥形散，厥品上，是谓末盐"[4]。

煎盐法与晒盐法相较虽有不足，但是在诸种因素综合作用下依旧得到保留，如，煎盐法使用和流传的时间较长，已经成为很多盐民的习惯。再者，晒盐虽然无须草荡、煎锅等生产资料和工具，但受天气影响较大，为保证产量，灶户只能继续煎

---

① 郭正忠主编：《中国盐业史》（古代编），北京：人民出版社，1997年，第781页。

② （清）王守基：《盐法议略》，清潨喜宅丛书本，第15页。

③ 《民国山东通志》编辑委员会编：《山东通志》卷八十六，民国七年铅印本，第57页。

④ 莽鹄立：《山东盐法志》，台北：学生书局，1966年，第397页。

盐。诸多盐法文献得以保留下来，使得后人对清代莱州湾沿岸在内的山东煎盐法、晒盐法得以明确了解。

（一）清代莱州湾南岸的煎盐法

清代，山东采用的煎盐法，大致承袭明代，莽鹄立《山东盐法志》就有所记述。通过其中的记述，我们可以看到在清代包括莱州湾南岸在内的山东盐场煎盐全过程，即牢溜淋卤—石莲试卤—注盘煎制，每盘煎盐可以得盐百斤。

在千百年制盐经验总结的基础上，沿海各盐场已能利用潮汛纳潮取卤、制盐，大汛期前不宜撒灰，以免潮水骤至漂没，"失收人工虚费"。但限于各场的地理条件和原料，各场采用的煎盐方法又不尽相同。莱州湾南岸盐场，如富国、西由长，采用土淋法，其试卤方法与其他盐场大致相同，具体方法大致如表 6-7 所示：

表 6-7　清代山东盐场的试卤方法

名　　称	具体方法	简　　注
石莲子法	沿用古法，取用石莲子	有时石莲子猝不可得
煮熟的黄豆或黑豆法	豆沉，则全无卤；五六成，豆浮半中；八九成，则浮于面	各场多用，材料易得，较石莲为便
鸡卵法	上者横浮，否则，竖而沉。卤遇大雨则雨水漂浮。若冬月遇雪，则咸气尽退，很难成盐	得之亦易，但时间若长即成咸鸡卵

试卤作为煎盐过程中一个重要的步骤，其方法一般依据方便程度而灵活运用。只有试卤有效、得法，才能保证下一步成功煎制成盐。受自然等因素影响，各盐场开煎时间、所费工本、成盐数量等，不尽相同，如表 6-8 所示：

表 6-8 清代山东七场的煎盐情况简表

场名	开锅时间	所费卤及每锅需用柴草	成盐数量（斤）
富国	每俟秋后，葅草既收	约费草 700 斤	1 昼夜只煎 1 锅，每锅成盐 600 斤
官台	于秋月刈草积薪，冬月开煎		每 2 日成盐 1 锅，获盐 100 余斤；成盐 2 锅，可春配 1 引
西由		盐锅大小不一，故需用柴薪亦无定数	每锅出盐四五十斤或六七十斤，1 昼夜可成盐 2 锅

大致看来，莱州湾南岸煎盐集中于秋后，毕竟秋季可用之薪草相对充足，既能在一定程度上能够减缓因之而来的经济压力，又能满足制盐所需。①

（二）清代莱州湾南岸的晒盐法

在海盐史中，晒盐法既能较充分利用自然条件，又能在一定程度上提高盐的质量，可谓生产技术的一大进步。莱州湾南岸各盐场到清中后期已兼用煎、晒盐法，且渐有向晒盐发展之趋势。因煎盐法所耗较大，且产出相对有限，导致"柴草昂贵，资本过重，完税竭蹶，且阖邑人烟稠密，多以腌鱼为生，恃额锅五十一面所出之盐断不敷用……文登既隶西由场……遂各弃其锈敝之锅，垦海滨晒盐之池"②。

---

① 纪丽真：《明清山东盐业研究》，济南：齐鲁书社，2009 年，第 122—125 页。

② （清）李祖年修，于霖逢纂：（光绪）《文登县志》卷十三《土产》，民国十一年（1922 年）铅印本。

清代晒盐法除采用淋卤晒盐法外，还普遍采用滩晒法，前者需要制取大量的卤，然后晒制成盐；滩晒法不再需要淋卤，更多地利用已有自然条件，充分利用太阳光照，将引入池内的海水蒸发，使海水浓缩为盐卤，结晶成盐。此法大大减少在制卤过程中人力、物力的消耗，而且可以增加海盐的产量与质量。淋卤与滩晒之法各有其特点。如，嘉庆《山东盐法志》对于淋卤晒盐法有精炼之记述：

> 晒盐之法，取卤不一，场无灶灰，则土淋为多，造作之苦与煎盐同。所少便者，池用砖石，不费灶火，注卤晒之能自成盐。然少阴晦，则人力无所施。其视煎者，亦互有得失也。

而乾隆《掖县志》则记录了较为成熟之滩晒法①，《盐法议略·山东盐务议略》中对山东晒盐法也有记载。②从这些文献中可以看到两种不同的滩晒方法：其一为沟滩法，其二为井滩法。清代两种晒盐技术大致是并存的，滩晒法晒盐在莱州湾南岸愈发受到重视。

---

① 其中有这样的记载："掖旧止煎煮盐锅，不足办税，因摊入地亩。康熙四十年，西山唐玉之倡为晒滩，一滩可得数千斤。初只二滩，今则沿海皆是。暮春初夏，堆累如山，视熬煮者工简利倍。"

② 如："惟负海最近之场，晒盐较他处为便。或就滩地周围，掘沟见水，其前筑员池一，以纳沟中之水，名为马头。员池之旁，开大方池一；大池之旁，列小池四，先用柳斗将员池汲入大池，一二日可成卤。然后引入小池，数日即可成盐。或就滩中掘井，周围阔十二丈，井上levi开五圈，圈之外开四池，汲井水入头圈，盈科而进，放至第五圈，水已成卤，谓之卤台。于是分引入池，曝晒数日，即可成盐。"

（三）滩晒制盐工艺的改进

晒盐之法，受自然环境、盐工技术经验等方面原因影响，因此，不同地域的晒盐法各有特点，晒盐步骤、晒盐时间、海盐产量亦均有差异。大致说来，莱州湾南岸各盐场大体可分为春晒、秋晒两次晒盐。这一时间分布在当时其他文献中也可以看到。另，因为晒盐法对自然条件要求较高，需"借烈日之功"，尤以"春夏为便"，故而春晒为多。采春晒者，富国场，为每年农历三月二十日开晒，六月二十日止晒，"统以百日为限"；官台场，"自四月至八月一日"，晒盐时间为 120 天。通过《山东盐法志》的记述可以看到，各盐场开晒时间较为固定，以至于文献中能够将之确定到某月某日，这一日期的确定固然与天气相关，以能较充分利用日照、风力，同时，固定的时间安排也是为了更好地进行盐务管控，统一时间，便于缉查，可防私晒，"开晒之时，滩户具呈场员，给与滩照，以杜私晒之弊"①。同时，确定同一时间也为防场私，各盐场设置盐坨贮盐，盐坨由场官负责管理，专司启闭，统一开晒，便于集中归坨防私。

晒盐之法因地而异，至清中后期，滩晒法已发展为海盐晒制的主流方法，富国场以井滩晒法为特色，官台、西由场则采用沟滩、井滩两种方法。其中，沟滩法主要是引潮晒盐而井滩法则为掘井晒盐。由此可见，此期莱州湾南岸各盐场主要是取海水或井卤，而后成卤、得盐，从煎盐到晒盐技术的转化，是海盐制盐技术史的"一个进步"②。

---

① 纪丽真：《明清山东盐业研究》，济南：齐鲁书社，2009 年，第 127 页。
② 同上书，第 129—131 页。

结　语

　　明清时期，莱州湾南岸盐业生产在沿海经济中占有重要地位。明代全国共设有两淮、两浙、山东等 6 个都转运盐使司，使司下有分司，山东分司下共设 19 个盐场，其中的王家冈、官台、固堤等盐场位于莱州湾南岸，诸此盐场无论是在灶户数量，还是在盐课岁额、食盐产量上都走在山东 19 场之前列。

　　与此同时，明清时期，莱州湾南岸地区的制盐技术也在不断发展，制盐法由有煎有晒逐渐发展为更为先进的滩晒法并一直为当地盐户所沿用。在这一阶段，莱州湾南岸制盐业总体上由官方掌控。灶户按丁计课，必须完成国家规定的产额，官方则给予工本米钞，完成盐课后的余盐也要缴于国家，不能私自支配。灶户一入灶籍，不得解脱，官方对此控制相当严格。然而由于灶户负担过重，逃亡现象便时有发生，这种现象在明朝正统年间等时段尤为突出，灶户逃亡与盐课摊派，给盐业生产带来负面影响，迫使政府作出一些改革，或改额盐为折银，或余盐开禁，或优商贩运，或给灶户增加私有财产之便，其基本意图都是为了保持盐业生产的稳定。明清两朝盐政有太多相承相继的地方。清代的官督商销制造成了很多矛盾，这些矛盾激化到无法解决时，盐政对整个社会的影响便会在朝局鼎革等方面呈现出来。故而，明清时期莱州湾南岸地区的盐业中，无论是盐业生产技术，还是盐场的设置，以及盐业运销体系、私盐的盛行，都有一定的相似之处，恰如《清史稿·食货志》所言："清之盐法，大率因明制而损益之。"[1]

---

　　[1]　尚珍：《中国古代流通经济法制史论》，北京：知识产权出版社，2011年，第 168 页。

第七章 近现代莱州湾南岸盐业的曲折发展与复兴

近代，莱州湾南岸的盐业无论是从管理方面，还是生产和运销等方面，都呈现出与前代较为明显的不同，例如，新式交通工具（铁路等）推动了莱州湾南岸运销方式的转型，晒盐法的不断推广和获利愈丰，盐务管理也是几经变迁，从独立机构的设立、盐政自行管理变为中央垂直领导等。新中国成立后，该地的盐业走向了复兴，不仅表现为产量和质量的提高，更表现为盐加工和盐化工的深入发展，尤其在改革开放后，莱州湾南岸的盐业更是呈现出多元发展、活力四射的新局面。不仅盐的品种更加多样化，而且盐化工和深加工不断走向深入，同时，多种经营与跨行业横向联合也已经成为现实。

一、晚清莱州湾南岸的盐业

晚清的盐业仍然是支柱性产业，盐业的发展变迁深刻影响着本地区的经济社会格局。作为重要产盐地的莱州湾南岸的盐业，在经济社会发展过程中也扮演着重要角色。这一时期，无论是盐务管理，还是盐业的生产、运销，抑或税收，都表现出与前代较为明显的不同。可以说，该时期的盐业充当了中国传统盐业到近现代盐业的桥梁。

（一）盐务管理

莱州湾南岸的盐务管理，尤其是机构设置方面经历了复杂的变化过程，这与全国和山东盐务发展的大环境息息相关。晚清时期，户部山东司管理全国盐务，但在事实上，全国各大盐区实际上实行属地管理，山东的盐政事务也处于自行管理的状态，到后期稍有改变。

1837 年成为山东盐区发展史上的重要转折年份，清政府决定以山东巡抚兼理山东盐政取代长芦盐政，负责管理新设的山东盐区，管辖山东全省、江苏、安徽、河南等省部分地区的盐务，成为与长芦、两淮等并立的独立盐区，山东盐务管理机构形成独立、完备的体系。①尽管明清以来莱州湾南岸盐区事实上存在，但是并没有形成完整的、相对独立的盐务行政区域，而是处于山东盐区下设的不同盐务机构的管理之下，管辖范围也与当今莱州湾南岸盐区并不吻合，而是与其他地区有交叉、重合。山东成为独立盐区后，近现代莱州湾南岸盐区的管理也相应进入新时期。

负责管理莱州湾南岸盐区的盐务机构有：介于山东都转盐运使司署与盐场机构之间的滨乐分司署，以及最基层的两家盐场机构，即官台场大使署、富国场大使署。现将晚清时期莱州湾南岸的盐务机构设置及经费情况列表如下（见表 7-1）：

---

① （清）孙葆田等纂：《山东通志》第八十六卷《田赋志第五·盐法》，上海：上海古籍出版社，1991 年，第 2629 页。

表 7-1　晚清时期莱州湾南岸的盐务机构设置及经费一览表

机构设置	经费细目	银数额(两)	来　源	备　注
滨乐分司署	俸薪	105	民佃灶课	查薪俸系乾隆五十八年(1793年)奏定照章扣二成及减平,养廉亦减平并扣缉捕赏费银120两
	养廉	2000	养廉本款	
	各役工食	201.6	灶课项下	
	书役饭食	1134.4	引票增摊饭食	
富国场大使署	俸薪	40	民佃灶课	
	养廉	200	养廉本款	
	皂役工食	14.4	昌邑县地丁	
官台场大使署	俸薪	40	民佃灶课	
	养廉	200	养廉本款	
	皂役工食	14	寿光县地丁	
	公费	200	引票饭食	
	小公费	35	积并余零	
	书役饭食	120	引票增摊饭食	

（资料来源：林振翰编：《盐政辞典》子集，上海：商务印书局，1928年，第59—60页；山东盐运署编：《山东盐政史未定稿》第八卷《经费》，民国年间誊印本，第6—8页。）

滨乐分司署（简称滨乐分司）早在明代就已经设立，是管理莱州湾南岸盐业的重要机构，其管辖地域广阔，包括行村、登宁、涛雒、海沧、信阳、石河等7个盐场。[①]1832年，胶莱分司所辖石河、西由、涛雒等5个盐场划归滨乐分司管理，胶莱分司被裁撤。同时，为了提高盐业生产集中度，信阳、登宁2个盐场被裁撤，洛口所设批验所兼并掣验所，统称洛口批验

---

① 盐务署编：《中国盐政沿革史·山东》，1915年刊，第24页。

所。晚清时期，滨乐分司管理官台、永利、富国、永阜、王家冈等5个盐场，其长官运同官秩为从四品①，负责管理所辖各盐场的生产、运销、盐税等工作，成为山东都转盐运使司的重要助手。滨乐分司办公经费细目划分合理、用途明确、来源可靠，为充分发挥职能提供了经济保障。

表7-2 晚清时期山东的盐务局、所、营、卡

机构名称	设立年份	机构名称	设立年份
海阳霭盐巡营	1865	官冈春运局	1901
南运总局	1867	雏口船运局	
海阳霭官运分局	1867	黄台桥船运局	
归德官运分局	1867	安居收发局	
鹿邑官运分局	1867	南桥收发局	1877年改设于姜家沟
永夏官运分局	1867	雏口分卡	1901
睢考官运分局	1867	蒲关掣验厅	
柘宁官运分局	1867	雏关掣验厅	
铜山官运分局	1872	德州盐栈	1903
宿涡官运分局	1872	滕峄官运分局	1906
北运督销总局	1873	永利春运局	1908
柘园巡卡	1873	永夏盐巡营	1911
济北盐巡营	1897	葛沟船运分局	
于家窝巡卡	1900	黄台桥清雏转运局	

（资料来源：盐务署编：《清盐法志》第六十九卷《山东二十·建置门》，1920年排印本，第2—4页。）

---

① （清）孙葆田等纂：《山东通志》第八十六卷《田赋志第五·盐法》，上海：上海古籍出版社，1991年，第2634—2637页。

运销方面看，晚清的莱州湾南岸盐区并未设立专门的运销管理机构，而是由山东盐区设立的运销机构统一管理。清同治朝以后，官台场和富国场运销所及的山东北运和南运引地，陆续设立了一些专门负责运销的机构。1867 年，设立南运总局及其下属机构，专门负责河南、江苏、安徽等省外南运引地的盐业运销、缉私等事务，归山东都转盐运使司署管辖。1873年，设立了北运督销总局及其下属机构，负责北运引地的运销、缉私等事务，也归山东都转盐运使司署管辖。上述南运、北运机构和其他盐务机构各司其职、分工合作。由于莱州湾南岸产的盐行销山东全省和江苏、安徽、河南等南运引地，所以山东盐区各地的盐业运销机构都对莱州湾南岸的盐业运销进行直接管理或产生影响（见表 7-2）。

总之，盐务机构在加强场产管理、给予资金扶持、改进生产管理等方面促进了盐业生产的发展，基本满足了国课民食的需要。

（二）生产

这一时期，莱州湾南岸盐业在曲折中发展，除了管理层面的影响，其发展还与人口的增长及晒盐法的推广有关，也与作为生产主体的灶户或盐民的努力有关，当然，自然因素（如天灾）在其中也扮演着重要角色。

关于晚清莱州湾南岸盐场的情况，《盐法通志》作了如下记载：富国场"小井滩原有一百四十八副半，现开晒者八十副"，官台场"大沟滩原有十副，现皆荒废，大井滩原有七百三十七副，现开晒者四百七十副"。①官台场原有宋、郭、郑、章、泰、义、横、林、崔、历、萧等 11 垣，后来历、章 2 垣合并于郑垣，场内各盐滩分别归属于各盐垣，分布于洱河东、西两岸。

作为盐业生产者的灶户，随着煎盐日少而滩晒日增，于是改称滩户。在山东，开滩制盐为滩户专营，普通民户不许制盐，但是，这一规定到光绪年间开始变化，开滩制盐范围有所扩大。起因是 1895 年永阜场被黄河水淹废，山东盐运使丰伸泰请准借运王家冈、官台两场的盐，鉴于该两场产能不足，遂准许各商在这两场开滩晒盐，以资运销。

该时期人口的增长也促进了盐业产量的大幅增长。从灶丁人数的增长，也能从侧面说明盐业生产的发展。1804 年，寿光官台场灶丁由 1737 年的 1346 人猛增至 3439 人，潍县固堤场灶丁由 1737 年的 2778 人减至 2223 人，昌邑富国场灶丁由 1754 年的 731 人增至 1729 人，3 县灶丁总人数达 5168 人。至 1911 年，上述 3 县灶丁总数增至 5398 人。②为了保证盐税收入和防止走私，莱州湾南岸盐政当局严格规定了灶户的生产日期和规模等，为加强对灶户的管理，规定每 10 副盐滩设 1 名灶长，"各滩有事，惟灶长是问"③。灶户除承担产盐任务外，还要把所产的盐自行送往盐垣，进行储藏，车脚费自理。只有将盐从盐垣运到船上时，每斛（70 斤）才发给 5 文运脚费，收

---

① 周庆云纂：《盐法通志》卷二十九《场产六》，戊辰鸿宝斋聚珍第三版，第 7～8 页。

② 潍坊市盐业公司编：《潍坊市盐业志》，1988 年刊，第 249 页。

③ 盐务署编：《清盐法志》第五十三卷《山东四·场产门》，1920 年排印本，第 4 页。

盐 1 斛给予工价京钱 150 文，但是要将其中的 25 文扣作滩本，由专人保管，达到一定数目时，兑换成银两上缴国库，然后返还 2000 两作为滩本。同年，富国场督修新滩 20 副，生产规模有所扩大。从富国场可以看出，对盐业生产、储存等环节的严格、细致管理，对于尚处于手工业时代的盐业发展有一定的推动作用。

官台场因为永阜场的衰落获得大发展。晚清时期的永阜场产量曾居山东各盐场之首，1895 年、1896 年黄河连发洪水，永阜场滩池大部被毁，永阜场此后一蹶不振。山东的盐务从此只得主要依靠官台、王冈两场，这为莱州湾南岸的盐业发展提供了契机。永阜场被水毁后，盐运使丰伸泰请求借运官台、王冈两场之盐，各商在该两场开滩济运，两场滩池遂逾限制，小清河随之兴旺起来。①山东的盐商也竭力经营官台、王冈两场，开设新滩，扩大盐场规模，但是产盐仍不敷运销，遂鼓励商人开滩增产，结果盐滩迅猛增长，大有失控之势。1903 年，山东巡抚周馥又准登莱沿海商民开滩晒盐，于是沿海滩地更无稽考。②这种状况一直延续到民国初年。晚清山东产盐量最多的盐场当属官台、王家冈二场。

经过大力发展，到清末各场滩池副数如下：富国场滩池 132 副，官台场沟滩 10 副、井滩 666 副，王家冈场沟滩 115 副、井滩 532 副。③晚清时期，增加盐滩晒盐面积是莱州湾南

①　山东省盐务署编：《山东盐政史未定稿》第二卷《场产》，民国年间誊印本，第 2 页。

②　戴鞍钢、黄苇主编：《中国地方志经济资料汇编》，上海：汉语大词典出版社，1999 年，第 226 页。

③　盐务署编：《清盐法志》第五十三卷《山东四·场产门》，1920 年排印本，第 11 页。

岸盐业的主要增产手段。从滩池数量看，莱州湾南岸盐业生产已经具备了相当的规模。山东各盐场晒盐分沟滩、井滩、土滩3种，官台、富国两场井滩多、沟滩少，土滩为涛雒场所独有。①晚清时期，官台场、富国场使用煎晒并行的制盐方法。官台场的灶户秋天割草，冬天煎盐，每2天煎1锅，每锅100余斤，2锅可以春配1引。富国场的灶户也用草煎盐，1昼夜可煎1锅，每锅600斤。②

从技术方面看，盐业的发展得益于晒盐技术的普及。晒盐技术始于清朝康熙年间，发展于雍正、乾隆时期，盛行于光绪年间。富国场于近海滩处掘井汲水，外围建设5个盐池圈，中心建1个大盐池，逐级引入海水，至第5圈卤水已成，引入大盐池中，晴天的状态下暴晒五六天成盐，阴天需要的时间多一些，每年从农历三月二十日开晒至六月二十日止晒，共计3个月时间，一批次可晒盐二三千斤，约可晒盐8—10批次。③昌邑县廒里村民曾利用漩河岸边退潮后低凹积水，就地作池，引水晒盐，这便是莱州湾南岸海水晒盐的雏形。1730年，采用土山井滩晒盐之法，富裕灶户纷纷弃煎转晒。寿光官台场初期晒盐方法是：在近海平坦之地，"择咸泉之旺者浚为井"，井旁开5圈4池，用水斗汲井水于圈，依次暴晒成卤，引卤入池，三五日可结晶成盐，盐质较好。从清朝初年到末年，莱州湾盐区总共开10副沟滩，792副井滩。到了宣统年间，寿光官台

---

① 山东省盐务署编：《山东盐政史未定稿》第二卷《场产》，民国年间誊印本，第17页。

② 周庆云纂：《盐法通志》卷三十三《场产九》，戊辰鸿宝斋聚珍第三版，第7页。

③ 同上书，第9页。

场盐产量达到 18.35 万包，折合 3.7 万吨。昌邑富国场盐产量为 1.3 万包，折合 2600 吨。晒盐较煎盐产量增加 16 倍。

从制盐方法上看，晚清时期的官台场、富国场产盐煎、晒并用，因煎盐成本日益上升，故煎盐法逐渐衰落，晒盐法普遍流行。清末民国初更是改煎为晒，晒盐法在莱州湾南岸取得了"一统天下"的地位。①

(三) 运销

运销在盐业发展中一直是重要方面。近代莱州湾南岸的盐有引盐、票盐之分，引盐税重、票盐税轻，引盐行销于济南以西、以南及外省地域，票盐行销于济南东北场灶之处。1896年以前，莱州湾南岸的引盐在永阜场捆配。永阜场遇黄河决口后改在官台、王冈等场借运，并采买富国、西由两场的余盐，在小清河下游的石村掣验，运至洛口关验放，后因官商大包夹带私盐，又在洛口关再行秤验，洛口成为莱州湾南岸乃至山东全省的盐业运销总汇之区。②

晚清时期，山东正引全额都在永阜场配运，包括莱州湾南岸富国场、官台场在内的其他各场仅配运票盐。永阜场产量最大、盐质上乘，又为配运中心，因此其位居山东八大盐场之首。但是，1895 年、1896 年黄河两次决口致永阜场全被淹废，从此一蹶不振，南运引地改运官台、王家冈两场产的盐，具体路线是：从羊角沟雇用小船，由小清河运至黄台桥卸垣，从黄台桥用车运至葛沟，装船运至南桥交卸，再由小船运至安

---

① 盐务署编：《中国盐政沿革史·山东》，1915 年铅印本，第 68 页。
② 陈沧来：《中国盐业》，上海：商务印书馆，1929 年，第 50 页。

居，最后由南运各局在此自行领运。整个运销过程有 3 家机构负责管理，各司其职，分工合作：官冈春运局主管春筑运送各事，泺口船运局主管雇船转运各事，安居收发局主管收发盐包支给领运各事。又于黄台桥设船运分局，南桥设收发分局，进一步完善盐业运销职能，形成了较为完备的运销管理体系。①

各地盐的运销都有固定的运道，益都县"车运经寿光、临淄至县"，寿光县"车运至县"，昌乐县"车运经潍县至县"，临朐县"车运经寿光、益都、昌乐至县"，潍县"车运至县"。②1902 年，小清河疏浚通航，促进了盐业发展。此时期运盐主要使用传统运输工具，如人力、帆船、大车等，经由陆路、水路或者水陆联运。清末民国初，胶济铁路、津镇铁路相继建成，分别横贯、纵贯山东，为盐业运输提供了极大便利，提高了运输效率。③莱州湾南岸的王冈场、官台场、富国场占据地利，可以方便地使用火车运盐，盐业运销深受其益。

（四）盐税

晚清时期，莱州湾盐税税目制定、税率变更、税收征收的权利都在国家。莱州湾南岸的盐税征收在山东盐区的大框架下进行，各项盐税税目的制定及其征收都由山东负责。山东"运库赋课分三款：引课、票课及纸硃铜斤、都翰公费等款征之于商，谓之商课；灶地、滩地、盐锅、鱼盐、课钞等款征之灶户，谓之灶课；民佃灶地加摊丁地及盐课等项征之民佃，谓之民佃等课；商课由商赴运库完纳，灶课由场征收解兑运库，惟民佃

---

① 盐务署编：《中国盐政沿革史・山东》，1915 年铅印本，第 77 页。

② 周庆云：《盐法通志》卷七《疆域七》，戊辰鸿宝斋聚珍第三版，第 23 页。

③ 盐务署编：《中国盐政沿革史・山东》，1915 年刊，第 88 页。

盐课等项归州县征收解兑运库、运司，再按款分别支解"①。

1. 灶课

晚清时期，灶课分为三类：一是民运票课及余票课，为诸城、安邱及登州、胶州、莱州三府所属的 16 州县民运盐票课款，摊入地丁征收；二是各州县民佃灶地、加摊灶丁以及盐课等项，向来归入地丁中统一征收；三是官台、富国等盐场所征收的灶地、滩荡等课，全部拨解京饷。奉朝廷之命，清末灶课拨解的京饷中一部分留作陆军第四镇军饷。②其实，灶课中的民佃一项征收颇不合理，是贫苦农民的一项额外负担。晚清时期，民佃一项征课早就失去了存在的依据，理应废除。然而，盐政当局为了维护既得利益，直到清末仍然将民佃作为灶课的一种进行征收。

2. 商课

晚清的商课主要有引课、票课和各种加课。其中引课和票课是盐课的主要组成部分，加课项目属于非常设项目。

引课方面，征收量的多少主要由额定引数决定。山东的额定引数在清代相对固定，晚清时期的引额是 500500 道，1896 年以后，引额成为 400500 道，仍然规定每道征课银 2 钱 4 分 5 厘 8 丝。③然而，全区所领之数多不足额，虽经官方多方督促，效果仍不理想。

票课方面，包括莱州湾在内的山东票课额数具有较大的稳定性，同时不同的盐票类型存在着不同的税率。1730 年，山

---

① 周庆云：《盐法通志》第七十七卷《征榷九·款目》，戊辰鸿宝斋聚珍第三版，第 12 页。
② 同上书，第 12—13 页。
③ 同上书，第 13 页。

东的票额定为 171740 张。1791 年，将兰山额票拨作峄县额引500 道，至此山东票引定为 171240 纸，这一票引数额一直保持到清末。引票数基本保持不变，但是所征的盐课数额却有很大的变化。1800 年，山东的行盐额定数为 500500 引，课银约243354 两。1891 年，总数为 148136 两，比 1800 年的实征数小得多①，其中因素很多，但销不足额是盐课减少的主要原因。②

清末，为了偿还庚子赔款，山东实行加课，但是南运河南商丘等 9 州县不在加课加耗范围内。加课主要包括以下盐厘、加价、羡余、杂捐等税目。

（1）盐厘：盐厘征收始于 1885 年，规定每引票 1000 张征盐厘银 46 两。与其他省份相同，山东盐厘的征收没有定额。③然而，山东每年征收的数额却保持相对稳定。盐厘的征缴在盐船进关时进行，当盐商领到销额的一半时应将盐厘全部完纳，每年应征银 2 万两左右，"再于堰工加价归商赔帑利项下筹拨银二万两，铜斤河工岁解漕院河工银内留拨银五千两，领票归公项下支拨银五千两，共银五万两作为筹备饷需解部"④。因为治河防汛所需经费也要从此项下划拨，所交往往不足额。

（2）加价：晚清时期，山东曾实行过几次重要的加价，加重了商民的负担，对山东盐业的发展产生了不利影响。加价主

---

① 周庆云：《盐法通志》第六十九卷《征榷一·榷法》，戊辰鸿宝斋聚珍第三版，第 27—28 页。

② 周庆云：《盐法通志》第七十七卷《征榷九·款目》，戊辰鸿宝斋聚珍第三版，第 15 页。

③ 周庆云：《盐法通志》第六十九卷《征榷一·榷法》，戊辰鸿宝斋聚珍第三版，第 23 页。

④ 周庆云：《盐法通志》第七十七卷《征榷九·款目》，戊辰鸿宝斋聚珍第三版，第 16 页。

要有：

一文加价：1838 年，因为银价日昂，规定北运引地除曹州、单县 2 地外，其余 49 州县每斤盐加征钱 2 文，归商贴补，以 3 年为期，后因银价未平，屡经展限达 20 年；票地除兰山、郯城、莒州、日照、昌乐、潍县及民运州县不加外，其余地方一律加征 2 文。因为商民负担过重，1849 年减去 1 文以便民，仍留 1 文以恤商。1861 年，又定每张引票征银 2 钱 2 分，名为一文加价。此款原来全部拨作京饷，清末留拨作陆军第四镇兵饷。1908 年，实征银 52069 两，尚有 23054 两未征。①例如，益都县"光绪二十九年因课银增价，加价一文"②。

半文加价：为了充实军饷，1895 年，清政府命令凡有盐务省份每斤加价 2 文。当时正值山东出现滩毁缺盐的状况，山东盐政当局援照长芦办法予以变通，规定每斤加价半文。第二年开征后，每张引票征银 1 钱 1 分，南运各地及曹、单 2 县与票地兰、郯、莒、日、昌、潍及民运州县免征。为了偿还庚子赔款，1901 年秋季起，将北运引票地及南运宿、涡、铜山、丰、沛、萧、砀等处每引票征银 2 钱 5 分，南运河南商丘等 9 州县不在加征范围内。③

堰工加价：始于 1825 年的堰工加价初衷是筹款建设高堰大工，规定除民运 18 州县及昌、潍、兰、郯、莒、日 6 州县不征加价外，其余地方每张引票征银 3 钱 4 分。1828 年，将南运商丘、宁陵、睢州、永城、虞城、夏邑、柘城、鹿邑、考

①③　周庆云：《盐法通志》第七十七卷《征榷九·款目》，戊辰鸿宝斋聚珍第三版，第 17 页。

②　（清）张承燮等：《光绪益都县图志》，凤凰出版社编选：《中国地方志集成·山东府县志辑》33 集，南京：凤凰出版社，2004 年，第 226 页。

城、宿州、铜山、萧山、砀山及票地利津、寿光、乐安、海丰、霑化、临朐等19州县停征，剩余加价一半归公，一半归商，交完积欠。1837年，再次作出重大调整，将南运丰、沛2县及北运曹、单与票地沂水、蒙阴、滨州、蒲台、益都、临淄、高苑、博兴等12州县予以免征，"其余引票地加价全行归商贴补，现年帑利届五年限满，复于二十三年（1843年）奏准再行贴补五年"①。1849年，将加价减免1钱，每张引票征银2钱4分。1908年，实征银69799两，尚有2719两未征。

（3）**羡余**：羡余是盐税的一种重要形式，计有民运票课盈余、灶课耗羡、四四解费、票税盈余、融票盈余等税目，征收方式、对象、税率等各不相同。

民运票课盈余：该项的征收始于1904年，此项征收后，正常的社会经济秩序受到干扰。胶州、诸城2地请求减免，1906年2地减免三成，掖县、平度、高密、栖霞等处减免二成，其他地方虽未减免，但是大多形成拖欠。1909年，都转盐运使司视察民运州县，认为实在无余可提，请求山东巡抚奏明度支部将该项征款予以免除，同年，度支部批准了山东盐运使司署的请求，民运票课盈余一项被废除。

灶课耗羡：该项为民佃灶地课银项下应征一四耗羡，年征银约一百八九十两，扣除四四解费和1厘脚费外，尚余银一百三四十两。1908年，利津等州县征银167两，扣除解费52两及脚费银5两，实征银110两。

四四解费：该项收费为"按征收引票正课、纸朱并灶课民

---

① 周庆云：《盐法通志》第七十七卷《征榷九·款目》，戊辰鸿宝斋聚珍第三版，第18页。

佃、场灶、税契等款，每征银一两随征解费银四分四厘"[1]。
其使用划为 3 部分：2 分 5 厘拨作京饷；1 分 9 厘划为解费，
交京饷的年份拨出 1 分 5 厘作为饭食银随交京饷；3 厘拨作解
官盐费；3 毫作为鞘木等需，7 毫作为包银纸张、绳索、布匹
之用。1908 年，征银 6107 两，内含余平银 3444 两，俸工解
费 46 两，解费 2617 两。

融票盈余：东纲票地运销情况畅滞不一，都转盐运使司署
对此进行调查，决定改弦更张，于 1896 年化私为公，把融票
的管理权收归运司，对融销票张重新定价，在盐区内进行公
告。同时，运司委托票纲总商和票引房书吏具体办理融销票张
事宜，对他们的劳动给予适当补贴。官、商若愿意融销票张，
须先缴齐融价才能领票。每年融价除去兑课款，支付幕友、纲
商、书吏津贴外，尚余银 3000 多两，称为融票盈余。融票的价
格有逐渐上升的趋势，初定为每票 9 钱，1900 年增为 1 两 2 钱，
第二年又增为 1 两 7 钱，1909 年再增加 6 文加价，成为 2 两 9
钱。1908 年，征融价银达 36659 两，贴课银 506 两，两项合计
达 37165 两，除拨课款银 32454 两，实收盈余银达 4711 两。

不难看出，盐政当局对于盐税的征收是极为严密的，哪怕
是蝇头小利也不放过，这就决定了山东商民负担的沉重性。

（4）**杂捐**：包括莱州湾在内的山东盐务的杂捐更是名目繁
多，历久不衰，而且呈逐渐增加的态势，按时间可分为两类：
晚清以前延续下来的杂捐和晚清时期新增的杂捐，因为缉私经
费类的杂捐税目较多，所以单列一类。这些杂捐成为山东民众
长期的沉重负担。

---

① 周庆云：《盐法通志》第七十七卷《征榷九·款目》，戊辰鸿宝斋聚珍
第三版，第 20 页。

晚清以前延续下来的杂捐：

晚清以前征收的杂捐有很多在晚清时期仍然收取，主要的杂捐项目列举如下。

引票纸价：始于 1644 年的引票纸价是历史悠久的税种，实质是印刷盐引、盐票的纸张费用，每张引票要缴纳银 3 厘，随正课交运司，该税种一直延续到清末。

养廉：为了革除盐务陋规，1723 年开征养廉银，养廉银征收数量较大，主要用来支付运司，运同和各场、所官员的养廉费，希望通过此举消除盐务腐败，剩余部分上缴国库。

盐斤：始于 1723 年，每引征银 3 分 3 厘，票地不征。该款项所征数额和用途屡经变化，1885 年，又将盐斤款项拨作筹备饷需，接着改拨防汛经费。

笔帖式解费：原为交给随差的笔帖式、盐规银和杂费 3 种。1723 年，将笔帖式裁掉，盐规银改交内务府，也就是后来随引摊征的盐斤。杂费一项改为倾化加平及解员盘费使用，称为笔帖式解费。

吏部饭食：始于 1724 年。当时，海丰县的佘家巷位于山东、直隶两省的交界处，山东巡抚为了加强缉私力量，奏准武定营移至此地，按引票正课银 100 两给兵工费银 9 钱 6 厘 2 毫 5 丝 3 忽，尽数作为缉私费。1905 年，该汛兵丁尽行裁撤后，却将兵公费改为吏部饭食，每年征银八九百两。

除了这些，还有都翰公费、铜斤河工、残票解费、引票饭食、场书饭食等。晚清时期，除了缴纳这些种类的杂捐，还增加了很多种类，现扼要列举如下。

晚清时期新增的杂捐：

增摊缮书：1858 年，因为原征缮书不敷支用，援照增摊饭食成例进行加征，每引征银 9 厘 3 毫 7 丝 5 忽，票地仍分上、中、下 3 等，贫困的盐商减款者予以免征。

增摊饭食费：因为原征饭食费不敷支用，从 1858 年起，每年加征银 3000 两，其中引地承担 3/4，票地承担 1/4。票地的征收仍然分为上、中、下 3 等。

盐厘解费：始于 1885 年，因为筹备饷需内的盘费等项无款可支，决定每票捐银 1 分作为盐厘解费，引地免征，每年征银约 1300 余两。后来，筹备饷需一款改为防汛经费，解费的征收已经没有必要，但是票纲商人却请求将其归并在办公提扣项下征收，用来支发京饷盘费等项，该请求获准实行。

广仁善局经费：于 1886 年开征，每张引票捐银 4 厘，在进关时征收，贫困盐商的减款之引免摊，票地在春夏两季领盐时须将秋冬两季的摊银提前一并完纳。1908 年，运库征银 1316 两，尚有 450 两未征。

利运经费：为疏浚运盐河道的经费，1892 年开始征收，规定春盐 1000 包捐银 4 两，随进关杂款完纳，票地、南运局办各州县及北运平原、馆陶、茌平、聊城 4 县免征，每年约征银 900 余两。河流疏浚后，此款本应取消，但是官方借口"惟遇有纲商修理房屋以及应由面封公费内支销银两，本款不敷动支，皆由此款内借垫，是以迄未停止"[1]。

解饷津贴：自 1896 年开征，规定官台、永阜、永利、涛雒、西繇五场及繇口、蒲台两所每年摊银 350 两，采用"甲年乙摊"的办法，"作为解内务府经费、委员津贴盘费之用"[2]。

---

① 周庆云：《盐法通志》第七十七卷《征榷九·款目》，戊辰鸿宝斋聚珍第三版，第 29 页。

② 同上书，第 35 页。

1908 年，征上一年解饷津贴银 319 两，尚有 31 两未征。

官办盐务额内外租价：1901 年，山东官办盐务及北运局改归官办各州县提解租价按日摊算，官办引票地 23 处应提银 35049 两。其中滕县一处应提银 2407 两，由于从 1908 年起滕县改归南运局办理，免予缴纳，实提银 32642 两，加上北运官办引地 9 县每年提租价银 19632 两，共征银达 52274 两。1908 年，运库征额内租价银 37558 两，尚有 3061 两未征；征额外租价银 11220 两，尚有 1038 两未征。1909 年，将官办盐务租价内提银 40016 两作为额内租价，充作国家行政费，支付庚子赔款及先锋队兵饷，其余 12258 两为额外租价，作为地方行政费。

赔款解费：1903 年，山东赔款新案、旧案相加，款项无出，按照四四解费成例将二五加课、二五加价及民运加课每征银 100 两随征解费 4 两 4 钱，每年征银 9000 余两，称为赔款解费。[①]

学堂经费：1906 年开征，每张引票摊征银 2 分，作为举办学堂的经费。原为官、商兼收，后因引商抵制对官办州县摊银，所以官办所摊学堂经费由官办盐课内筹拨，民运票地不在征收之列。

缉私经费：根据形势发展变化，为应对具体管理事务而定的，都是有根有据的，并没有随意性。"嘉道年间，私盐充斥，淮私、芦私及潍县以东民运无税之盐纷纷冲销内地，各岸不能不多设巡役以资查缉，此项巡费大抵岸商按引票摊捐以备支领，于是有各县巡费等款，虽自道光以后数十年来不经增减损益，而直至光宣之季大致无甚变更。"[②]

---

① 盐务署编：《中国盐政沿革史·山东》，1915 年刊，第 83 页。

② 山东省盐务署编：《山东盐政史未定稿》第八卷《经费》，民国年间誊印本，第 5 页。

寿光巡费：系支付寿光县附近的官台场盐滩巡役缉私经费而设，按照谁受益谁出钱的原则，凡是领运官台场盐的州县皆摊巡费，数额从 20 多两至一百七八十两不等。摊派数仍以原来各商的派定数为准，不按领票的多少为准，逐年交给寿光，但是各地盐商交纳不齐。1831 年起，开始仿照利津巡费办法，改为随票交库，再由寿光领回。从 1896 年起，此款项的七成交付寿光，三成截留用来支付各场的巡费工食。

潍县巡费：系领运官台场盐的州县补助昌乐、潍县两县盐商雇巡役守护盐滩的费用。每处摊派银自 20 余两至 300 余两不等，数额的多少不以领票的多少为准，而是按照原来各商派定的银数来征缴，逐年径直交给潍县，但是各商多缴纳不齐。

缉捕经费：自 1827 年起开征，每年捐养廉银 300 两，用作缉捕经费。1895 年起，数额减半。运司将支发养廉银后的余额存入运库，但是却从未上交藩库。[①]

缉捕赏费：1848 年冬季起，由山东盐区每年捐缉捕赏费银 15000 两，作为镇压捻军和幅军等农民起义的赏金。因为数额较大，其后屡次核减。

南运局收入：此税目名目繁多，如包价巡费[②]、积欠包价

----

① 周庆云：《盐法通志》第七十七卷《征榷九·款目》，戊辰鸿宝斋聚珍第三版，第 34 页。

② 南运包价始于 1891 年。此前，南运各分局所售盐价扣除成本外，往往入不敷出，致使总局深受拖累。总局遂对各分局的收入和开支、盐的售价、有无邻私侵灌及有无硝土盐的生产等情况进行调查，规定每售盐一包准分局扣除局用各款外，必须向总局缴银若干，称为"包价"，又名"滚包"。总局再从包价内扣除成本，剩余银两即为余利。因为每年成本不同，余利每年都会有所变化，并无定数。

并积引余课①、官冈借运局缴还工料价银②、官冈借运局认解房租③等。这些累计起来便形成了一笔可观的收入。

(五) 晚清盐税的疲敝

晚清时期，莱州湾南岸的盐税名目繁多、税率紊乱。盐政当局将盐业视为取之不竭的财源，动辄增加盐税。当征收出现困难时，却没有正确的对策，根本没有把盐税的增加建立在盐业发展的基础上。众多的盐税增加了灶户和盐商的负担，加上盐政当局对生产、运输、销售、盐税、缉私各环节缺乏通盘筹划，而是把注意力主要放在盐税的征收上；同时，在征收的额度上不坚持量力而行的原则，而是采用杀鸡取卵的掠夺方式，因此盐业的各个环节得不到协调发展，盐税也就没有保障。莱州湾南岸的盐商具有商散引碎的特点，缺乏资金雄厚、经营规模大的盐商，因而在层层加码的盐税冲击下容易破产。可见，晚清时期的潍坊盐税陷入了层层加码、征收额屡屡不足的恶性循环的怪圈。

面对严峻的盐税形势，政府虽然采取了一系列补救措施，但是效果不显。1835 年，正值银价日昂，商人以钱易银，亏

---

① 积欠包价并积引余课为南运局的大宗收入，南运各分局售盐采用以钱易银的方法来解兑，由于手续繁琐往往容易形成包价积欠，若是遇到委员交替，前后移交盐款，或者将南运之引由运库交给北运代销，积引余课的解款速度会更慢，因此积欠包价和积引余课往往会集中到一起上交总局。

② 南运地方一直领运永阜场的盐，后因该场被淹，改由官台、王冈两场借运。官台、王冈两场的房屋、盐垣需要修理时，就委托春运人员出资修理，因此南运总局要求官冈借运局返还修理费，称为官冈借运局缴还工料价银。

③ 官冈借运局向系租用民房办公，造成诸多不便。1908 年，总局批准拨款修建办公场所。每年的房租由官冈借运局上交总局，称为官冈借运局认解房租。

损很大，因此临朐、蒙阴、乐安等9州县票商相继倒乏，盐票无人认领，为此山东盐政当局将堰工加价中的1文尽数补贴盐商，试图挽回盐业衰颓的局面，却没有达到预期的效果。1837年，山东盐政当局被迫将上述9州县改为官运，开始尚能维持一段时间，后来积引越来越多。1838年，山东在北运引地49州县实行2文加价，归商贴补；1843年，减引10万道，余引全部停领，以缓商力；1847年，引地加价2文、票地加价1文来进行调剂。在严峻的形势下，当局本来应该减轻税收，恢复盐商的活力，待运销恢复正常后再行加税，或许能够使盐业向良性方向发展。然而，山东盐政当局却偏偏在盐商经营十分困难的情况下加税，尽管有的加税也拨出一部分补贴盐商，但是这些加税其实本就来自盐商，因此盐商的负担实际加重了，这样盐业经营每况愈下就在所难免了。因此，这一系列调整措施不但没有缓解山东盐业的严峻形势，反而使局面变得更加不可收拾，最终引起中央的重视，派员调查。在调查结束后，山东相继采取了下列措施：裁减浮费、整顿缉私、停蓄运新、清厘套搭，商乏的地方改为官办，南运地方则委员督办；盐包加重75斤，贴补帑利，免征利息，而且减价1文，以减轻民众负担；提前奏销保证税收，划提商捐以补久，采取先税后盐的措施。这些措施实行后，正课税率保持不变，但是报部款项铜斤河工、养廉、饭食等充公银两，较正课却加至数倍。[1]

山东盐税在清末已有预算制度，这是盐税征收的重大进步，但是预算数与实际情况常常脱节，也就是说，预算税收与实际征得的税收经常出现不符。从全国情况看，山东的税率不

---

[1]　洵天：《论山东盐务》，《山东杂志》1909年第57期。

高。以 1891 年为例。这一年，全国共销 4177293 引，征盐课
7398799 两。山东共销 400500 引，每引行盐 320 斤，票引
171740 纸，每票行盐 225 斤。若按照全国税率的平均水平来
估算，山东征税应在 70 万两以上，但这一年山东实际仅课银
148100 多两，这说明山东的税率是比较低的。与同年销额相
近的淮南相比，山东的税额差距更大：淮南共销盐 40 万引，
每引行盐 364 斤，课入却达 280 万两有余。[1]1910 年，山东的
盐税预算收入为 1798952 两，第二年约为 1854568 两，但是
这两年的实际盐税收入分别为 1138758 两和 988967 两。[2]可
见，山东预算数和实收数相差很大，盐务的疲敝状况可见一斑。

二、民国时期莱州湾南岸盐业的曲折发展

从管理方面看，民间时期山东盐务自行管理的体制从此结
束，完成了从自行管理向接受中央垂直领导的跨越。从生产方
面看，多种晒盐法促进了盐业的发展；购销制度可以说更为严
格；运销方式发生了重大变化：存在官办、商办、民运等多种
方式，新型盐运公司后来居上，逐渐占据主导地位，大大改变
了盐运生产关系。民国盐税基本实现了"税目由繁到简"以及
"税率由乱到治"的转变。

(一) 盐务机构的变迁

民国时期，莱州湾南岸的盐务机构在近代化的大潮中经历

---

① 周庆云：《盐法通志》第六十九卷《征榷一·榷法》，戊辰鸿宝斋聚珍
第三版，第 28—29 页。

② 盐务署编：《中国盐政沿革史·山东》，1915 年刊，第 88 页。

了深刻的历史变迁，为新中国成立后的盐务机构建置打下了坚实的基础。

1912 年，民国政府设立了统一领导全国盐政事务的机构——盐务筹备处，内设 3 股，其中"北盐股主管奉、直、潞、东、川、滇等处盐务事宜，陕、甘等处盐务附之，由第一股股长领之"①。从此，山东盐务接受盐务筹备处北盐股的领导，这标志着山东盐政管理以本区管理为主、中央管理为辅的"省自为治"局面的进一步削弱。第二年，盐务筹备处改为盐务署，盐政中央集权正式确立。各省区盐政事务归盐务署直辖，山东盐务自行管理的体制从此结束。这是近代山东盐政管理体制的重大变革，表明山东完成了从盐政自行管理向接受中央垂直领导的跨越。

1913 年的《善后借款合同》以盐税和海关税作抵押，合同规定成立盐务稽核总所，由洋人担任总所会办，监督中国盐税税收。在产盐区域设立稽核分所，聘用洋员担任分所协理，监督地方盐税税收。同年，山东盐务稽核分所成立，直属盐务稽核总所，接受中央的垂直领导。山东盐区形成了盐务行政和稽核机构并立的格局。民国时期，山东地方政权变乱分乘，盐务机构却保持了连续性，而没有中断。南京国民政府成立后，财政部初设盐务处，不久改为盐务署，主管全国盐政。②至此，民国盐政机构和中央对山东盐政的领导都稳固下来。

---

① 江苏省中华民国工商税史编写组、中国第二历史档案馆编：《中华民国工商税收史料选编》第 2 辑《盐税》上册，南京：南京大学出版社，1995 年，第 701 页。

② 财政部财政年鉴编纂处编纂：《财政年鉴》上册，第 2 篇《财务行政》，上海：商务印书馆，1935 年，第 39 页。

民国时期，莱州湾南岸盐区设立了盐务行政、稽核、缉私3套机构。一般来说，缉私附属于盐务行政或稽核机构，但该机构也是莱州湾南岸盐区的常设机构，具有相对独立性，建置是相对完整的，特别是山东盐务税警局成立后，其组织更加完备。因此，民国莱州湾南岸盐区的盐务机构可以说具有行政、稽核、缉私三大体系。后来，经过一段时间的发展，莱州湾南岸的盐务稽核机构兼并了盐务行政机构，山东盐务管理局成立后，统一管理山东盐区所有盐务，至此，一元制管理体制正式确立。

1832年，山东由10个盐场合并为8个盐场：永利场、永阜场、富国场、官台场、王家冈场、西由场、石河场、涛雒场。其中属于莱州湾南岸的有3个，即昌邑的富国场、寿光的官台场、乐安（民国以后改为广饶）的王家冈场。①民国时期，莱州湾南岸盐区的盐场经历了分化组合的过程，主要包括以下盐场：寿光的官台场和广饶的王家冈场（即王冈场）起初合并为官冈场，后来改名为王官场。1917年12月，位于昌邑的富国场与莱州场合并，名称定为莱州场，划分为3个区，在富国场旧址设立了莱州分场，场署驻昌邑城。1924年，莱州分场场署由昌邑城移下营，设立了滩务处和盐警分署，下辖厫里、榆英、渔尔堡验放处。莱州分场直辖于山东盐运使署，不归莱州场长节制，拥有厫里、鱼儿堡、榆英3个盐滩。

王冈、官台两场合并前，都已是有重要影响力的大型盐场。王冈场设场知事1人，驻乐安县（后为广饶县）王家冈村，管辖王冈、沙营、旺河、龙车、德聚昌、袁光裕、光裕

---

① 盐务署编：《中国盐政沿革史·山东》，1915年铅印本，第67页。

东、宁海寺、老垣子、济运昌、三益堂、会昌、福长泰等 13 坨；官台场设场知事 1 人，驻寿光县侯镇，管辖横垣、林垣、崔垣、郑垣、肖垣、宋垣、郭垣、义垣、泰垣、章垣、一里沟、三里沟、四里沟、五里沟等 14 坨。1918 年 9 月，官冈场改称王官场，场署由侯镇移驻羊角沟，设场知事 1 人；在侯镇设王官场佐公署，设场佐 1 人。羊角沟盐务稽核支所改称王官盐务稽核支所，场内设知事 1 员（后称场长）。王官场在场区归并后设立了 4 处滩务处，1925 年实行分区管理，划为 4 区：第一区羊角沟，第二区宁海寺，第三区小清河北，第四区郭垣。[1]1925 年 6 月，王官场佐公署由侯镇迁往宁海寺。[2]1932 年，羊角沟设立运盐公会，办理原盐运销。1934 年，羊角沟设立渔盐验放处，开始发放渔业用盐。后来，民国政府颁布盐务机关组织条例，规定各盐场设立盐场公署，王官场裁撤稽核支所，设立王官盐场公署，内设总务课、会计课，下设郭垣、羊角沟、三里沟、半截沟、宁海寺 5 处盐务所（表 7-3）。同时设立"滩业公会"，加强对盐滩的管理。

　　值得注意的是，民国时期山东盐场实行等级制管理，从盐场等级的划分可以看出莱州湾南岸盐场在山东盐区的重要位置。1913 年，经山东盐运使呈报、财政部批准，山东各盐场的等级划分为：一等盐场有官台场、王冈场，二等盐场有涛雒场、永利场，三等盐场有石河场、西繇场、富国场。新税施行

　　① 田秋野、周维亮：《中华盐业史》，台北：台湾商务印书馆，1979 年，第 353 页；山东盐务署编：《山东盐政史未定稿》第二卷《场产》，民国年间誊印本，第 27 页；宋宪章等修，邹允中等纂：《寿光县志》卷六《官制》，台北：成文出版社，1968 年，第 611 页；又见陈沧来：《中国盐业》，上海：商务印书馆，1929 年，第 11 页。

　　② 潍坊市盐业公司编：《潍坊市盐业志》，1988 年刊，第 8 页。

表7-3　1928年莱州湾南岸盐务行政机构一览表

机关名称	主管员	驻在地
王官场公署	场知事	寿光县羊角沟
莱州场公署	场知事	掖县西由镇
侯镇场佐公署	场佐	寿光县侯镇
王官场佐公署	场佐	
昌邑场佐公署	场佐	

（资料来源：林振翰编：《盐政辞典》子集，上海：商务印书馆，1928年，第72—73页。）

后，山东各盐场等级变动如下：一等盐场有莱州场、王官场，二等盐场有石岛场、金口场，三等盐场有永利场、涛雒场。[1]莱州湾南岸盐区的王官场、莱州场均在第一等级行列。从官台场与王官场合并、富国场与莱州场合并起，王官场、莱州场的规模扩大，盐产增加，重要性上升。

莱州湾南岸的盐场机构经历了一个改革过程。1912年，莱州湾南岸盐区的各盐场长官仍然称盐场大使。第二年1月起，官台场、王冈场、涛雒场、永利场、富国场、西由场、石河场等7个盐场改盐场大使为场务所长，设立监秤、会计、稽查等岗位。在这一变化过程中，莱州湾南岸的盐场变革走在了山东盐区的前列。1914年，财政部公布《场知事任用条例》，将全国各盐场场务所长改为盐场知事，又称场长。[2]1915年3月颁布的《修定审查场知事办法》规定盐场知事须从多位候选人中择优选拔的原则及程序，与晚清时期盐课大使委任制相

---

① 山东盐务署编：《山东盐政史未定稿》第七卷《职官》，民国年间誊印本，第10页。

② 参见蔡鸿源主编：《民国法规集成》第9册，合肥：黄山书社，1999年，第10—11页。

比，进步巨大。①按照有关规定，山东 7 个盐场"各场长署以事务繁简不同，故组织亦各殊"②。例如，1916 年，王冈场、官台场整合为王官场，盐场公署机构设置完备，设有科员、书记等岗位。

盐务稽核方面，1913 年 4 月成立的山东盐务稽核分所隶属于财政总长所管辖的盐务署内的盐务稽核总所。③设经理、协理，分别由华人、洋人履职，称为华洋经协理，华洋经协理两人等级、职权平等，会同监理发给引票或准单，准许纳税后运盐以及在稽核所设立之处征收一切盐税及各费，并监督其他未设稽核所的地方征收盐税及各费的情况。1914 年 1 月 1 日起，山东盐务稽核分所开始管理开支经费事宜。同年，它接收征税职权。

值得注意的是，1929 年 1 月，改订盐务稽核所章程，将有损国权的条款，一概予以修正，凡与盐税担保有关的一切外债均由财政部负责，从此盐税管理摆脱了西方列强的控制。④随之，王官盐务稽核支所也做到了盐税自主，为探索盐税管理提供了良好条件。史料载，莱州湾南岸盐务稽核机构包括王官盐务稽核支所及其所属缉私机构、王官验放处，以及管理莱州分场的莱州验放处、莱州收税局等。⑤从等级排列上看，王官

---

① 参见蔡鸿源主编：《民国法规集成》第 9 册，合肥：黄山书社，1999 年，第 12 页。

② 山东盐务署编：《山东盐政史未定稿》第七卷《职官》，民国年间誊印本，第 8 页。

③ 盐务稽核用人权收归中央，这说明中央盐政机关对山东的控制明显加强了。

④ 田秋野、周维亮：《中华盐业史》，台北：台湾商务印书馆，1979 年，第 327 页。

⑤ 财政部财政年鉴编纂处编纂：《财政年鉴》上册，第 2 篇《财务行政》，上海：商务印书馆，1935 年，第 56 页。

盐务稽核支所列第二等①稽核人员的待遇非常优厚。西方列强安排洋员（见表7-4）盐务稽核支所中的华洋助理员职权、等级相同，洋员扮演了盐业侵略者的角色，也充当了盐业近代化引导者。当然对近代化的引领，仅仅是侵略的客观后果，并不是其主观意愿。

表7-4　莱州湾南岸盐务机关中部分洋员任职情况一览表

人　　名	国别	任职名称
贝尔逊	英国	山东王官支所助理员、山东盐务稽核分所协理
霍克斯	英国	山东羊角沟支所助理员
窦溥思	英国	山东王官支所助理员、山东东岸支所助理员、山东盐务稽核分所协理
纽辅良	英国	山东羊角沟支所代理助理员、山东东岸支所助理员
欧　熙	英国	山东王官盐务稽核支所助理员
坦以德	法国	山东王官盐务稽核支所助理员
田边熊三郎	日本	山东民运区盐务稽核支所助理员
北村大亨	日本	山东羊角沟盐务稽核支所助理员
华勒克	美国	山东王官盐务稽核支所助理员

（资料来源：江凤兰编：《国民政府时期的盐政史料》第5章《附录》，台北：台北"国史馆"，1993年，第464—481页。）

总之，近代莱州湾南岸盐务管理机构演变剧烈，从盐务稽核机构成立到稽核机构合并行政机构前，莱州湾南岸形成了盐务行政和稽核并立的二元制管理体制。1932年7月，山东等盐区的盐务行政机构由盐务稽核机构兼办，合署办公后，盐政管理权得到

①　山东盐务署编：《山东盐政史未定稿》第七卷《职官》，民国年间誊印本，第21页。

统一。从盐务稽核、行政机构合而为一到全面抗战爆发前，形成盐务行政一统盐务管理的局面，标志着一权制趋于成熟。近代莱州湾南岸盐务管理体制从一权制到两权制，再到一权制的变化，并不是简单的回归，而是与盐务管理近代化进程相适应。在这一过程中，盐务管理的各方面关系逐渐理顺。尽管盐务管理机构经历了复杂的变化过程，但是运行的轨迹明显，完成了由传统向近代的转变。

(二) 生产、运销

民国时期的生产和运销都越来越规范化。这不仅表现在生产流程方面，也表现在运输、购销方面。

1. 生产

民国时期，莱州湾南岸的晒盐方法有 2 种：沟滩法、井滩法。沟滩法晒盐，流程如下：近海挖沟，深 3—4 米，宽 10 余米，涨潮时引海水入沟，用风车、水车或戽斗汲水入滩，曝晒成卤，结晶成盐，羊角沟小清河北岸采用。井滩为就地挖土掘井，戽斗汲水入滩，晒水为卤，晒卤析盐。寿光王官场羊角沟小清河南岸之郭垣、横垣、崔垣，昌邑莱州分场之廒里、灶户、利渔采用。民国初年，王官场拥有沟滩 64 副，井滩 1062 副（含王家冈场滩），年产盐近 10 万吨。莱州场共有盐滩 375.5 副、盐井 228 口，据 1925—1929 年的统计资料显示，平均年产量约为 25.9 万担，所产的盐堆在盐滩附近，用草苫覆盖。1924 年，官方在鱼儿堡、榆英 2 处建立了 3 处盐垣。[1]

---

① 田秋野、周维亮：《中华盐业史》，台北：台湾商务印书馆，1979 年，第 354 页。

潍县有横里路、林家泆子、横家泆子 3 处盐滩采用井滩法制盐。每滩 1 井，每井 3 圈 4 池，晒盐从每年农历二月二日开始，至夏至节终止，每圈池成盐 40 余席包，可达 2 万余斤。

王官场第三区采用沟滩法引潮制卤法晒盐，具体程序如下：第一步为纳潮，"每逢潮涨之时，将坝上闸门开启，使潮水灌入沟内，沟满则闭闸，不使外泄，谓之纳潮，每年不过纳潮一二次，即足一年晒制之用"；第二步汲水，"将沟内所蓄之水用水车或柳斗汲入圈内，以备晒卤"；第三步晒卤，"既汲水入头圈曝晒一二日，放入二圈，次第放入，至最末一圈已经过六七日，便可成卤"。该场第一、二、三、四区的井滩"制卤之水取之于井"，晒盐方法与引潮制卤法相同。[1]相比金口、石岛、莱州、青岛等盐场，王官场在卤水浓度、气温、制法等方面具有优势，成为盐产兴旺的重要原因："王官场海水所含卤质较重，而温度亦较适宜，制法亦较周密，故其卤成盐较多。"[2]

王官场约有捆户 200 余名，负责筑盐捆包；有秤手数十名，负责盐产过秤；晒盐领工者称为"扒头"，每滩 1 人，约有 456 名，负责指挥晒盐工人从事生产活动；晒盐工人有一千六七百名，负责晒盐、收盐等事宜。上述人员皆由滩户自雇。莱州场地处荒僻，滩户皆为海滨贫民，每户盐滩面积较小，一般自充扒头，采取家庭生产模式，由父子兄弟自行晒制，经常不雇工人，因此该场所雇工人数量较他场为少，有工人二三百名。[3]制盐工人工资均按季计算，王官场每副大滩雇扒头 1 名、

① 山东盐务署编：《山东盐政史未定稿》第二卷《场产》，民国年间誊印本，第 35 页。

② 同上书，第 36 页。

③ 同上书，第 50 页。

工人十二三名，一副小滩雇扒头1名、工人三四名，扒头不领工资，销售1包盐提钱一二百文，1名工人包括饭费在内的每季工资约为京钱15万文。莱州场一副盐滩雇扒头1名、工人1名，扒头每季工资为京钱15万文，工人每季工资为10万文①，包括伙食费共计15万文。

从盐产量看，莱州湾南岸为重要的产盐区域。盐产量主要受自然条件影响，如卤水浓度、气温高低、盐滩大小等。据《山东盐政史未定稿》记载，"王官场每滩每年约产盐二千担"，"莱州场每滩每年产盐约八百五十余担"②，这两场每滩产量在山东盐区范围内较高。

通过成本和售价比较，盈利本该没有疑问，但是盐业盈亏受很多因素制约，如生产设施设备、生产技术、人工成本、生产丰歉、税费、捐纳、销售情况、天气状况等，所以，盐业也并不能总是盈利。其中最关键的因素是销售状况，很多时候，销路畅则盈利多，销路不畅则盈利少，甚或出现亏损。

2. 运销

该时期莱州湾南岸的运销方面发生了明显变化，不仅表现在运送方式上，也在购销方案和制度的完善上。

（1）盐的运输

民国初年，从产量上看，官台、王家冈两场产量最大，处于第一层次；石河场、西由场处于第二层次；涛雒场、富国场处于第三层次；永利场位居第四层次；永阜场则几乎没有产出。③

---

① 山东盐务署编：《山东盐政史未定稿》第二卷《场产》，民国年间誊印本，第53页。

② 同上书，第44页。

③ 盐务署编：《中国盐政沿革史·山东》，1915年铅印本，第67—68页。

从产量方面看，莱州湾南岸盐区的地位得到空前提高。王官场的销区最广，共计90县，行销山东的历城、泰安等70多县，其中引商行销区域46县。公司行销区域28县，其中，鼎新公司9县，鼎裕公司9县，鼎利公司10县。另行销南运引地河南商丘、永城等9县，江苏铜山、丰县、沛县等5县，安徽宿县、涡阳等2县。昌邑盐行销安丘、诸城、高密等民运18县。①

民国时期，盐的运销分为陆运、河运、海运等方式，"河运以王官场盐为大宗，由小清河用帆船运赴沿河鲁省西北隅各县及黄台桥盐垣，其由黄台桥盐垣运至洛口者，复由黄河运赴鲁省沿河西南各县。车运者由王官、永利两场分运中北部各地。附近津浦、胶济两线者，亦概由火车转运"，"至各场行销附近之食盐，则多用大车、牲口、独轮小车，亦有用人力肩挑者。滨海各地之鱼盐，则悉由船运"。②

1916年，近场各县益都、昌乐、寿光、潍县等地因私盐冲销，商人难以承办，地方政府则以招商承办，按地丁征银1两、派购食盐20斤的办法，强行配销。此后，益都、昌乐由租商益东公司承办，以3年为限期，每年定购官台场盐91700担，分4期纳税，寿光县由同庆号、寿康盐号承销。1930年改由半官半商性质的民生盐店办运，实行按地商银两摊款（盐价与盐税），送交盐店，盐店凭款购盐，分送各区，由区长按村庄分销各户。盐店有专买专卖权，借势垄断盐市，把持盐价，欺行霸市，少斤短两，流弊多端。③

---

① 田秋野、周维亮：《中华盐业史》，台北：台湾商务印书馆，1979年，第353页；潍坊市盐业公司编：《潍坊市盐业志》，1988年刊，第169页。

② 田秋野、周维亮：《中华盐业史》，台北：台湾商务印书馆，1979年，第351—352页。

③ 潍坊市盐业公司编：《潍坊市盐业志》，1988年刊，第165页。

1913 年，包括王冈场、官台场、富国场在内的各盐场获准使用火车运盐。此后，该运输方式逐渐兴起，水路运盐随之衰落。①火车运销大幅提高了运输效率。山东开展对外出口盐的业务后，轮船的运输范围逐渐扩大。但是，轮船大多需要外购，限于资金不足，外购受限，轮船运输并未大面积推广。莱州南岸盐业海运方式并不流行，发展缓慢，较为落后。直到 1864 年，羊角沟码头才有外地商船往来，寿光的原盐和其他物资经官方批准运往东北等地。1939 年，日本侵占羊角沟等地，设立了"国际运输公司华北航运公司代办处"，组织水上运输，疯狂掠夺寿光产的原盐，特别是岔河盐场所产的原盐盐质上乘，更是成为优先掠夺的对象。②寿光一带的陆路盐业运输广泛使用人力手推车，至 20 世纪 40 年代，人力手推车逐渐被畜力大车代替。③

官台场、富国场利用胶济铁路、津浦铁路运盐，与传统运输工具相比，发生了质的飞跃。以火车运盐为代表的近代运销方式的出现是莱州湾南岸盐业运销的一大进步：首先，与传统的盐运销方式相比，火车运盐不仅速度快、运量大、周转快，还具有人省、效率高等优点，给盐业运输带来了革命性的变化；其次，近代运盐方式的推广使跨地域联合管理成为可能，又便于集中管理，可以有效地防范私盐；再次，近代运销方式的出现，使远距离实现产销平衡成为可能，使传统运销区域的划分成为一种多余，为冲破专商引岸制度的藩篱提供了条件。

铁路运输的兴起，又促进了铁路建设。除胶济铁路、津浦

---

① 山东盐务署编：《山东盐政史未定稿》第三卷《运销》，民国年间誊印本，第 26 页。

②③ 寿光县盐业公司编：《寿光县盐业志》，1987 年，第 33 页。

铁路等国家建设的铁路干线外，社会资本也参与铁路的修建和运营。1912 年，山西汇兑庄（银号）徐济川，投资兴建羊角沟至刘家呈子村运盐专用轻便铁路，建成铁路总长 40 里。[①]

运输工具的变革，带来近代运销方式的改进。在半殖民地半封建社会的国情下，这反而成为一把双刃剑，带来的并非全是积极影响，也在一定程度上便利了外国列强的侵略。从青岛经潍县、昌乐、益都等地达历城，青岛盐价低，私盐从青岛随着铁路运输向内地侵灌，铁路私盐产生了。日本人利用铁路运输私盐非常猖獗，加强了对山东盐业的侵略。但是，总的来说，新式交通工具推动了莱州湾南岸运盐方式的近代转型，是盐业运输质的提升。

（2）盐的购销

近代以来，为了维护盐业正常的经营秩序、保障盐税收入，盐业形成了一套严密的购销办法。

莱州湾南岸盐业运输实行产区与销区对应制度，产区和销区均无自主选择的权利。产区与销区之间对应关系的确定和变更只能由盐务当局决定，运商只是执行而已，是典型的定场配运。此外，盐业执行定道运输。例如，王官场产的盐斤由羊角沟经小清河西运，至黄台桥掣验，卸盐入垣，再装船经黄河、京杭运河运往销地。[②]民国时期，莱州湾南岸仍然长时间沿用先课后盐的运销模式。

以民国时期的王官场为例：凡购运王官场大宗原盐的承包商人，必须先到山东盐务稽核分所领取完税通知单，持单到中

---

① 潍坊市盐业公司编：《潍坊市盐业志》，1988 年刊，第 7 页。

② 财政部财政年鉴编纂处编纂：《财政年鉴》上册，第 5 篇《盐税》，上海：商务印书馆，1935 年，第 747 页。

央银行缴纳税款，领取银行填写一式六份的完税凭单。其中存根联交银行留存，其他 5 联分别交给山东盐务稽核分所、山东盐运使司署、审计机关和盐商自己持有。盐商持完税凭单赴山东盐运使司署，盐运署按照山东盐务稽核分所送来的发运准单填运盐护照，一并交付盐商，批准其赴指定的盐场购运。盐商持运盐准单、护照以及完税凭单等手续材料到王官盐场公署挂号，王官场署在发运准单上写明到具体的坨垣或盐滩装盐，以船运的则指定船运码头，填发船运护照，由盐商一并交王官盐务稽核支所盖印截角，然后送稽核验放处请运。最后由场务员会同验放处司秤人员以及盐警等到盐坨共同监视开坨，雇用民夫用苇席筑包，再由稽核验放员复称无误时，方许装入车船，由验放员查点，在护照上填明运盐数量、装卸日期，盖印后放行。①

昌邑、安邱等民运区域，购运办法相对简单：商贩运盐须先到莱州分场验放处申请购盐数量、食盐或渔盐，均按税率征收税款，发给运盐准单，并于准单正面加盖日期戳记，背面写明商贩姓名及日期，食盐有效期为 20 天，渔盐 30 天为限。商贩持运盐准单报验放员，协同盐警赴滩照准单数量装袋过秤，验放员签字截角。按指定地点销售，不准侵销重税区。

盐业交易方面，1 个盐店对应 1 个区域的人群，不得越界购买，否则按照私盐论处，这实为固定购销制度。山东部分盐场的行盐区域包括外省的部分地方，官方对此是有考虑的，并不是随意划定的。官台场的南运销地由国家规定。《清盐法志》记载："南运宿州、铜山、丰、沛、萧、砀各州县拨食东盐，

---

① 潍坊市盐业公司编：《潍坊市盐业志》，1988 年刊，第 165—169 页。

实以南盐起运洪泽湖既须守风，下河又涨落无定，运道梗阻，淡食可虞，且此各州县若食淮盐，则路路侵灌，有碍东纲全局，从前分引设岸用意至深远也。"①可见，划分销区的权利在中央盐政机关。

莱州湾南岸在盐店设立方面也要严格遵守国家规定，否则动辄犯禁，被列为私盐。民国时期，固定运销制度出现了很大松动，利国便民的原则逐渐被广泛认可。1933 年 12 月初，莱州盐税局派总收税官视察山东各盐场，"见金口场秤放盐斤，俱系按日轮流发放，公私俱感便利"，返回后令莱州场所属各盐滩一律实行按日轮滩放盐。至 1934 年 2 月，该方法试行畅通无阻，对于调剂盐价发挥了积极作用。②

莱州湾南岸盐区的盐产不但供应本地，而且供应外地，甚至出口国外，销盐量年度变化较大。1913 年，莱州湾南岸盐区年销量不足 4 万吨，其中官台场（包括潍县固堤场）销盐31672 吨，其余为昌邑县富国场之盐，年底存盐 2.4 万吨。1921 年，因官台场与王家冈场合并，销盐量多达近 9 万吨，其中王官场销 81872 吨。此后，销盐量逐年下降，1929 年，销量降为 1.5 万吨，其中王官场销盐 1.3 万吨。

（3）晚清到民国的盐运销制度

在运销制度框架中，主要存在以下几种形式：

一是官方运销。这是晚清运销的主要方式。近代莱州湾南岸的盐业官方运销始于道光年间，"官办者，即以地方印官任

---

① 盐务署编：《清盐法志》第六十六卷《山东十七·缉私门》，1920 年排印本，第 21 页。

② 《山东区所属稽核机关二十二年十二月份工作报告》，《盐务汇刊》1934 年第 36 期。

行盐之事也"①。官办开始于票地，扩充于引地。1838年，山东巡抚经额布奏准将倒悬票地改为官办，揭开了盐务官办运销的序幕。莱州湾南岸寿光、益都、临朐及新泰、临淄、乐安、博兴、滨州8州县的票地盐商无力续办盐业运销，改为地方官办理盐业运销。②次年起，官办州县盐税都做到了足额缴纳，没有形成新拖欠。清嘉庆年间以后，潍县盐商赔累不堪，改为县官官卖，将潍县、昌乐划为一区，于潍县北关设总庄，加上潍县的固堤、岭子、台底、富戈庄，昌乐的都昌、营邱、棠部，共八大庄。运盐前潍县派专人赴山东盐运使司署支领盐票，运司向户部领取盐票时，由户部将盐票截取一角，在盐场大使署验明再截取一角，再派员到盐垣筑包过秤，然后运往各庄销售，盐票用过后仍需交回山东运司，以备汇交户部注销。③

　　山东的盐业官运包括地方官办、官运局委员办2种。莱州湾南岸的益都、临朐、寿光、昌乐、潍县5县以及德州、滨县等共计31县为地方官办。④晚清时期，官运局委员办在山东南运引地推行，莱州湾南岸尚未涉及。1913年，山东将部分区域由地方官办调整为官运局委员办，为保证官运局委员办区域的盐业运销，寿光羊角沟设立了官冈借运局，同年，寿光、临朐、广饶、沂水4县收归官运局委员办理，官运模式从此大大衰落。

---

　　① 盐务署编：《清盐法志》第五十六卷《山东七·运销门》，1920年排印本，第1页。

　　② 同上书，第1—2页。

　　③ 《山东潍县之盐业》，《盐务汇刊》1934年第49期。

　　④ 山东省盐务署编：《山东盐政史未定稿》第三卷《运销》，民国年间誊印本，第3页。

莱州湾南岸的盐务官办伴随山东盐区大势一直延续到民国初年才改为商办运销，特别是公司运销兴起，使盐业运销为之一新。在改组公司之前，山东官办范围仍然很大，涉及 31 县：潍县、临朐、益都、寿光、昌乐、禹城、乐安、临淄、蒙阴、寿张、朝城、冠县、新泰、武城、观城、菏泽、邱县、利津、金乡、临清、恩县、定陶、郓城、范县、莘县、沂水、堂邑、博兴、滨县、城武、德州。1913 年，山东官岸开放招商，上述 31 县遂改由改组后的鼎裕、鼎新、鼎利 3 家公司承办，"从此地方官遂不复兼办盐务"①。

二是商办运销。道光以前，除安邱等 18 县民运民销外，山东省的其余地方均为商办运销，商办运销占绝对优势。道光后期，官办运销取代了部分商办运销。同治年间，局办运销取代了部分商办运销，商办运销更趋衰落。史料载，"盖自雍正六年以后，引岸始有定商，乾隆六年（1741 年）以后，票岸始有定商，而道光十七年以后，又复陆续归官，至光绪十八年，引、票两岸仍归商运者只有历城、章邱等五十一县，而各岸商人又复分折，其引业辗转售卖商岸虽少，而商名日多，至清季东纲引、票商共有二百余名，旧商之存者寥寥无几矣"②。民国时期，盐务官办、局办被商办运销取代，商办运销基本取得了一统天下的局面。

公司运销是商办运销的新模式。民国初期，山东盐业百废待兴，运销困难特别突出。山东盐区努力寻求为盐业运销解困的新路，公司被提上了尝试日程。1913 年，山东盐运官办各

---

① 山东省盐务署编：《山东盐政史未定稿》第三卷《运销》，民国年间誊印本，第 17 页。
② 同上书，第 2 页。

地因无法筹资而步入绝境。在财政部盐务署的支持下，山东盐运使姚煜实行盐运改革，招商承办各地官岸，招募了鼎新、鼎利、鼎裕 3 家公司。同年，山东 47 县的官岸招商承办，招募了 7 家公司，重整了广饶、寿光 2 家盐局，具有官督商运性质。第二年，山东盐运使署废止了局办南、北各岸，改为招商办理盐运，招募了公利运盐栈，同时将沂水、费县、郯城、临沂 4 个县的盐运交由协和公司承办。

公司运销兴起使盐业运销为之一新，但民国时期的公司运销经历了曲折发展的过程。1913 年，鼎裕、鼎新、鼎利 3 公司开山东盐区设立盐运公司之先河，承运山东 29 县盐运。上述各县原来都是北运官办引地。东南区销售超过定额或者达到定额的八成以上的县份仍按定额为准；西南、西北两区在公司办理的前 2 年分别按原额的七成和八成作为定额，可以按规定取得红利，3 年内获取一成红利，其后获取三成，并且公司免缴牌照费及保证金。但是，鼎利公司承办盐运无方，临朐、寿光、广饶、沂水 4 县又改为官运局承办，此后公利运盐栈承办临朐、益都 2 县盐运。1915 年，负责南运引地盐运的官运局被裁撤，公利运盐栈承办河南、安徽、江苏 3 省的山东盐区原官岸，鼎新公司承办峄县、滕县盐业运输，商办盐运进一步扩大。同年，山东实行每担盐 2 元的新税率，在山东盐运使王鸿陆的努力下，鼎利、鼎新、鼎裕 3 公司的租价被免除，官定盐销额增加一成，但是须缴 2 万元保证金，专注于正税，并且将该办法延续 5 年。1916 年，山东盐区请准上述 3 家公司免于分红，以提高其资金实力。1921 年，山东盐运使又为 3 家公司延长 5 年优惠待遇，但是仍然无法挽回鼎利公司的经营颓势。

从以上情况看，一方面，莱州湾南岸的盐业运销公司采用股份制募集生产资金，大量采用雇佣劳动力进行生产，企业中的资本主义生产关系初步建立起来，但是盐政当局仍然严密监控盐业运销，所以当时盐业运销公司的运销模式实质是晚清时代官督商办的变种，距离市场化的目标相去甚远。另一方面，在商运资本薄弱的情况下，官方资本的加入毕竟增强了企业的资金实力，对盐运业务的扩张起到了一定的促进作用。总的说来，盐运这一商务活动还是要靠盐商来发展壮大，官方资本的长期介入显然不利于企业的长远发展。

三是民运民销。莱州湾南岸的安邱、诸城、昌邑、高密及山东半岛东部的平度、蓬莱、荣城等18县附近盐场、盐滩，在清雍正年间因屡次出现商逃课悬情形，额票应征盐税摊入地丁中征收，民众自由贩卖盐，形成民运民销区域。①晚清时期，莱州湾南岸的民运民销模式基本未变。民国时期，莱州湾南岸的民运民销模式进行了多次变革，1913年，盐税条例颁布，规定盐税摊入地丁者一律豁除，山东盐运使寿鹏飞拟根据该条例实行就场征税，因迅速去任而落空。②

山东东部为我国盐业民运民销的重要起源地，1730年，鉴于山东东部蓬莱、安邱、平度、掖县等16县盐业商运完全停顿，形成了民众认领票盐自行运销的局面，盐政当局认可了这种运销模式，将盐课摊入地丁征收，开山东盐区民运民销之先河。③1738年，山东沿海的海阳、荣成2县加入民运民销行列，这使得民运民销的地理范围增加到18县，此后很长一段

---

① ② 山东省盐务署编：《山东盐政史未定稿》第三卷《运销》，民国年间誊印本，第21页。

③ 盐务署编：《中国盐政沿革史·山东》，1915年刊，第52页。

时间，民运民销地域范围保持不变。1914 年 1 月的《盐税条例》免除了民运民销 18 县的地丁税，但是，民众要贩运盐斤，必须先赴场缴税。①

从晚清到民国，莱州湾南岸的盐业运销方式发生了重大变化：商运曲折前行，尽管有起落，但是总体上在规模上后来居上，占据主导地位，新型盐运公司的崛起改变了盐运生产关系；官办是盐运救急的权宜之策，因而不具备可持续性，最终退出历史舞台实属必然；民运民销虽然对民众有利，但是对盐政当局却意味着征税额减少，所以难以扩大其地域范围。

（三）盐税的变革

民国时期的盐税变革可以说一直在进行中，基本坚持了税率统一的原则。改革后的盐税主要包括正税、附加税、另款及盐务行政收入等。

1. 盐税改革

（1）民国初年盐税改革

民国时期，莱州湾沿岸各地税率不一。如 1914 年 1 月规定王官场税率为每担食盐征税 1.25 元，1915 年加至 2.5 元；昌邑县莱州分场属民运区，民国初年的食盐税率是每担征税 0.3 元，1926 年改为 0.6 元。②税目繁多、税率紊乱以及各样的收税标准，给核算和稽核税收带来了很大困难。从 1913 年山东盐区税率表（表 7-5），可以清楚地了解到这一情况。

---

① 宋志东：《民国时期山东盐业的非官方运销》，《潍坊学院学报》2018 年第 5 期。

② 潍坊市盐业公司编：《潍坊市盐业志》，1988 年刊，第 97—98 页。

表 7-5　1913 年山东盐区税率表①

引地区域	正杂课项	每引或每票所收税款之总数	每山东担所收税款总数	每司马担所收税款总数
商运之北部 30 县	35 种	每引 390 斤，库平银 3 两 2 钱 8 分 5 厘 5 毫 7	1 元 2 角 6 分 3 厘 6 毫 8	1 元 3 角 2 分 7
商办公司承运之北部 20 县	34 种	每引 390 斤，库平银 3 两 8 钱 5 厘 3 毫	1 元 4 角 6 分 3 厘 5 毫 7	1 元 5 角 3 分 6
商运之江苏 4 县	31 种	每引 395 斤，库平银 2 两 6 钱 9 分 9 毫 8	1 元 2 分 1 厘 8 毫 9	1 元 7 分 3
官运之河南 9 县	23 种	每引 325 斤，库平银 1 两 3 钱 3 分 4 厘 5 毫 8	6 角 1 分 5 厘 9 毫 6	6 角 4 分 7
官运之安徽 2 县	23 种	每引 355 斤，库平银 1 两 7 钱 3 分 7 厘 4 毫 7	7 角 3 分 4 厘 1 毫 1	7 角 7 分 1
官运之江苏 1 县	24 种	每引 355 斤，库平银 2 两 8 分 2 厘	6 角 7 分 9 厘 7 毫 3	9 角 2 分 4
商运票地 18 县	43 种	每票 390 斤，库平银 3 两 1 钱 2 分 7 厘 6 毫 5	1 元 2 角 2 厘 9 毫 4	1 元 2 角 6 分 3
公司承运票地 11 县	43 种	每票 390 斤，库平银 3 两 1 钱 2 分 7 厘 6 毫 5	1 元 2 角 2 厘 9 毫 4	1 元 2 角 6 分 3
官运票地 10 县	43 种	每票 390 斤，库平银 3 两 1 钱 2 分 7 厘 6 毫 5	1 元 2 角 2 厘 9 毫 4	1 元 2 角 6 分 3
民运票地 18 县		每票 225 斤，库平银 1 两	6 角 6 分 6 厘 6 毫 6	6 角 9 分 9

（资料来源：丁恩：《改革中国盐务报告书》，沈云龙主编：《近代中国史料丛刊·三编》第 44 辑，台北：文海出版社，1988 年，影印版，第 62—63 页。）

---

① 表中每山东担合 133 又 1/3 磅，每司马担合 140 磅。

因运销类别、税目不同，包括莱州湾在内的山东被划分为 10 个区域，每一区域的税目繁多，多者达到 43 种，少者也有 23 种，而且税率计算过于精确，这些都给征税带来诸多不便。这样的情况下，山东盐税改革势在必行。而 1913 年 12 月颁布的《盐税条例》①也恰恰为山东的盐税改革提供了法律依据。

山东走在了全国盐税统一的前列，但也颇费周折。从 1914 年山东实行改良税则开始，山东盐税税率多次调整，如 1914 年 1 月规定山东盐本地秤每担征税 1 元 2 角 5 分，同年 5 月起开始使用司马秤，6 月起，当局又将本地秤加征，次年的 1 月再次加征。当然，尽管改革的过程遇到了很大阻力，但是改革趋势已经不可逆转，至 1917 年下半年，山东税率改革已经取得了较为明显的成效，这为山东盐业的健康发展注入了活力。山东各地的税率分布大致如下：本省历城、寿光、平原等 83 州县及河南商丘、睢县、虞城等 9 县，江苏铜山、萧县、沛县等 5 县，安徽宿县等，税率统一调整为每担 2.5 角；本省东、淮并销区域临沂（原名兰山）、费县、沂水等为 1.25 角；日照、莒县 2 县为 4 角；本省民运 18 县也是 4 角；渔盐税 2 角；腌猪盐税 4 角。②渐渐地，盐税征收逐步走上了规范化的道路。简言之，民国初期的盐税改革坚持了税率统一的原则，

---

①　该条例规定：除蒙古、青海、新疆、西藏等特殊地方外，其他产盐、销盐地方基本按照南北划分为两大区域，向统一税率迈进，此次划一税率的改革具有重大意义，是对等差税率的一次强有力的冲击，为全国盐区走向统一打下了良好的基础。

②　《全国行盐区域与各区税率》，江苏省中华民国工商税收史编写组：《中华民国工商税收史料选编》第 2 辑《盐税》上册，南京：南京大学出版社，1995 年，第 148—149 页。

税目上基本实现了由繁到简的转变，税率也基本实现了由乱到
治。当然，这次改革具有很大的灵活性，在整体统一的步调下
仍保留局部差异。

（2）盐税的接续调整

经历了民国初期的盐税改革，之后莱州湾南岸的税率保持
相对稳定。后来，精盐的出现使山东的盐税又多了 1 个税种。
也增加了出口盐税率的规定。规定出口日本盐的税率是极低
的，每担仅仅收税 3 分，而精盐每担 2.50 元，这说明日本对
山东盐业的掠夺意图十分明显。

表 7-6　1932 年整理盐税税率一览表

（表中重量单位：担，税收单位：元）

产区	销　岸	正税		销税	地方附税	外债附税	共计	备　考
		场税	中央附税					
山东	东纲 79 县	2.50	1.50		1.70	0.30	6.00	附税减 2 分
	昌乐、临朐、益都 3 县	2.80			0.90	0.30	4.00	正税加 8 角 附税减 2 分
	潍县	2.30			0.90	0.30	3.50	正税加 3 角 附税减 2 分
	青岛及东岸 18 县	1.20				0.30	1.50	正税加 6 角
	胶济铁路软水用盐	2.50	1.50			0.30	4.30	

（资料来源：南开大学经济研究所经济史研究室编：《中国近代盐
务史资料选辑》第 2 卷，南京：南开大学出版社，1991 年，第 202 页。）

1931 年中央将各省附加税统一核收，目的是统一税率。随
后，中央在全国实行了整理盐税的措施，总的原则是"重减轻

加、逐渐划一"。其中，"山东民运十八县及青岛区域税率最轻，一律增加，以免侵销邻近区域，其东纲七十九县，则将地方附加酌量核减"①。1932年，山东整理税率后的情况如表7-6。

从表中数据可知，山东各地的正税税率变化幅度不大，而附加税的增加则较为明显。如果从全国情况比较的话，山东盐的税率大体处于中等位置。山东重点调整的是省内税率，税率总体上也是朝着统一的方向迈进的。

总之，民国时期，莱州湾南岸盐税的系列改革调整从根本上改变了晚清时期的税目繁多、税率紊乱的状况，使盐税实现了税目从繁入简、税率从乱到治的变化。但尚未形成统一税率，且地区差异也仍然存在。

2. 税目

民国时期，改革后的盐税主要包括正税、附加税、另款及盐务行政收入等。

正税：1913年《盐税条例》废除了晚清的正、杂税。山东正税分为产盐和销盐2区征收。正税的税目不断变化，以20世纪一二十年代为例，包括食盐税、渔盐税、腌猪盐税、工业盐税等。1915年，山东税率实行每担2.5元，规定全区销额为197万担，每年应征税额为500余万元，1918年又有所变化。整体看来，莱州湾南岸地区盐税的增减有一个调适的过程，并没有采取单向增加或删减的做法，而是根据情况发展变化做好加减法。

附加税：民国初期的莱州湾南岸盐税项下并无附加税，后

---

① 财政部财政年鉴编纂处编纂：《财政年鉴》上册，第5篇《盐税》，上海：商务印书馆，1935年，第679页。

来增加了附加税。1922 年黄河决口急需大量资金、1925 年山东军费开支巨大等都推动了附加税的征收。

附加税是山东全省范围征收的，莱州湾南岸地区自然也不例外，大致分为以下几种：一是中央附征军事费，二是山东督署加征，三是山东督署加征侦缉费，四是山东督署加征。附加税的征收特点较为明显，一是总额不大且无规定数额，二是年度之间变动较大。

另款与盐务行政收入： 凡是盐税之外的征收均算作另款。山东征收另款包括汽车余利、房租、地租等。尽管另款数额不大，但是可以自由支配，因此用途很广。后来，另款更名为盐务行政收入。盐务行政收入主要指的是不属于税捐的官方盐务收入，例如，运盐逾期罚金等。包括莱州湾在内的山东这部分税收则包括契税、灶课、私盐罚款等 4 项。[1]1929 年 8 月和 1934 年 7 月，盐务行政收入 2 次由稽核机关负责征收。莱州湾南岸地区的盐务行政收入并无具体记载，但是其征收必不可少，而且应占有一定比重。[2]

三、全面抗战时期莱州湾南岸的盐业

抗战全面爆发后，莱州湾盐区沦陷。日本在这里建立了较为完备的伪盐务管理机构，而在共产党的正确领导下，莱州湾地区的抗日民主政权逐步建立了合宜盐务管理机构，采取诸多

---

[1]　财政部财政年鉴编纂处编纂：《财政年鉴》上册，第 5 篇《盐税》，上海：商务印书馆，1935 年，第 784 页。

[2]　此部分内容可参见宋志东：《试论近代山东盐税税目的演变》，曾凡英主编：《中国盐文化》第 8 辑，成都：西南交通大学出版社，2015 年。

措施恢复盐业生产并开展盐业领域内的抗日活动，使这里的盐业获得了"解放和新生"①。

（一）盐务管理

1. 日伪盐务管理

1937 年抗战战争全面爆发后莱州湾广大盐田沦陷，日本及其扶植的日伪势力对该盐区进行残酷统治。日本占领盐区后，任用日本人、受降的国民党盐务官员及招募的部分汉奸，于 1938 年 1 月成立伪山东省盐务管理局，该管理局设正、副局长各 1 人，实权操纵在日本人手中。伪管理局内设秘书室、总务科等六大科室（处），下设王官、莱州、金口、永利、石岛、威宁及代管淮北涛雒盐场 7 处盐场公署，从而形成了较为完备的盐务管理机构体系（见表7-7）②。该管理机构还在济南和王官（场署驻寿光羊角沟）、莱州（场署驻昌邑）等 7 个盐场建立了 8 支盐警部队。其中，第一大队驻寿光羊角沟，第二大队驻昌邑。③1939 年 1 月日本侵略军的铃木部队侵占寿光羊角沟，2 月侵占王官盐场。次年，日本侵略者设立伪王官盐场公署，组建了伪盐警大队，摧残当地盐业，胶澳场"由青岛设立专局管理"④。这一伪青岛盐务管理局的职能与伪山东盐务管理局类似，都是为了控制、掠夺这里的盐业资源。

---

① 宋志东：《抗战时期山东盐业的曲折发展》，《盐业史研究》2015 年第 3 期。

② 山东省档案馆、山东社会科学院历史研究所编：《山东革命历史档案资料选编》第 21 辑，济南：山东人民出版社，1986 年，第 425 页。

③ 山东省盐务局编著：《山东省盐业志》，济南：齐鲁书社，1992 年，第 63 页。

④ 刘仑、[日]日吉朔郎：《新年之回顾》，《鲁蹉月刊》1941 年第 2 期。

表 7-7 盐务管理机构体系

（资料来源：山东省档案馆、山东社会科学院历史研究所编：《山东革命历史档案资料选编》第 21 辑，山东人民出版社 1986 年版，第 425 页。）

2. 共产党领导的盐务管理机构

与日本及日伪势力截然不同的是，这一时期，在中国共产党的领导下，莱州湾南岸盐区组织了抗日民主政权，积极收复失地，恢复盐业生产，影响空前扩大。

莱州湾南岸盐务机构不断发展壮大。如 1940 年 7 月在中国共产党的领导下，山东省成立了全省统一的行政领导机构"山东省战时工作委员会推行委员会"（简称省战工会），下设政治、军事、财政经济等 5 个工作组。1941 年底，省战工会出台了《盐业交易所组织暂行办法》，主要用来指导各地整顿旧盐槽子（盐业运销线路的转运站和交易场所）、建立盐业交易所以及规范盐业交易。

在共产党的领导下组建的盐务管理机构，努力探索高效的管理机构，恢复和发展生产。如 1938 年 3 月在胶东设立盐务征收处，使得掖县的盐业管理基本被纳入共产党的抗日民主政府。

1940 年，抗日民主政府财政科下设的盐务股正式接管盐务管理。同年，这里的抗日民主政府设置崔家盐务所（管理崔家、仓上、朱家 3 个征收卡）、设立土家盐务所（管辖海沧、李家、于家、孙家 4 个征收卡）。1941 年 1 月，昌邑县抗日民主政府设立利渔盐务所，管理盐业事务并征收盐税。1941 年 3 月，西海专署工商局正式成立，接管了南北掖盐务。1945 年 11 月，胶东区昌掖工商局在沙河镇设立贸易公司，附设盐务股，对外称盐业公司，负责盐的产销和税收。

（二）盐业生产：从凋敝到恢复

民国时期，莱州湾南岸大量封滩毁池，至抗日战争全面爆发前的 1936 年，仅产盐 2.18 万吨，降为全省第 4 位。从表 7-8 看，在山东盐区 7 个盐场中，地跨莱州湾南岸的王官场、莱州

表 7-8　全面抗战前 5 年山东各盐场盐田面积、产量情况对比表

盐场名称	盐田面积（副）	年产额（公吨）
王官场	437	57400
莱州场	412	24800
永利场	62	7300
金口场	298	39100
威宁场	408	34000
石岛场	802	64700
青岛场	1945	285000
合　计	4364	512300

（资料来源：赵敏玉：《华北食盐资源》，《盐务月报》1946 年第 5 卷第 12 期。）

场的盐田副数分别列第 2、第 3 位，年产额分别列第 3、第 6 位；两场的盐田总副数 849 副，为山东盐区盐田副数的 19.45％；年产额 8.22 万公吨，为山东盐区年产额的 16.05％。在山东盐区中，不论盐田规模，还是年产量，莱州湾南岸的 2 个盐场均非十分突出。青岛盐场从 1922 年收回后，借助产业基础、区位优势、政策支持、出口便利等有利条件发展突飞猛进，后来居上，优势格外突出，全面抗战前 5 年高居山东盐区各盐场之首。

1. 日本侵略对盐业生产的破坏

抗日战争全面爆发后，日伪军几乎控制了莱州湾南岸全部盐区，在产盐集中地区设立据点，霸占盐源，一面强行低价收买，一面结合扫荡进行掠夺。1938 年 1 月，日本侵略者占领莱州湾南岸盐区，盐业生产陷入停顿。1942 年后，日本侵略者封锁盐业海运通道，切断山东海盐出口，停收盐民生产的原盐，盐业处于停滞状态。1944 年，王官场盐业生产完全陷入停顿，山东其他盐场经历了相同的命运。[①]

日本侵略者对包括莱州湾南岸在内的山东盐区野蛮推行了多次"治安强化运动"，妄图消灭抗日武装力量。"治安强化运动"反动政策涉及莱州湾南岸盐区："盐场警备班当与现地皇军紧密联络，以盐警队之大部分而确保盐场之警备、改修警备道路、扩充通信网，于王官场、莱州场尤应积极建设遮断壕堡垒"，"私盐取缔班应率所属盐警队调查私盐走路，得关于研究私盐之获取、私盐之流出，积极防止之"。[②]全面抗战时期，日

---

① 山东省档案馆、山东社会科学院历史研究所编：《山东革命历史档案资料选编》第 21 辑，济南：山东人民出版社，1986 年，第 428—429 页。

② 《山东盐务管理局第三次治安强化运动委员实施要纲》，《鲁鹾月刊》1941 年第 12 期。

本侵略者设关卡查缉私盐，被抓获者命运悲惨，非死即伤。①

1938 年日军侵占各盐场后，为便于对个体滩户的掠夺与监督，采取组织滩业公会的形式，实行盐民自治，从滩户中选拔正副会长，作为代理人，实则被权势滩主控制产、销之权。凡滩户必须加入滩业公会，其修滩、建滩、招工、灌池、报产、集坨、销售、分发盐款以及裁滩减员、民事处理等，必然通过滩业公会组织进行，日伪盐场公署的公文及公事也必经过滩业公会组织下达贯彻至滩户或盐民。由于统治紧严，克扣剥削甚重，不少盐民只得弃滩转农；到 1944 年，在日伪统治下的王官场盐场，盐民全部弃滩停晒。②

2. 抗日军民对盐业的恢复

鉴于盐和盐税的重要性，全面抗战时期共产党领导下的莱州湾广大抗日军民同敌人进行了不屈不挠的斗争，取得了辉煌战果。针对日本侵略者采取的盐业掠夺和封锁，共产党领导下的寿光、潍县、昌邑北部抗日民主政府，组织盐区群众，配合抗日游击队，采取封锁禁运、武装抢运和开滩自晒、轻税倾销等办法，与日伪军进行经济斗争。1937 年，国民党驻昌邑盐警队不战自退，盐区民众愤起捣毁鱼尔堡盐所，保护存盐。与此同时，共产党组织盐区群众，层层设卡，对敌占区的原盐封锁禁运，并发动群众到日伪盘踞滩坨抢盐。1940 年春，寿光县委组织 4000 多名群众，在抗日游击小组掩护下，夜闯日伪盐场，将存盐一抢而光。同时，在革命根据地发动群众开滩晒盐，实行轻税倾销，广开销路，保护盐商便利运销。从而增加

---

① 山东省盐务局编著：《山东省盐业志》，济南：齐鲁书社，1992 年，第 325 页。

② 潍坊市盐业公司编：《潍坊市盐业志》，1988 年刊，第 68 页。

了抗日民主政府的财政收入，改善了盐民生活，沉重打击了日伪军的嚣张气焰。例如，1941 年 6 月，中共领导的昌潍县大队夜袭，俘虏伪盐警 90 多人，拔除了昌邑东冢的日伪据点。①1942 年夏，寿北地下抗日工作人员在羊角沟小清河夜间夺走日伪盐船 2 艘，并经常组织群众在公路上暗埋铁耙、铡刀等阻止日伪汽车运盐。1943 年 9 月，昌邑县东利渔村的盐民民兵生俘迫降于当地的日军 1 架教练机、1 名驾驶员②，此事成为中国盐区军民奋起抗战的佳话。

另外，中国共产党号召包括莱州湾南岸的山东敌占区广大盐民停止晒盐，以打击日本侵略者对山东盐业的掠夺和控制。从 1939 年起，敌占区广大盐民积极响应中国共产党的号召，放弃盐业生产转而从事农业，拒绝给日伪军晒盐。至 1944 年，山东日占区全体盐民一律停止盐业生产，给日本侵略者以沉重打击。③在中国共产党领导下，山东抗日根据地大力发展盐业生产，呈现出产销两旺的良好发展势头。1944 年，寿光、昌邑、潍县 3 县产盐超过 3 万吨。④1945 年后，盐区相继解放，民主政府按行政区划进行管理，推销陈盐，发放贷款，恢复盐滩，至 1949 年盐田面积达 4.53 万公亩，产量达到 9.05 万吨。⑤

从全面抗战时期这里的盐业由沉沦到曲折发展的艰难历程看，是共产党领导的抗日民主政府依靠群众，团结各界力量，

①　潍坊市盐业公司编：《潍坊市盐业志》，1988 年刊，第 10—11 页。

②　山东省盐务局编著：《山东省盐业志》，济南：齐鲁书社，1992 年，第 457 页。

③　《寿光县盐业志》组编：《寿光县盐业志》，1987 年刊，第 233 页。

④　潍坊市盐业公司编：《潍坊市盐业志》，1988 年刊，第 114 页。

⑤　潍坊市地方史志编纂委员会编：《潍坊市志》，北京：中央文献出版社，1995 年，第 586 页。

形成了抗日救国的统一战线，从而把莱州湾盐业从日本侵略者的魔掌中解放出来，使其从破败走向新生。①1945 年，盐区全部解放。次年 9 月，山东省渤海区行政公署颁布了《食盐运销管理暂行办法》，要求各级工商局建立盐店，实行专买专销。1949 年 2 月，山东省盐务管理局确定，改"广泛增产，轻税倾销"政策为"增税限产，发展集中盐滩，限制分散盐滩，加强盐坨管理，防止走私，保证国家收入"的方针。总之，共产党领导的人民军队在莱州湾人民群众支持下，与日本侵略者和伪军展开了激烈的盐业斗争，逐步收复失地，取得了丰硕战果，恢复并发展这里的盐业。

（三）运销与税收

1939 年，昌邑、潍县、寿光各盐场先后沦陷，日伪疯狂掠夺盐业资源。盐民所产之盐，以每担伪币 0.62 元（折合高粱 5 斤左右）强行收取，而以 6.6 元的高价转销黄河沿岸及鲁中南、鲁西地区。凡通过铁路、港口转运日本、朝鲜之盐，每担征收出口税 3 分，仅占国内食盐税额的 5‰。同时组织日伪滩业公会，管理收盐和运销，滩业公会从低廉场价中明扣 20% 作为工薪费、公务费，暗取不计其数，再加苛捐杂税，层层扒皮，盐民不堪其榨取，大多弃滩转业。

共产党领导下的抗日民主政府，在恢复和发展盐业生产的同时，积极开展护税。盐税是抗日民主政府财政的重要来源，也为全面抗战发挥了重要作用，抗日民主政府取消了盐业交易

---

① 宋志东：《抗战时期山东盐业的曲折发展》，《盐业史研究》2015 年第 3 期。

统制，实行自由买卖。1941 年山东省战时工作推进委员会公布了山东省税收暂行条例，规定每担食盐征税 3 元（北海币），由敌占区运入者，每担加入境税 1 元。抗日民主政府积极开展缉私护税行动，使得这里的盐务缉私进入了法制化轨道。如抗日民主政府出台规定：查获的私盐责令补缴应纳税款，并按情节的轻重处以应补税款额 1—10 倍的罚金，但最多不超过其所罚款物价值的 60％；那些偷税走私者，如有抗税、拒检、武装走私等情况，则按情节轻重没收部分或者全部货物并送当地政府惩处；为做好护税工作，对缉私有功人员适当奖励。①

　　1945 年 8 月，抗日战争胜利后，寿光的市北盐区相继解放。渤海行署工商局第二分局在寿北地区侯镇、邢姚、单家、西岔河、寇家坞、马家庄、羊角沟、周疃、官台等地设立原盐产销店、销售店和出口店共 9 处。胶东区行政公署昌掖工商管理局在下营设税务所，在潍县泊子设莱州场办事处，1946 年在灶户、厫里设税收站，负责原盐生产、收购、运销，利用盐这一重要物资，对敌开展经济斗争。

四、新中国成立到改革开放前的莱州湾南岸盐业

　　新中国成立后，莱州湾南岸盐区逐步形成了统一、完善的盐务管理机构体系，理顺了盐业发展各环节的关系，不断优化完善生产布局，适度扩大生产规模、提高盐业产量，丰富盐产品种类，大幅提高产品质量，盐业发展蒸蒸日上。新中国成立

---

① 宋志东：《抗战时期山东盐业的曲折发展》，《盐业史研究》2015 年第 3 期。

以来，莱州湾南岸盐区地下卤水经过了多年大规模开采，其浓度、水位已经出现了下降趋势，但重点开采区仍处于青壮年时期。

（一）盐政机构建置和盐场管理

新中国成立后，莱州湾南岸地区盐政管理机构适应时代变迁，以与盐业发展变化相适应为目标，不断走向科学化、民主化，但总体上以计划经济管理为主。莱州湾南岸地区盐政管理机构形成了市级（地区级）统一领导，主要包括昌潍地区（潍坊市）和东营地区（东营市）、烟台地区（烟台市）一部，下设县级盐业公司负责销售等事宜，在产区设盐场管理机构负责生产事宜，在寒亭、寿光、昌邑、广饶、莱州等盐产区完整地体现出来，在临朐、安丘等非产盐区没有设立盐场管理机构设置。

1. 机构沿革

第一阶段，新中国成立后至1958年3月，莱州湾南岸地区并未成立统一的盐政管理机构，而是受省级管理，盐政机构主要在产盐区设立，实行属地管理，并根据形势发展变化进行了盐政机构改组和调整。1950年4月，莱州分局奉命撤销，分别成立羊口和莱州两个盐场管理处，隶属山东省盐务管理局。羊口盐场管理处驻羊角沟，内设秘书、人事、场产、会计、仓坨、税务6个科，辖官台、北单、岔河3个盐务所和国营新兴盐场（羊角沟归盐管处直辖）。潍县泊子盐务所、昌邑县利渔场务所、廒里盐务分所归莱州盐场管理处管辖。迄于1953年，昌邑县、潍县盐业停晒转产，两县盐务管理机构相继撤销。1957年，昌邑县复设利渔盐务所，潍县复设央子盐务所，归羊口盐管处管辖。

第二阶段，从 1958 年 4 月至"文化大革命"前夕，莱州湾南岸地区形成统一盐政管理机构，并形成分级管理体制，其间进行了数次分化组合。1958 年 4 月，羊口盐管处撤销，昌潍地区盐务归昌潍专署工业交通督导组兼管，时辖寿光、胶南、昌邑县盐务局和潍县盐务科。此为莱州湾南岸地区设置统一盐政机构的开始。同年 10 月胶南县盐务局划归青岛市。1959 年 11 月 17 日，昌潍盐务归昌潍专署轻工业局管理，时辖寿光县盐务局、昌邑县盐务所、潍县盐务科。1966 年 6 月 1 日，山东省盐业体制改革，成立盐业托拉斯。寿光县盐务局由山东省昌潍盐管处划出，与广饶县盐务局、山东莱央子盐场、寿光县盐场合并，统称山东羊角沟盐场（山东羊角沟盐务管理局），局与场合署办公，辖羊角沟合作盐场、广饶合作盐场，代管岔河合作盐场，隶属中国盐业公司，由山东省盐务管理局代管。胶南县盐务局、昌邑县盐务所、潍县盐务科仍属昌潍盐管处，山东羊口盐场收归中国盐业公司。

第三阶段，"文化大革命"时期，盐政管理机构受到冲击，管理体制出现倒退。1967—1970 年，原工业局与盐管处及山东羊角沟盐务管理均自行解体，盐务由昌潍地区革命委员会生产指挥部工交组管理。1971 年 2 月 15 日，盐务归昌潍地区革命委员会轻工业局管理，盐业托拉斯撤销，各盐场恢复原来体制。盐场的命名体现出强烈的时代烙印。1967 年，山东羊角沟盐场内部国营盐场与合作盐场分开，寿光羊角沟合作盐场改称寿光县卫东盐场，岔河合作盐场改称寿光县东方红盐场，广饶县合作盐场划归广饶县盐务局，原莱央子盐场、寿光县盐场仍称山东羊角沟盐场。

2. 盐场管理

这一时期的盐场管理，主要指的是对国营盐场和集体盐场的管理。

（1）国营盐场

莱州湾南岸盐业的国家经营可以追溯到1945年，当时经渤海行署批准，渤海贸易公司在羊角沟小清河北岸投资兴建了1处公营新兴盐场，当年建成沟滩7副，成为潍坊境内建设的第一个全民所有制盐场。1947年，在小清河南岸续建井滩8副，年产原盐2400吨左右，奠定了发展的物质基础。该盐场具有军民两用性质，既支援战争，又发展生产，满足军需民食。对外称盐场，对内为军用工厂，主要存放军需物资。1948年2月，该盐场隶属渤海行署河南盐务局管理，当年产盐增加到4000吨。1949年，该盐场划归山东省制盐公司领导，改称山东省制盐公司羊口盐场。1950年，该盐场划归山东省制盐公司与羊口盐管处双重领导。1952年，该场留有盐滩13副，产盐6550吨。同年，由于引黄工程开工建设，盐业生产条件不复具备，经山东省制盐公司批准，6月小清河北岸盐滩停晒，南岸盐滩也相继停晒。党和政府对盐场干部职工进行了妥善安置，将大部分干部、职工调往青岛、东营等地盐场，其余人员发放解散费就地安置。

1956年，经食品工业部、国家盐务总局批准，决定在寿光县北部投资兴建一处大型盐场。省盐务局两次派调查组到寿光沿海一带进行调查论证，于12月提出了新建盐场的初步建议，成为筹建山东羊口盐场的开端。1957年成立山东羊口区勘探委员会，成立了由省盐务局局长李祯珉担任主任、昌潍专署副专员邱建民和胶澳盐管处处长张涛担任副主任的领导机构，组织工程技术人员，在大家洼村以北进行项目调研论证工作，做了大量前期工作，为羊口盐场的顺利开工奠定了扎实的基础。1958 年 9 月 1 日，羊口盐场动工兴建，中间经过一二十年的时间，到改革开放前陆续建成了化工厂、吹溴厂、洗盐厂等。其盐化工产品有氯化钾、氯化镁、洗粉盐、溴素、无水硫酸钠（元明粉）等多种。

山东省菜央子盐场，原系安徽省于 1959 年在寿光县菜央子村北新建的一处劳改盐场。原设计建滩 150 副，面积 6 万公亩，生产能力 20 万吨。1962 年 8 月建成 51 副，面积 2.3 万公亩，生产能力 4 万吨。1961 年停建，1962 年 8 月 31 日移交山东省轻工业厅管理，定名山东菜央子盐场。为实行国营与集体、生产与供销的统一领导，将山东菜央子盐场、寿光县盐场①改为 3 个工区，同广饶、寿光 2 县盐务局合并，场局合署办公，机关驻菜央子盐场。1970 年改称山东省寿光菜央子盐场。山东羊口盐场、山东省寿光菜央子盐场为全市盐业系统骨干企业，1988 年，共有职工 6450 人，盐田面积 1400356 公亩，年产原盐 92.5 万吨，占全市原盐总产量的 44.81％。②

（2）集体盐场

新中国成立后，集体企业分县营和乡镇营盐场，形成了以县营集体盐场为主，乡镇经营的盐场为辅的集体生产格局。

县营集体盐场，是在分散个体滩的基础上，经过社会主义

---

① 寿光县盐场是小型地方国营盐场，1957 年，省盐务局投资 53.9 万元，由羊口盐场管理处承建，在羊角沟东南 7 华里处建盐滩 22 副，面积 6600 公亩，生产能力 2 万吨。1958 年交莱州盐场管理，定名为莱州盐场羊口段，同年 9 月，移交寿光县盐务局管理，改称寿光县盐场。1966 年 6 月，该场与山东菜央子盐场合并，成为菜央子盐场第五工区。

② 潍坊市盐业公司编：《潍坊市盐业志》，1988 年刊，第 71—73 页。

改造逐步发展起来的。1953—1956 年，盐业社会主义改造基本完成，各盐区由个体经济转变为集体所有制经济。1957 年，采取民办公助的办法，国家资助 1.54 万元复建潍县泊子盐场，盐田面积达 3000 公亩，生产能力 1 万吨。昌邑县发展了灶户盐场，盐田面积达 1680 公亩，实现生产能力 5000 吨；扩建了利渔盐场，盐田达面积 1000 公亩，实现生产能力 3000 吨。1958 年，根据中共山东省委批转轻工业厅党组的报告精神，将昌邑县灶户、利渔、廒里 3 处盐场分别划归柳疃、龙池、卜庄 3 处人民公社经营，所属盐工转为公社社员，年底按工日统一计分分红。1960 年 1 月，羊角沟、岔河盐业生产合作社分别改为寿光县羊角沟合作盐场、寿光县岔河合作盐场。昌邑县将利渔、灶户、廒里 3 处盐场合并为昌邑县合作盐场。1962年，根据山东省人民委员会财贸办公室批转山东省轻工业厅的报告精神，撤销了昌邑县合作盐场，改为灶户、利渔、廒里 3 处合作盐场。至 1985 年，全区县营集体盐业企业生产能力发展到 7 万吨，占全区盐业总生产能力的 78％。1964 年 5 月，颁布了《山东省集体所有制盐业生产单位制盐许可证暂行办法》，进一步规范了集体所有制盐业企业的审批资格和流程，保障了集体所有制盐场的合法权益，为集体经济的发展壮大提供了保障。同年 12 月，潍坊市地方国营泊子盐场改制为集体企业，恢复为潍县泊子合作盐场。此后，以市场需求为导向，本着平衡产销、满足供应的原则，县营集体盐场获得了持续、较快发展。总之，从 1957 年开始，乡镇经营的盐场开始出现并获得持续发展，莱州湾沿岸的官台、羊口、侯镇、泊子、龙池等地人民公社、生产大队，恢复并新建民营盐滩 300 多副，对发展盐业生产、繁荣市场、改善人民生活发挥了很大作用。

1970 年，经山东省轻工局批准，潍县泊子、央子 2 个公社新建了 400 公亩盐田。1971 年，寿光县羊角沟公社新建了 2000 公亩盐田。1974 年，羊角沟公社扩建盐田 5000 公亩。至 1977 年，莱州湾南岸社队盐场共发展盐田 137 副，总面积 8.7 万公亩，年产能力达 10 万吨。[①]

(二) 盐的生产、盐加工与盐化工

新中国成立后，这里的盐业生产通过社会主义改造以及恢复和发展民营盐滩、平衡供求关系等方式获得了大发展。并且，莱州湾南岸的盐加工和盐化工也迈出了坚实的步伐。

1. 传统的盐生产

这一时期，莱州湾南岸的盐业发展首先得益于盐业的社会主义改造。盐业的个体生产成为社会主义改造的对象，成为县营集体盐场和乡镇营盐场的源头和基础，为莱州湾南岸盐区的发展壮大提供了物质基础。1950 年，莱州湾南岸盐务管理部门认真贯彻落实全国首届盐业会议精神，对分散零星的小型盐滩实行裁并转产。至 1952 年，该项工作基本完成。从 1953 年春至 1956 年，莱州湾南岸盐区经历了成立互助组、设立小型盐业合作社、兴办大型高级合作社 3 个阶段，完成了盐业社会主义改造。以寿光为例，1953 年春，羊角沟盐区的盐民在党和政府的发动组织下，按照平等自愿原则，试办了张世润、王法礼、单友让 3 个互助组，进行互助合作，当年增产超过 10%。互助组如雨后春笋般地迅速扩展，第二年盐业互助组发展到 29 个，并试办了大井、龙车、永丰 3 处小型盐业合作社，

---

① 潍坊市盐业公司编：《潍坊市盐业志》，1988 年刊，第 68—70 页。

盐田转变为集体所有制，确立了按劳分配制度。1955年，盐业合作社迅速增加，1956年，兴办大型高级盐业合作社。国民经济建设"一五"计划期间，原盐产不敷销。

其次，莱州湾南岸的盐业发展还得益于恢复和发展民营盐滩。从1957年开始，莱州湾南岸盐区积极落实国家和山东省恢复和发展民营盐滩的一系列指示，成立了复滩委员会，重点复建寿光、昌邑和潍县的民营盐滩，采用民办公助的方式，复建了潍县泊子盐场，昌邑县灶户盐场、利渔盐场等，新增面积和产能大大增加。

再次，平衡供求协调发展也为该时期盐业的发展提供可能。盐的生产具有特殊性，既为重要的生活性资料，又为不可缺少的生产性资料，长期以来受供求关系影响上下波动。新中国成立以来，国家长期对盐业生产实行指令性计划，实行制盐生产许可证制度。各盐场必须按照国家计划生产，非经盐务部门批准不得任意开晒。生产的原盐要随生产随集坨，按计划公收。在生产实践中，莱州湾南岸地区逐步形成了"以销定产、产销平衡、略有结余、储备应急"的生产原则，为保障国课民食和经济社会发展发挥了重要作用。

新中国成立之初，采取了恢复和发展盐滩的措施，力求满足供应，避免过剩。1958—1960年，受"大跃进"运动影响，产品粗制滥造现象严重，原盐积压达13万吨。1961年，贯彻中央"调整、巩固、充实、提高"的方针，果断停止国营盐场续建工程，削减集体盐滩122副，下放盐工3848人，保留生产能力17.5万吨。1962年起，为盐场发展注入后劲，国家免征集体盐场所得税，国营盐场也实行休养生息。1964年4月大海潮后，山东省盐务局对寿光重点灾区投资136万元进行帮扶，发展盐业生产。第二年盐业获得大丰收，产盐 55 万吨。
1966—1978 年，县属及以上盐场对旧盐田实行老滩技术改造，
挖潜增效，盐田面积扩大到 109.5 万公亩，产盐出现过剩，
1979 年，为制止沿海社队自行开滩晒盐之风，山东省一轻局
严禁个人开滩晒盐，但至 1980 年，公社盐场发展到 33 处，队
办盐场 222 处，共有盐田 513 副，总面积 54.1 万公亩，年产
能力达 50 万吨，出现了运销困难、原盐积压的情况，甚至有
些社队私运私销、偷漏国税的违法行为不断发生。1982 年，
省政府明确规定：沿海滩涂和地下卤水资源归国家所有，必须
经省盐务主管部门批准，方准开发，任何单位和个人不得擅自
开滩晒盐；所有盐场都要严格按照国家批准的规模和计划进行
生产，严禁擅自扩大生产规模，不得自产自销；严禁私制、贩
运、私销原盐，违者一律按照《私盐查缉处理暂行办法》处
理。从此，不仅刹住了各地社队无计划盲目发展盐场的风气，
而且对未经批准建设的社队盐田进行减转，压缩盐田面积 27.7
万公亩，仅保留 5 个联营盐场、10 处公社盐场和 2 处社队办
盐场。1984 年 4 月撤社建乡后，全转为乡镇盐场，属集体所
有制企业。

1986 年，原盐销售形势根本好转，销大于产，为提高经
济效益，增加有效供给，各县盐区积极协调发展原盐生产，在
大搞老滩改造挖潜的同时，恢复了部分原来被裁废的盐田，并
有计划地发展了一批新盐田。至 1988 年底，全市乡镇盐场发
展到 21 处，寿光县羊角沟镇盐场，寿光县第一、第二、第三、
第四联营盐场，杨庄乡联营盐场，卧铺乡联营盐场，大家洼镇
联营盐场，道口乡联营盐场，岔河乡联营盐场，侯镇联营盐
场，寒亭区泊子乡盐场、央子镇盐场，肖家营乡盐场，昌邑县

柳疃、龙池、青乡、夏店、下营、卜庄、蒲东盐场，其中乡镇联营盐场 10 处。全市乡镇盐场盐田面积发展到 69.3 万公亩。同年，全市盐田面积达到 268 万公亩，年生产能力达 243.6 万吨，实际生产 206.4 万吨。①

2. 盐加工与盐化工生产

新中国成立前，限于生产条件，莱州湾南岸地区只有原盐一种盐产品，产品结构单一。新中国成立后，随着技术水平的提高，适应多种市场需求，逐步发展为再制盐（精制盐）、洗粉盐、洗精盐、加碘盐、调味盐等多种产品。

精制盐，系溶解原盐再制而成，也称再制盐，白色粉状，味咸，无杂质，质量高，适宜食用，是食盐的主要形式，广泛应用于民食和饮食服务行业。其生产流程如下：先将原盐放入化盐桶中溶解，经沉降器沉淀，除去泥沙杂质，溶液储于精液槽，经蒸发罐蒸发浓缩，降温结晶，脱水制出湿盐，后经沸腾床烘干即成精制盐。②

洗粉盐，系原盐粉碎洗涤脱水烘干而成，色泽洁白，粒度均匀，味咸，无异味，质量上佳，是高纯度的食用盐。其生产过程是：原盐先经搅拌桶、洗盐机用饱和溶液洗涤，除去泥沙及钙、镁、硫酸根杂质，再经脱水、粉细、烘干，即成洗粉盐。主要设备有搅拌桶、洗盐机、离心机、粉碎机、沸腾床、皮带输送机等。工艺流程如下：原盐—搅拌洗涤—洗盐机洗涤—离心脱水—粉碎—气流烘干—计量包装。

1973 年，投资 222.1 万元，筹建山东羊口盐场洗盐厂，设

---

① 潍坊市盐业公司编：《潍坊市盐业志》，1988 年刊，第 68—71、114—115 页。

② 同上书，第 115 页。

计规模 10 万吨。1978 年，山东羊口盐场洗盐厂竣工投产，当年加工洗粉盐 7300 吨，此后产量逐年增加，1985 年达到 11 万吨。多年来，产品质量均为一等品，注册商标"渤海"牌，1982 年被评为山东省一轻厅优良产品。产品氯化钠含量均达 95％以上，其中 1978 年 96.89％，1985 年 98.54％。1986 年冬，投入技术改造资金 185 万元，改产洗精盐，年产能力扩至 20 万吨。1988 年，生产洗精盐 11.8 万吨，平均氯化钠含量为 98.67％。1984 年投资 265.4 万元，动工兴建山东省寿光莱央子盐场洗精盐车间，1986 年 3 月竣工，当年加工洗精盐 5814 吨，平均氯化钠含量高达 98.77％。1984 年，寒亭区第一盐场，昌邑县利渔、灶户、廒里盐场均利用厂房设备加工洗粉盐，产品深受市场用户欢迎。1987 年，昌邑县灶户盐场生产的洗粉盐，被评为山东省优质产品。1987—1988 年，寒亭区第一盐场扩大了生产能力，并转产洗精盐，设计年产能 2 万吨。

加碘盐（简称碘盐），系将原盐或洗粉盐适量加碘，配制成 1‰—3‰含碘量的食用盐，是一种重要的保健调味品。主要供省内潍坊、淄博、泰安、临沂等地的山区民众食用，以防治甲状腺肿大的地方病，经济实惠，疗效显著。新中国成立以来，加碘盐生产以商业、供销部门为主。1980 年以后，改为盐区生产企业加碘。加碘主要设备有皮带输送机、小型空压机、搅拌机、溶解桶。加碘流程如下：先将碘化钾用 20 倍水溶解，再用空压机把碘液喷洒在皮带输送机的盐层上，搅拌均匀即成碘盐。为防止碘质挥发，碘盐储存期不超过 3 个月。

1981—1982 年，山东羊口盐场利用原盐和洗粉盐加碘，配制碘盐。1983 年后，仅用洗粉盐配制碘盐。1985 年，碘盐产量达 1.5 万吨。1982 年，山东省寿光菜央子盐场、昌邑廒里盐场利用露天原盐配制碘盐。第二年，改在车间配制碘盐，菜央子盐场年产量达 6 万吨。1985 年，廒里盐场碘盐产量达 1.3 万吨。1986 年 7 月，菜央子盐场加碘盐车间荣获山东省委地方病防治领导小组授予的地方性甲状腺肿大防治工作先进集体称号。1987 年 8 月 1 日，经中共山东省委地方病防治领导小组办公室及山东省第一轻工业厅审查，符合碘食盐生产经销规定，特发菜央子盐场碘食盐生产经销许可证。①

调味盐，也称营养保健汤料，系山东省制盐科学研究所研发的新产品，主要有大虾盐及多种快餐汤料。大虾盐以青岛建新盐化厂精盐为原料，配以大虾粉、姜粉、南酒、味精等佐料精制而成。1984 年，荣获山东省一轻系统新产品二等奖。大虾盐味道鲜美、营养丰富、促进食欲、有益健康。该产品上市后，风靡市场，大受欢迎。多种快餐汤料以青岛建新盐化厂精盐为原料，配以虾粉、鸡蛋、香菜等佐料精心调制而成，主要品种有：三香仔鸡汤、三参仔鸡汤、三鲜木耳汤、三香肉脯汤、香葱汤，味道鲜美，营养丰富，食用方便，受到省内外消费者好评。1984 年荣获山东省一轻系统新产品二等奖，1986 年荣获轻工业部科技进步三等奖。

盐化工是开展卤水综合利用的新兴产业。伴随着科技的快速进步和巨大的市场需求，从 20 世纪 60 年代至今，莱州湾南岸盐区兴办的盐化工厂陆续建成投产，逐步形成了比较完备的

_____

① 潍坊市盐务局编：《潍坊市盐业志》，1988 年刊，第 116—117 页。

原盐及盐化工产品的产业体系。各种盐化工产品的生产能力获得长足发展，主要产品有：氯化钾、氯化镁、无水硫酸钠、溴素、溴酸钾、溴酸钠、四溴双酚 A、2，4-二硝基-6-溴苯胺、"1211"灭火剂、纯碱等。潍坊北部沿海地区形成了在国内具有重要地位的盐化工生产基地。

莱州湾南岸盐区的氯化镁生产历史悠久，但是长期沿用土法，用柴草或煤炭加热大锅里的苦卤，进行全人工生产，工艺落后，产量低下。早在清末，官台盐区就有土法生产氯化镁的记载。新中国成立后，寿光岔河、羊角沟盐区仍部分采用土法生产氯化镁。1954 年，昌邑廒里盐场用土法生产了 35 吨氯化镁。1960 年，国民经济遭遇困难，寒亭、昌邑各盐场进行生产自救，采用土法生产氯化镁。工业化浪潮为氯化镁新工艺的登场和推广提供了条件，通过技术改造，采用新工艺，使用专用机械设备进行大机器生产，氯化镁的品种、产量、质量、性能等指标均大幅提高。1956 年，寿光岔河盐场建成氯化镁生产车间，至 1986 年底累计生产氯化镁 23616 吨，产品畅销省内各大城市。1971 年，山东羊口盐场化工厂建成氯化镁车间，至 1986 年底累计生产 68207 吨，氯化镁含量达 43％以上。无水硫酸钠是新中国成立后发展起来的新兴产业，生产工艺的发展进步尤为迅速（见表 7-9）。经过不断改进，逐渐采用专用机械设备和生产工艺，先后发展了 6 种生产工艺：平锅熬法、火塔法、热熔法、风化法、盐析法和全溶蒸发法。现在仅采用高效的盐析法和全溶蒸发法，其他落后生产工艺均被淘汰。①

---

① 潍坊市盐业公司编：《潍坊市盐业志》，1988 年刊，第 142—155 页。

表 7-9　盐化工产品产量、质量情况表

年度	氯化钾		溴素		无水硝		氯化镁	
	产量	质量	产量	质量	产量	质量	产量	质量
1951							898	
1959	15.10						1976	
1960	2.00				107		868	
1970	54.00	92.73%	14.00	98.25%	2438	88.23%	1947	
1971	194.00	92.13%	55.59	98.34%	3187	90.40%	3127	42.16%
1972	343.00	89.73%	170.00	98.76%	3572	88.73%	5789	43.28%
1973	279.00	89.27%	180.00	98.47%	4156	93.20%	3459	41.56%
1977	1300.00	85.29%	353.00	97.41%	5798	93.16%	13998	42.25%

（资料来源：潍坊市盐业公司编：《潍坊市盐业志》，1988 年刊，第154—155 页。）

从表 7-9 可以看出，新中国成立以来，莱州湾南岸盐区的盐化工产品产量、质量均不断获得提升，这与工业技术水平的不断提高是密不可分的。

（三）运销

新中国成立之初至 1950 年 10 月 17 日，莱州湾南岸盐区的盐业运销公私兼营，羊口盐场生产的原盐由中盐公司济南分公司运销，昌邑、潍县、岔河生产的原盐多由盐贩购运零销。1950 年 10 月 18 日起，遵照贸易部《食盐运商暂行管理规则》，莱州湾南岸盐区实行运盐税票制度，商贩运盐必须使用财政部印制的正式税票，无税票者定为私盐。1952 年 10 月，适应计划经济发展要求，山东省盐务局、省供销合作社协商决定，食盐销售逐步由各地供销合作社包销，终止盐贩的销售权，为食盐专卖奠定了基础。1953 年起，各地食盐供应逐渐转由供销部门购销，至 1956 年，商贩零售退出历史舞台。工业和农渔牧业用盐由用盐单位办理报批手续，盐务部门负责直供。1965 年，省盐务局设立昌乐盐业运销站，实行场间调拨办法，承担寿光、昌邑、潍县各盐场的盐业运销。1984 年 3 月，落实公收管理体制改革，各盐场产的盐由港站集中收购，盐运站按计划发运各销地及直供单位，邻近盐场的县、市、区用盐仍实行盐滩报运，就场供货，确保用盐供应。

1. 运销机构

适应盐业运销管理的发展变化，莱州湾南岸盐区不断调整、优化运销机构设置，力求管理效能的科学化、合理化，实现管理区域、环节的全覆盖。1949 年，驻寿光县侯镇的莱州盐务分局设立行政科，负责仓坨、放销事宜，细化了科室职能。1950 年，莱州湾南岸盐区加大了运销管理力度，机构设置相应体现出来：寿光羊口盐场管理处设立仓坨科，下设官台、岔河、羊角沟盐务所，直接管理盐滩、盐户的原盐储存和运销；莱州盐场管理处在潍县、昌邑、利渔、泊子设立场务所，具体管理商贩运销事宜；中国盐业公司济南分公司驻羊口办事处，负责将羊角沟盐场生产的原盐由小清河调运济南黄台运销站。1953 年，中国盐业公司济南分公司驻羊口办事处改称羊角沟调盐组，隶属于济南黄台运销站，明确了职能隶属关系。1954 年，盐业实行产销合一，黄台桥运销站驻羊角沟调盐组并入羊口盐场管理处，调运盐由仓坨科具体负责。莱州盐场管理处设立廒里盐务所负责存盐事务。1955 年，山东省盐务局设立昌潍盐业批发处和益都盐业推销组。1956 年，改设昌潍盐业运销管理处和益都批发处。同年，撤销莱州盐场管理处，国营莱州盐场在崔家设办事处，在廒里设场务组，管理食盐放销。1958 年 1 月 1 日起，昌潍盐业运销管理处负责的昌潍地区原盐购销业务移交昌潍供销社。1965 年，省盐务局设立昌乐盐业运销站，负责潍县、昌邑、寿光、羊口盐场原盐的场间调拨。次年，昌乐盐业运销站下放给山东羊口盐场管理。1978 年，昌潍地区行署盐务局成立，内设供销科管理运销。次年，昌乐盐业运销站改归昌潍地区行署盐务局直接领导。

2. 运销特点、主体及方式

新中国成立后，盐业纳入国民经济计划，列为战略性物资，实行销售的指令性计划，由国家轻工业部统一分配调拨。1950 年 1 月 20 日，全国盐务工作会议决定指出，逐步实现生产归工业、运销归商业、税收归财政的分工管理制度。盐务方面：生产、税收、缉私由财政部所属各级盐局负责，运销由财贸部门指定的各级盐业公司负责。同年 2 月，山东省盐务会议确定了盐业发展方针，实行以销定产、以产保销、以销保税，发展大盐场，裁减分散的小盐滩，生产实行许可证制度，产盐必须集坨，场价由盐管处核定，建立定期报产制度；运销以国营为主，公私兼顾，大力扶持供销合作社，管理私商，保证民食，完成税收任务。1960 年 5 月 26 日，国家计委把原盐列为中央统一分配物资，由轻工业部统一分配。原盐的申请分配销售，按照统一计划、分级管理、加强协作、共同负责的原则办理。1962 年 5 月 1 日，轻工业部、铁道部、交通部共同拟定《原盐管理运输办法》，要求各省认真执行，不得违反流向运盐。1978 年 12 月 15 日，轻工业部公布《盐的分配调拨办法》规定，盐的分配调拨应贯彻"备战、备荒、为人民"的战略方针和"发展经济、保障供给"的原则；盐是统一分配调拨产品，贯彻统一计划、分区平衡、划片定点、就地就近供应的原则，各盐区一律执行。①

新中国成立后，事实上确立了盐专卖制度，由盐政部门公收放销。莱州湾南岸盐区的运销方式有：①当地经销，由经工商部门登记许可的商户贩运零售。②盐滩报运，各地供销社按计划购运。③公司调运，中国盐业公司驻羊角沟办事处按计划进行调运。1955 年 1 月 1 日，遵照山东省盐务局《关于停止盐局就场放销零担食盐及对近场民食供应办法（草案）》，莱州湾南岸盐区各供销社负责按计划购运食盐。为商贩有序退出运销留下适当缓冲期，经上级单位指定有关重点区乡供销社经营部分批发业务，负责供应民间商贩，批发和零售差价严格控制在 6％—10％之间。1958 年，原盐被列为国家统一调拨分配的物资，由食品工业部主管。1961 年，遵照轻工部《原盐分配调拨管理办法》，莱州湾南岸盐区所有国营、集体盐场生产的原盐（包括洗粉盐、再制盐），由主管部门向轻工部提报分配调拨建议数，用盐申请部门统一向轻工业部提报购盐计划数，经国家计划委员会批复后下达产区由供货部门执行，对邻近盐场的县、市购盐计划，实行盐场直供，减少流转环节。

那一时期，莱州湾南岸盐区原盐销量不断增长，尽管中间有起伏波动，但是总体维持上升趋势，1988 年产量达 2963502 吨，比 1949 年的 112008 吨增长 25.5 倍。从原盐的细分类别看，食盐、工业盐销量稳步增长，与莱州湾南岸盐区人口的不断增长和工业的快速发展相适应。农牧业用盐和渔业用盐销量波动较大，与农牧渔业发展的丰歉年度变化有关，更

① 潍坊市盐业公司编：《潍坊市盐业志》，1988 年刊，第 80—81 页。

能说明随着科技的不断进步，农牧渔业用盐量不断减少，特别是冷链技术的迅速发展，大大降低了农牧渔业对用盐的依赖。

购销手续的办理：1954 年前，莱州湾南岸盐区的用盐单位或盐商购盐，一律到盐务所申请填写一式四联的销盐凭单（参见图 7-1），持销盐凭单到收款处现金缴纳盐价款和盐税，加盖收款印章后，到填票处填写发盐税票，然后持销盐凭单、发盐税票到坨基验放处装盐秤放，在销盐凭单上加盖付货印章，出盐坨（垣）时，再经查验后放行。盐商持盐税票在城乡市场开展零售业务，不再纳税。原盐购销形成了严格、规范的购销程序，有利于国家控制盐业运销，保持市场供求平衡，在新中国成立初期的特定历史条件下发挥了重要作用。

销 盐 凭 单				No 号	
发盐坨地： 年 月 日					
购盐单位				备注	
盐类	盐	等级 等	数量 吨公斤		
项目		每吨单价	金额		
盐价					
盐税					
合计金额（大写）					

放盐单位　　　主管　　　填单　　　出纳　　　放盐

图 7-1　销盐凭单①

1955 年以后，商贩退出盐业运销领域，各地供销社专门办理盐业运销，负责批量购运，盐价款、税款由交易双方在当

---

① 潍坊市盐业公司编：《潍坊市盐业志》，1988 年刊，第 182 页。

地银行办理托收承付手续，销盐凭单成为购盐单位的记账凭证和盐务所的发盐凭证。由于购盐税票废止，交易过程不用税票，也不用现金。1958 年，盐税移交税务部门管理后，盐务部门仍旧按照就场征收原则代收盐税。1965 年，按山东省一轻厅修订的《原盐场间调拨、运输管理办法》，昌乐盐运站实行计划场间调拨，羊口盐场使用一式四联的原盐运输验收单，寿光县盐业公司使用原盐调拨单（一式四联），由发盐单位填发。运至昌乐盐运站验收，填清验收数量，交回回执联。昌乐盐运站对外调运，一律使用调拨通知单，作为购盐单位查收和结算的依据。1957 年，停止使用销盐凭单，原盐放销一律使用县税务局统一印制的一式五联购盐专用发货票。

3. 运销途径

新中国成立后，莱州湾南岸实行铁路、公路、水运 3 种盐业运销途径并举。1984—1987 年，兴建了山东羊口盐场直达青州市火车站的益羊铁路，全长 71.5 公里，专门运输原盐和潍坊纯碱厂生产原料与产品。潍坊的各盐场都修筑了四通八达的外运公路，主要有羊益路（羊角沟盐场—青州市）、昌大路（山东羊口盐场、寿光岔河盐场—昌乐县）、南大路、坊央路、官瓦路（寒亭官桥—昌邑瓦城、利渔盐场）、昌灶路、营峠路、廒卜路等，为原盐外运提供了良好条件。莱州湾南岸的盐业运销可以利用全国的公路网、铁路网、水运网、航空网，方便快捷，运输效率越来越高。

铁路：铁路是重要的盐大宗产品运输通道，主要有益羊铁路——青州市火车站至山东羊口盐场，1984 年动工建设，1987 年建成通车，总投资 8629 万元，全程 71.5 公里。该铁路主要运输寿光县羊角沟、山东羊口盐场一带原盐及潍坊纯碱厂的原料和产品。

公路：莱州湾南岸盐区各盐场都建设了四通八达的公路网，对于保障原盐运输发挥了重要作用。主要有以下公路：羊益路，北起羊角沟，南至益都（今青州市），全程 80 公里。是羊角沟原盐重要的运输道路。昌大路，南起昌乐城，北至大家洼（山东羊口盐场），与王潍路、潍博路相连，全程 49.1 公里，为山东羊口盐场、寿光岔河盐场重要的运盐道路。南大路，西起羊益路南河路口，东与昌大路相连，全程 17.5 公里，是羊益、昌大公路的重要连接通道。坊央路，南起寒亭，北至央子镇，是寒亭区盐场重要的运输道路。官瓦路，南起寒亭官桥，北至昌邑瓦城，为昌邑利渔盐场的重要运输道路。昌灶路，南起昌邑城，北至灶户，为昌邑灶户盐场重要的运输道路。营峄路，北起昌邑下营，南至峄山镇，为下营、蒲东盐场的重要运输道路。廒卜路，北起廒里，南至卜庄，全程 5 公里，为廒里盐场重要的运输道路。

水运：莱州湾南岸盐区濒临莱州湾，建设了羊角沟、央子、下营 3 处海港。羊角沟港，居小清河入海处，属内河渔港。溯小清河可达济南，海运可达大连、天津。羊角沟盐区部分原盐由羊角沟港转运。央子港，居北部白浪河、弥河交汇入海处，港口水浅，河道可安全停泊船只，为央子盐场运盐提供便利。下营港，位于昌邑北部。原盐可达青岛、烟台、龙口、天津、大连等地。

原盐的销区随着时间的推移有所变化：新中国成立初期，寿光原盐销往山东省 74 县（市），河南省 9 县，安徽省 2 县，江苏省 5 县，共 90 县（市）；潍县原盐销往省内 2 县，昌邑盐销往省内 3 县。销区总计 4 省 95 县（市）。1955 年停止私商贩运，加之小清河天旱水浅，运量减小，销区缩减近半数，销盐量比 1949 年降低 59.3％。1966 年，昌乐盐业运销站、潍坊、益都分站建立后，原盐运销量不断增长，销盐区域逐渐恢复扩大。至 1986 年，销盐区域扩展到 13 个省（市）、26 个地区、135 个县（市）和 53 个重点用盐单位，年销盐总量 166.3 万吨，占全省销盐总量的 53.47％。①

4. 盐价

盐是关系国计民生的重要产品，盐价实行严格的国家牌价制度。1955 年，商业部颁布了《盐价工作制度实施细则》，对盐价核定的分工和权限作了明确规定，确立了三级定价体制：第一级，商业部、轻工业部负责核定羊口二等盐的盐价；第二级，省商业厅、一轻厅负责核定寿光岔河、羊口和潍县二等盐的盐价；专署级盐务局（公司）在商业部授权下负责核定洗涤盐、粉碎盐的盐价，制定并调整商业部、省商业厅、省盐务局（公司）、专署工商科不掌握的盐种批发牌价，在职权范围内根据省商业厅规定的批零差价范围，确定批发价和零售价格。

在流通环节的不同阶段，确立了 3 类盐价：公收价、场销价（出厂价）和销售价（批发价与零售价）。1964 年原盐实行计划调拨后，由国家轻工部等制定各类盐的分配调拨价格。1984 年，取消集坨公收，改行港站收购后，山东省一轻厅规定了港站收购价。1956 年以前，公收价是各类盐价的基础，定价程序非常严格。首先，盐务基层机关进行成本调查摸底，提出公收价价格，然后申报山东省盐务局核准执行。为兼顾生产者、消费者的利益，考虑社会公平，并根据当地市场物价波

表7-10　各所核定场销价格表①

羊口盐场管理处　1950年11月29日　单位：每担盐折小米：斤，折合人民币（旧币）：元

项目\场所等级款额	羊口所				岔河所				北单所				官台所			
	一等		二等		一等		二等		一等		二等		一等		二等	
	粮	款	粮	款	粮	款	粮	款	粮	款	粮	款	粮	款	粮	款
场购价	6.00	6300	5.25	5500	4.875	5100	4.375	4600	3.50	3700	3.125	3300	3.5	3700	3.125	3300
运输价	0.50	550	0.50	550	0.50	560	0.50	530	0.50	500	0.50	500	1.25	1300	1.25	1300
储存费	0.8755	920	0.9145	960	0.6835	720	0.6474	680	0.693	720	0.7124	740	0.693	720	0.7124	740
盐场建设费	0.556	165	0.1365	145	0.1268	135	0.1138	120	0.091	90	0.0813	80	0.091	90	0.0813	80
盐工福利费	0.556	165	0.1365	145	0.1268	135	0.1138	120	0.091	90	0.0813	80	0.091	90	0.0813	80
核定场销价	7.6825	8100	8.9275	7300	6.3125	6650	5.75	6050	4.825	5100	4.50	4700	5.625	5900	5.25	5500

① 潍坊市盐业公司编：《潍坊市盐业志》，1988年刊，第187页。

动情况及时进行调整，1950 年，山东省盐务局对公收价进行了 3 次调整。1962 年后，山东省盐务局对公收价又进行了 3 次调整，力求科学合理。

各类盐的出场价常随公收价的变动而变动。1950 年 11 月 29 日起，制定执行了一批场销价（见表 7-10）。1957 年，羊口盐场管理处所属单位场销价如下：岔河场务所每担盐 0.73 元，羊角沟各所每担盐 0.74 元（新币）。1962 年，原盐出场价实行优质优价，每吨调整为：一等盐 34 元、二等盐 31 元、三等盐 26 元。1984 年 5 月 15 日零时起，原盐出场价再次作出调整。1985 年 1 月 1 日，山东省物价局、财政局、一轻厅将洗粉盐、精制盐出场价调整为：洗粉盐由每吨 45 元上调为 59 元，精制盐由每吨 85 元上调为 109 元。1965 年，昌乐盐业运销站原盐分配调拨价（食盐）为：每吨一等盐 204.40 元、二等盐 199.40 元、三等盐 194.40 元。1985 年 1 月 1 日，省财政局、物价局、一轻厅通知规定，昌乐盐业运销站（包括潍坊、益都分站）分配价分省内用盐、省外用盐 2 种。①潍坊的原盐销售范围较大。

从长期趋势看，盐价随着国民经济的发展和全社会总体物价水平的提高而缓慢上涨。鉴于盐的特殊商品属性，国家调整盐价形成了一套严格的程序，而且调价前都进行扎实的调研论证，充分兼顾国家、生产者和消费者的利益平衡，最大限度地减轻调价造成的社会影响。

1954 年以前，盐务部门将食盐以场销价售于商贩，各级工商部门负责管理监督城乡市场零售价。按距离盐场的远近，

① 潍坊市盐业公司编：《潍坊市盐业志》，1988 年刊，第 184 页。

批零差价波动范围在 6％—11％之间。潍县、寿光、昌邑等近场县份，每斤食盐销售价 1000 元（旧币）左右，安丘、益都、昌乐、平度等县每斤 1100—1200 元，其他县份售价每斤 1200—1400 元。1955 年，山东省财政厅、商业厅规定了城乡差价办法：在出场价基础上，综合考虑各种费用计算，规定城乡差价为：15 里内，与城市同价；16—25 里，每斤加价 5 厘；26—40 里，每斤加价 1 分；40 里以外，每斤加价 1 分 5 厘。次年，财政部、商业部联合通知，统一规定了各种用盐的市场价、批发价和零售价。[①]

（四）税收

新中国成立初期，延续近代惯例，盐务部门负责盐税征收。以羊口盐区为例，1955 年以前，个体盐商到羊口盐场管理处申请填写销盐凭单，持现金缴纳盐税、盐款，填写税票，领运盐凭单，再持凭单、税票到指定坨基验放购运。1955 年以后，按照全国盐务工作会议的统一安排部署，轻工业部负责盐的分配调拨，改由盐业公司、供销合作社、商业企业购盐，各县盐务局具体经办调拨业务，从中征税。1958 年 7 月 1 日，财政部、轻工业部研究决定，盐税的征收工作即日起交由税务机关办理，以便盐务部门集中力量发展生产。盐业行业管理和税收征管分离，符合产业发展的时代趋势，对行业长远发展发挥了积极作用。

1. 盐税演变概况

在停止征收盐税后，盐务部门配合做好盐税征收的准备工作，为税务部门做好征收盐税工作提供了良好条件。寿光盐务

---

① 潍坊市盐务局编：《潍坊市盐业志》，1988 年刊，第 184—186 页。

局、昌邑盐务局、潍县盐务科，在销售环节代征盐税，集中向
各县税务局交纳。1963 年 4 月 30 日，财政部通知决定，将盐
税征收和违章案件的处理委托盐务部门代管。在代管过程中，
寿光盐务局、昌邑盐务局、潍县盐务科、山东羊口盐场提取
5‰以下的手续费。1974 年 6 月 13 日，山东省财政厅通知确
定，盐税违法案件一律交由县财政局或税务局按规定处理。
1983 年后，随着盐务机构体制改革，潍坊将寿光县、昌邑县、
寒亭区 3 个盐业公司（公收单位）和山东羊口盐场作为盐税纳
税人，确立了独立经济实体地位。[①]

　　1950 年 3 月 14 日，财政部发布"关于实行统一盐税税额
办法的决定"，规定从 1950 年 3 月 14 日起，华北、华东、中
南各省海盐税额，按每担当地征收主粮 100 斤，折合旧人民币
13.5 万元。1950 年 6 月 1 日，政务院财政经济委员会作出关
于减半征收盐税的决定，自即日起食盐税额减半征收，并按当
时主粮价格折合的金额核定税额。华北、华东食盐税额每担按
旧人民币 7 万元计征。减税行动有利于新中国成立初经济社会
的恢复发展。

　　随着经济社会发展，物价水平也在缓慢提高，相应地适当
增加盐税有其合理性。但是，国家为了兼顾各方利益，保证国
课民食，多次下调食盐税额，为经济社会发展创造了有利条
件。1956 年 11 月 19 日，国务院批示，从 1957 年 1 月 1 日起，
山东、长芦等地区的食盐税额每担增加新人民币 1.6 元。1959
年 5 月 21 日，财政部通知规定，减低食盐税额，规定山东海
盐食盐每吨税额为 159 元，以此对冲食盐调高出场价格，减轻

---

　　① 潍坊市盐务局编：《潍坊市盐业志》，1988 年刊，第 96 页。

民众食盐费用负担。1979 年 10 月 23 日，财政部税务总局批复同意山东食盐税额为 154 元。同时，山东省财政厅通知要求，集体盐场生产的食盐每吨按 150 元征税。为了进一步支持盐业发展，减少原盐积压，保证盐税收入，山东省财政厅决定从 1980 年 10 月 10 日起，食盐每吨减征 12 元。1984 年，山东省财政厅、一轻厅、物价局联合通知决定，从 1985 年 1 月 1 日起，精制盐（含洗涤盐、洗粉盐）征收税额每吨由 154 元减至 130 元，粉碎盐、洗涤盐征收税额每吨由 154 元减至 140 元。1986 年 12 月 12 日，省一轻厅、财政厅、物价局联合通知规定，全面减征食盐税额，原盐每吨调减 18 元，洗粉盐每吨调减 18 元，再制盐（精盐）每吨调减 21 元，粉洗精盐每吨调减 16 元，农业、渔业用盐与食盐同税。[①]这对当地人民群众的生活和社会发展很有帮助。

纳税期限按照 1958 年的国家规定执行，纳税单位对外售盐时采用托收承付结算方式的，可在收到货款后缴纳税款，收到货款的当天为纳税时间。鉴于山东羊口盐场原盐运销量大，平均月税款达 200 万元，纳税期限宽限到收货款后 3 天。凡超期不缴税金者，除责令限期补交税金外，按每日加征 1‰ 的滞纳金。为了照顾地方经济发展，国家确定了盐税地方留成制度。1978 年财政部通知，各产盐市、县从盐税收入中提取 1‰ 作为地方留成。1980 年，山东省财政厅发文，从 1980 年 10 月 1 日起，产盐市、县盐税收入地方留成的比例由 1‰ 调高为 3‰[②]（见表 7-11）。

---

① 潍坊市盐务局编：《潍坊市盐业志》，1988 年刊，第 98—99 页。
② 同上书，第 96 页。

表 7-11 历年盐税收入表①

年度	盐税收入总额	占全市财政收入	占全市各项税收入	占全省盐税收入	备注
1949	79.0	4.50%	4.53%	16.78%	
1950	——	——	——	——	
1951	1083.7	20.02%	20.40%	17.42%	
1952	991.6	15.40%	15.82%	17.40%	
1953	1247.6	14.05%	14.50%	21.66%	
1954	1278.4	12.37%	12.57%	19.04%	
1955	552.7	4.59%	4.60%	8.20%	
1956	595.1	5.43%	5.44%	9.06%	
1957	637.5	5.43%	5.48%	21.49%	
1958	1379.5	9.05%	11.87%	17.46%	
1959	2055.6	9.32%	19.17%	20.00%	
1960	2315.7	12.84%	20.60%	25.58%	
1961	2424.4	20.50%	25.65%	22.27%	
1962	3052.6	22.90%	25.18%	24.83%	
1963	1996.6	14.24%	16.88%	30.12%	
1964	2064.2	14.49%	17.42%	33.98%	
1965	2172.9	12.06%	13.92%	38.73%	
1966	3371.0	19.39%	21.17%	37.81%	
1967	3416.0	19.28%	20.74%	41.27%	
1968	5604.0	28.75%	30.73%	49.65%	
1969	4324.0	24.77%	26.70%	44.68%	

---

① 潍坊市盐务局编：《潍坊市盐业志》，1988 年刊，第 100—103 页。

续表

年度	盐税收入总额	占全市财政收入	占全市各项税收入	占全省盐税收入	备注
1970	5186.0	19.17％	24.85％	44.92％	
1971	3968.9	11.82％	19.20％	49.41％	
1972	4184.5	11.61％	17.80％	47.05％	
1973	4497.1	12.31％	17.05％	47.19％	
1974	4151.9	16.69％	19.83％	44.99％	
1975	5502.0	14.16％	18.01％	48.80％	
1976	7550.0	17.71％	20.98％	56.60％	
1977	8092.6	14.61％	14.91％	51.81％	
1978	6949.0	12.51％	16.20％	53.04％	
1979	8288.2	15.23％	18.41％	63.68％	
1980	7145.2	27.40％	50.44％	70.03％	
1981	6529.5	8.90％	12.46％	64.00％	
1982	5795.4	7.46％	9.39％	61.71％	
1983	6467.7	10.61％	12.53％	67.43％	
1984	6255.0	12.26％	11.73％	56.81％	
1985	6904.1	9.30％	9.27％	58.71％	
1986	7426.0	9.82％	9.59％	60.06％	
1987	8242.0	11.62％	13.69％	71.06％	
1988	11510.8	12.89％	15.77％	72.38％	

注：1953 年以前系旧人民币折合新人民币数。

从历年盐税收入表看，莱州湾南岸盐区的盐税收入总额总的走势不断上升，占全市财政收入的比重稳中有降，占全市各项税收入的比重变化不大，占全省盐税收入的比重稳步上升并逐渐占据绝对优势。这些情况说明莱州湾南岸盐业发展的上升势头强劲，经济效益显著，在全省盐业发展中居于领先地位，发展优势持续扩大；盐税收入在全市财政收入中的比重呈稳中有降趋势，说明莱州湾南岸盐区的国民经济持续快速、健康发展，综合经济效益显著，财政收入增长迅速，盐税的重要性略有下降；盐税在全市各项税收入中的比重变化不大，说明在全市各行各业快速发展的大背景下盐业保持了持续快速发展的良好势头，与其他行业相比并不逊色。

2. 盐税的分类管理

1921 年，中华民国政府颁布了农、工业用盐章程，规定农牧业用盐每担征税 3 分，但莱州湾南岸并未征收该项盐税。1950 年 1 月 20 日，中华人民共和国政务院关于全国盐务会议决定，规定工农业用盐实行免税。1956 年，国务院批转财政部通知，规定农牧业用盐减税，按当地食盐税率的 40% 计征。农牧业用盐减税限于选种和饲畜用盐（家禽不包括在内），减免对象为国营和地方国营的农场、牧场、农业合作社，社员分散饲养的牲畜不作减税供应。盐务机关与当地农牧业主管部门共同研究供应办法，评定用盐标准。如，猪每天 3—6 钱，牛、驴每天 3—5 钱，羊每天 2 钱，骡、马每天 5—8 钱。用盐单位提出用盐计划，报经税务部门批准，发给购盐证，凭证购买，或经盐务机关委托经营单位代售。县盐务部门以县为单位，分别按"选种""饲畜"，填写农牧业盐放销月报表，上报国家盐务总局备案。农牧业用盐只限农牧业专用，不准移作他用。1960 年 8 月 25 日，山东省财政厅通知从 9 月 1 日起农牧业用盐每吨税额由 68.80 元减为 55.80 元。1984 年经国家税务总局批准，凡向国营农场、农牧业集体单位承包的农牧业专业户和重点户饲养牲畜用盐按规定予以减税供应。1986 年 12 月 12 日，山东省一轻厅、财政厅、物价局联合通知规定农业用盐与食盐同税，不再减税照顾。

1955 年 8 月 16 日，财政部、轻工业部联合颁布《工业用盐发售管理暂行办法》规定，国家核准建立的冶金、油脂肥皂、制革、酸碱、染料、制冰冷藏、陶瓷玻璃、医药 8 类工业，经山东省盐务局核准，国营、公私合营、合作社及私营工厂填写工业用盐申请登记表和购盐计划向县盐务局申请登记。经省盐务局核准，填发工业用盐购盐证，凭证购运，免收盐税。1984 年，国务院对 8 类工业用盐的免税范围进行了调整，制革和酸碱工业用盐改为按食盐税率 10％征收；油脂肥皂工业用盐改按食盐税率 50％征收；其他 5 类工业用盐，改为按食盐税率全额征收。1985 年 3 月 13 日，省税务局通知规定，山东省制革工业、油脂肥皂工业、酸碱工业、饲料工业一律按食盐税额 10％征收，每吨征税 15.4 元。工业生产所需的减税盐，按照盐务总局下达的供盐计划及用盐单位的生产计划，报企业所在地税务局审核批准。

渔业用盐方面，1947 年规定渔业用盐按食盐税额 50％征收，1950 年 1 月规定按食盐税 30％征收。1957 年 5 月 16 日，国务院颁布《渔业用盐发售管理暂行办法》规定，渔业用盐分为海水渔盐、淡水渔盐 2 种，海产渔类用盐率一般不得超过渔类总重的 38％，由盐务总局、水产部核定年度渔业用盐供应计划。购买海水渔盐，用盐单位、渔民持已登记的渔盐申请书，向盐务机关领取购盐证，限当年有效。在渔汛期间，出海生产渔船所带渔盐如因故卸岸，要报当地盐务机关审查批准。渔船在邻海捕鱼，原来所携带的渔盐须添购时，须向所在地盐务机关说明添购理由，经批准购盐。渔汛过后，已购未用的渔盐，报请盐务机关查明封存，留作下届渔汛使用。腌用乏盐需要出售时，每吨应缴乏盐税 42 元。1960 年 1 月 16 日，税务总局通知规定，用于肥田的渔乏盐可以免税。1986 年 12 月 12 日，山东省轻工业厅、财政厅、物价局联合通知规定，渔业用盐与食盐同税。

除此之外，还有平衡盐和战备盐。新中国成立后，针对各地盐业生产不平衡，海盐占比大，产量易受天气影响的实际，为满足供应，国家确定收购平衡储备盐，简称平衡盐。平衡储备盐原则上存于产区，由盐务总局统一部署，重点配置于交通方便且容易外调的集中仓坨。如 1964—1985 年，莱州湾南岸盐区以寿光、昌邑、寒亭盐务局和山东羊口盐场为申请单位，共收购平衡盐 180.5 万吨，并代为保管。非经盐务总局批准，平衡盐不得动用，耗溢盐斤由生产企业或公收单位负责。在收购保管期间，平衡盐暂不交纳盐税。批准动用或对外销售时，按照平衡盐调出计划分别用途交纳盐税。出于战备的需要，1965 年山东省盐业公司和省供销社联合通知，要求 2 年储 10 万吨战备盐。战备盐暂不缴纳盐税。1978 年 5 月，山东省一轻厅安排昌潍专区调拨战备盐，供应湖南省、安徽等省。

五、改革开放以来莱州湾南岸盐业的多元发展

改革开放以来，和其他不少行业一样，盐业也从计划经济时代走向市场经济为主的时代。莱州湾南岸盐业呈现出多元发展的局面。

（一）盐务管理

改革开放以来，莱州湾南岸地区盐政管理机构适应经济发展形势，逐步由计划经济管理转向市场经济管理，形成完备管理职能，极大地推动莱州湾南岸盐业的发展。

1978年6月1日，成立昌潍地区行政专员公署盐务局，机关驻寿光县大家洼（羊口盐场），首任局长刘同盈。1981年改称莱州湾南岸专员公署盐务局，时辖寿光、潍县、昌邑县盐务局和山东羊口盐场、昌乐盐运站、潍坊盐业机械厂。20世纪80年代以来，随着我国经济逐步由计划经济转向市场经济，莱州湾南岸地区盐政管理机构也随之变化，向市场经济迈进。1983年10月，莱州湾南岸专员公署盐务局改称潍坊市盐务局，12月改名为潍坊市盐业公司，内设办公、生产、计则、供销等科室。时辖寿光、寒亭、昌邑3个县（区）盐业公司，直辖山东羊口盐场、昌乐盐运站、潍坊盐业机械厂。1985年6月，潍坊市盐业公司由大家洼迁驻潍坊市潍城区胜利大街183号。1987年1月，潍坊市盐业公司改为潍坊盐业公司，内设办公、生产、财务、技术改造、供销、企业管理等科室。1988年成立助理室，设经理助理3人，协助经理工作。[①]莱州湾南岸级（市级）盐业公司内部机构设置职责明确，形成了"职有专司、分工合作"的精细化管理格局（见图7-2）。但还有直属事业单位、盐场机构和企业，盐政管理机构和企业经营于一体，与"政企分开"的发展大势不相适应，也为更深层次的改革埋下了伏笔。在寿光、寒亭和昌邑等盐产区，县级盐业公司

---

①　潍坊市盐业公司编：《潍坊市盐业志》，1988年刊，第54—57页。

图7-2 潍坊市盐业机构设置一览①

① 潍坊市盐业公司编：《潍坊市盐业志》，1988年刊，第61页。

以管理属地盐场为主，同时负责管理和维护本区域正常的盐业经营秩序。其中，寿光管理的盐场最多，寒亭管理的盐场数位居第二，昌邑列第三。

新中国成立后，盐业经营管理长期政企不分，政事不分，潍坊的盐业经营管理长期呈现出一体化格局，所以盐政管理机构下设的企业属于盐务体制的重要组成部分。1986年，遵照中共中央决定，在潍坊市进行盐业体制改革试点，逐步解决政企不分的问题。①1987年1月，潍坊市盐业公司改为潍坊盐业公司，进一步分离管理职能，向企业经营实体转变。潍坊盐业公司下属山东羊口盐场、潍坊盐业运销站、潍坊盐业设计室、潍坊盐业机械厂、昌乐盐业运销站和青州盐业运销站6个单位，组成企业集团性质的经济实体公司。新成立的盐业行业协会负责全市盐业系统的行业管理，下设办公室，驻潍坊盐业公司机关，委托盐业公司负责全市原盐，盐化工和场内海产养殖生产及计划、质量、工艺、调运、销售、财务、设备等管理工作。公司对盐业生产企业下放自主权、下放干部管理权，本着管少、管好、管活的原则，由原来下管二级，改为下管一级。各企业中层干部由各企业自行任免。下放工人调配权，由原来市劳动局统一调配，改为各企业自行调配。控制工资总额，实行增人不增工资总额、减人不减工资总额的包干办法，鼓励企业多调出、少调入。下放企业机构设置权，各企业可根据自己的生产经营情况灵活设置。在生产指挥、劳动管理、设备维

①　改革开放前，盐业企业分为国营和集体两种类型，集体企业包括县营和乡镇营盐场。潍坊以县营集体盐场为主，乡镇经营的盐场为辅。莱州湾南岸改为省辖市后，进行了管理制改革，由管理型向经营型、生产服务型转变，原莱州湾南岸盐务局改为潍坊市盐业公司，下设机构也发生了相应的变化。

修、原材物料购进、财务管理等方面简政放权，改变了过去在管理上统得过死的现象。公司与所属单位具有法人地位，内部实行两级核算，分级分权管理制度，从而改善了企业管理，提高了经济效益。①

盐税管理方面也基本呈现出减免特征。1979 年 12 月 31 日，财政部发出《关于停止对新建集体盐场定期减免税的通知》，规定 1977 年开始县社新建集体盐场生产原盐发生亏损部分给予定期减免税照顾，从 1980 年 1 月起，原则上应按规定数额征税。1980 年 10 月 23 日，财政部、轻工业部下达《关于不得自行降低原盐税价和由财政补贴盐运费的通知》，规定凡未经批准自行决定降低税额和分配价的一律恢复原来税价执行；自行由财政补贴原盐运输费用的，应当停止补贴；切实执行原盐分配调拨计划和干线运输计划，不是规定的销区一律不得将盐运出销售。1981 年 3 月 7 日，财政部下达《关于盐税工作的通知》，要求切实加强盐税征收，开展盐税宣传教育，增强产销企业干部职工法制观念，加强原盐走私查缉和经常性稽征管理。1982 年 9 月 13 日，山东省人民政府颁布《关于加强原盐产销管理和缉私护税的布告》，明确规定沿海滩涂地下卤水资源属于重要的自然资源，归国家所有，开发须经盐务主管部门批准，任何单位和个人不得擅自开滩晒盐；所有盐场要严格按照国家批准的计划和规模组织生产，不得擅自变更，严禁自产自销；严格执行国家盐业政策法规，所有原盐经营和使用的企事业单位，都要接受盐务、工商、税务管理部门监督检查，严禁私制、私运、私销原盐，违者按《私盐查缉处理暂行

① 潍坊市盐业公司编：《潍坊市盐业志》，1988 年刊，第 73—74 页。

办法》处理；严肃处理聚众偷盗、哄抢原盐和盐场物资者，对有组织贩运私盐，殴打缉私护税人员者，触犯刑律移交司法机关依法惩办。[①]

(二) 生产及升级、改造

1. 传统盐区的发展

先来看一下该地的传统盐区与盐场。莱州湾南岸盐业生产条件得天独厚（见表7-12）。该地盐场主要有：羊角沟盐区[②]、山东羊口盐场[③]、寒亭盐区[④]、昌邑县盐区[⑤]。

1978 年，中共昌潍地委号召大力发展集体工业。潍县、寿光、昌邑当年就有 8 个公社 50 个大队开工建滩，扩大盐业生产，呈现出过度发展的趋势，盐业生产出现了过剩的苗头。1979 年，山东省一轻局提出禁止沿海社队自行开滩晒盐之风，

---

① 潍坊市盐业公司编：《潍坊市盐业志》，1988 年刊，第 78—82 页。

② 位于寿光县西北部，西起塌河，东到羊角沟镇养虾场，南起营子村，北到小清河，占地面积 71 平方公里，盐区内主要有寿光县卫东盐场、山东省寿光菜央子盐场、羊角沟镇盐场、清水泊盐场、寿光县第一联营盐场、第二联营盐场、第三联营盐场、第四联营盐场、杨庄乡盐场、卧铺乡联营盐场。

③ 位于寿光大家洼镇以北，南北宽 8 公里，东西长 20 公里，分东西两半场，占地面积 135.65 平方公里。岔河盐区：西起岔河乡神树坡，东至崔家河，南至侯镇地沟村，北至山东羊口盐场围滩河，占地面积 50 余平方公里。盐区内主要有寿光县岔河盐场、岔河乡联营盐场、侯镇联营盐场、道口乡联营盐场、大家洼镇联营盐场。

④ 位于寒亭区北部，西起丹河，东至虞河，南至泊子乡、潍北农场，北临渤海莱州湾。盐区内主要有寒亭区第一盐场、寒亭区第二盐场、54960 部队盐场、55085 部队盐场、潍北农场盐场、泊子乡盐场、央子镇盐场、肖家营乡盐场以及部分乡镇的村办盐场。

⑤ 位于昌邑县北部，西起虞河，东至胶莱河，南至龙池、东冢，北临渤海莱州湾。盐区内主要有：昌邑县利渔盐场、灶户盐场、廒里盐场以及龙池、柳疃、青乡、夏店、下营、卜庄、蒲东 7 处乡镇盐场。

表7-12 1986年莱州湾南岸盐区滩涂面积分布情况

单位	滩涂面积（公亩）	盐田面积（公亩）			水产养殖面积（市亩）			其他面积（公亩）
		合计	现有面积	可供开发面积	合计	现有面积	可供开发面积	
全市	5257483	3720577	1608844	2111733	183900	148010	35890	50000
寿光县羊角沟盐区	1426353	537080	252054	285026	99500	99500		34000
寿光县岔河盐区	522500	478227	104260	373967				6600
山东羊口盐场	1462645	1462645	1092145	370500	4400			
昌邑县盐	876672	539992	111092	428900	40000	22000	18000	9400
寒亭盐区	969313	702633	49293	653340	40000	22110	17890	

注：盐田面积指生产面积。

（资料来源：潍坊市盐业公司编：《潍坊市盐业志》，1988年刊，第37页。）

要求对自行开滩晒盐，"一律不集坨、不公收，不准自行销售"。至1980年，莱州湾南岸的公社盐场发展到33处，队办盐场222处，共有盐田513副，总面积54.1万公亩，年生产能力50万吨，占全市原盐总产量的23％。由于盲目扩大生产，造成原盐积压，私运私销状况时有发生，影响到了国课民食。1982年，山东省政府颁布了《关于加强原盐产销管理和缉私护税的布告》，明确规定盐业生产计划和规模由国家调控，所有盐场必须严格落实，严禁擅自扩产、自产自销，严禁制私贩私；加大防范和打击私盐力度，违者一律按照《私盐查缉处理暂行办法》严行究办。从此，各地社队盲目建设盐场之风被遏制住，未经批准建设的社队盐田进行减转，压缩盐田面积达27.7万公亩。仅保留10处公社盐场、2处社队办盐场和5个联营盐场，有力地净化生产经营秩序，促进了盐业健康发展。1984年4月，莱州湾南岸实行撤社建乡改革，原有社队集体企业全部转为乡镇盐场，仍然属于集体所有制企业。

如前所述，1986年，原盐供求关系发生逆转，由产大于销变为销大于产。为满足市场供应，提高产品质量，莱州湾南岸大力开展盐业生产挖潜技改，逐步恢复了原减转的乡镇盐田，并有计划地发展了一批新盐田。至1988年底，潍坊乡镇盐场发展到21处，即寿光县第一、第二、第三、第四联营盐场，羊角沟镇盐场，大家洼镇联营盐场，侯镇联营盐场，杨庄乡联营盐场，卧铺乡联营盐场，道口乡联营盐场和岔河乡联营盐场，寒亭区央子镇盐场，泊子乡盐场、肖家营乡盐场，昌邑县柳疃、龙池、卜庄、下营、青乡、夏店、蒲东盐场，其中乡镇联营盐场达 10 处。全市乡镇盐场盐田面积发展到 69.3 万公亩。①

党的十一届三中全会以来，各级政府和盐务部门高度重视保护沿海人民群众的生命财产安全。至 1986 年底，建设防潮坝达 91.3 公里，有效控制了风暴潮灾害，保障了盐业生产和人民生命财产安全。②

2. 生产技术的革新与改造

新时代非常突出的一点，就是生产技术的革新与改造。出于行文的需要和理解的方便，本部分的技术革新囊括了新中国成立后计划经济时代的内容。

新中国成立前，莱州湾南岸盐区原盐生产设备简陋陈旧，生产工艺落后，阻碍了盐业的健康发展。新中国成立后，经过社会主义改造，"盐政部门由抓场政管理转向生产领导和技术管理"，发动盐工（民）投身于社会主义建设洪流，大力进行技术革新，广泛开展社会主义劳动竞赛，推动了盐业的发展繁荣。主要进行了采卤方法、制卤方法、旧滩填平补齐、滩池维修、灌池加卤、卤水应用工艺、捞盐技术等多项技术革新。③这些革新不仅降低了生产成本，提高了生产效率和盐产量，提升了产盐质量，还呈现出明显的经济效益和社会效益。

现以采卤方法、捞盐技术作一简要说明：采卤方面，原用独立的大土井，每人日均采卤仅有 30 m³ 左右，常有晒盐缺水之虞。1956 年冬，寿光羊角沟盐业社采用挖沟串联方法将 28

① 潍坊市盐业公司编：《潍坊市盐业志》，1988 年刊，第 68—71 页。

② 同上书，第 39—40 页。

③ 潍坊市地方史志编纂委员会：《潍坊市志》（上编），北京：中央文献出版社，1995 年，第 595—596 页。

个大土井连为一体，生卤水量提高 1 倍。1957 年春，寿光县岔河盐业社试制成功卤水砖管机井，创新了盐区采卤途径，使井水浓度提高到 9—12 波美度，比大土井高 2—3 波美度。提水工具方面，原由人工戽斗汲水，劳动强度大，效率低。1952 年，羊角沟盐场滩主孙次忠进行了技术创新，改用八帆风车提水，大幅提高了生产效率，降低了劳动强度。1953 年，畜力水车在国家的扶持下开始应用推广。同年，机械化开始应用到提水工作中，羊角沟龙车互助组使用柴油机提水，使繁重的人力劳动从提水工作中解放出来。1965 年，山东羊口盐场试制了电动减速器水车，用于提水，比畜力水车、木制风车的生产效率提高了 2 倍。①由新中国成立前午后捞盐改为早晨捞盐，完成捞盐除混作业。捞盐工具以竹制大扒代替原来的木制大扒。1965 年，山东羊口盐场开展机械化捞盐技术革新，试制了电动扒盐机，开始替代繁重的体力劳动。运盐工具由肩挑、背负、手抬，改为推盐车，效率提高 2—3 倍。一系列技术革新提高了人均劳动生产率，提高了单位面积产量，取得了显著的经济效益。由新中国成立初期到 1965 年，每公亩产量由 0.98 吨提高到 1.44 吨，盐工人均年产量由 48.76 吨／人提高到 388 吨／人。②

　　1966 年起，莱州湾南岸盐区认真落实国家关于海盐生产"三化、四集中"③的有关规定，全面开展技术改造，重点进行了盐田改造、砖管井改造、制盐工艺改造、制盐工具改造等。

---

① 潍坊市地方史志编纂委员会：《潍坊市志》（上编），北京：中央文献出版社，1995 年，第 596 页。

② 潍坊市盐业公司编：《潍坊市盐业志》，1988 年刊，第 118—119 页。

③ "三化、四集中"，即盐田结构合理化、生产机械化、工艺科学化"三化"，扬水、制卤、结晶、集坨"四集中"。

遵循盐田结构合理化的要求，莱州湾南岸盐区认真学习青岛东风盐场改滩的先进经验做法，建设了山东羊口盐场为样板。制定了按新型盐田结构设计重建、续建、新建、扩建、改建的统一规划，以场为单位，坚持专业队伍常年作战，并发动群众利用农闲时间连年进行盐田样板化改造。经过数十年的持续改造，至 1980 年全市国营、县营集体盐场基本建成了盐滩成方，盐路成网，机井成行，扬水、制卤、结晶、集坨结构合理，适应机械作业的新型盐田，盐田样板化建设取得显著成绩。①

砖管井改造方面，1968 年，寿光岔河盐场职工刘茂礼将易毁的砖管井改造为坚固的水泥管井，大幅提高了管井的使用寿命，提高了经济效益。1968 年后，昌邑灶户盐场试用真空井，安装电动自吸泵，产生了良好效果。提水工具不断推陈出新，电动减速水车、电动潜水泵、电动离心泵等先进的机械化工具不断登场，生产效率急剧提高，大大降低了劳动强度，提高了经济效益。在制盐工艺上，采用"新、深、长"（新卤、深卤、长期结晶）新工艺，淘汰"老、浅、短"（循环卤、浅卤、短期结晶）老工艺，制盐技术水平不断提高，盐质明显改善。

在制盐工具上，以机械化为导向，盐场和盐业机械厂加大研发力度，新式工具不断涌现，成为盐业生产力提高的重要标志。山东羊口盐场机修厂研制了 12 马力活礳机，50 吨/时联合收盐机，1 吨/次、2 吨/次翻斗运盐车。潍坊盐业机械厂研制了 15 米堆坨机、12 马力压池机，并与文登、青岛盐机厂合作生产了活礳机、压池机、收盐机、运盐车等专用盐业机械。

---

① 潍坊市盐业公司编：《潍坊市盐业志》，1988 年刊，第 119—120 页。

表7-13　1987年盐业生产专用设备表

设备名称	计算单位	合计		羊口盐场		寿光县		其中 莱央子盐场		卫东盐场		昌邑县		寒亭区	
		数量	能力	数量	能力	数量	能力	数量	能力	数量	能力	数量	能力	数量	能力
头道扬水	m³/时	209	82210	7	63000	194	15210	4	10000	143	2860	8	4000		
二道扬水	m³/时	158	83240	8	28800	112	48800			112	48800	14	4200	24	1440
三道扬水	m³/时	7	21420	7	21420										
水力管道输卤设备	套	7	245	5		1	50							1	45
活磋机	马力	50	600	50	600										
收盐机	吨/时	75	6660	38	3800	31	2760	10	1000	8	750	4	350	3	300
100百以上	吨/时	54	5400	38	3800	10	1000					3	300		
100百以下	吨/时	21	1260			21	1760			8	750				
运盐车	台	357	681	186	372	141	249	45	87	37	69	20	234	10	20
塑料收放机	套	38		37		1				1					

（资料来源：潍坊市盐务局编：《潍坊市盐业志》，1988年刊，第130页。）

1966—1980 年，经过 10 多年的盐业技术改造，莱州湾南岸盐区基本实现了"三化、四集中"的要求，县营以上盐场压、活、收、堆、运等主要生产工序实现了机械化，结束了人工产盐的历史。当然，机械化离不开技术和不断更新的设备（见表 7-13）。

3. 盐业产量和质量

新中国成立以来，得益于时局的稳定和国家对社会生产的重视，海盐业迎来发展机遇，尤其是随着盐业技术的革新，莱州湾南岸的盐业发生了翻天覆地的变化，盐产量、质量都有了巨大提升（见表 7-14）。

表 7-14　1949—1988 年原盐产量质量表　（单位：吨）

年度	产量	质 量				
		氯化钠含量	优一级品率	特级品率	优级品率	一级品率
1949	90500					
1950	77900					
1951	92400					
1952	95000					
1953	31700		18.79％			
1954	78900		52.91％			
1955	97800		54.90％			
1956	76400	89.91％	84.65％			
1957	107900	89.90％	84.36％			
1958	145500	89.40％	55.16％			
1959	143000	89.50％	63.96％			
1960	347700	89.70％	64.73％			

续表

年度	产量	质　量				
		氯化钠含量	优一级品率	特级品率	优级品率	一级品率
1961	298900	88.90％	62.14％			
1962	284000	88.02％	53.65％			
1963	153200	88.56％	68.58％			
1964	110400	90.11％	66.23％			
1965	550200	89.49％	65.83％			
1966	466800	92.07％	99.08％			
1967	400000	91.91％	96.57％			
1968	661500	92.33％	97.89％			
1969	359100	93.47％	99.38％			
1970	389400	93.37％	98.48％			
1971	584700	91.78％	99.37％			
1972	756000	92.91％	99.74％			
1973	413500	92.33％	99.01％			
1974	732300	91.91％	96.45％			
1976	904700	93.37％	99.89％			
1977	1795846	92.64％			44.12％	54.73％
1978	1842586	93.03％			47.06％	48.92％
1979	1424074	93.46％			35.29％	53.92％
1980	1188919	94.09％		0.31％	55.28％	41.08％
1981	1562771	95.20％		10.69％	72.32％	16.99％
1982	1160010	96.03％		47.08％	49.53％	3.39％
1983	1080000	96.22％		59.57％	40.43％	
1984	951000	96.39％		66.94％	32.22％	0.84％

续表

年度	产量	质　量				
		氯化钠含量	优一级品率	特级品率	优级品率	一级品率
1985	940000	96.46％		74.64％	25.36％	
1986	1110000	96.37％	100.00％		90.56％	7.00％
1987	1423000	96.45％	100.00％		77.00％	23.00％
1988	2060000	96.06％	98.78％		77.50％	21.28％

（资料来源：潍坊市盐业公司编：《潍坊市盐业志》，1988 年刊，第 128—129 页。）

从上表可以看出，1949—1988 年，莱州湾南岸盐区的盐产量呈不断上升态势，增速十分可观。1988 年，原盐产量达206 万吨，较之于 1949 年的 9.05 万吨，增长 21.76 倍。而且，氯化钠含量、优一级品率、特级品率、优级品率等主要指标均呈上升趋势，表明经这段时间的发展，潍坊盐区海盐不仅实现产量的大幅度增长，而且海盐质量也不断提升，惠及人民群众生活。

盐田改造、盘活存量、走内涵式发展道路，成为提高原盐产量和质量的重要手段（见表 7-15）。莱州湾南岸盐区在这方面进行了卓有成效的工作，取得了显著成绩。

新中国成立后，莱州湾南岸盐区高度重视盐业质量管理工作，建立了完善的产品质量标准，严格执行产品质量检验制度，大力争创名优品牌，取得了积极成效。1951 年，羊口盐场管理处设立了原盐检定机构，认真落实省盐务局制定的检定食盐实施细则，对羊角沟、岔河生产的原盐实行春、秋生产季节定时检定；次年，羊口盐场管理处设立化验室，配备了化验

表7-15　盐田老滩改造统计表

（单位：面积：公亩；投资：千元；土石方：千立方米）

单位	原需改造的生产面积	改扩面积				截至1981年底累计完成数				
		小计	新建	扩建	改建	土石方	石方量	投资额	适应机械化面积	尚需改造面积
山东羊口盐场	54720	1080293		1025573	54720	3900	26	2347	1082293	
寿光县	90921	447315	217891	166268	63156	9971	42	25032	429649	
其中:莱央子盐场	32869	105229	10000	62360	32869	4473		2058	87561	
卫东盐场	40793	72706		59678	13028	3564		5038	72736	27761
岔河盐场	13279	53990		40711	13279	1775	42	3000	53990	
昌邑县	6481	109252	66234	37376	5642	1953	2	2009	109252	839
寒亭区	4474	51068	17095	31429	2544	861		1129	46092	1930
总　计	156596	1687928	301220	1260646	126062	16685	70	30517	1665464	30543

（资料来源：潍坊市盐业公司编：《潍坊市盐业志》，1988年刊，第122页。）

设备。1961 年，山东省莱央子盐场、山东羊口盐场设立化验室。寿光县盐场、寿光羊角沟合作盐场设立化验站。1973 年，潍县盐务局、昌邑县盐务局设立化验室，盐质检定普及化程度进一步提高，对保证原盐质量发挥了重要作用。

近年来，该地狠抓盐田技改工作，以山东莱央子盐场为例。2011 年以来，该场不断加大升级改造力度，先后投资近 2 亿建设高标准的新式浮卷盐田，使得盐田的公亩单产由原来的不足 3 吨提高到近 4 吨，生产环境和工作环境大为改善，不仅达到无尘化的目标，也大大提升了企业的整体形象。山东莱央子盐场与寿光市盐务局、相关科研单位共同研发出浓缩速成制卤技术的新工艺。此工艺不仅科技含量高，而且成本低、耗能小，还便于操作，值得在海盐制盐企业推广应用。该工艺也再次践行了科技就是生产力的论断。

为提高盐质、改善民食，莱州湾南岸盐区严格执行了国家和山东省颁发的各项质量标准。随着时间的推移，盐业质量标准稳步提高，为提高盐质提供了法律保障。莱州湾南岸盐区先后执行的盐业产品质量管理标准如下：1951 年，华东区盐务管理局制定海盐技术标准：一等盐含氯化钠 92％以上，水分 5％以下，不溶物 1％以下；二等盐含氯化钠 85％以上，水分 8％以下，不溶物 1.5％以下；三等盐含氯化钠 80％以上，水分 10％以下，不溶物 2％以下。海盐标准走向细分。

1956 年 5 月，国家盐务总局颁发海盐试行质量标准，1963 年 6 月，国家轻工业部颁布了海盐标准，1977 年，轻工业部又颁布了新的海盐标准，1981 年，山东省轻工业厅制定了山东省海盐内控标准，1985 年 1 月，国家标准局颁布了工业盐、食用盐国家标准（见表 7-16A/B）。

表7-16A　工业盐标准

指　标	等　　　　级			
	优级	一级	二级	三级
氯化钠≥	95.50%	94.00%	92.00%	89.00%
水分≤	3.30%	4.20%	5.60%	8.00%
水不溶物≤	0.20%	0.40%	0.40%	0.50%
水溶性杂质≤	1.00%	1.40%	2.00%	2.50%

表7-16B　食用盐标准（GB5461-85）

类别 指标	精制盐			粉碎洗涤盐		普通盐			
等级	优级	一级	二级	一级	二级	一级	二级	三级	四级①
化学指标（湿基）%	氯化钠≥	99.30%② 99.10%②	98.50%	97.00%	96.50%	95.50%	94.00%	92.00%	89.00%	86.00%
	水分≤	0.30%	0.50%	0.70%	3.00%	3.50%	4.20%	6.00%	8.00%	10.00%
	水不溶物≤	0.05%	0.10%	0.20%	0.10%	0.20%	0.40%	0.40%	0.50%	0.50%

① 仅适用于南方海盐。
② 以硫酸钠型卤水为原料制得的精制盐。

莱州湾南岸盐区各盐场在生产、公收、定级、归坨、运销、统计等各环节中，以质量控制管理为核心，严格执行国家和山东省制定的各项标准，建立了完善的质量责任制度，加强盐业全过程管理，产品质量不断提高。1987年，全市原盐优一级品率达到100％，氯化钠平均含量96.45％。

(三) 新时代的多元发展

莱州湾南岸盐业在新时代呈现出多元发展、量质并行的良好面貌。不仅开发出多种产品，而且许多种类的盐产品质量超过现行技术标准，深受市场和用户好评，多个盐场的多种产品获得国家、部级和省级奖励。例如，1980年昌邑县利渔盐场生产的原盐，被评为山东省一轻厅优良产品。1981年灶户盐场生产的原盐被评为山东省一轻厅优良产品。1981年，昌邑县廒里盐场生产的"水晶"牌原盐被评为山东省优质产品。1982年，山东羊口盐场生产的"羊盐"牌工业溴被评为全国轻工业优质产品和山东省优质产品；1988年，"山羊"牌工业溴荣获国家银质奖章。1982年，山东羊口盐场生产的"渤羊"牌洗粉盐被评为山东省一轻厅优良产品；1983年，该产品在山东省同行业质量评比中名列第一。1982年，山东羊口盐场生产的原盐荣获山东省一轻厅优良产品称号；1985年，被评为山东省优质产品。1984年，山东省寿光菜央子盐场和寒亭区第二盐场的原盐产品均于荣获山东省一轻厅优良产品称号。1987年，山东羊口盐场化工厂生产的"羊盐"牌无水硫酸钠被评为全国轻工业优质产品。1987年，山东省寿光菜央子盐场生产的"雪玉春"牌洗精盐被评为山东省优质产品。1987年，昌邑县灶户盐场生产的"昌飞"牌普通洗粉盐被评为山东省优质产品。①

1. 盐加工的深入

除了将改革开放以前的洗粉盐、洗精盐、加碘盐、调味盐②等品种推向深入外，改革开放以来又出现养生盐、沐浴盐等不少新的品种。以山东菜央子盐场为例，来阐析改革开放以来莱州湾南岸的盐加工和盐化工情况。

菜央子盐场创建于 1959 年，坐落在莱州湾南岸寿光市北部、羊口镇以南，依托地下蕴藏的 40 亿立方米较高浓度的卤水，这里的盐业开发成就显著。原盐是菜央子盐场的基础产品，近年来该场加大盐田设施的投资改造力度，同时强化工艺落实，狠抓产品质量提升，原盐生产管理水平不断跨上新的台阶。菜央子盐场食盐精加工开始于 1996 年，经过不断投入改造，形成了以精制盐为主导，粉精盐、粉洗盐、绿色海盐、海藻碘盐、低钠盐、日晒盐、肠衣盐、多品种营养盐、足浴盐、沐浴盐等 100 多个品种的食盐生产格局，年生产能力由 1 万吨提高到 50 万吨，年累计产销各类食用盐 50 万吨，是 1996 年产销量 1 万吨的 40 倍。食盐加碘工作开始于 1980 年，80 多年来，先后经历了从无到有、由小变大、由粗到细、由细到精的发展阶段。1996 年，国家对食盐市场实行专营，菜央子盐场被确定为首批国家食盐定点生产企业后，投资 1153 万元建10 万吨粉精盐车间。2001 年投资 4000 万元建设年生产能力10 万吨的加碘精制盐生产线。2004 年建成 30 万吨国内一流的现代化食盐物流配送中心，2011 年 5 月建成颗粒盐生产线，

---

① 潍坊市盐业公司编：《潍坊市盐业志》，1988 年刊，第 140—141 页。

② 潍坊市地方史志编纂委员会编：《潍坊市志》，北京：中央文献出版社，1995 年，第 595 页。

食盐生产走上高速发展的快车道，且该盐场注重卤水资源综合利用。鉴于盐自身存在多种元素的优势，根据科学发展观的要求，结合化工产业发展对盐资源的实际需求，该场从盐资源开采到深加工进行整体规划布局，重点发展盐化工与项目，努力提升产品技术含量，不断延伸产业链条，构建较为完整的盐化工产业体系，把资源优势转化为产业优势与经济优势。凭着这一理念，为依托资源优势，抢抓机遇，实现溴盐联产、卤水的综合利用。2013 年，山东莱央子盐场卤水资源综合利用获省财政 500 万元奖励资金。本着"提质增产、降本增效、专款专用"的原则，充分利用"省级卤水资源节约与综合利用奖励基金"500 万元、企业自筹资金 900 万元，对制盐四工区 8000 余公亩池格小、渗漏严重、单产低的老式盐田进行了改造。为充分利用卤水资源，实现可持续发展，2011 年该场抓住国内溴资源逐渐萎缩、市场看好之际，投资 4000 多万元，建设年产 2000 吨溴素生产车间，实现了盐溴综合开发利用，具有经济与社会双重效益，也是该场发展非盐产业、实施科技兴企战略的又一成功实践。同时为综合利用卤水资源、发展循环经济，该场还与邻近的溴素生产企业签订长期合作协议，利用提溴后的卤水生产原盐，有效地保护了场区卤水资源，年利用溴素水上千万立方，节支数百万元。

　　盐生产方面，"雪玉春"牌食盐是其主导产品，除此，还开发了精制海盐、粉洗盐、粉精盐、海晶盐、日化盐、保健盐、出口盐等八大系列产品，共计百余种。并且各种盐的生产都是按照国际高标准管理体系和绿色要求进行的。其精制食盐年产能力 10 万吨，经过溶化反应、杂质沉淀、净化处理、浓缩蒸发、结晶析出、洗涤脱水、加碘干燥、筛分包装等十几道工序，采用 DCS 自动化控制系统，四效蒸发精制而成。自动化、全封闭、无污染的生产环境，有效保证了产品质量。以精制盐为原料生产的绿色海盐、海藻盐、低钠盐等新产品推向市场后，用户反映良好。海晶盐、颗粒盐年产能力 8 万吨，是莱央子盐场新研发的食盐品种，经过 3 次洗涤，2 次粉碎、脱水、烘干、分级筛选、机器色选、储存分装等工序加工而成。产品粒度均匀、流动性好、纯度高、无杂质、无污染，广泛用于食品加工、味精添加、腌制调味、烹饪、餐饮、沐浴等行业，是浓缩地下卤水之精华的天然、绿色产品，深受国内外用户的欢迎。粉精盐、粉洗盐、日晒盐等是莱央子盐场的传统产品，已有 10 多年的生产历史，产品质量过硬，在腌制调味、餐饮等行业，有较高的市场占有率。莱央子盐场十分注重新产品研发工作，近年来新研发的热敷盐、足浴盐、沐浴盐、果蔬洗涤盐等日化盐系列产品已规模生产，丰富了市场需求，为推动企业持续发展注入新的活力。生产面积 1 万多平方米颗粒盐车间，集粉精盐、海晶盐等生产、加工、仓储、配送于一体。溴素生产方面，1970 年投资 20 万元建溴素车间 1 处，到 1979年年生产能力为 150 吨，1988 年扩建为 1000 吨。2011 年投资700 多万元，在西半场新建 1000 吨溴素车间 1 处，2012 年扩建为 2000 吨生产能力。

　　企业注重科技创新，加快技术改造，盐及盐化工产业迅猛发展，经过 50 多年的发展，已形成"以原盐为基础、食盐为主导、化工为开发重点"的三大系列、百余种产品的新格局。产品畅销鲁、浙、苏、闽、湘、京、沪、冀、皖、辽、吉、黑等 10 多个省市，并出口欧美、日韩、印巴、东盟、非洲、港台等国家和地区。经过 50 多年的发展积累，莱央子盐场步入发展的快车道，企业也获得了山东省著名商标、山东省名牌产品等多种称号。

当然，莱州湾南岸的盐加工企业很多，几乎所有的盐场和盐业集团都有盐加工业务。再如，山东寒亭第一盐场也是品种齐全的现代化食盐生产企业。2007年寒亭第一盐场"白浪"牌商标通过山东省著名商标认证，同时还通过了绿色产品认证。生产的"白浪"牌产品包括粉精盐、粉洗盐、味精盐、日晒盐、雪花盐、软水盐等多个品种，工业盐、食用盐两大系统，销往北京、上海、山东、浙江、安徽、河南、广东、福建等，深受日、韩等国外客商的青睐，在国内外市场享有极高的声誉。

2. 盐化工的升级

改革开放以来，莱州湾南岸的盐化工开展得有声有色。不仅在山东，在全国甚至是世界都有很大影响力。

例如，山东海王化工股份有限公司是一大型综合民营企业，它以盐溴化工为主导产业，同时兼具"科、工、贸"。该公司位列全国化工企业500强，是山东省高新技术企业。公司位于莱州湾南岸，在盐、溴化工等方面具有难得的资源优势。以原盐、溴素、溴化物生产为主营业务。年产原盐100万吨，溴素1.8万吨；溴化物产品中，年产十溴二苯醚3000吨，十溴二苯乙烷4000吨，氢溴酸1.2万吨，生产能力位居全国同行业前列。近年来的影响力不断扩大，其生产的"世纪海王"牌工业盐获得山东省名牌产品称号。现在，公司遵循了"发展循环经济，实现可持续发展"的理路，在传统基础上加大技术、资金投入，实现了卤水资源的综合开发和立体开发并创造了"一水六用"的模式，真正走上了盐、化、养一体化之路。

　　山东龙震集团位于潍坊市滨海经济技术开发区东北部，莱州湾南岸，是一家迅速崛起的现代化民营科技企业集团，是全国最重要的海洋化工开发生产基地。公司占据得天独厚的地理和资源优势，围海建坝 21 公里，按照政府发展循环经济的指导思想，拉长产业链条，采取地下卤水先提溴素、再晒盐、最后制取氢氧化镁的生产模式，建设了全国单场生产能力最大的溴素厂，年产溴素 8000 吨；建设高标准盐田 16 万公亩，通过推广"深水结晶、新卤结晶、长期结晶"的"深、新、长"工艺和塑苫与平晒相结合的先进技术，所产原盐粒度好、晶体规则、提取率高，各项化工指标全部达到一等品标准，年产原盐 100 多万吨；以晒盐的副产品苦卤为主要原料，建设了年产 1 万吨氢氧化镁生产线，其生产技术、工艺和产品质量均达到世界先进水平，并填补国内空白。

　　寿光卫东化工有限公司为国内最大的阻燃剂开发生产基地。该公司是由原国家大型骨干盐化企业——寿光市卫东盐场整体改制组建，于 2003 年正式挂牌成立。每年可生产工业盐 39 万吨、工业溴 2500 吨、氢溴酸 5 万吨、十溴二苯醚 1 万吨、RDT-3 环保阻燃剂 1 万吨、溴丙烷 5000 吨、氰尿酸三聚氰胺（MAC）5000 吨、新型无卤环保阻燃剂（FR-NP、FR-MP、APP、DOPO 等）共计 2 万吨、RN8018 溴氮结合型阻燃剂 2000 吨、工业六氟化硫 1000 吨、甘氨酸 1 万吨。公司属省级高新技术企业。

　　再如昌邑市厬里盐化有限公司，主要从事盐以及盐化工产品的开发、生产、销售。2006 年，公司在昌邑市沿海经济发展区投资建设了化工工业园区——昌邑市银江生物科技有限公司，先后建成年产 1000 吨的十溴二苯乙烷及 1000 吨 DL-苯甘氨酸项目，十溴二苯乙烷是一种新型溴系列阻燃剂，DL-苯甘氨酸是医药中间体，市场发展潜力巨大。山东昌邑灶户有限公司辖制盐、制溴、染料3个分公司，有6个合资合作公司，主要产品有原盐、溴素、6溴、6氯、溴氨酸、色盐蓝染料中间体及氯霉素缩合物、氨基酸盐医药中间体等十几个品种。

尤其需要提及的是，在深化改革中，莱州湾南岸的盐业呈现出多种经营向跨行业横向联合方面的发展趋势。当然，这是在全国深化改革浪潮中，莱州湾南岸的海盐，迎合了这一大的改革背景，使得这里的海盐也走向了世界，形成了制盐、盐化工、盐水产、盐旅游等多种经营并行发展的产业结构。事实一再证明，开展多种经营，不仅可以发挥盐业资源优势和劳动力优势、增加企业效益、促进生产，还可以为人们提供更好的生活空间。从大处来说，这也为今天盐业与文化、旅游等多行业的融合发展准备了必要的前提。

结　语

莱州湾南岸的盐业自晚清开始进入近现代。近代以来的盐业，笔者把它分成5个时期，晚清、民国、全面抗战时期、新中国成立到改革开放前、改革开放以后。之所以把全面抗战时期从民国时期单列出来，是因为该时期情况较为特殊。

晚清莱州湾南岸的盐业，充当了中国传统盐业到近代盐业的桥梁。无论和从盐务管理，还是盐业的生产、运销，抑或税收，都表现为与前面较为明显的不同。例如，从生产方面看，官台场和富国场的盐业生产发展突出；从制盐方法上看，晒盐法出现并普遍流行（清末民初晒盐法在莱州湾南岸取得了一统天下的地位）；运输方式上，随着铁路的相继建成，莱州湾南岸的盐场可以方便地使用火车运盐；税收上，晚清时期新增了不少杂捐，盐税陷入了层层加码、征收额屡屡不足的恶性循环的怪圈。山东盐税在清末已有预算制度，这是盐税征收的重大进步，但是预算数与实际情况常常脱节，也就是说，预算税收与实际征得的税收经常出现不符。民国时期莱州湾南岸盐业呈现曲折发展状态，从管理方面看，该时期盐务从自行管理走向接受中央垂直领导的跨越。从生产方面看，多种晒盐法促进了盐业的发展；购销制度可以说更为严格；运销方式发生了重大变化：存在官办运销、商办运销、民运民销等多种方式，新型盐运公司崛起并逐渐占据主导地位，大大改变了盐运生产关系。民国盐税基本实现了由繁到简、由乱到治的转变。全面抗战时期莱州湾南岸的盐区沦陷，日本在这里建立了伪盐务管理机构，而共产党领导的抗日民主政权逐步建立了合宜盐务管理机构，尽最大努力恢复盐业生产并开展盐业领域内的抗日活动。

新中国成立到改革开放前的这段时期内，莱州湾南岸盐业管理不断走向科学化、民主化，但总体上以计划经济管理为主。在生产上基本理顺了盐业发展各环节的关系，提高盐业产量的同时，改变了盐产品结构单一的状况，逐步开发出再制盐、洗粉盐、洗精盐、加碘盐、调味盐等多种产品。价格方面，在流通环节的不同阶段，确立了3类盐价。税收方面，新中国成立初期，由盐务部门依据惯例负责盐税征收。1958年7月后，盐税的征收工作改由税务机关办理，盐业行业管理和税收征管分离。

改革开放以来，和其他不少行业一样，盐业也从计划经济时代走向市场经济为主的时代。管理方面，形成了完备的管理职能，极大地推动莱州湾南岸盐业的发展。在盐税管理方面，也基本呈现出减免的特征。新时代非常突出的一点，就是生产技术的革新与改造。随着盐业技术的革新，莱州湾南岸的盐业发生了翻天覆地的变化，盐业在新时代呈现出多元发展、量质并行的良好面貌。如，除了将改革开放以前的洗粉盐、洗精盐、加碘盐、调味盐等品种推向深入外，改革开放以来又出现养生盐、沐浴盐等不少新的品种。特别值得提及的是，改革开放以来，以山东海化为代表的莱州湾南岸的盐化工开展得有声有色，这些盐化工企业不仅在山东，在全国甚至是世界都有很大影响力。

作为海盐生产的发祥地和今天海盐生产的弄潮儿，莱州湾南岸盐业从远古的凤沙煮海，到今天信息化时代的产供销和深层加工、多元转化，走过了不平凡的发展道路。近现代成为莱州湾南岸盐业转折提升的黄金发展期，尽管其中充满了艰辛曲折，但是恰恰折射出莱州湾南岸盐业"敢立潮头、奋勇争先、自强不息"的进取精神，这种精神必将推动着莱州湾南岸盐业迈向更加辉煌的未来。

参考文献

一、古籍资料

[1]（汉）班固：《汉书》，中华书局 1962 年版。

[2]（汉）许慎：《说文解字》第十二篇《盐部·盐》，中华书局 1963 年版。

[3]（汉）司马迁：《史记》，中华书局 1982 年版。

[4]（汉）桑弘羊著，王利器校：《盐铁论校注》，中华局 1992 年版。

[5]（汉）刘熙著，（清）毕沅疏证：《释名疏证补》，中华书局 2008 年版。

[6]（北魏）魏收：《魏书》，中华书局 1974 年版。

[7]（北魏）郦道元著，陈桥驿校证：《水经注校证》，中华书局 2013 年版。

[8]（晋）陈寿：《三国志》，中华书局 1959 年版。

[9]（后魏）贾思勰撰，缪启愉校释：《齐民要术校释》，中国农业出版社 1998 年版。

[10]（梁）沈约：《宋书》，中华书局 1974 年版。

[11]（南朝宋）范晔：《后汉书》，中华书局 1965 年版。

[12]（唐）杜佑：《通典》，中华书局 1966 年版。

[13]（唐）李延寿：《北史》，中华书局 1974 年版。

[14]（唐）魏征、（唐）令狐德棻：《隋书》，中华书局 1973 年版。

[15]（唐）虞世南：《北堂书钞》，中国书店 1987 年版。

[16]（唐）孙思邈撰，鲁兆麟点校：《备急千金要方》，辽宁科学技术出版社 1997 年版。

[17]（唐）房玄龄注：《管子》，上海古籍出版社 2015 年版。

[18]（宋）司马光：《资治通鉴》，中华书局 1956 年版。

[19]（宋）欧阳修：《新唐书》，中华书局 1997 年版。

[20]（宋）李焘撰：《续资治通鉴长编》卷三百四十《神宗·元丰六年》，中华书局 1990 年版。

[21]（宋）沈括：《梦溪笔谈》，上海书店出版社 2009 年版。

[22]（元）陈椿：《熬波图》，上海古籍出版社 1987 年版。

[23]（元）刘敏中：《中庵先生刘文简公文集》，元刻本。

[24]（元）脱脱：《金史》卷四十九《食货四·盐》，鼎文书局 1987 年版。

[25]（元）马端临：《文献通考》，中华书局 2011 年版。

[26]（明）王圻：《续文献通考》，明松江府刻本（万历三十年〔1602 年〕）。

[27]（明）宋廉：《元史》，中华书局 1997 年版。

[28]（明）王纳言等：《丰润县志》，齐鲁书社 1996 年版。

[29]（明）查志隆撰，（明）徐琳续补：《（万历）山东盐法志》，万历庚寅刻本。

[30]（明）朱廷立：《（嘉靖）盐政志》，嘉靖刻本。

[31]（明）宋濂等：《元史》卷九十四《食货二·盐法》，鼎文书局 1987 年版。

［32］（明）宋应星：《天工开物》，明崇祯十年（1637 年）自刻本。

［33］（清）赵祥星修，（清）钱江等纂：《（康熙）山东通志》，康熙十七年（1678 年）刻本。

［34］（清）岳濬、（清）法敏修，（清）杜诏、（清）顾瀛纂：《（雍正）山东通志》，乾隆元年（1736 年）刻本。

［35］（清）莽鹄立等：《（雍正）山东盐法志》，雍正二年刻本。

［36］（清）莽鹄立等：《山东盐法志》，雍正四年（1726 年）刻本。

［37］（清）宋湘等：《山东盐法志》，嘉庆十年（1805 年）刻本。

［38］（清）崇福、（清）宋湘：《（嘉庆）山东盐法志》，嘉庆十三年刻本。

［39］（清）恩锡：《（同治）山东盐法续增备考》六卷，同治三年（1864 年）刻本。

［40］（清）王守基：《（同治）盐法议略·山东盐务议略》，同治十二年（1873 年）刻本。

［41］（清）赵翼：《廿二史札记》，中华书局 1984 年版。

［42］（清）张延玉等：《明史》，中华书局 1974 年版。

［43］（清）张昭潜：《（同治）山东通志》，不分卷，稿本。

［44］（清）阎镇珩：《六典通考》，光绪二十九年刻本。

［45］（清）魏源：《魏源全集》，岳麓出版社 2004 年版。

［46］（清）嵇璜、（清）曹仁虎：《续通志》，景印文渊阁四库全书版。

二、近现代著作

（一）著作

［47］左树珍：《盐法纲要》，新学会社 1912 年版。

［48］孙毓琇修，贾恩绂辑：《盐山新志》，民国五年（1916年）版。

［49］周庆云：《盐法通志》，民国七年版。

［50］张茂炯等：《清盐法志》，民国九年（1920 年）版，盐务署铅字排印本。

［51］田斌：《中国盐税与盐政》，江苏省政府印刷局 1929年版。

［52］景学钤：《盐务革命史》，南京京华印书馆 1929 年版。

［53］陈沧来：《中国盐业》，商务印书馆 1929 年版。

［54］林振翰：《中国盐政纪要》，商务印书馆 1930 年版。

［55］欧宗佑：《中国盐政小史》，商务印书馆 1931 年版。

［56］丁叔言：《潍县傅戈庄盐店被焚案纪实》，出版地不详，1932 年版，铅印本。

［57］陈省方、周倬：《中国盐务改革史》，首都国民印务局 1935 年版。

［58］蒋静一：《中国盐政问题》，正中书局 1936 年版。

［59］曾仰丰：《中国盐政史》，商务印书馆 1937 年版。

［60］冷家骥：《中国盐业述要》，北京文岚簃印书局 1939年版。

［61］何维凝：《新中国盐业政策》，正蒙书局 1947 年版。

［62］佐伯富：《清代盐政之研究》，东洋史研究会 1956年版。

［63］陈直：《两汉经济史料论丛》，陕西人民出版社 1958
年版。

［64］河北塘沽盐业专科学校编：《海盐生产工艺学》，轻
工业出版社 1960 年版。

［65］李建昌：《官僚资本与盐业》，三联书店 1963 年版。

［66］何维凝：《中国盐政史》，大中图书有限公司 1966
年版。

［67］邹允中等：《寿光县志》，成文出版社 1969 年版。

［68］何维凝：《中国盐书目录》，文海出版社 1975 年版。

［69］田秋野、周维亮：《中华盐业史》，台湾商务印书馆
1979 年版。

［70］马百非：《管子轻重篇新诠（上）》，中华书局 1979
年版。

［71］马百非：《管子轻重篇新诠（下）》，中华书局 1979
年版。

［72］马大英：《汉代财政史》，中国财政经济出版社 1982
年版。

［73］薛宗正：《清代前期的盐商》，中华书局 1982 年版。

［74］吴兆莘：《中国税制史》，上海书店出版社 1984 年版。

［75］山东盐务：《山东盐业志》，山东人民出版社 1985 年版。

［76］张海鹏、王廷元：《明清徽商资料选》，辽宁教育出
版社 1985 年版。

［77］陈然等：《中国盐业史论丛》，中国社会科学出版社
1987 年版。

［78］林元雄：《中国井盐科技史》，四川科技出版社 1987
年版。

［79］山曼、李万鹏、叶涛等：《山东民俗》，山东友谊书社 1988 年版。

［80］陈锋：《清代盐政与盐税》，中州古籍出版社 1988 年版。

［81］林振翰：《盐政辞典》，中州古籍出版社 1988 年版。

［82］朱玉湘：《山东革命根据地财政史稿》，山东人民出版社 1989 年版。

［83］财政部税务总局：《中国革命根据地工商税收史长编：山东革命根据地部分》，中国财政经济出版社 1989 年版。

［84］陈衍德、杨权：《唐代盐政》，三秦出版社 1990 年版。

［85］国家文物局考古领队培训班：《兖州西吴寺》，文物出版社 1990 年版。

［86］丁长清：《民国盐务史稿》，人民出版社 1990 年版。

［87］郭正忠：《宋代盐业经济史》，人民出版社 1990 年版。

［88］李涵等：《缪秋杰与民国盐务》，中国科学出版社 1990 年版。

［89］刘德林、周志征：《中国古代井盐工具研究》，山东科学技术出版社 1990 年版。

［90］柴继光：《运城盐池研究》，山西人民出版社 1991 年版。

［91］彭泽益、王仁远：《中国盐业史国际学术讨论会论文集》，四川人民出版社 1991 年版。

［92］山东盐务局：《山东省盐业志》，齐鲁书社 1992 年版。

［93］安作璋：《山东通史》，山东人民出版社 1993 年版。

［94］齐涛：《汉唐盐政》，山东大学出版社 1994 年版。

［95］李锦绣：《唐代财政史稿》，北京大学出版社 1995 年版。

［96］潍坊市地力史志编纂委员会：《潍坊市志·工业志·第十三编·盐及盐化工》，中央文献出版社 1995 年版。

［97］刘淼：《明代盐业经济研究》，汕头大学出版社 1996 年版。

［98］韩有松：《中国北方沿海第四纪地下卤水》，科学出版社 1996 年版。

［99］郭正忠：《中国盐业史·古代编》，人民出版社 1997 年版。

［100］李明明、吴慧：《中国盐法史》，台湾文津出版社 1997 年版。

［101］丁长清、唐仁粤：《中国盐业史·近代当代编》，人民出版社 1997 年版。

［102］唐仁粤：《中国盐业史·地方编》，人民出版社 1997 年版。

［103］赵尔巽：《清史稿》，中华书局 1997 年版。

［104］郭正忠：《中国盐业史·古代编》，人民出版社 1997 年版。

［105］许檀：《明清时期山东商品经济的发展》，中国社会科学出版社 1998 年版。

［106］凌申：《江苏沿海盐业城镇聚落体系的形成与发展研究》，中国文化出版社 1998 年版。

［107］盐务署盐务稽核总所：《中国盐政实录》第 3 册，文海出版社影印 1999 年版。

［108］金鑫等：《中华民国工商税收史·盐税卷》，中国财政经济出版社 1999 年版。

［109］庄维民：《近代山东市场经济的变迁》，中华书局 2000 年版。

［110］于仁伯等：《山东省盐业管理条例释义》，山东人民

出版社 2001 年版。

［111］张小也：《清代私盐问题研究》，社会科学文献出版社 2001 年版。

［112］钟长永：《中国盐业历史》，四川人民出版社 2001 年版。

［113］林建宇：《中国盐业经济》，四川人民出版社 2002 年版。

［114］刘经华：《中国早期盐务现代化——民国初期盐务改革研究》，中国科学技术出版社 2002 年版。

［115］董振平：《抗战时期国民政府盐务政策研究》，齐鲁书社 2004 年版。

［116］山东大学东方考古研究中心：《东方考古》第 1 集，科学出版社 2004 年版。

［117］中国盐业协会、中国盐业总公司：《中国制盐工业标准汇编》，中国标准出版社 2005 年版。

［118］李水城、罗泰：《中国盐业考古》第 1 集，科学出版社 2006 年版。

［119］纪丽真：《明清山东盐业研究》，齐鲁书社 2009 年版。

［120］舒瑜：《微"盐"大义：云南诺邓盐业的历史人类学考察》，世界图书出版公司 2009 年版。

［121］卜建华、翟新、李龙森：《山东海洋文化特征的形成与发展研究》，西南交通大学出版社 2010 年版。

［122］李水城、罗泰：《中国盐业考古》第 2 集，科学出版社 2010 年版。

［123］吴海波、曾凡英：《中国盐业史学术研究一百年版》，巴蜀书社 2010 年版。

［124］中国国家博物馆田野考古研究中心、山西省考古研究所、运城市文物保护研究所编：《运城盆地东部聚落考古调查与研究》，文物出版社 2011 年版。

［125］陈锋：《清代盐政与盐税》，武汉大学出版社 2013 年版。

［126］燕生东：《商周时期渤海南岸地区的盐业》，文物出版社 2013 年版。

［127］吉成名：《中国古代食盐产地分布和变迁研究》，中国书籍出版社 2013 年版。

［128］李水城：《中国盐业考古 20 年》，中国社会科学出版社 2018 年版。

（二）析出文献

［129］［日］吉田寅：《五代中原王朝的私盐对策——以盐禁为中心》，《东洋史论集》（4），不昧堂书店 1955 年版。

［130］徐泓：《明代后期盐业生产组织与生产形态的变迁》，《沈刚伯先生八秩荣庆论文集》，联经出版公司 1976 年版。

［131］王方中：《清代前期的盐法、盐商与盐业生产》，《清史论丛》第 4 辑，中华书局 1982 年版。

［132］［日］清木场东《关于五代的盐贩卖制》，《日野开三郎博士颂寿纪念论集·中国社会制度——文化史的诸问题》，中国书店 1987 年版。

［133］寿光县博物馆：《寿光县古遗址调查报告》，《海岱考古》第 1 辑，山东大学出版社 1989 年版。

［134］陈高华：《元代的盐政及其社会影响》，《元史研究论稿》，中华书局 1991 年版。

［135］陈庆连：《魏晋时期盐铁事业的恢复和发展》，《魏

晋南北朝史论文集》，齐鲁书社 1991 年版。

[136] 刘佛丁：《论中国盐务管理的近代化》，《中国盐业史国际学术讨论会论文集》，四川人民出版社 1991 年版。

[137] 许檀：《清代山东的食盐运销》，《中国盐业史国际学术讨论会论文集》，四川人民出版社 1991 年版。

[138] 张传玺：《论秦汉时期三种盐业政策的递变》，《秦汉问题研究》，北京大学出版社 1995 年版。

[139] 戚品中：《历史悠久的两淮盐业》，《东方盐文化论丛》，中国文化出版社 1998 年版。

[140] 王青：《山东北部沿海先秦时期海岸变迁与聚落功能研究》，《东方考古》第 3 集，科学出版社 2006 年版。

三、文章

（一）期刊

[141] 刘隽：《东汉的盐政制度》，《天津益世报史学》1935年第 4 期。

[142] 戴裔煊：《宋代食盐生产及统制方法之研究》，《中山文化季刊》1943 年第 1 卷第 2 期。

[143] 赵靖：《宋代之专卖制度》，《燕京社会科学》1949年第 2 期。

[144] 傅举有：《唐代盐和茶的专卖》，《史学月刊》1960 年第 3 期。

[145] 徐泓：《明代前期的食盐生产组织》，《文史哲学报》1975 年第 24 期。

[146] 李龙潜：《明代盐的开中制与盐商资本的发展》，《学术研究》1979 年第 5 期。

［147］薛宗正：《明代盐商的历史演变》，《中国史研究》1980 年第 2 期。

［148］周炸绍：《略谈宋代盐户的身份问题》，《山东大学文科论文集刊》1980 年第 2 期。

［149］鲍晓娜：《从唐代盐法的改革论禁榷制度的发展规律》，《中国社会经济史研究》1982 年第 2 期。

［150］陈国灿：《唐代的盐户》，《中国古代史论丛》1982 年第 3 辑。

［151］刘海军：《善后大借款与中国盐务》，《盐业史研究》1989 年第 2 期。

［152］卢新远：《汉武帝时期的财经措施与工商业的发展》，《江苏师范学院学报》1982 年第 1 期。

［153］萧国亮：《清代两淮盐商的奢侈消费及其经济影响》，《历史研究》1982 年第 4 期。

［154］吴奎罡：《评桑弘羊的经济改革措施及其历史作用》，《经济科学》1983 年第 1 期。

［155］张秀平：《宋代榷盐制度述论》，《西北大学学报》1983 年第 1 期。

［156］张兆凯：《关于汉武帝盐官营政策的两个问题》，《益阳师专学报》1983 年第 1 期。

［157］林永匡：《清初山东的运司盐政》，《山东师范大学学报》1984 年第 4 期。

［158］王连升：《关于汉武帝评价的两个问题》，《天津社会科学》1984 年第 2 期。

［159］罗庆康：《汉代盐制的几个问题》，《湘潭大学学报》1985 年第 3 期。

［160］刘佛丁：《清末列强各国侵犯我国盐政主权的活动》，《盐业史研究》1986 年第 00 期。

［161］王小荷：《清代两广盐商及其特点》，《盐业史研究》1986 年第 1 辑。

［162］张秀平：《略论宋代的榷盐与边防》，《浙江师大学报》1986 年第 2 期。

［163］左步青：《清代盐商的盛衰述略》，《故宫博物院院刊》1986 年第 1 期。

［164］杜建录：《宋夏青白盐问题》，《固原师专学报社科版》1987 年第 1 期。

［165］庞天佑：《略论汉武帝行盐铁专卖的原因与利弊》，《常德师专学报》1987 年第 2 期。

［166］逄振镐：《试论汉代盐铁政策的演变》，《江汉论坛》1987 年第 2 期。

［167］杨权：《论销盐分界制起源于唐》，《玉珠师专学报》1987 年第 4 期。

［168］宗建、叶小红：《从馆藏契约看盐商经营管理方式》，《四川文物》1987 年第 1 期。

［169］张炳斌：《汉武帝新经济政策评述》，《沈阳师范学院学报》1987 年第 4 期。

［170］陈衍德：《试论唐代食盐专卖法的演变》，《历史教学》1988 年第 2 期。

［171］陈衍德：《唐代盐业生产的发展》，《盐业史研究》1988 年第 4 期。

［172］丁长清：《国民党南京政府与旧盐商》，《盐业史研究》1988 年第 1 期。

[173] 廖品龙：《中国盐业专卖溯源》，《盐业史研究》1988年第 4 期。

[174] 任乃强：《说盐》，《盐业史研究》1988 年第 2 期。

[175] 苏诚鉴：《"官与牢盆"与汉武帝的榷盐政策》，《盐业史研究》1988 年第 1 期。

[176] 王健：《东汉盐铁业诸问题考辨》，《徐州师范学院学报》1988 年第 3 期。

[177] 王林善：《唐代后期榷盐与盐商》，《山西大学学报》1988 年第 3 期。

[178] 吴慧：《辽金元盐法考略》，《盐业史研究》1988 年第 1 期。

[179] 吴天颖：《〈新唐书：食货志〉有关盐井记载释疑》，《中国经济史研究》1988 年第 4 期。

[180] 陈争平：《民初盐务改革及洋会办丁恩》，《盐业史研究》1989 年第 2 期。

[181] 吉成名：《唐代的井盐生产》，《盐业史研究》1989 年第 1 期。

[182] 吉成名：《唐代盐产地的研究》，《温州师院学报》1989 年第 1 期。

[183] 李克毅：《清代盐商与帑银》，《中国社会经济史研究》1989 年第 2 期。

[184] 刘大可：《民国时期的山东盐税》，《盐业史研究》1989 年第 3 期。

[185] 齐涛：《论唐代榷盐制度》，《山东大学学报》1989 年第 4 期。

[186] 秦佩珩：《清代晋商之盐商和票号再探讨》，《郑州

大学学报》1989 年第 6 期。

[187] 史继刚：《浅谈宋代私盐盛行的原因及其影响》，《西南师范大学学报》1989 年第 3 期。

[188] 王健：《东汉盐铁制度探析》，《盐业史研究》1989 年第 3 期。

[189] 汪锡鹏：《重评汉武帝"盐铁专卖"》，《江西师范大学学报》1989 年第 2 期。

[190] 吴慧：《五代盐政述略》，《盐业史研究》1989 年第 1 期。

[191] 萧国亮：《清代盐业制度》，《盐业史研究》1989 年第 1、2 期。

[192] 薛宗正：《盐专卖制度是法家抑商思想政策化的产物》，《盐业史研究》1989 年第 2 期。

[193] 张端甫：《帝国主义掠夺盐税干预盐政》，《盐业史研究》1989 年第 4 期。

[194] 郑海峰、王力平：《唐后期盐政的演变与盐商势力的消长》，《盐业史研究》1989 年第 4 期。

[195] 陈然、王芳：《明代盐业官商刍议》，《江淮论坛》1990 年第 3 期。

[196] 赫树权：《盐商和盐官、私盐是什么关系》，《商业研究》1990 年第 10 期。

[197] 刘大可：《民国时期山东盐业生产概况》，《盐业史研究》1990 年第 3 期。

[198] 罗庆康：《两汉专卖政策的发展与演变》，《暨南学报》1990 年第 2 期。

[199] 张皓：《略论明代盐商资本的形成和发展》，《青海

师范大学学报》1990 年第 4 期。

［200］周仲怀、徐丽君、刘兴俊：《莱州湾沿岸地下浓缩海水微量元素地球化学异常及其成因研究》，《海洋与湖沼》1990 年第 6 期。

［201］姜波：《潍坊市盐和盐化工发展的现状及前景》，《海洋开发与管理》1991 年第 2 期。

［202］刘大可：《民国时期山东盐业运销概述》，《盐业史研究》1991 年第 2 期。

［203］鲁西奇：《民国时期盐务机构的演变》，《盐业史研究》1991 年第 1 期。

［204］罗庆康：《东汉盐铁制度蠡测》，《益阳师专学报》1991 年第 1 期。

［205］罗文：《齐汉盐业专卖争议之我见》，《益阳师专学报》1991 年第 2 期。

［206］于传波：《汉代盐铁官营的再评价》，《浙江学刊》1991 年第 4 期。

［207］朱文成：《清中叶盐商没落的原因及影响》，《盐业史研究》1991 年第 1 期。

［208］高凯：《略论汉代官营盐铁业的利与弊》，《郑州大学学报》1992 年第 3 期。

［209］姜文明：《潍坊莱州湾沿岸地下卤水资源及其开发利用》，《资源开发与市场》1992 年第 4 期。

［210］林仙庭、崔天勇：《山东半岛出土的几件古盐业用器》，《考古》1992 年第 12 期。

［211］刘大可：《山东解放区盐务工作纪略》，《盐业史研究》1992 年第 2 期。

[212] 马志冰：《魏晋南北朝盐铁管理制度述论》，《史学月刊》1992 年第 1 期。

[213] 任相宏、张启龙：《青州盔形器之研究》，1992 年山东省考古学会年会论文。

[214] 郭正忠：《契丹盐业及盐务管理》，《社会科学战线》1993 年第 5 期。

[215] 郭正忠：《论辽代盐体制的变化》，《社会科学辑刊》1993 年第 6 期。

[216] 姜文明、申洪源：《潍坊北部地区盐业发展中的环境问题》，《临沂师专学报》1993 年第 Z1 期。

[217] 李殿元：《论西汉的"盐铁官营"》，《浙江学刊》1993 年第 6 期。

[218] 丁长清：《盐务稽核所始末》，《近代史研究》1994 年第 2 期。

[219] 李峰山、秦明清：《山东莱州湾南岸地下卤水开采与保护问题》，《海湖盐与化工》1994 年第 3 期。

[220] 刘良群：《从盐铁官营看西汉的专卖制度及其流弊》，《赣南师范学院学报》1994 年第 3 期。

[221] 吴丽娱：《食盐的货币作用与折博制的发展》，《中国经济史研究》1994 年第 4 期。

[222] 张守军：《桑弘羊的以商致富思想》，《商业研究》1994 年第 12 期。

[223] 周廷阁：《北方海盐区特征天气过程的统计分析及预报》，《海湖盐与化工》1994 年第 3 期。

[224] 罗庆康、罗威：《汉代盐制研究》，《盐业史研究》1995 年第 1 期。

［225］罗益章：《宋代官吏的私盐贩卖》，《盐业史研究》1995 年第 2 期。

［226］张祖陆：《渤海莱州湾南岸平原黄土阜地貌及其古地理意义》，《地理学报》1995 年第 5 期。

［227］曹元启：《试论西周至战国时代的盉形器》，《北方文物》1996 年第 3 期。

［228］陈锋：《清代盐法考成述论——清代盐业管理研究之一》，《盐业史研究》1996 年第 1 期。

［229］郭锋：《〈明代盐业经济研究〉评介》，《盐业史研究》1996 年第 4 期。

［230］郭正忠：《金代的盐司与分司体制》，《中国史研究》1996 年第 4 期。

［231］吉成名：《魏晋南北朝时期的海盐生产》，《盐业史研究》1996 年第 2 期。

［232］吉成名：《论唐代盐业政策与王朝兴衰》，《河北学刊》1996 年第 3 期。

［233］蒋大鸣：《中国盐业起源与早期盐政管理》，《盐业史研究》1996 年第 4 期。

［234］刘洪升：《北洋初期的盐政改革》，《盐业史研究》1996 年第 2 期。

［235］罗庆康、罗威：《汉代盐制研究（续）》，《盐业史研究》1996 年第 1 期。

［236］马新：《论汉武帝以前盐政的演变》，《盐业史研究》1996 年第 2 期。

［237］齐涛：《魏晋南北朝盐政述论》，《盐业史研究》1996 年第 4 期。

［238］谢茂林：《先秦时期盐业管理思想初探》，《江西师范大学学报》1996 年第 1 期。

［239］张永祥、薛禹群、陈鸿汉：《莱州湾南岸晚更新世后地层中沉积海水的特征及其形成环境》，《海洋学报》1996 年 11 月第 18 卷第 6 期。

［240］郭正忠：《金代食盐业的经营体制》，《河北学刊》1997 年第 2 期。

［241］吉成名：《先秦至隋代食盐产地考略》，《盐业史研究》1997 年第 3 期。

［242］李绍强：《论明代盐商中的囤户》，《山东大学学报》1997 年第 2 期。

［243］刘经华：《民初盐务改革与近代化问题论析》，《江汉论坛》1997 年第 5 期。

［244］卢海鸣：《六朝盐业考略》，《盐业史研究》1997 年第 3 期。

［245］吕世忠：《齐国的盐业》，《管子学刊》1997 年第 4 期。

［246］马新：《汉唐时代的海盐生产》，《盐业史研究》1997 年第 2 期。

［247］齐涛：《论榷盐法的基本内涵》，《盐业史研究》1997 年第 3 期。

［248］王兴文：《金代盐业初探》，《中国史研究》1997 年第 2 期。

［249］王向田：《盐业在曹魏恢复北方经济中的地位和作用》，《首都师范大学学报》1997 年第 3 期。

［250］薛振恺：《试论汉武帝的敛财政策》，《北京师范大学学报》1997 年第 4 期。

［251］曾再新：《中国古代盐政与盐商》，《中国食品》1997年第8期。

［252］郝树声：《略论秦汉时期盐铁钱专营与中央集权的巩固》，《甘肃社会科学》1998年第3期。

［253］吉成名：《魏晋南北朝时期的井盐生产》，《盐业史研究》1998年第3期。

［254］刘德仁、薛培：《略论清政府对盐商的控制与利用》，《盐业史研究》1998年第2期。

［255］罗庆康：《春秋齐国与两汉盐制比较研究》，《盐业史研究》1998年第4期。

［256］吕世忠：《先秦时期山东的盐业》，《盐业史研究》1998年第3期。

［257］宋良曦：《清代中国盐商的社会定位》，《盐业史研究》1998年第4期。

［258］王珍岩、韩有松：《第四纪滨海相地下卤水的研究》，《海洋科学》1998年第1期。

［259］曾凡英：《再论盐文化》，《盐业史研究》1998年第1期。

［260］曾凡英：《盐文化的理论与历史地位》，《自贡师专学报（综合版）》1998年第2期。

［261］钟春翔：《抗战前山东的精盐生产和管理》，《山东文献》1998年第3期。

［262］姜锡东：《关于宋代的私盐贩》，《盐业史研究》1999年第1期。

［263］王卫华、周延阁：《盐业气象要把握机理寻求发展》，《海湖盐与化工》1999年第2期。

［264］陈乃华：《盐铁专卖与西汉中后期社会危机》，《山东师范大学学报》2000 年第 2 期。

［265］董振平：《一九二七至一九三七年南京国民政府盐税改革述论》，《盐业史研究》2000 年第 2 期。

［266］吉成名：《唐代盐业政策演变的三阶段论》，《盐业史研究》2000 年第 1 期。

［267］孙晋浩：《明代开中法与盐商守支问题》，《晋阳学刊》2000 年第 6 期。

［268］王恩田：《山东商代考古与商史诸问题》，《中原文物》2000 年第 4 期。

［269］张莹：《民国时期盐务机构述略》，《民国档案》2000 年第 2 期。

［270］庄维民：《近代山东传统商人资本的衰落蜕变及其意义》，《山东社会科学》2000 年第 1 期。

［271］范维星、王兰中、韩树红：《潍坊市北部沿海地区海咸水入侵灾害及防治对》，《山东地质》2001 年第 1 期。

［272］鲁子健：《近代外债与中国盐政》，《盐业史研究》2001 年第 3 期。

［273］黄西平：《国内外盐湖（地下）卤水资源综合利用综述》，《海洋技术》2002 年第 4 期。

［274］廖家财、谢茂林：《民初盐业管理改革思想述评》，《民国档案》2002 年第 2 期。

［275］万晴川：《明清小说与盐业文化》，《江西师范大学学报》2002 年第 1 期。

［276］叶涛：《海神、海神信仰与祭祀仪式——山东沿海渔民的海神信仰与祭祀仪式调查》，《民俗研究》2002 年第 3 期。

［277］李水城、兰玉富、王辉、王明明：《莱州湾地区古代盐业考古调查》，《盐业史研究》2003 年第 1 期。

［278］李水城：《近年来中国盐业考古领域的新进展》，《盐业史研究》2003 年第 1 期。

［279］刘恩峰、张祖陆、沈吉、杨丽原：《晚更新世以来潍河古河道沉积及其对现代咸水入侵的控制》，《高校地质学报》2003 年第 1 期。

［280］刘经华：《民国初期盐务改革思想论析》，《盐业史研究》2003 年第 4 期。

［281］王珍岩、孟广兰、王少青：《渤海莱州湾南岸第四纪地下卤水演化的地球化学模拟》，《海洋地质与第四纪地质》2003 年 2 月第 23 卷第 1 期。

［282］张人权：《地下水资源特性及其合理开发利用》，《水文地质环境地质》2003 年第 6 期。

［283］方辉：《商周时期鲁北地区海盐业的考古学研究》，《考古》2004 年第 4 期。

［284］何亚莉：《二十一世纪中国古代盐业史研究综述》，《盐业史研究》2004 年第 2 期。

［285］刘经华：《晚清盐政的新变化分析》，《盐业史研究》2004 年第 4 期。

［286］赵平安：《战国文字中的盐字及相关问题研究》，《考古》2004 年第 8 期。

［287］刘经华：《抗战时期国民政府盐务管理体制的变迁》，《盐业史研究》2005 年第 3 期。

［288］刘彦群：《盐文化与旅游开发》，《盐业史研究》2005 年第 2 期。

［289］宁劲松、于志刚、江雪艳：《莱州湾沿岸地下卤水的化学组成》，《海洋科学》2005 年第 11 期。

［290］王青、黄爱华、袁庆华：《山东寿光市北部沿海环境考古报告》，《华夏考古》2005 年第 4 期。

［291］王青、李瑞成、郑滨海：《山东寿光市大荒北央西周遗址的发掘》，《考古》2005 年第 12 期。

［292］王青：《〈管子〉所载海盐生产的考古学新证》，《东岳论丛》2005 年第 6 期。

［293］王赛时：《明清时期的山东盐业生产状况》，《盐业史研究》2005 年第 1 期。

［294］王赛时：《宋金元时期山东盐业的生产与开发》，《盐业史研究》2005 年第 4 期。

［295］燕生东：《山东寿光双王城西周早期盐业遗址群的发现与意义》，《古代文明研究通讯》2005 年第 24 期。

［296］朱继平、王青、燕生东、秦颖、常叙政、佟佩华、王昌燧：《鲁北地区商周时期的海盐业》，《中国科学技术大学学报》2005 年第 1 期。

［297］左洪超、李栋梁、胡隐樵、鲍艳、吕世华：《近 40 年中国气候变化趋势及其同蒸发皿观测的蒸发量变化关系》，《科学通报》2005 年第 11 期。

［298］纪丽真：《清代山东私盐问题研究》，《理论学刊》2006 年第 6 期。

［299］马龙、于洪军、姚菁等：《渤海地区晚第四纪环境演化与第四纪滨海相地下卤水的形成》，《海岸工程》2006 年第 4 期。

［300］宋志东：《近代山东盐务行政管理机构的演变》，《盐

业史研究》2006 年第 3 期。

［301］王青、朱继平、史本恒：《山东北部全新世的人地关系演变：以海岸变迁和海盐生产为例》，《第四纪研究》2006 年第 4 期。

［302］王青、朱继平：《山东北部商周时期海盐生产的几个问题》，《文物》2006 年第 4 期。

［303］王青、朱继平：《山东北部商周盔形器的用途与产地再论》，《考古》2006 年第 4 期。

［304］吴海波：《清代盐商与官僚资本叙略》，《山西师范大学学报》2006 年第 4 期。

［305］夏春晖：《海盐文化论》，《盐城工学院学报（社会科学版）》2006 年第 1 期。

［306］纪丽真：《明代山东海盐生产方法考》，《盐业史研究》2007 年第 4 期。

［307］纪丽真：《清代山东海盐生产技术研究》，《盐业史研究》2007 年第 2 期。

［308］李慧竹、王青：《山东北部海盐业起源的历史与考古学探索》，《管子学刊》2007 年第 2 期。

［309］李伟、吴衍华：《莱州湾沿岸饯层地下卤水蒸发成因新依据》，《山东国土资源》2007 年第 Z1 期。

［310］宋志东：《西方列强与近代山东盐政》，《盐业史研究》2007 年第 3 期。

［311］宋志东：《试论民国时期山东的盐税改革》，《许昌学院学报》2007 年第 4 期。

［312］王青：《淋煎法海盐生产技术的考古学探索》，《盐业史研究》2007 年第 1 期。

［313］吴海波：《二十世纪以来明清盐商研究综述》，《盐业史研究》2007年第4期。

［314］姚顺东：《南京国民政府初期食盐立法与中国盐务近代化》，《盐业史研究》2007年第1期。

［315］张立杰：《探析南京国民政府未能实施新盐法的原因》，《盐业史研究》2007年第3期。

［316］张礼艳：《关于盉形器的两个问题》，《文物春秋》2007年第4期。

［317］陈伯桢：《中国盐业考古的回顾与展望》，《南方文物》2008年第1期。

［318］郭建勇、刘桂珍、徐金欣：《潍坊滨海区开采卤水对资源及环境的影响》，《山东国土资源》2008年第Z1期。

［319］纪丽真：《清代山东盐场盐滩的设置和管理》，《盐业史研究》2008年第2期。

［320］宋良曦：《中国盐文化的内涵与研究状况》，《盐文化研究论丛》2008年第3辑。

［321］宋志东：《民国时期山东盐业生产管理研究》，《盐业史研究》2008年第1期。

［322］宋志东：《近代山东盐政的二重性评析》，《东岳论丛》2008年第2期。

［323］宋志东：《论近代山东盐业运销管理》，《盐业史研究》2008年第3期。

［324］宋志东：《近代山东的盐务缉私方式及其法规建设》，《盐文化研究论丛》2008年第3辑。

［325］宋志东：《不得已而为之的官代商办——近代山东盐业官方运销探析》，《理论月刊》2008年第5期。

［326］王爱民：《齐渠展之盐概说》，《滨州学院学报》2008 年第 4 期。

［327］王松涛、高美霞、傅俊鹤：《山东潍坊沿海地下卤水矿地质特征及成矿规律》，《矿床地质》2008 年第 5 期。

［328］燕生东、兰玉富：《2007 年鲁北沿海地区先秦盐业考古工作的主要收获》，《古代文明研究通讯》2008 年第 36 辑。

［329］张婧、张全健、李霞、尹斌：《矿产资源开发整合与区域矿业经济发展浅析——以潍坊市滨海新区卤水资源为例》，《山东国土资源》2008 年第 Z1 期。

［330］陈海军：《唐代盐务政策在山东地区实施情况述评》，《丝绸之路》2009 年第 22 期。

［331］冯时：《古文字所见之商周盐政》，《南方文物》2009 年第 1 期。

［332］纪丽真：《清代山东盐业的管理体系及其盐商组织》，《盐业史研究》2009 年第 2 期。

［333］纪丽真：《清代山东盐课正课考》，《齐鲁学刊》2009 年第 2 期。

［334］景以恩：《寿光盐业遗址与宿沙氏之国》，《管子学刊》2009 年第 2 期。

［335］李水城、兰玉富、王辉：《鲁北-胶东盐业考古调查记》，《华夏考古》2009 年第 1 期。

［336］吴树生：《东营盐业发展的思考》，《今日科苑》2009 年第 18 期。

［337］夏国祥：《近代中国盐政改革思想初探》，《盐业史研究》2009 年第 3 期。

［338］杨瑾、张勤业：《潍北地区卤水资源开发现状及存在

问题分析》，《海洋开发与管理》2009 年第 6 期。

［339］燕生东：《山东地区早期盐业的文献叙述》，《中原文物》2009 年第 2 期。

［340］于云洪：《论潍坊盐业的起源和发展》，《潍坊学院学报》2009 年第 5 期。

［341］张太平、王岳、林寿、冀平、王强、吕振生：《昌邑北部地下卤水资源开发利用及建议》，《山东国土资源》2009 年第 8 期。

［342］朱年志：《明代山东盐业的生产和运销探析》，《兰州学刊》2009 年第 1 期。

［343］崔剑锋、燕生东：《山东寿光市双王城遗址古代制盐工艺的几个问题》，《考古》2010 年第 3 期。

［344］吉成名：《论清代海盐产地》，《盐文化研究论丛》2010 年第 5 辑。

［345］李大鸣：《周代齐国海盐业的发展历程》，《中国古代社会与思想文化研究论集》2010 年第 4 辑。

［346］李慧冬、赵光国：《从南河崖看鲁北商周海盐考古现状》，《管子学刊》2010 年第 2 期。

［347］燕生东、党浩、王守功、李水城、王德明：《山东寿光市双王城盐业遗址 2008 年的发掘》，《考古》2010 年第 3 期。

［348］崔剑锋：《山东寿光双王城制盐遗址的科技考古研究》，《南方文物》2011 年第 1 期。

［349］刘刚、韩晓静、冯守涛、田庆安：《莱州湾南岸地下卤水水位动态变化与开采量关系研究》，《山东国土资源》2011 年第 2 期。

[350] 刘海宇：《寿光北部盐业遗址发现齐陶文及其意义》，《东方考古》2011 年第 1 期。

[351] 王青：《山东莱州湾南岸盐业文化遗产的现状与保护》，《东方考古》2011 年第 1 期。

[352] 燕生东、田永德、赵金、王德明：《渤海南岸地区发现的东周时期盐业遗存》，《中国国家博物馆馆刊》2011 年第 9 期。

[353] 臧文文：《从历史文献看山东盐业的地位演变》，《盐业史研究》2011 年第 1 期。

[354] 张俊洋、殷英梅：《潍坊海盐文化遗产旅游开发研究》，《盐业史研究》2011 年第 3 期。

[355] 党浩、王守功、刘乃贤、王伟波、王君玮、李水城：《山东昌邑市盐业遗址调查简报》，《南方文物》2012 年第 1 期。

[356] 纪丽真：《清代山东海盐灶课考》，《中国海洋大学学报（社会科学版）》2012 年第 4 期。

[357] 李慧冬：《南河崖遗址采贝季节的尝试性分析》，《华夏考古》2012 年第 3 期。

[358] 李强：《民国初期盐务改革阻力因素分析》，《盐业史研究》2012 年第 2 期。

[359] 马书波、王青、李慧冬、于成龙、付永敢、徐倩倩：《山东北部小清河下游 2010 年盐业考古调查简报》，《华夏考古》2012 年第 3 期。

[360] 彭鹏：《鲁北莱州湾沿岸商周时期制盐工艺初探》，《南方文物》2012 年第 1 期。

[361] 王青：《山东盐业考古的回顾与展望》，《华夏考古》

2012 年第 4 期。

［362］王铁楼、张艳美、高延航：《昌邑市卤水资源总体规划利用探讨》，《山东国土资源》2012 年第 8 期。

［363］燕生东、兰玉富：《鲁北沿海地区先秦盐业遗址 2007 年调查简报》，《文物》2012 年第 7 期。

［364］殷英梅：《"中国海盐之都"潍坊旅游城市品牌建设对策研究》，《旅游纵览（下半月）》2012 年第 9 期。

［365］张玺格：《浅谈寿光盐业的兴起与发展》，《财经界（学术版）》2012 年第 10 期。

［366］赵桂兰、孙录科、陈时磊、张勇、邢立亭：《潍坊市沿海地区卤水资源的开发利用与管理》，《济南大学学报（自然科学版）》2012 年第 3 期。

［367］郝利娜、张志、张翠芬：《山东省寿光市滨海地区盐田信息提取方法研究》，《遥感技术与应用》2013 年第 3 期。

［368］李敏：《20 世纪 90 年代以来中国盐文化研究综述》，《盐业史研究》2013 年第 2 期。

［369］李乃胜、胡建廷、马玉鑫、孙晓春、马健：《试论"盐圣"夙沙氏的历史地位和作用》，《太平洋学报》2013 年第 3 期。

［370］刘菲菲、赵全升、徐颖：《潍坊北部沿海地区卤水开发引起的环境问题及对策》，《中国科技信息》2013 年第 11 期。

［371］宋志东：《近代山东私盐的泛滥及其成因》，《盐业史研究》2013 年第 4 期。

［372］王明德、张春华：《盐宗"宿沙氏"考》，《管子学刊》2013 年第 2 期。

［373］吴海波：《清代榷盐体制下的官商关系》，《盐业史研究》2013 年第 1 期。

［374］胡鲲、刘亚南、龙晓斌：《昌邑近 50 年蒸发量的变化对盐业生产的影响》，《安徽农业科学》2014 年第 5 期。

［375］纪丽真：《20 世纪以来山东盐业研究综述》，《盐业史研究》2014 年第 1 期。

［376］王伟波：《潍坊商周盐业遗址考辨》，《潍坊学院学报》2014 年第 1 期。

（二）报纸

［377］王宜昌：《春秋盐铁考》，《中央日报》，1948 年 5 月 24 日。

［378］燕生东：《山东李屋商代制盐遗存的意义》，《中国文物报》，2004 年 6 月 11 日，第 7 版。

［379］王青：《山东沿海商周时期盐业考古的新进展》，《中国文物报》，2005 年 1 月 7 日，第 7 版。

［380］燕生东、袁庆华等：《山东寿光双王城发现大型商周盐业遗址群》，《中国文物报》，2005 年 2 月 2 日，第 1 版。

［381］赵晓林：《双王城遗址将改写中国盐业史》，《济南日报》，2009 年 4 月 3 日，第 7 版。

［382］燕生东、田永德、翟松岩：《山东潍坊发现大型东周盐业遗址群》，《中国文物报》，2010 年 6 月 18 日，第 4 版。

［383］王长民：《明清时代的山东盐业》，《中国文物报》，2012 年 8 月 3 日，第 4 版。

（三）学位论文

［384］钟春翔：《1913—1937 年的山东盐业》，硕士学位论文，山东大学，1996 年。

［385］张国旺：《元代海盐问题研究》，硕士学位论文，河北师范大学，2003年。

［386］陈雪香：《山东地区商文化聚落形态研究》，硕士学位论文，山东大学，2004年。

［387］纪丽真：《明清山东盐业研究》，博士学位论文，山东大学，2006年。

［388］燕生东：《渤海南岸地区商周时期盐业考古研究》，博士学位论文，北京大学，2009年。

［389］韦政：《莱州湾海水入侵的时空演化特征研究》，硕士学位论文，青岛科技大学，2010年。

［390］付永敢：《山东北部商周时期煮盐工艺初步研究》，硕士学位论文，山东大学，2012年。

后　记

　　自从决定将课题成果出版之时，后记就成了我心中的"石头"。之所以如此比喻，是因为先师于云汉先师离世的悲伤和遗憾一直萦绕在心头。先师走了一年了，而他的音容笑貌仍常常呈现在我的眼前。从理性上，我深深明白，先师走了，我能做的就是继续他的事业，循着他的脚步，在盐文化研究的道路上奋力前行。但情感上，一直难以起笔，或者说一直不想承认，先师真的走了……在友人和出版社的提醒下，我觉得必须迈过心中的"坎"，来完成后记的书写。

　　正如呈现在读者面前的这部书稿，后记的书写同样是为了告慰、缅怀先师。首先，为了尊重，我还是将先师在课题完成之时写成的后记部分摘抄如下：

　　　　本研究课题的缘起是潍坊市滨海经济技术开发区的招标项目。滨海经济技术开发区位处莱州湾南岸盐区的核心地带，是全国海盐重要产区，原盐产量约占全国产量1/6。这里还是海盐文化的重镇，海盐生产历史悠久，数千年绵延不断，形成了自己独具特色的海盐文化特征，是中国海盐业发展历史的一个缩影，在中国盐业史上具有一定的典型意义。这一项目完成后，潍坊市及滨海开发区召集学者对项目成果加以鉴定，并商讨未来的研究方向。与会的已故中国商业史学会副会长、盐业史专业委员会会长黄傲成教授，中国盐业研究中心主任曾凡英教授，山东师范大学齐鲁文化研究中心博士生导师仝晰纲教授和主持莱州湾考古发掘的燕生东教授，山东省社会科学院庄维民研究员以及潍坊当地学者等20余位专家学者一致认为，莱州湾南岸盐业在全国盐业发展上占有重要地位，我们现在的研究成果与之完全不相称，从这个角度说，招标项目的研究仅仅是初步的。成果鉴定会的召开，直接促成了国家社科基金后期资助项目的申报。

清澈的白浪河水从潍坊市中心静静流过，直达莱州湾南岸。经过前些年的三河治理，白浪河两岸绿树成荫，步步景点，从市中心直到海滨，这里早已成为潍坊最美的风景。我即出生在白浪河畔，幼年时期常常在河边玩闹、在水中嬉戏，先父还时常给我讲大海的故事，莱州湾丰富且肥美的海产也时常让我们这些海边人打打牙祭。然而到达莱州湾沿岸，看到的是十几里的滩涂，无边无际，一眼望去，令人生畏。靠海而时常不见海，曾是我童年的憾事。大学毕业后，我回到家乡，一直供职在这所充满学术气息的大学中，图书馆丰富的藏书为我研究提供了必要的条件，年轻的学子给予我学术追求的活力。转眼38年过去了，曾经的阳光青年，如今已满面沟壑、双鬓见霜，可是对莱州湾盐文化探寻的热望却始终在心中挥之不去。

先师于云汉的为人为学是我们的航灯。诚然，这部书稿凝聚了我和先师太多的辛劳，但我深知，莱州湾沿岸盐业文化的探索，这仅仅是开始。正如前面所谈的，这方面的研究与盐业在历史和现实中的影响远远不相符合。莱州湾盐业，从"宿沙氏煮海为盐"开始，历史悠久，海盐文化符号众多。作为地域文化的研究者，我们的这部书稿也仅仅是冰山一角，期待有更多、更好的作品出现。

王俊芳

2024 年 5 月

图书在版编目(CIP)数据

琼田堆雪:莱州湾南岸盐业史/于云汉,王俊芳著
.—上海:上海人民出版社,2024
ISBN 978 - 7 - 208 - 18930 - 0

Ⅰ.①琼… Ⅱ.①于… ②王… Ⅲ.①盐业史-山东
Ⅳ.①F426.82

中国国家版本馆 CIP 数据核字(2024)第 106951 号

责任编辑 黄好彦
封面设计 陈绿竞

琼田堆雪:莱州湾南岸盐业史

于云汉　王俊芳　著

出 版	上海人民出版社	
	(201101　上海市闵行区号景路 159 弄 C 座)	
发 行	上海人民出版社发行中心	
印 刷	上海景条印刷有限公司	
开 本	889×1194　1/32	
印 张	14.25	
插 页	2	
字 数	313,000	
版 次	2024 年 7 月第 1 版	
印 次	2024 年 7 月第 1 次印刷	

ISBN 978 - 7 - 208 - 18930 - 0/K · 3384

定 价 70.00 元